経済社会の歴史

生活からの経済史入門

中西 聡 ……【編】
Satoru Nakanishi

名古屋大学出版会

経済社会の歴史

目　　次

序　章　身近な生活から地域の環境を考えよう ……………………… 1

第 I 部　地域社会と生活

第 1 章　家族・地域社会と経済活動 …………………………………… 8

　　はじめに　8
　　1　家族と経済活動　8
　　2　「村」の役割　13
　　3　商店街とエスニック・グループ　21
　　おわりに　26
　　解説 1　無尽講と金融　27

第 2 章　災害と飢饉 …………………………………………………… 30

　　はじめに　30
　　1　災害と飢饉　31
　　2　経済社会化と飢饉　35
　　3　江戸時代の災害・飢饉への対応　37
　　4　災害・飢饉への耐久性　39
　　おわりに　49
　　解説 2　風評とデマ　51

テーマ I　社会史の方法　55

第 II 部　自然環境と生活

第 3 章　森林資源と土地所有 ………………………………………… 66

　　はじめに——地球環境問題と資源利用　66
　　1　森林資源利用の歴史　68
　　2　資源利用と土地所有　74
　　3　近現代日本の森林資源と過少利用問題　80

おわりに　85
　　　解説3　温泉と開発　86

第4章　エネルギーと経済成長……………………………………89
　　　はじめに——人新世の時代　89
　　1　石炭とイギリス産業革命　91
　　2　石炭・水力と日本の工業化　96
　　3　エネルギー革命と「東アジアの奇跡」　105
　　　おわりに　110
　　　解説4　日本の公害対策　112

テーマⅡ　進歩と環境　115

第Ⅲ部　近代化と生活

第5章　人口で測る経済力……………………………………124
　　　はじめに——現代社会の人口と経済　124
　　1　人口に関する理論　125
　　2　日本の人口変遷　130
　　3　経済成長と人口　137
　　　おわりに——人口の歴史は私たちに何を教えてくれるか　142
　　　解説5　人口をめぐる思想と政策　144

第6章　健康と医薬……………………………………………148
　　　はじめに　148
　　1　健康と病い　150
　　2　生活と家計に見る健康と医薬　155
　　3　現代の健康と医薬　166
　　　おわりに　170
　　　解説6　感染症流行と経済発展　171

第 7 章　娯楽と消費 … 175

はじめに——「金」は天下の廻りもち　175
1　娯楽の産業化と消費社会　178
2　近代日本における娯楽の諸相　182
3　日記に見る人々の娯楽　190
おわりに——楽しみなしに人々は生きられるか　196
解説 7　大衆消費社会論　200

テーマⅢ　共同体と近代　203

第Ⅳ部　社会環境と生活

第 8 章　教育と労働 … 216

はじめに——「学び」と「働き」の制度化　216
1　「学び」から「教育」へ　217
2　産業社会・労働の誕生と教育　222
3　子どもと女性から見た「教育」と「労働」　232
おわりに——戦後教育政策と新学歴社会の到来　234
解説 8　集団就職　236

第 9 章　法と福祉 … 239

はじめに　239
1　慈善事業の時代　240
2　社会事業の時代　244
3　社会福祉の時代——第二次世界大戦後における生活をめぐる法整備　249
おわりに　256
解説 9　育児と経済　257

第 10 章　帝国と植民地経済 … 260

はじめに——日本「帝国」史として考える　260

1　戦争と日本帝国の拡張　263
　　2　日本貿易の特徴　265
　　3　帝国内貿易の構造と植民地の生活　267
　　おわりに——「戦後／現代」と「帝国／植民地」　274

　　解説 10A　植民地の近代をどう見るか　277
　　解説 10B　経済競争と国際紛争　280

テーマ IV　システムという発想　284

終　章　競争と共存から未来を思い描こう ………………………… 295

入門ガイド　文献史料と統計資料　299

　参考文献　311
　あとがき　329
　索　引　333

序　章

身近な生活から地域の環境を考えよう

　みなさんは「経済」を難しく考えすぎていませんか。経済というと「マネー」に関わる理屈が重要ですが，電子マネーのように実態がよく見えないものが動いているので，何かその仕組みに難しい理論が働いているように思えるのでしょう。しかし，もともと「マネー（貨幣）」は，実体のあるもので，「モノ」と「モノ」との交換を便利にするために生まれたものでした。それらの「モノ」は生きていくために必要な「モノ」であり，貨幣は生活に近いところで誕生しました。そのため，最初の貨幣は実体があり，そのものに価値のある「モノ」として生まれました。それらが，商品貨幣や金属貨幣といわれるものです。それらのみが使われていた時代は，経済活動は比較的単純で，人々は他の人から必要なものを買って貨幣を支払い，自分で使ったり，それらを他の人に売って貨幣を得たりしていました。ただし，人々が生活していくのに，「モノ」以外にも必要なものが登場してきます。たとえば，病気になったときに，体をさすったり，お祈りをしたりすることで，病気が治ると，その行為そのものに「御礼（対価）」としての貨幣が払われるようになります。また，住むための小屋を作るときに，自分の代わりに力持ちの人に作ってもらうと，やはり「御礼（対価）」としての貨幣が払われるようになります。このように，「サービス」と呼ばれる行為にも，貨幣に換算される価値が生まれ，財やサービスが貨幣を媒介として交換される社会として，本書の表題である「経済社会」は生まれました（本書の視点とはやや異なりますが，「経済社会」については，速水・宮本編 [1988] で速水と宮本が執筆した概説などを参照して下さい）。

　このように「経済」は，もともとは生活に非常に身近な存在でしたが，その

仕組みである財やサービスの交換を通して次第に社会全体へと広がっていきます。それとともに人と人とのつながり方のありようも変化し、そこで形成された「経済社会」が、身近な生活から、集落全体へ、さらにそれが地域社会へと広がり、国の領域まで行き渡ると、国家全体が「経済社会」となります。そして国家と国家がぶつかって、さらに大きな文明社会に地球上の各地が取り込まれていくと、結果的に地球全体が、経済活動を通してつながるようになります。「経済社会」に地球全体が取り込まれるといえます。

そうした「経済社会」の歴史を本書は取り上げますが、その流れをつかまえる際に、地域別にそれらを取り上げるよりは、地球全体が「経済社会」に取り込まれる過程で、どのような問題や課題が生じてきたかを、特定の題材を選んで示す方法をとりました。それは、本書が地域別に経済の歴史を概説してきた本書の姉妹書である『世界経済の歴史』（金井・中西・福澤編［2010］）、『日本経済の歴史』（中西編［2013］）に続く書物であることもありますが、経済の歴史を身近なところから実感をもって理解してもらうには、生活に関わる題材から見通すとよいと考えたからです。

そして、身近な経済活動は、地域の社会環境に影響を与え、広い視野で見ると地球全体の環境にも関わってきます。前に述べた「マネー」についていえば、電子マネーが盛んに用いられるようになった現代では、小銭を使う機会も以前よりは少なくなりましたが、ほんの少し前までは、日用品の購入や公共交通機関の利用には、10円玉のような小銭を必ず使用していました。こうした小銭は主に銅で作られており、日本では古代から銅銭が日常的な支払いとして最もよく使われてきました。そして日本で大量の銅銭が鋳造されるようになったのが徳川時代であり、その原料となる銅が、現在の栃木県の足尾銅山や、愛媛県の別子銅山などで大量に採掘されました。足尾銅山や別子銅山からの銅の採掘は近代以降も続きますが、採掘した銅鉱石は、そのままでは不純物が混じっており、純度を高めるため精錬する作業が必要です。その際に有毒物質が発生するため、足尾銅山の場合は、それが川に流れて下流域に大きな鉱毒被害をもたらし、別子銅山の場合も煙害として近隣に大きな被害をもたらしました（神岡編［1971］）。つまり、みなさんが身近に使っている10円玉が、原料の銅を介

して，地域の環境と大きく関わっていることになります。

　もう一つ例をあげましょう。みなさんがよく使う割りばしは，森林資源と大きく関わってきました（須藤［2010］）。割りばしは，木材加工の際に余った端材を使うことが多いので，割りばしを使わないことが森林資源の保護に直ちにつながるかどうかは疑問ですが，最近の割りばしは竹材を使うことも増えてきました。竹材は内側が空洞で節もあるため，建築材や産業材として使いにくいのですが，生活のなかでは竹竿が物干し竿などとして昔からよく利用され，春にはタケノコが食材として用いられました。ところが近年は輸入の水煮タケノコが増え，竹竿がプラスチックや金属のポールに取って代わられるとともに，竹製品が徐々に販路を失い，竹林の伐採が進まないため，現在は，放置された竹林が繁殖しすぎて日本各地の里山の生態系を崩しています（柴田［2004］）。その対策の一つとして，竹材の割りばしが有効と思われますが，このように身近な生活用品から自然環境を考える素材として割りばしも興味深いです。

　このように，私たちの生活には鉱産物や林産物のような山の資源が大きく関わってきました。そして日本は，まわりを海に囲まれた島国ですので，山の資源のみでなく海の資源も身近な生活に大きく関わっています。食べ物として利用する海産物のみでなく，人間が生きていくのに絶対必要な塩は，日本では塩水である海水から主に取り出しています。たとえば，近代日本では瀬戸内海沿岸各地に塩田が広がり，そこでは海水から水を蒸発させて塩を取り出しました（日本専売公社編［1982］）。それらの塩は，純粋な食用としてのみでなく工業用原料としても用いられ，大豆や小麦と並んで醬油醸造業の原料として用いられたり，化学工業の薬品原料としても用いられました。ところが，臨海部に工業地帯が形成されると，こうした塩田が減少し，海は工場排水で汚染されることとなります。徳川時代には現在の東京湾にも塩田が存在し（落合［1999］），そこで作られた塩が江戸の住民の食生活を支えていましたし，東京湾で獲れた魚が江戸前寿司の素材でしたが，現在は大きく様変わりしました。

　私たちは，陸の工業化に目を向けがちですが，実はその背後には，山の豊かさと海の豊かさがあり，それを陸の工業化に向けてきたのが近代日本の工業化でもあったといえるでしょう。そのために，森林資源や海洋資源がかなり浪費

され，自然環境が損なわれましたが，その問題は日本一国にとどまりません。国際競争の高まり，企業の多国籍化が進み世界各国に工場を設立するようになることで，地球規模で自然環境が損なわれるに至りました。

　地球環境を考えよう，と近年よくいわれますが，それではそれについてどのように考えたらよいでしょうか。本書の読者の多くの方は，林業や漁業の専門家ではありませんので，植林したり水産資源を守るための方策を実際に行うことは難しいでしょう。ボランティア活動もありますが，まずは身近な生活のなかからできることを考えればよいと思います。それを考える手がかりとして本書を利用して下さい。本書では，家族やコミュニティの問題から始まり，飢饉や災害，森林資源，エネルギーなど環境に関連の深い観点から第Ⅰ部・第Ⅱ部の章を配置しました。そして，みなさんの生活スタイルを考えるために，人口・健康・娯楽の観点からの章を第Ⅲ部で設けました。そして，みなさんの生活スタイルはより大きな社会の枠組みから影響を受けていたことを示すために，第Ⅳ部では教育と労働，法と福祉を取り上げ，そして最後の章では，国家的規模の植民地獲得競争からも生活スタイルが影響を受けていたことを示し，身近な生活観から世界観をつかまえることを狙いとしました。

　もちろん，本書はそれらを歴史の視点から述べていますが，現代的な視野も持ちつつ，とくに各章の末尾に配置した解説では，各章の内容と関連させて，現代の社会問題に大きく関連するキーワードや研究史についてまとめています。また，身近な生活観を世界観にまで広げるには，これまでどのような歴史観で先人らが議論してきたかを学ぶことも必要と考えたため，各部の最後に，テーマ論として，経済思想を学ぶための章も設けました。すなわち，家族や地域社会そして災害の問題を取り上げた第1・2章の後に，それらを主要なテーマとして論じられてきた社会史の学問的状況をテーマⅠとして取り上げ，資源とエネルギーの問題を取り上げた第3・4章の後に，経済成長などの進歩とその制約要因ともなりうる環境との関連について，学問的にどのように論じられてきたかをテーマⅡとして取り上げました。さらに，人口・健康・娯楽など生活スタイルの問題を取り上げた第5～7章の後に，生活スタイルが大きく変化したと考えられる近代以前と以後の転換について，学問的にどのように論じられ

てきたかをテーマⅢとして取り上げ，教育・労働・法・福祉そして国家と植民地など，より広い社会の枠組みの問題を取り上げた第8～10章の後に，社会全体のマクロ的な捉え方について，学問的にどのように論じられてきたかをテーマⅣとして取り上げました。これらのテーマ論は，それらを通して読むことで，「経済社会」のさまざまな見方を，学問の歴史としても学ぶことができます。それらを受けて終章では，競争と共存のバランスのとれた社会を未来への展望として提案しています。そして本書末尾には，経済の歴史を分析する際に用いる文献史料や統計資料を扱う際の留意点を，経済史研究者を目指す人々向けの入門ガイドとして示しました。

第 I 部

地域社会と生活

横浜・吉田橋上での消防出初式，1890年頃（小西・岡構成［1983］42頁）

横浜では，1882（明治15）年より警察署が消防を担当しましたが，この写真では，その出初式に，警察の指揮下の消防組とともに，それとは別組織の居留地消防隊もヘルメットをかぶって参加している様子がうかがえます（横浜開港資料館ほか編［1988］106-107頁，横浜商業会議所編［1909］927-928頁）。

第1章
家族・地域社会と経済活動

はじめに

　経済とは何であり，経済学とは何であり，経済の歴史とは何でしょうか。その答えは研究者によって，人によってさまざまでしょう。しかし，最低限合意できることとして，経済活動を行うのは人間であり，そして人間は一人ではなく，つながりのなかで生きている，つまり社会を作って生きている，ということがいえるでしょう。

　とりわけ，抽象的な理論ではなく，人間が実際におこなった行為について研究する学問である経済史を学ぶ上では，人々がどのようなつながりを作り，そうしたつながりのなかでどのように生産や消費を行ったのか，という観点は欠かすことができません。本章では，家族，村，商店街やエスニック・グループといったつながりに注目しながら，経済活動の歴史的な変化について考えてみたいと思います。

1　家族と経済活動

1）小経営と近代家族

　現在の標準的な経済学の教科書を開くと，家計・企業・政府という3種類の主体が，経済活動を行う主体として登場します。経済の世界の主要なプレイヤ

ーは，この三つだということです。おおざっぱにいえば，家計とはモノやサービスを消費する主体であり，企業とはモノやサービスを提供する主体であり，政府とは徴税のような強制的手段を用いて経済の世界に介入する主体，ということになります。

　経済学の理論の世界において，それぞれのプレイヤーは，あくまで理論的に設定された抽象的な存在です。しかし同時に，経済学は，現実に私たちが生きる社会について考えるための理論であるので，現実の社会のイメージが理論には反映されています。それでは，「家計」や「企業」といった存在には，どのような経済活動のあり方が反映されているのでしょうか。

　たとえば，消費の主体としての「家計」というプレイヤーの設定から浮かび上がってくるのは，どのようなイメージでしょうか。それは，人が住み，生活を送る空間や集団と，モノを生産する場が切り離されている，というイメージではないでしょうか。理論を離れてみるならば，「家計」という言葉からイメージされるのは，次のような生活のあり方でしょう。ある家族の（一人暮らしであればその一人の）生活を支えるための手段は，家族のメンバーが（一人暮らしであればその当人が），自分の住む家とは別の場所で働き，それによって得るお金です。そして，そのお金で，食料，衣類など，生活を送るために必要なモノを，どこかのお店で購入してきます。「家計簿をつける」といえば，そこに書き込まれる主要な情報は，どれだけ給料をもらってきたか，どれだけ何にお金を使ったか，という二つの情報です。

　しかし，こうしたイメージの「家計」は，歴史的に見れば，常に社会に存在してきたものではまったくありません。むしろ，それはある特定の歴史的な状況に特有の経済的主体といってもよいものです。

　たとえば，農家のことを考えてみましょう。歴史的に見ると，農家の多くは，自分が生産した農作物を食品として消費していました。自分たちが使用する衣類を自分たちで作ることもしばしばでした。工業製品を生産する企業とは異なり，消費と生産の場が切り離されているわけではありません。

　都市においても，給料を受け取って仕事をする，という働き方が常に一般的だったわけではありません。たとえば，都市の小商店では，店主やその家族が

仕入・加工・販売といった労働に従事しており，販売収益はそのまま家族の収入になる，という形はありふれていました。最近では少なくなったとはいえ，「八百屋さん」「魚屋さん」といった「〇〇屋さん」のことをイメージしてみればよいでしょう。自分の作業場と道具を所有する職人も，同様に誰かにやとわれて賃金を受け取るわけではありません。そして，農家はもちろん，小商店や職人の作業場も，家族の居住の場でもあることがよく見られます。職場と住居が分離はしていないのです。こうした経営のあり方を，一般的に「小経営」と呼んでいます。戦争の影響で工業化が進んだ 1940（昭和 15）年でも，国勢調査のデータによれば，農家を含む自営業主とその家族従業者の数は，日本の有業者人口のうち，約 6 割を占めています（原［2013］。なお，2016〔平成 28〕年の労働力調査では，その割合は 10％程度です）。

　家族ぐるみで働き，職場と住居が一致しているような生活から，住居から離れた職場に通勤して賃金を稼ぐような生活に，生活のあり方が変化すると，それに対応して家族の性格が変化します。家族は生産から切り離され，もっぱら消費の場になるのです。そして，妻ないし母親が，消費の単位である家計と，消費生活に付随する業務，つまり「家事」と呼ばれるものの責任者であるとみなされるようになります。こうして，男性は外で賃金労働，女性は家で家事や育児，という性別役割分業が固定されるようになるのです。このような，消費の場，かつ女性と子どもの領域として，生産から分離された家族のことを，研究上の用語では「近代家族」と呼んでいます（落合［1989］）。わざわざ「近代」という単語を冠するのは，性別役割分業や，労働の場から隔離された子どもといった家族の特徴が，歴史的に普遍的なものではないことを示すためです。「近代家族」とは，歴史上のある時期に出現する，ある特殊な家族の形態にすぎないのです。

　育児が母の役割であり，「母性」という女性の特性に関わるものとされたのも，こうした近代家族のもとにおいてであり，これも歴史上いつでもみられることではありません。幕末から明治にかけて日本を訪れた欧米人たちは，日本人の父親が，欧米人の父親に比べて親密に子どもと関わっている，という印象を記録しています（沢山［2013］）。このことは，近代家族の母親像を基準とし

ている欧米人から見た場合，当時の日本人の父親のあり方は欧米と違って見えたことを意味しています。一家を挙げて働き，職場と住居が一致しているような小経営において，母だけが子どもの世話をする役割を担うとは限らなかったのです。

2）農家副業としての織物業

すでに触れたように，農家は小経営の一種です。主として家族労働力に依存する農家経営を小農経営と呼びますが，小農の家族労働は農業部門に限られません。産業の性質上，農業には，1年の間に，忙しい季節（農繁期）と，比較的仕事の少ない季節（農閑期）があります。水田耕作であれば田植え，稲刈りといった時期は農繁期にあたります。こうした農繁期には家族が総出で仕事をするのはもちろん，近隣の農家もお互い助け合って農作業をする必要があります。一方，農閑期になると家族が全員農業に従事する必要はなくなります。こうした時期には，余った働き手は，農業以外の仕事に従事することもあります。これが農家副業と呼ばれるものです。

近代の日本で，農家副業として展開した産業に，織物業があります。日本では，繊維産業のなかでも，綿の糸を作る綿糸紡績業が，比較的早い時期から，工場で機械を使って糸を作るという近代産業の形態をとったのに対して，糸を織って織物を作る織物業は，主として手工業によって担われる時代が，第一次世界大戦頃まで続きました（中村［1985］）。

こうした織物業では，実際に織物を織る農家のことを，「賃織」と呼び，そうした「賃織」たちを束ねる業者のことを「織元」と呼びます。織元は，糸を仕入れてきて，これを「賃織」たちに渡します。賃織はできあがった織物を織元に渡し，織元からできあがった織物の量に応じて工賃を受け取ります。工場と違い，賃織たちは1カ所に集まって仕事をしているわけではありません。それぞれの作業場は自分の家であり，織元はそれぞれの賃織から織物を回収するのです。

織物生産が盛んであった地域の一つに，埼玉県の入間地方があります。入間地方の織元であった滝沢家には，19世紀末から1920年代までの経営帳簿が残

されており，この帳簿は現在，入間市博物館に所蔵されています。この帳簿を使った研究（谷本［1998］）は，滝沢家の経営には，農家の季節サイクルにあわせて発注量を調整するという特徴が見られることを明らかにしています。

　具体的には，滝沢家が賃織に織物を発注するのは，10月から12月にかけてが最も多く，逆に5月から6月にかけての発注は少なくなっています。通常であれば，一番忙しい時期は，最も労働の需要が多い時期ということですから工賃は最も高くなるはずです。つまり10月から12月に一番工賃が高くなり，5月から6月にかけてが安くなるはずです。ところが，滝沢家が賃織に支払う工賃はそのようにはなっていませんでした。5月から6月にかけての工賃は，10月から12月にかけての工賃の水準より，毎年1.5倍から2倍近く高かったのです。

　これはなぜでしょうか。入間地方でも，賃織は農家の副業として行われていました。主として農家の女性が，自宅で織物を織っていたのです。そして，5月から6月にかけては農繁期で，農家では女性を含めた家族が総出で農作業を行わなければなりませんでした。そうすると，織物の仕事よりも，本業である農業が優先されますから，滝沢家の仕事を引き受ける賃織の数は少なくなるのです。こうして労働の供給が減少するため，工賃は上昇します。反対に，10月から12月は，冬季で農作業の量は多くありません。そこで，農家では家族労働に余裕が生じます。織物の仕事を引き受ける賃織の数は増加し，労働の供給が増加するため，工賃は下落します。

　滝沢家側から見れば，農繁期の5月から6月にかけては工賃が上がるために発注を避け，農閑期の10月から12月に，工賃が下がるタイミングで織物を発注していた，ということになります。農家側から見れば，働き手が余る農閑期を有効に利用するために，冬季に賃織の仕事を引き受けていた，というわけです。

　これだけであれば，滝沢家は農業労働のサイクルを利用して工賃の安い時期に発注をかけ，農家も農閑期を有効に利用できて，お互いに利益がある，ということになりますが，話はそれほど単純ではありません。入間地方で生産される織物は，主として冬物の衣類に使用される織物でした。したがって，滝沢家

が織物を販売するのは，冬シーズンの前の時期であり，販売量のピークは8月頃でした。つまり，冬の間に発注した織物が，実際に販売されるのは翌年の夏なのです。その間，滝沢家は織物を在庫として抱えていなくてはなりません。織元は常にそれだけの資金的余裕を持っていなければならなかったのです。このように，織元が緩衝地帯として機能することで，農家副業としての織物業は毎年継続されていたのです。

このように，小経営を基盤として営まれる経済では，家族のなかでの仕事の配分や，その季節的変化といった要素が，大きな役割を果たすのです。

2　「村」の役割

1）農家と村

小経営は，それぞれ単独で活動しているだけではなく，地域や業種ごとにつながりを持って活動しています。このことは近代的な企業の場合も多かれ少なかれ同様ですが，規模の小さい経営の場合は，一つひとつの小経営では満たすことのできない機能を，お互いにつながり，集団を形成することによって満たすことがしばしばあります。上で見た賃織たちは，一つひとつの小経営では満たすことのできない織物の在庫管理や販売といった機能を，滝沢家という織元の傘下に入ることで，実現していると考えることもできます。そして，入間地方の織元は滝沢家1軒というわけではなく，同様の織元が多数集まって，地域的なまとまりを持つ産地を形成しているのです。ここでは，そうした結びつきの例をいくつか見てみることにしましょう。

江戸時代から現代まで，日本の農家の多くは，主として家族労働に依存する小農経営でした。日本では，こうした農家は，地域的なまとまりを持ち，「村」と呼ばれる結合をつくってきました。「村」は現在でも地方自治体の名称として用いられていますが，ここでいう「村」はそのような現在の制度の「村」のことではありません。なぜなら，日本の地方自治体は，明治以来の百数十年間の間に合併を繰り返し，広域化してきた歴史を持つからです。表1-1は，1874

表 1-1 市町村数の変化

年	(市)町村数
1874（明治 7 ）年	78,280
1884（明治 18）年	71,906
1888（明治 21）年	71,314
1889（明治 22）年	15,859
1945（昭和 20）年	10,520
1956（昭和 31）年	3,975
1985（昭和 60）年	3,253
2004（平成 16）年	3,100
2006（平成 18）年	1,831
2015（平成 27）年	1,718

出所）荒木田［1999］，各年度『内務省統計報告』内務省，各年度『地方財政要覧』地方財務協会，総務省ホームページ「市町村合併資料集」より作成。

（明治7）年から現在までの市町村数の変化をまとめたものです。1874年，日本国内の「村」「町」と名前がついている単位（あるいはそれに類する単位）の総数は78,280でした。これが1888年には71,314まで緩やかに減少し，89年に15,859に激減します。その後はアジア・太平洋戦争後まで緩やかに減少を続け，1956（昭和31）年に3,975と再度激減し，再び40年ほど横ばいが続いたのち，21世紀に入ってまた大幅に減少します。つまり，市町村の数は，明治の中頃に約5分の1となり，アジア・太平洋戦後にその約3分の1となり，21世紀に入ってからさらにその約半分に減少したのです。この明治の中頃の減少をもたらした合併のことを「明治の大合併」と呼び，戦後の合併を「昭和の大合併」，最近の合併を「平成の大合併」と呼んでいます。

近代日本の「村」を考える上で最も重要なのは，「明治の大合併」です。「明治の大合併」とは，1889年4月1日，「市制・町村制」という法律の施行に伴い，全国で実施された町村合併です（なお，北海道・沖縄・島嶼部には適用されていません）。それ以前の，7万数千存在した町村のうち，「村」の数はおよそ7万程度と考えられますが，これらの多くは江戸時代において「村」として存続してきた単位でした。明治の大合併を通じて，平均して五つ程度の近世の「村」が合併され，新しい町や村が作られたのです。

重要なことは，こうした合併によって，江戸時代の村単位での結びつきが一挙に消滅してしまったわけではない，ということです。現在でも農村部には「大字」という単位が市町村の下に残されていることがありますが，この「大字」は多くの場合，「明治の大合併」で合併される以前の村の範囲と一致しています。近代日本の「村」は，合併によって作られた，法律に基づく自治体としての「村」と，その内部に含まれる「大字」の二重構造を持つのです。こう

して作られた新しい村のことを「行政村」と呼びます。

それでは，江戸時代の村や，近代の大字は，どのような機能を持っていたのでしょうか。一口に江戸時代の村といっても，地域ごとのあり方の違いは非常に大きいものがあります。たとえば一つの村の規模が非常に大きい地域や，小さい地域が存在します。しかし，それらをまとめて平均するならば，耕地面積50町（約50ヘクタール）前後，人口およそ400人，石高400〜500石程度となります（渡辺［2008］）。

江戸時代の村の最大の特徴は，幕府や大名など領主によって，年貢を納める単位として設定されているということです。領主は，各村を単位に年貢の額を決め，村はその額の年貢を連帯責任で納入するのです。「村請制」と呼ばれる仕組みです。こうした村請制の仕組みのもとでは，ある百姓が何らかの事情で年貢を納められなくなれば，ほかの百姓がカバーしてその分を穴埋めしなければなりません。こうした仕組みによって，江戸時代の百姓は，村を単位とした強い結びつきを持つようになりました。

江戸時代の村は，山林・原野を村の共有地，ないし複数の村の共有地として所有・使用することがしばしばありました。これは，自給肥料の原料となる山野の草や木の枝葉の採取が重要な意味を有していたからです。このように，村は，個々の農家には所属しない，村全体の共有地を持っていました。農業に欠かせない灌漑用水の管理も，村単位で行われることが普通でした。

また，日本海側や四国を中心に，定期的ないし臨時に村の土地を割り替える「割地制」が実施されている村もありました。割地とは，ちょうど学校の席替えのように，それまである農家が耕作していた土地を別の土地と入れ替えることです。割地制は危険負担平等化の仕組みです。村のなかには，水害などの災害の被害を受けやすい土地や受けにくい土地があります。そして，ある土地が被害にあっても，村請制のもとでは，村全体の年貢の額は変わりません。そのため，被害を受けた耕地の負担を均等にするため，村全体で割地を行い，それぞれの農家が耕作する耕地の場所を取り換えるのです（青野［1997］）。

割地制の存在から見てとれるのは，村の共有地だけでなく，それぞれの百姓が耕作する農地についても，村という団体が，ある程度コントロールする力を

持っていたということです。こうした村の土地に対する権限は，土地取引の局面でも見ることができます。

　江戸時代の農地の売買は，質入れ・質流れという形式をとるのが一般的です。この取引では，まず，土地の所有者が，土地を担保としてお金を借りるというのが第一段階になります。これが質入れです。そして，契約で取り決められた一定の期間に借りたお金が返せなかった場合，そのお金を借りた側はその土地に対する権利を失い，その土地は金を貸した人のものになります。こうした2段階の手続きで土地を所有する権利が移動するのです。

　現在であれば，所有権が移動してしまえば，新しい所有者はその土地を自由に使用し，さらに誰かに売却することも自由です。古い所有者は，その土地に関する権利を完全に失うことになります。ところが江戸時代ではそうとは限りませんでした。質流れになったあと，相当の長期間が過ぎても，お金を返しさえすれば，新たな所有者は，もとの所有者に土地を返さなくてはいけない，というルールが存在する場合があったのです。こうしたルールは，幕府や藩によって制定された法ではなく，あくまで村ごとに決められたり，習慣として定着したりしているものです。ある研究では，常陸国（現在の茨城県）の事例で，130年後に請戻しを要求している例が存在していることが明らかにされています（白川部［1994］）。

2）近代化と「モラル・エコノミー」

　江戸時代の村は，明治の大合併のあとも，行政村の下部単位である「大字」として存続し続けたことはすでに述べました。しかし，江戸時代の村と近代日本の大字は，まったく同じ性格のものであったわけではありません。最大の違いは，明治に入ると，村請制が廃止されることです。1873（明治6）年から開始された地租改正によって，新しい税金である地租が導入されますが，地租の納入責任は，村ではなく，土地所有者個人にありました。そのため，地租改正は一つひとつの土地の所有者を確定して，所有者に地券を交付しました。こうした作業によって，江戸時代の村の慣行，とくに割地制や質地の返還に関する慣行は大きく変化します。質地に関していえば，地租改正の時点で地券の名義

人となった人物は，国によって所有権を保証され，その土地をどのように利用しようが，処分しようが，自由であるということになったのです。以前の所有者がその土地について権利を主張する根拠は，法律上失われてしまったのです。このことは，人々の間で深刻な対立を発生させることもありました。

その一例として，神奈川県大住郡真土村（現神奈川県平塚市）で起きた「真土村事件」があります（鶴巻［1992］）。真土村の松木長右衛門は，他の農民から土地の質入れを受け，お金を貸すことができるような裕福な農民でした。この松木は，地租改正に際して，他の農民から質入れされて所持していた土地を，地租改正に際して自分の土地として申請しました。ただし，その際，質入れ主の農民たちに，「今後いかなる場合も，お金を返せば地券を引き渡す」という口頭の約束をしました。つまり，地租改正の時点では地券の名義人は松木とするが，お金を返しさえすれば土地はいつでも返す，という約束をしたのです。これは，江戸時代の質地に関する慣行の延長線上にあるものです。ところが，1875年頃，ある農民がこの松木との約束に基づいて，お金を返して土地の返還を求めたところ，松木はこれを拒否しました。法律上の所有権が自分にある以上，それを売るか売らないかは自分の自由，というのが松木の言い分です。

農民たちは裁判に訴えますが，裁判に勝ったのは松木の側でした。追い詰められた農民たちは，1878年11月，松木長右衛門宅を襲い，長右衛門一家と雇人を殺害するという事件を起こしてしまいます。

この事件をどのように位置づければよいでしょうか。農民たちは，江戸時代の村に存在していた土地取引のルールに依拠して，自分たちの土地を守ろうとしていました。一方，松木の側は，自分の金で手に入れた土地をどのようにしようと，それは自分の自由であると考えました。そして，松木の強硬な態度の背景には，自分が，政府の法律によって支持されているという考えがありました。農民の側と松木の側では「何が正しいのか」を判断する際に，基準となるルールが違っていたのです。江戸時代のルールと明治のルール，この二つのルールが，江戸時代から明治への移行期にぶつかり合った事件の一つとして，真土村事件を位置づけることができるでしょう。

このような土地をめぐる対立は，1881年以降，日本が激しい不況に見舞わ

れることによって深刻化します。政府の財政担当者であった松方正義の名をとって「松方デフレ」と呼ばれる不況期の到来です。その前の好況期には，養蚕業が盛んであった東日本を中心に，借入によって経営規模を拡大しようとした農民が多く存在しました。こうした人々は，一転して到来した不況によって借金が返せなくなり，担保となっていた土地を失ってしまう危機に直面します。そこで農民たちは，債権者である高利貸しや銀行に対して，返済の猶予や，40年・50年といった長期の年賦返済にすることを求める運動を起こします。こうした運動は「負債農民騒擾」と呼ばれており，東日本を中心に，1883年から85年にかけて，60件以上の事件が起きたことが知られています（稲田[1990]）。運動の規模は大小さまざまですが，基本的なパターンとしては，負債を抱えた農民が集会を開いたり，債権者に対して集団で交渉に臨んだりするものです。最も有名な負債農民騒擾が，自由民権運動と結びついて大規模な武装蜂起に至った，1884年11月の秩父事件です。

　この時期には，土地を失いかけている農民には一定の配慮をしてしかるべきだ，という考え方は農民の間に根強いものでした。そこで，負債を抱えた農民たちは，債権者に対して返済の猶予・長期の年賦払いを要求する運動を起こしたのです。ところが，この時代の高利貸しや銀行の側から見ると，そうした主張は何の正統性も持っていませんでした。負債農民騒擾が起きた時代には，もはや村請制は存在していません。地租改正によって，土地には個人の所有権が認められ，納税も個人責任になっていました。また，不況のなかでは，債権者の側も負債農民に配慮する余裕はありません。結局，負債農民騒擾は大きな効果を上げることはできず，一部は警察や軍隊によって鎮圧されました。この時期を最後に，江戸時代の土地取引慣行をもとにした要求が公然となされることはなくなり，近代的な取引のルールが定着してゆくことになるのです。

　所有権の保証や取引の自由の保証は，現代でも市場経済の基本的なルールです。しかし，ここまで述べてきた江戸時代の村のルールからわかるように，それがどの時代も通用するルールであったわけではありません。経済活動を行う主体は，それぞれ孤立して市場に参加するわけではなく，それぞれ日常的な結びつきを持って暮らしている人々です。そうした人々の間には，それぞれ独自

のルールがあり，それが現在の市場経済のルールと一致するとは限らないのです。

江戸時代の日本以外の例をあげてみましょう。18世紀のイギリスでは，食料となるパンや麦の価格が上昇すると，パンや麦を購入する貧しい人びとが，価格の引き下げを求めて運動を起こすことがしばしばあり，それはときに暴力を伴うこともありました（Thompson［1991］）。しかし，その運動は，単に「腹いっぱい食べたい」という欲求の爆発だけで起きたわけではありません。18世紀イギリスの人々は，食料には適切な価格というものがあると考えていました。したがって，それ以上の価格で食料を売ろうとする商人は不正行為を働いているとみなされ，暴力的な制裁の対象となったのです。このように，経済活動には守らなくてはいけない道徳的な規準がある，という人々の観念のことを，研究者は「モラル・エコノミー」と呼んでいます。江戸時代の日本における土地取引に関する人々の観念も，「モラル・エコノミー」の一種と考えることができるでしょう。

3）近代の大字

日本の村の話に議論を戻しましょう。江戸時代の村は，地租改正によって，村請制という基本的な機能を失います。そして，さきほど説明した通り，「明治の大合併」によって，新しい行政村に統合されてしまいます。しかし，江戸時代の村が「大字」という単位になり，行政村の内部の単位として存在し続けてきたこともすでに説明した通りです。大字は，水利や山林といった江戸時代以来の役割を担うこともありましたが，これらは単に江戸時代から連続しているだけというわけではありません。それでは，大字が，実際にはどのような機能を果たしているのか，具体的な事例から検討してみましょう。

ここで取り上げるのは，静岡県駿東郡金岡村大字岡宮です（松沢［2014］）。金岡村は，1889（明治22）年の合併によって成立した行政村で，それ以前には岡一色，岡宮，東熊堂，西熊堂，西沢田，中沢田，東沢田，沢田新田という8カ村が存在していました（図1-1）。それらの近世の村は，金岡村のなかでそれぞれ大字の単位となっています（現在は静岡県沼津市に属しています）。また，

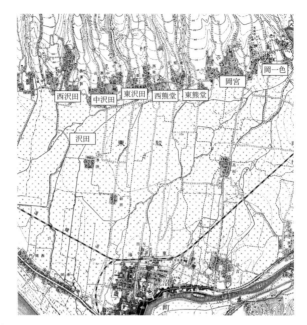

図1-1　金岡村の各大字
出所）「2万分1正式図　沼津」(1901年陸地測量部発行)。

　この地域は，北側に愛鷹山という広大な山林を抱えている地域です。その金岡村の大字岡宮，すなわち近世の岡宮村では，1893年に「改良規約」というルールが，住民の自主的なルールとして定められています。この改良規約の主たる内容は，犯罪の取り締まりです。12名の「改良委員」という役職が選挙で選ばれ，山林の無断伐採や，農作物の窃盗を改良委員が発見した場合には，大字の代表者が説諭を加えること，また罰金を徴収することが定められています。罰金の半額は被害者に支払われ，残る半額は大字の共有財産に組み入れられます。改良委員が違反者を警察に通報するのは，違反者が大字の代表者の指示に従わなかった場合のみです。また，改良委員は，違反者を現行犯で摘発するのみならず，噂によって疑わしいとされたものの自宅を家宅捜索する権限も持っています。
　そして，この改良委員制度は実際に機能していたことが，記録からわかりま

す。改良委員制度発足直後，1893年の6ヵ月分によれば，農作物の窃盗，草・樹木の無断伐採など，半年で23件に及ぶ摘発が行われ，詫書（反省文）と罰金による解決がなされているのです。注目すべきことに，1893年以前に，岡宮村ないし大字岡宮には，少なくともこのような明文化された規則は存在しません。大字岡宮の改良委員制度は，一見すると江戸時代以来の村の強固な結びつきの遺産のようにも見えますが，そうとはいい切れないのです。

大字岡宮で行われていることは，小経営がまとまった土地に居住して農業を営む際に発生する，さまざまなトラブルを，小経営同士が解決してゆく仕組みであると考えることができるでしょう。そうしたトラブルは，直ちに国家の出先機関である警察に持ち込まれる前に，小経営同士が作り上げた組織によって解決されていたのです。一方，こうした組織が必要とされ，実際に多くの規則違反を摘発しているということは，日本の農村社会が，譲り合いと助け合いに満ちた牧歌的な世界などではなかったことを示しています。

また，近代日本における小農経営の結びつきは，大字のなかにとどまるものではありませんでした。この点については，「解説1」を参照してください。

3　商店街とエスニック・グループ

1）商店街

次に都市に目を転じてみましょう。農村と異なり，人の入れ替わりが激しく，人と人とのつながりが希薄に見える都市ですが，やはりここでも地域のまとまりが一定の役割を果たしています。日本の都市には，小売商店が軒を連ねる「商店街」と呼ばれる街路が存在します（以下，この項は満薗［2015］に基づく）。商店街は，多様な品目を扱う小売商が，一つの街路という限定された地域に集中して存在している点に特徴があります。そして，多くの商店街では「〇〇商店街振興会」というような，小売商が加盟する団体が存在します。商店街も，小売商という，それ自体は孤立した市場参加者が，地域というまとまりのなかでお互いにつながりを持って商売を営んでいる形態と見ることができます。

日本で，このような商店街が形成されるのは1920年代から30年代にかけてとされています。もちろん，それ以前にも都市には多数の小売商が集中している場所はあったのですが，それが一つのまとまりを持った空間として認識されるようになったのが，その時代ということです。この時期に商店街が成立した要因として，小売のあり方が，行商から，店舗での小売りへと大きく変化したことがあげられます。江戸時代の都市では，店舗を構える商人は，商人の一部にすぎず，食品・日用品など，一般の住民が必要とする商品の多くは，天秤棒を担いで歩く「振売」「棒手振」と呼ばれる零細な小売商人によって供給されていました。この状況は明治に入っても大きく変わることはなく，1896（明治29）年の広島県では，小売商総戸数のうち，常設店舗を持つ商人が38.2％，行商が60.3％，露天商が1.6％，というデータが残されています。その後，明治時代の後期から昭和初期にかけて，小売商人の営業形態は店舗を構えるものへと大きく変化します。

　行商から店舗小売へと営業の形態を変えることは，小売商の性格も変えます。行商人は常に移動するため，顧客と小売商がいつ出会うかが不確定です。場合によっては，粗悪品を売りつけて逃げてしまう，といったことも可能です。一方，店舗小売の場合は常に小売商が一定の場所にいるわけですから，粗悪品を売りつければすぐに客にねじ込まれてしまいます。また，地域での評価も下がってしまいますから，そのような不正行為を行うことは困難です。つまり，店舗を構える小売商は，その地域に根をおろし，地域のつながりのなかで商売を営むという性格が強いものになるのです。これが，1920年代から30年代にかけて，商店街が形成される背景です。そして，アジア・太平洋戦争期の停滞・破壊を経て，戦後に商店街は全盛期を迎えます。

　店舗を構える小売商にとって，商店街を形成することにはさまざまなメリットがありました。まず，小売商が特定地域に集中することで，買い手はその地域に来るだけで，日常的な買い物を一通りすませることができます。また，商店街の設備を整え，買い手の利便性を向上せさせることができます。たとえば商店街のアーケードのようなものを想像してみればわかりやすいでしょう。このように買い手にとって便利な環境を整えることで，より多くの客を集めるこ

とができたのです。

　商店街に集まった商店主たちは，商店街に関わる活動だけではなく，地域の活動の積極的な担い手となってゆきます。たとえば，町内会の行事の担い手になったり，地域のお祭りの運営に参加したりすることです。こうした地域活動への参加は，商店主にとって，商売の上でも大きな意味を持っていました。まず，このような活動への参加によって，小売商は，商品の買い手である地域の人々の信頼を得ることができます。また，地域に住むそれぞれの家族に応じた情報を収集し，それによって細かいニーズに対応することが可能になります。商店街は，小売商の活動が，消費者が生活する地域に根差すことを可能にしたといえるでしょう。

　こうした小売商も，家族ぐるみで担われる小経営でした。東京の零細小売店を対象として1981（昭和56）年に行われた調査では，家族のみで営まれるものが全体の8割に上り，夫と妻の二人が従事する形態が最も多くなっています。同一敷地内に店舗と住居が併存する，職住一致型の商店も8割以上に上ります。こうした経営で大きな役割を果たすのは妻です。妻は店内の陳列，掃除，電話の取り次ぎや客対応など，主として店舗内での仕事を担っただけではなく，近所づきあいや子どもの学校での親同士の付き合いなどを通じ，各家庭のニーズや，動向などを把握する役割を担うこともありました。この章の最初で述べたことに戻ると，こうした小売商の妻も，家事と育児に専念するという典型的な「近代家族」の妻とは異なった存在であることがわかります。

　しかし，こうした商店街は，1980年代以降衰退を見せます。そして，現在の日本では，とくに地方都市において，商店街の多くの店が営業していない状態，いわゆる「シャッター商店街」化が深刻です。消費者は商店街よりも，一度で買い物がすむスーパーマーケットやショッピングモールに流れ，商店街で買い物をしなくなっているのです。こうした変化は，地域のつながりのなかで経済活動を営むというあり方が，現代日本では次第に成り立たなくなっていることを示しているといえるでしょう。

2）エスニック・グループ

　人々の結びつきは，空間的にまとまって住んでいたり働いていたりすることによってのみ，もたらされるわけではありません。空間的に限定されない人びとの結びつきとして，エスニック・グループ（民族集団）を媒介にしたものがあげられます（以下，この項は韓［2010］に基づく）。

　周辺の住民とは異なる少数派のエスニック・グループが，空間的にまとまって居住したり店舗を開いたりする例は少なくありません。日本でいえば東京新大久保のコリアン・タウン，アメリカの各地に見られるチャイナ・タウン，ドイツの首都ベルリンのトルコ人街であるクロイツベルク地区などをあげることができます。政治的・経済的理由によって，もともとの居住地から別の居住地へ移住し，あるいは移住することを余儀なくされる人々は，歴史上も，現代も，存在します。そうした人々は新しい土地で生活の拠点をつくりあげるに際して，同じ出身地，同じエスニック・グループのもの同士での結びつきを持つ傾向にあります。なぜなら，まず同じエスニック・グループのもの同士では言語による意思疎通がスムーズですし，生活習慣や信仰などを共有しているため，ともに生活を送ることに障害が少ないからです。職や仕事の斡旋もエスニック・グループ内で行われる場合，エスニック・グループは，民族的マイノリティが経済活動を行うための基盤となります。そして，それは移住した最初の人々（一世）だけではなく，その子どもや孫の世代（二世，三世）にも，多かれ少なかれ継承されてゆきます。

　しかし，エスニック・グループは，必ずしも一つの空間にまとまって居住したり働いたりしなくてはつながりとして機能しないわけではありません。たとえば，日本には，日本が20世紀の前半に朝鮮半島を植民地として支配していた結果として，朝鮮半島出身者およびその子孫が多数居住しています。在日韓国・朝鮮人と呼ばれる人々です。さきほど紹介した東京の新大久保など，コリアン・タウンと呼ばれる場所は各地に存在しますが，在日韓国・朝鮮人はそうした場所だけに住んでいるわけではなく，日本各地に散在して居住しています。

　だからといって，在日韓国・朝鮮人にとって，エスニック・グループとしてのまとまりがまったく無意味であるというわけではありません。在日韓国・朝

鮮人を集団として見た場合，その経済活動にはある特徴を見出すことができます。たとえば，パチンコ・ホール経営者のなかに在日韓国・朝鮮人が多いといった傾向です。しかし，朝鮮半島出身者が，パチンコ・ホール経営が得意である，という特性を持っているとは考えられません。それではなぜ朝鮮半島出身者が特定産業に集中する結果が生じたのでしょうか。

　在日韓国・朝鮮人の経済活動を分析した研究（韓［2010］）は，こうした偏りは，ある産業に関する情報が，特定のエスニック・グループに集中して蓄積され，そのグループのなかでのみ流通する構造の結果であったことを明らかにしています。アジア・太平洋戦争直後の在日韓国・朝鮮人は，繊維産業など製造業に従事するものが多く，その時点でパチンコ・ホールなど娯楽産業に従事していたわけではありませんでした。これは，戦前の朝鮮半島出身者が，日本に来て従事した産業が主として製造業であったという経緯によるものです。ところが，1950年代初頭に，一部の在日韓国・朝鮮人がパチンコ・ホール経営に乗り出すと，パチンコ・ホールの経営のノウハウや，出店候補地の情報などが，会合や親族関係などを通じて，ある在日韓国・朝鮮人から別の在日韓国・朝鮮人へと，人から人へのつながりによって伝えられるという状況が発生します。こうして，製造業に従事していた在日韓国・朝鮮人のなかからパチンコ・ホール経営に業種転換するものが現れ，そのエスニック・グループの外にいる人々に比べて，在日韓国・朝鮮人が急速にパチンコ・ホール産業に参入するという現象が生じたのです。

　この事例は，ある経済的主体が，新しい産業に参入してゆくにあたって，エスニック・グループがそれを促す役割を担った例として位置づけることができます。しかし，こうした役割を担うのが，必ずエスニック・グループでなければならないというわけではありません。たとえば，戦後の大阪において，石川県出身者が銭湯業を営むことが多かった，という現象が知られています（鯵坂［2009］）。1990年代中頃では，大阪府下の公衆浴場経営者の4割弱が石川県出身者でした。彼らは，アジア・太平洋戦争以前に，経営者としてではなく労働者として大阪に移住してきた者たちから出発しています。やがて彼らのある者は浴場を借りて経営者となり，また浴場を買収して所有者となっていきました。

その際，同郷者同士での資金の融通や，安い燃料の入手先の情報の交換が行われ，さらに同郷のつてを頼って新たに石川県から大阪に来て公衆浴場業で働くものも増えてゆきました。こうして，大阪府において銭湯業における石川県出身者の比率が高まっていったのです。石川県出身者と他府県出身者の間には，在日韓国・朝鮮人のような言語・文化の相違があるわけではありません。また，石川県人が銭湯業を得意とする特性を持っているわけではないことは，朝鮮半島出身者がパチンコ・ホール経営を得意とする特性を持っているわけではないことと同様です。こうしたケースも，銭湯業に関する情報が特定の人間集団の間に偏って存在していたことに起因するものとして考えることが可能です。

　在日韓国・朝鮮人のケースと大阪の石川県出身者の二つの事例が示していることは，人々は個々バラバラに市場に参入してくるわけではなく，結びつきのなかで経済活動を行っているということです。そして，人々の結びつきが人々の経済活動の方向性を決めていくことも少なからずあるのです。

おわりに

　この章でこれまで見てきたことは，歴史的に見ると，人々は孤立して経済活動を行ってきたわけではなく，それぞれのつながりのなかで経済活動を行ってきたということです。そして家族もそうしたつながり方の一つの形態ですし，また家族の形自体も歴史のなかで大きく変化してきました。

　しかし，商店街の衰退に象徴されるように，こうしたつながりのなかでの経済活動という側面は，現在の社会では後景に退き，一人ひとりの個人がバラバラに市場経済のプレイヤーとなり，競争にさらされる側面が強くなってきているようです。こうした変化が望ましいのかどうかはひとまず置き，このような状況は，歴史的に普遍的なあり方ではなかったことには，十分な注意が必要でしょう。

● ― 解説 1

無尽講と金融

　「無尽」あるいは「無尽講」という言葉を聞いたことがあるでしょうか。みなさんの出身地によっては，「飲み会」とほとんど同じ意味の言葉として使われているかもしれません。また，「むじんくん」という某消費者金融の自動契約機は，「無人」で契約できることと，「無尽」のイメージとをかけているのでしょう。しかし，飲み会と消費者金融というのは，いささか結びつきにくい組み合わせのようにも思われます。この両者を結びつける無尽講とは，一体どのようなものだったのでしょうか。

　無尽講というのは，複数人が集まってメンバーと同数回の会合（しばしば飲み会）を開いて資金を集め，それを毎回希望する加入者へ順番に貸し付けるという，インフォーマルな金融組織のことです。たとえば，1人が1万円を掛金として持ち寄って10人で飲み会を開き，集めた10万円を1人に貸し付けます。すると，貸し付けられた人は我慢をして貯金せずとも，いきなり10万円を手にすることができます。そして，メンバー10人全員が貸し付けを受けるまで10回飲み会を開けば，誰にとってもプラスマイナスはゼロ。最後に貸し付けを受ける人も，失うのは機会費用としての利子収入くらいのもので，仲間たちと楽しみながら強制的に積立貯金ができます。こうした無尽講は，現在のように金融機関が整備されず，高い利子を支払わなければ資金を借り入れられない時代や地域（とくに農山漁村）では，重要な資金調達の選択肢として好まれ，盛んに組織されてきました。

　しかし，簡単に資金が借りられるという無尽講のメリットはなかなかに大きいので，人によっては多少の利子を支払ってでも早く資金を借り入れたいと考え，仲間同士で競争になることもありました。その場合には，資金の借入者をくじ引きや利子率をめぐるセリなどによって決定することになり，ここでは説明しきれないくらいさまざまなバリエーションが存在しています。

　実は，こうした無尽講は，非欧米圏を中心に世界的に存在しており，回転型貯蓄信用講（Rotating Savings and Credit Associations : ROSCAs）と呼ばれています。日本では古くは鎌倉時代から存在が確認され，近世から戦間期にかけて信仰や寺社参詣とも密接に結びつきながら展開し，巡礼のための旅費の融通や互助的な資金貸借だけでなく，事業資金の調達といった金融的性格を徐々に強めていきます。飲み会という「娯楽」と，資金調達という「金融」の二つの側面が無尽講にはあり，経済が発展するにしたがって徐々に後者が前面に出ていったと整理することができるでしょう。

　こうした無尽講のなかでも，とくに研究者の注目を集めてきたのが親有り講でした。親有り講の「親」は，最初の会合で無担保・無利子で資金を借り入れる優先権を有し，経済的に困窮した人物がしばしば「親」となったため，「救済講」とも呼ばれています。お金に困った「親」をみんなで資金を出し合って助けるという意味で，「救済講」

と呼ばれたわけです。こうした救済講は，かつては日本にしか存在しないとされていました。救済講では，その後に続く会合で掛金を支払い続けられるかどうかわからない困窮した「親」に資金を貸し付けるので，極めてリスクが高くなり，そうしたリスクを許容して救済講を組織するには，人々が強く結びついた村落共同体を基盤とする相互扶助が不可欠だと考えられたからです。しかし，陳［2010］は，浙江省温州市で生活困難に陥った人物が「親」となっている救済目的の合会（日本でいう無尽講）を紹介しているので，救済講を特殊日本的な村落共同体の性格と結びつける見解は，現在ではやや分が悪いものと思われます。

　むしろ，長野県の一農村に残された54講の無尽講史料を利用して，無尽講の加入者を村内居住者と村外居住者とに分けて集計してみると，村の外に住む加入者の比率は親有り講（救済講）のほうが親無し講よりも高いという結果になりました（小島［2011］）。部落の助け合いのような共同性に支えられる側面は救済講のほうが相対的には弱いという，従来のイメージとは正反対の結果となったわけです。救済講は「救済」としての意義を持たせるために一口当たりの掛金額が親無し講よりも高額となる傾向があり，困窮した人物が「親」となるので掛金不払いのリスクも高くなります。こうした高いコストとリスクを負担する加入者が村のなかだけでは見つからず，広く村外にも縁故を求めることで，救済講は組織されていたのでしょう。救済講に見られる行政村の領域をも越えた「小農維持」の仕組みの存在は，部落や行政村を核とする地縁的関係の外部に広がる，人と人とのつながりの重要性を示唆しています。

　ただし，講加入者からの集金にあたる世話人や，「親」の保証人には富裕な者が多く，講加入者間の関係性や利得の配分は決してフラットではありませんでした。一般に，セリを行う無尽講では，早い回で資金を借り入れようとすると競争者が多いため，高金利となる傾向にあります。そのため，落札を繰り延べるほど競争者が減って安い金利で資金を借り入れられ，場合によっては利得が生じることもありました。したがって，長期にわたって資金を掛け続けられる富裕者ほど借入利子を節約でき，かえって高い利得を得られることになります。救済講は通常の無尽講よりも規模が大きい分，より多くの利得が期待され，だからこそ行政村の範囲を越えて救済講に加入する者がいたのでしょう。また，救済講によって救われたという事実自体が，「終生ぬぐひ去ることのできぬ恥辱」（川島・渡邊［1944］）であり，救済講によって救済された者は，ある種のスティグマを背負わざるをえなかったとされています。

　さらに，1929（昭和4）年に始まる大恐慌の下で，無尽講の大部分は掛金の支払いが滞って破綻し，地縁的関係を越えた共同性のなかで組織された救済講は，経済的ショックに対してとくに脆弱でした。無尽講は村内に複数存在するのが普通で，多い者では20に近い無尽講に関係している場合もありました。そのため，ある無尽講ではすでに資金を借り入れて債務者となっているけれど，他の無尽講ではまだ資金を借り入れていないために資金を受け取る権利を持つ債権者であるといった場合が多く，村外者も巻き込んで資金貸借をめぐる債権債務関係は複雑に入り組んでいました。そう

した無尽講の破綻とそれに伴う整理は困難を極め，結局，無尽講は 1933 年に制定された農村負債整理組合法による公的な負債整理事業の対象となり，だんだんと減少・消滅していきます。1943 年に長野県で調査を行った川島・渡邊［1944］は，「村人は今「無尽と聞くとふるへ上る」ほど，無尽についてはにがい想出に満たされてゐる。我々がたづねたすべての村人は異口同音に，『講にはもう懲りましたね』とか『もう誰も講といふことを口にする人さへ居ませんよ』と言ふのであつた」という当時の人々の声を紹介しています。この後，無尽講に代わって産業組合（現在の農協）が台頭し，郵便貯金とともに戦時期の貯蓄動員を支えることになります。戦後に入っても，大勢としてはインフォーマルな形で作られた無尽講などの金融組織は農協や銀行などのフォーマルな金融機関に取って代わられ，金融的な性格の強い無尽講は，ほとんど見られなくなってしまいました。

　こうした日本における無尽講の生成・発展・消滅の過程は，一見すると Geertz［1962］による説明と整合的です。文化人類学者であるクリフォード・ギアツは，無尽講の運営には一定の記録・計算能力が求められるため，経済発展がある程度進んでいないと組織できず，逆に経済発展が進みすぎると，銀行などの制度的金融機関が整備されるので，無尽講は不要となって消滅すると整理しました。国際的に見るとほとんどの無尽講はこうした推移をたどるとして，ギアツは無尽講を経済発展の中間段階（middle rung）に特有な非制度的金融組織であると規定しています。

　たしかに日本では多くの小規模な無尽講はギアツの見立て通り消滅しました。しかし，一部の大規模化した無尽講は無尽会社や戦後の相互銀行となり，大きくその性格を変えたとはいえ，現在もいわゆる第二地銀として存続しています。

　さらに，東南アジアでは，金融機関の整備がある程度進んだ現段階でも，依然として無尽講の存在は無視できません。たとえば，インドネシアは現在，世界第 3 位の自動二輪車（バイク）市場ですが，筆者が 2012〜13（平成 24〜25）年に調査したジョグジャカルタ近郊の農村では，2005〜13 年に購入された新車バイク 170 台のうち，47 台がバイク無尽（arisan motor）を利用して購入されており，ディーラーの提供するローン利用台数（44 台）を上回っていました。近年では自動車無尽やノートパソコン無尽なども組織され，高価な耐久消費財を購入する金融的手段として積極的に活用されるようになっています。確実に貸付金を回収するには，加入者が一同に会する機会を定期的に持つ無尽講の仕組みが現在も好ましいとされており，インドネシアには小規模なものも含めれば約 400 万もの無尽講が存在するそうです。一時注目を集めたマイクロ・クレジットもその限界が指摘され，依然として農民の金融市場へのアクセス改善は開発経済学上の重要なトピックとなっています（高野・髙橋［2011］）。こうした無尽講の展開は，欧米モデルを理念型として想定しない複線的な経済発展の経路のあり方や，途上国における内発的な金融機関の成長を考える上で，なかなか示唆に富んでいるように思われます。

第2章
災害と飢饉

はじめに

　みなさんご存知の通り，日本列島では有史以来，自然災害が繰り返されてきました。地震，津波，噴火，高潮，豪雨，洪水，暴風，豪雪等々。日本列島は，自然災害が多い地域といえましょう。1900（明治33）年から2011（平成23）年の間に世界で起こった主な自然災害（死者，行方不明者が1,000人以上）のうち，日本の占める割合は約12.2％であり，日本が世界に占める国土の広さ（0.3％）や人口の割合（約2％）と比べると格段に高いといえましょう。空間的にそれほど広くない日本において，大規模な自然災害がこれまで頻発していたといえます（このような自然災害が引き起こした風評やデマについて，解説2では，それらが容易に生じまた打ち消すのが困難であることが述べられています）。また日本列島では，このような自然災害とともに，しばしば天候不順，霖雨，日照り，低温等が起こり，農業に大きな影響を及ぼしてきました。そしてこのような自然災害や天候不順により農業が影響を受け，農作物が取れず，凶作が発生したのち，飢饉が来襲してきたと考えられています。しかし本当にそうなのでしょうか。

　一方「日本人は米食民族だ」といわれることがあります。米を食べることを好み，また米を作ることにこだわる民族だといわれてきました。そして米に重きを置き，米に大きな価値を置く社会を作り上げたと。江戸時代の石高制は，その最たるものであると。したがって日本人は，米を作ろうとし，天候不順や

自然現象等により米が凶作になると，米不足が招来し，その結果飢饉が発生したともいわれてきました。

　自然災害や飢饉は，果たしてそれほど単純な理由で起こるものなのでしょうか。本章では，自然災害や飢饉がなぜ起こるのかについて検討します。その際主に取り上げる時代は，江戸時代です。江戸時代は，災害や飢饉が頻発した時代でした。一方で江戸時代は，経済社会化が進んだ時代でもありました。この両者に目配りし，両者の関係にも注意しながら，本章では話を進めていくことにします。

1　災害と飢饉

1）自然災害はなぜ起こるのか

　そもそも自然災害は，なぜ起こるのでしょうか。地震が起こるからでしょうか。火山が噴火するからでしょうか。津波が押し寄せるからでしょうか。もちろんこのような自然現象によって，自然災害は引き起こされるわけです。しかし本来自然現象である地震や津波，噴火，洪水等が，なぜ災害，「わざわい」となるのでしょうか。いうまでもなくそれは，自然現象によって人間が，生命・財産等の被害をこうむるからでしょう。逆にいうと，そこに人がいなければ，あるいは被害が生じなければ，それは単なる自然現象にすぎません。このことは自然災害が，単なる自然現象によってのみ引き起こされるものではなく，社会的条件によっても引き起こされるものであることを表しているでしょう。そう考えると，自然現象が，直ちに自然災害になるわけではないことも理解してもらえるのではないでしょうか。一定のサイクルで繰り返す自然の営みと，それに比べると短い人間の営みが交差したときに，自然災害が発生することになります。

　ここで，自然災害を取り扱ってきた地理学の知見を用いて，災害についての理論的まとめをしてみましょう（村山［2015］）。まず英語圏の，主として途上地域をフィールドとする地理学者の考えを紹介します。彼らは，脆弱性（Vulnerability）を中心とする分析枠組みを提示しています。自然のインパクトが災害となるかどうかは，インパクトに対する個人や集団の脆弱性によって決まるとし，その脆弱性は，経済力や準備状況によって規定され，さらにその背景にある社会的経済的政治的要因がこれに影響すると主張します。その場合，自然のインパクトが Hazard とされ，これが脆弱性と相まって Disaster を発生させるという枠組みが提示されています。

日本の地理学の災害研究においても，自然災害の原因として，直接的なきっかけとなる異常な自然現象だけではなく，その自然現象が発生する前からの条件も含めて重層的に捉える考え方が一般的なようです。そこでは，自然災害の直接的なきっかけとなる異常な自然現象を誘因とし，その発生前からの素因として土地条件（物理的・自然的条件）と社会的条件を捉えています。誘因は，上述の英語圏での災害研究の用語法でいう，Hazard に読み替え可能で，素因のうちの社会的条件は脆弱性に近いと考えることが可能でしょう。これらが合わさって Disaster を発生させるという枠組みです。

自然災害は，素因によって大きく異なります。地盤の堅牢・軟弱や場所の高低といった土地条件によってももちろんですが，経済状態や政治状況，文化や人的ネットワークといった社会的条件，社会の脆弱性の程度も，自然災害の被害の大きさに大きく関与していると考えています。やはり自然災害は，異常な自然現象のみによって引き起こされるわけではなく，土地条件や社会的条件，社会が持つ脆弱性が合わさって，自然災害が引き起こされていると考えているのです。経済史研究において災害を考える場合も，この視点を持つことは大切なことだと考えます。

2）飢饉はなぜ起こるのか

自然災害と同様に，それではなぜ飢饉が生じるのでしょうか。みなさんご存知の通り，飢饉もまた繰り返し日本列島を襲った災害といえましょう。地震・津波・洪水・暴風・豪雨といった自然現象によるものだけでなく，日照り，干ばつ，霖雨，低温といった異常気象を契機としても凶作が引き起こされます。そしてそれが飢饉の引き金となる場合も多かったわけです。古くは，『日本書

紀』に，欽明天皇 28（567）年「この歳大水，郡国大飢，或は人相食む」という記載や，推古天皇 34（626）年「この歳陰霖，六月雪あり，諸國大に飢荒す」といった飢饉の記録が残されていますし，さらに時代が下った『方丈記』には，「養和の比かとよ，……二年が間世中飢渇して，浅ましき事侍き，或は春夏日でり，或は秋冬大風大水など，よからぬ事打つづきて，五穀ことごとくみのらず，……世の人みな飢死ければ」と，日照りや大風大水による養和の大飢饉（1181 年）が記述されています（西川・吉川編［1983］）。

さらに時代が下って徳川時代の飢饉はというと，三大飢饉といわれる享保，天明，天保の大飢饉が有名です。このうち天明，天保の飢饉は霖雨・洪水，冷害によって発生したといわれています。このような凶作・飢饉と気象・気候との関連に注目した研究も，近年発表されつつあります。

凶作・飢饉は，実際には気候変動という長期的変動と個別年・短期的な変化という 2 要因が併存して影響していると考えられます。これまで日照り・霖雨等個別的・短期的な異常気象については明らかにされてきましたが，長期的な気候変動の影響については，なかなか検討が進んできませんでした。しかし近年では，とくに古気候学の目覚しい発展とともに，それが凶作・飢饉に与えた影響についても検討が進められるようになりました。たとえば中塚武によると，ヨーロッパでは，歴史学者や地理学者，自然科学者らが協力することで，文献資料や氷河，花粉，年輪，堆積物の検討を通じて，過去約 2,000 年の気候の変動について早くから年単位での復元が進んできたといいます。その結果，9～13 世紀が温暖期とされ，「中世温暖期」と，14～19 世紀が寒冷期とされ，「小氷期」と名付けられているそうです。このヨーロッパにおける研究を，これまで日本の歴史研究も暗黙の了解のもとに受け入れてきました。しかしそこにはさまざまな問題が，実は潜んでいたのです。

中塚は，樹木年輪幅や堆積物を用いた気温データをもとに，日本を含む東アジアでは，上述のヨーロッパにおける 10～11 世紀を頂点とする中世温暖期はなく，その代わり，9 世紀から 12 世紀は気温が低下していく時代であり，12 世紀半ばに一気に気温が上がった後，15 世紀まで気温が乱高下する時代であったと主張しています。とくに中世でも近世でも数十年周期の気温の変化が顕

著であり，近世期も単なる寒冷期ではなく，温暖期と寒冷期が約40年周期で繰り返す時代であったとしています。そして凶作・飢饉との関連でいうと，この乱高下が重要だったのではないかと指摘しています。寒冷期には，当然東北地方を中心に冷害による大きな飢饉が起こっています。ただこの場合寒冷期の前に温暖期があったことが重要で，温暖期に稲作が寒冷地にも広がり，それゆえに次の寒冷期における冷害の被害を大きくしたのではないかと考えられています（中塚［2016］）。ただしここでも，長期的な気候変動や短期的な異常気象により，稲作生産が阻害され，食糧不足から飢饉が発生したという脈絡で説明されています。果たしてそうなのでしょうか。

　飢饉はなぜ生じるのでしょうか。もちろん災害や異常気象，気候変動による凶作が直接の契機になりそうですが，その原因のみによって飢饉が発生するわけではない，という見解が，さまざまな学問分野から提示されています。そこでは総じて，政治的・経済的・社会的影響が凶作のインパクトを強めるのだ，という主張がなされています。たとえば年貢収奪の激しさや，輸送困難（交通手段の問題，関所等支配領域という政治的問題），戦乱，市場流通問題等々です。つまり，人為的な影響以外の力だけが飢饉の原因ではなく，飢饉は，人間と自然との相互作用の産物であるという視点です。そこで以下において，食糧が不足するから飢饉が起こるという開発経済学におけるFAD（Food Availability Decline）理論への批判的学説を二つ紹介したいと思います。

　一つ目は，ノーベル経済学賞も受賞した，アマルティア・センによるエンタイトルメント（権原）・アプローチといわれるものです（以下，セン［2000］）。センは，エンタイトルメントについて，「ある社会において正当な方法である財の集まりを手に入れ，もしくは自由に用いることのできる能力・資格，あるいはそのような能力・資格によってある人が手に入れ，もしくは自由に用いることができる財の組み合わせの集合」としています。そしてそのエンタイトルメントを失った結果として，飢饉に苦しむことになると主張しています。「飢餓とは，十分な食べ物を持っていない人々を特徴づける言葉である。十分な食べ物がそこにないという状況を特徴づける言葉ではない。後者は前者の原因の一つとなり得るが，多くの可能性の中の一つの原因に過ぎない」と述べていま

す。つまり人々の食糧へのアクセスに差があるため，その地域や国に十分な食糧があっても飢饉は起こりうる，と主張しているのです。たしかに日本史を振り返ってみても，食糧不足の時期に，将軍や大名といった権力を持つ人，大商人や大地主といった裕福な人々は，飢饉に苦しむことはなかったでしょう。当たり前といえば当たり前ですが，その点を考えてみることは重要でしょう。彼らがなぜ食糧を手に入れることができ，反対に飢饉に苦しむ人々は，なぜ食糧を手に入れることができなかったのか，という点です。ある人が食糧を自分の自由にする能力は，やはり権原関係に依存しているのです。

　もう一つ，ポリティカル・エコノミー論を紹介してみましょう。そこでは，「干ばつ，洪水，戦争等が食料供給に与える攪乱は，人々の食糧へのアクセスを脅かすことにより生存危機の引き金になる。……しかし，こういった突発的な引き金が飢饉にまでつながっていくのは，特定集団が飢饉に対して脆弱な場合だけである。脆弱性ははるかに複雑なものであり，その言葉の裏には普通，現象ではなく過程という意味を含んでいる。その隠された過程が，自然災害や経済危機に『人々を陥れる』。それが脆弱性をもたらす」（デブロー［1999］242頁）と，脆弱性に注目した論を展開しています。近世日本社会を襲った冷害は，凶作をもたらしはしますが，しかし冷害への脆弱性が飢饉をもたらす，と主張しているわけです。このような視点，脆弱性に着目しながら，日本近世徳川時代の飢饉について，次に見ていきましょう。

2　経済社会化と飢饉

　近年の研究では，徳川時代に先立つ中世社会にあっても，すでに市場経済が活性化し，荘園領主をはじめ多くの人々を市場経済システムのなかに巻き込んでいたといわれています。その結果現れてきたものが，米の生産地と京都との間での米価価格差の存在，都鄙間物価価格差の拡大です。そして中世社会においても，この価格差を使ってひと儲けしようとする人々が生まれてくるのです。そのため米が生産地から京都へ向かい，かえって生産地において米不足，混乱

や荒廃を招くような事態が発生していたといいます。市場経済化が進んでいた中世社会は，大消費地であり物価の高い京都への物流の波を生み出し，そのことが飢饉に拍車をかけ，飢饉の激甚化を生み出したのです（清水［2008］）。

市場経済化が一層展開し，米の商品化が進展していた江戸社会にあっては，この市場経済と飢饉の関係は，より密接に関連していくことになります。以下では 17 世紀末より繰り返し大飢饉に見舞われた東北諸藩の事例を念頭に述べていきます。

まず一番にあげられるのは，江戸や上方への米の廻米です。窮乏化する藩財政を支えるために，各藩とも，少しでも高く，より多く，藩内で生産された米を売るために，年貢のみならず強制的買上げも行いつつ，それらの米を領内ではなく江戸や大坂で売却しようとするようになります。しかも高く売るためには，米価が高騰する米の端境期に前年度産米を売る必要があります。このような藩の判断が，領内における米払底をもたらし，飢饉を招くことになったのです。しかも米価が上がるということは，当然米供給に不安が出るときでもあります。そのような時期の，前年度産米の根こそぎの江戸・大坂市場移出こそが，飢饉を防げなかった大きな理由だったのです。まさに飢餓移出による飢饉の発生といえましょう。

しかしなぜ藩は，それほどまでに廻米にこだわらなければならなかったのでしょうか。それは彼らが，江戸・大坂商人たちと資金融通関係にあったからでした。つまり借金返済のためには，廻米をせざるをえなかったのです。

同じような事態は，大豆をめぐっても起きていました。八戸藩では 1749（寛延 2）年，猪ケカチと呼ばれる飢饉が発生していました。これは，直接的には冷害と猪による獣害によるものでした。冷害により凶作になっていたところに，猪によって食い荒らされてしまったのです。直接的にはこのような原因ですが，これには前段階があります。八戸藩では，当時大豆を全国市場における有力商品とみなし，藩も農民もその生産に向かいました。そして山野を開発して焼き畑により大豆生産を行っていました。焼き畑は数年作物を植えると地味が衰えるので放っておかれることになりますが，その焼き畑跡地に葛やワラビが繁茂し，その根が餌となって猪の急激な増加を招いてしまったというのです。

このように大豆の商品化，特産物化が，飢饉を招いてしまうことになったのです（以上，菊池［1994, 1997, 2000, 2014］）。

　もう一つ，市場経済化の進展，米の商品化と飢饉との関係をうかがわせる事例を紹介します。江戸時代において，とくに繰り返し飢饉に見舞われた地域である東北地方は，もともと亜熱帯の植物である米を生産するには寒冷な気候であるため，冷害に見舞われ，稲作はしばしば困難に直面していました。そのため農民の間では，冷害に強い早稲種，赤米が栽培されたり，あるいは水田に稗を植える田稗を作ったりして，冷害に備えていました。しかし米の商品化が進めば，このような作付けは否定されることになります。田稗はもちろん，赤米の栽培も否定されてしまいます。何より年貢米として領主が受け取らなくなります。東北における稲作生産でさえ，市場価値の高い米，多収穫の米が追求されていくことになります。このことは，晩稲品種が導入されるなど，冷害対策の面から見ると，危なっかしい対応でした（菊池［1997］，福嶋［2016］）。

　このように見てくると，市場経済化の進展とともに，藩や農民がそれに対応すること，それに巻き込まれることによって，かえって地域の脆弱性を高めてしまったように見受けられます。そしてそのような脆弱性を生み出してしまった，油断してしまった原因の一つに，気候変動において前述のように中塚が主張していた，温暖期と寒冷期の繰り返しがあったのかもしれません。自らを市場経済化に対応させるためには，脆弱性を高めざるをえない側面があったのでしょう。

3　江戸時代の災害・飢饉への対応

　江戸時代はその初期，17世紀中に人口が2倍から2.5倍に，耕地面積が1.5倍に膨れ上がるという急拡大を経験しています。つまり17世紀末にはすでに人口も耕地も飽和状態に近くなっていたのです。このような膨らんだ状態に対し，さまざまな災害や飢饉が襲ってきたわけです。ここでは，徳川時代に頻発した災害や飢饉に対して，幕府や藩，庶民がどのように対応していたのか，そ

の三者の関係・役割に絞って順を追って確認してみます。

　徳川時代の初めには，大災害に襲われた庶民は，なすすべなく災害をやり過ごすしかなかっただろうと考えられます。それが17世紀中頃の寛永の飢饉を契機として，幕府や藩が飢饉対策を行い小農維持に舵を切る，百姓成立を目的とした「仁政」を展開していったとみなされています。激甚な災害が起こった場合には，幕府が救済のための公共機能を果たすことになりました。つまり「『公儀』としての幕府は，個別領主が領民を救済するのを指示したり支援する必要があり，領主が単独で対処できない問題には，他の領主を動員したり自らの力で解決を図らなければ」（倉地［2016］227頁）ならなくなりました。

　その後綱吉政権期に入ると，元禄関東大地震と津波，宝永大地震と津波，宝永富士山大噴火や元禄の飢饉と，自然災害や飢饉が頻発していました。このような災害・飢饉の頻発は，幕府の救済機能への期待を高めることになります。幕府もその期待に応えようと，幕府の指揮のもと，藩や民間の力を動員する救済システムが形成されるようになります。幕府の権限によって全国から一律に復興資金を徴収しようとする諸国高役金が導入され，また被災した大名を救済するための拝借金の下賜も増えていくことになります。幕府による公共的役割への期待が高まり，幕府もそれに応えていったといえましょう。

　吉宗政権期においても，基本的には綱吉政権期の方針を引き継ぎ，救済システムはより幅広いものとなり，各地の領主や庶民を巻き込みながら進められていくことになりました。吉宗政権期においても，諸国高役金の理念が継承されています。

　宝暦の飢饉や天明の飢饉のような飢饉が発生していた18世紀後半になると，その救済システムは，引き続き機能していますが，領主や民間により多くの役割を押し付ける傾向が強くなっていきます。そして幕府と藩，さらには民間との間で，せめぎあいが目立つようになってきます。同時に地域を単位とした新しい救済システムも模索されるようになります。18世紀末になると，幕府は全国に万遍なく配慮する財政的余裕をなくし，その救済活動は江戸・関東に限定的となり，各地の災害救済に直接かかわることは少なくなっていきます。逆に各地方では，藩と地域の有力者が共同で救済を担うようになり，地域の自立

性が高まっていきます。18世紀後半以降地域の富裕層の存在感が高まっていくことになります。そして19世紀に入ると，繰り返す災害や天保飢饉のなかで，民間への依存が一層深まりました（以上，倉地［2016］）。

4　災害・飢饉への耐久性

　これまで述べてきましたように，自然現象だけでは災害や飢饉は生じません。自然現象が災害や飢饉につながっていくような脆弱性を，社会の側が抱え込んでしまっているのです。ただ逆にいうと，自然現象が起こったとしても，それに耐える，耐久性というものを地域社会は保持している場合も考えられます。同じ自然現象が起こっても，被害の大きい地域と小さい地域とが存在したり，大きなダメージを受ける人々とあまりダメージを受けない人々が存在するのを今でも目にします。そこでここでは，災害への耐久性を保った地域を取り上げ，なぜ大きな被害をこうむることを避けられたのかを，考えてみます。

　そもそも徳川農村社会は，もちろん地域的に大きな相違，多様性を抱えながらも，実にさまざまな農業，生業を行っていました。私たちは，どうしても凶作や飢饉というと，稲作・米生産を中心に考えがちです。しかし米を重要視するのは，まずそれを年貢として納めさせる領主であり，商品として大量販売する地主たちです。一般農民にとっては，自給的農業生産としての麦作や雑穀生産も重要な生産活動でありました。中世史研究者である田村憲美は，中世人は春に死ぬといっています（田村［1994］）。つまり中世人にとって，秋に米が収穫されたのち，次の初夏の麦の収穫前に危機が来るということです。これなど，麦生産の重要性を逆にうかがわせるものでしょう。

　また畑地で栽培される多様な生産物，豆類や芋類，根菜類も貴重な食糧となります。近世村落社会の農民たちは，単に稲作・米生産にとどまらず，その他さまざまな作物を生産していたという点に注意すべきでしょう。その象徴が，近年の民俗学研究で提示されている水田漁撈に関する議論でしょう。水田は，単に米を作るだけの空間ではなく，その畔では大豆を栽培したり，野草を収穫

したりすることができました。もちろん地域によっては，水田裏作としての麦作も行われていました。さらに，水田は魚とりの場としても用いられていたといいます。田んぼや用水路，溜池にて，漁撈活動が行われていたのです。一方で狩りの場でもあったといいます。水田にやってくる渡り鳥，水鳥を捕獲したり，昆虫を採集したりしていました。これらもまた貴重な食糧，タンパク源となりました（安室［2005，2012］）。現在では1年に1回米を作るだけにしか用いられない水田は，かつては米の他にもさまざまな食糧を供給してくれる場でもあったのです。その他農村にとって里山が，山菜類や茸類をはじめとするさまざまな食糧を提供してくれていたことは，よく知られていることでしょう。さらに付け加えれば，近世村落社会の農民は，農業のみならずさまざまな生業，渡世を行っていたといわれています。小商いを行ったり，日雇いに出たり，工作物を製作したり，決して農業のみで生計を立てていたわけではありません。多様な生活手段を確保していたのでした。

　以上のような江戸時代農村社会像を確認してみると，非常に豊かな社会を想像してしまいます。このような豊かな社会を飢饉に陥れるには，自然現象のみならずさまざまな社会的・経済的要因が重ならなければ，容易には実現しないような気もします。近世村落社会は，みなさんの想像以上に耐久性に富んだ社会ではなかったでしょうか。以下では，具体例として信州小県郡上田藩上塩尻村を取り上げながら，近世村落社会が持つ耐久性について考えてみたいと思います。

1）水害への耐久性

　そもそも近世的防水思想においては，洪水は抑えきることができず，被害を最小限に抑えるために，積極的な氾濫も辞さないという考え方がありました（古島校注［1977］，大熊［2007］）。技術的に洪水を完全に制圧することが難しい以上，このような対応がなされざるをえなかったのでしょう。しかしこの防水思想にあっては，村内に頻繁に洪水の被害を受けやすい領域，耕地が存在することになります。この領域が，耕地利用されていない場合には，氾濫が生じても水害は生じないことになります。しかし近世社会にあっては，しばしば氾濫

の被害を受けやすい領域にも，耕地が展開している場合が多いわけです。したがって実際村全体のために，村内の一部耕地を犠牲にするという処置がなされてきたのではないかと考えられます。この点を，上塩尻村の事例から確認してみましょう（山内［2009］）。

千曲川沿いに展開していた上塩尻村は，古くから洪水に悩まされる土地でした。江戸時代の間も，頻繁に洪水被害をこうむっていました。現存している史料から確認できるだけでも，1728（享保13）年から100年の間に，19カ年で年貢賦課に影響を及ぼす水害が発生していました。実に単純計算で約5.3年に1年は，大なり小なり水害を経験していたことになります。したがって上塩尻村では，大小の水害が必ず数年に1度は発生するものだとして，藩の統治，並びに人々の生活が行われていたと想像されます。

ところで18世紀以降において，上塩尻村が最も大きな被害をこうむった水害は，通称「戌の満水」と呼ばれる1742（寛保2）年の洪水であったと考えられます。この年の水害は，上田藩，千曲川流域にとどまらず，関東・利根川筋においても大きな被害を引き起こしています。この水害の際には，上塩尻村の山岸から千曲川対岸まで一面川となったとされており，ほぼ村内耕地全域が被害を受けたと考えられます。

しかしより小規模な洪水の場合，村内の一定地域の耕地のみが被害を受けることになります。たとえば1765（明和2）年，79（安永8）年，91（寛政3）年の洪水の際に被害をこうむった耕地を確認すると，その被害地区が同じ字名ばかりでした。当然それらの字は，境，入渋，大河原，ザラメキ，中屋敷といった千曲川沿いの地区でした。また砂原，久保田，欠下，智殿淵，堀川といった欠口用水路付近の地区でした（図2-1を参照）。この用水路は，新屋や利根島をその先端に抱える微高地の間の窪地に引かれていて，洪水の被害を受けやすかったと考えられます。そしてこれら3カ年の洪水以外の，より小規模な洪水の場合も，同じような地域に被害が出ていました。

つまり上塩尻村では，千曲川沿いと欠口用水沿いの耕地に，被害が集中していたわけです。大洪水の際はともかく，中小の洪水の際には，村内全域が被害を受けるわけではなく，村内において，地形的に被害を受けやすい特定地域の

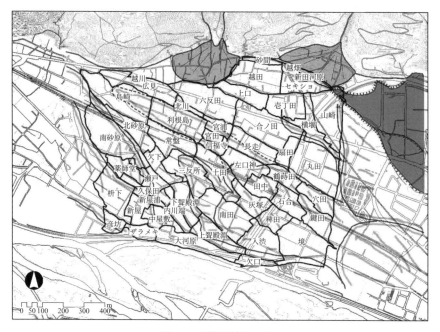

図 2-1　上塩尻村字区分図

出所）山内［2009］32 頁。

耕地が，繰り返し洪水の被害を受けていたのです。しかも洪水の影響を受け，あるいは洪水対策用地とされ，年貢対象地から除外される耕地もありました。水を被りやすいような土地を，年貢を賦課する耕地から除外したということになります。つまり水を被りやすい土地を，年貢対象地から外すことによって，水を被ってもよいようにした，ともいえます。洪水を防ぎえない近世村落社会にあっては，水を被ってもよい土地をわざと作っていたと考えられるのです。

　一方 18 世紀末から，字境や入渋等千曲川岸地区において，堰や上水除敷地が設定され，耕地がつぶされていることが資料上うかがえるのですが，幕末期や明治初期に作成された地図を見ると，そこには欠口用水の取水口があり，その意味でも重要な場所であったと考えられます。そしてこれらの地図にも，字境に堤が存在していたことが示されています。またこの字境の堤から西に，し

かも川岸から少し内陸部に入ったところに，不連続な堤の記載もありました。これらの堤の配置を検討すると，上塩尻村で最も千曲川の氾濫により被災しやすい千曲川沿いや欠口用水沿いの窪地の耕地に水害が生じることはある程度容認した上で，むしろ微高地上の良質の農地を水害から守ろうとしていたことが見て取れるのです。

その技術力のために，すべてを守りきれない近世村落社会の人々は，水害に対する耐久性を高めるために，氾濫しやすい土地の利用をあきらめたり，一部耕地への氾濫を覚悟したりしながら，より上質の耕地を守るという選択を行っていたのでした。そうすることで，村落社会が水害に対して脆弱性を持たないように工夫していたといえます。つまり一部の水害を甘受しながらも，より大きな利益を守ろうとしていたのでしょう。

2）飢饉への耐久性

それでは次に，上塩尻村の飢饉への耐久性を確認してみましょう。ここで取り上げるのは，天保の飢饉です。上塩尻村では，天保の飢饉時に凶作となり，米生産が停滞していたことは確かでした。しかしながら飢饉を発生させることにはなりませんでした。その理由の一端を見てみたいと思います（長谷部[2010]）。

天保の飢饉は，1833（天保4）年と36年の凶作をピークとしています。以下順を追って当時の上塩尻村の状況を確認していきます。1833年は，6月（旧暦）に入っても暑さは弱く，風雨と低温が続いていました。そのため凶作が危惧されるようになり，6月26日（新暦8月11日）から上塩尻村裏山「諏訪大明神」で周辺村々と連絡を取り合い，御祈禱を行っています。7月に入ると，藩から新酒製造，菓子製造禁止のお触れが出ます。そしてついに7月下旬～8月上旬（新暦9月）にかけて冷雨が続き，凶作が現実のものとなってきます。8月半ばに村内の家々を対象とした「貯穀調」がなされています。そして9月初旬（新暦10月半ば）頃に凶作が決定的となり，米価が騰貴していきます。図2-2からこの時期の穀物相場の動向を見ると，米価や小麦価は冬春期には約2倍となり，翌年の端境期には2.5倍となっています。ただし雑穀については，

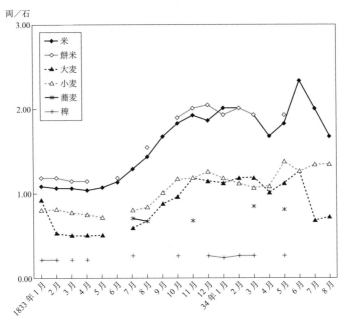

図 2-2　上田穀類相場，1833〜34（天保 4〜5）年

出所）長谷部［2010］54 頁の図 1。

変化がありませんでした。

　この年には，まず 6 月に村内の重立った 11 家に 11 俵分の籾の供出と庄屋等村方役人に相応の供出が依頼されました。さらに 8 月には塩尻組村々 42 人に「御頼金」1,329 両の依頼がなされました。そして翌年正月早々，村内窮民を対象とする「助膳米」が行われました。しかしこれ以降，村が特別な凶作対応をとったという記録は見当たらず，食糧問題は沈静化したのではないかと考えられます。それゆえ結局，1833 年の凶作は，五穀消費（小麦・蕎麦等）と藩，村による救米政策によって対応することができたといえましょう。翌年春以降，平年作にて飢饉は解消されていきます。

　ところで前述した貯穀調べを表にしたものが表 2-1 です。これを見ると，上塩尻村に居住する 178 の家々が蓄えていた総穀物量は，翌年の米作に必要な米籾を除いても合計 724 石にのぼります。この数字は，役人たちによって，村内

表 2-1　1833（天保 4）年 8 月上塩尻村内家々貯穀調べ

家	「家内」人数	837	人・戸
	（内召使・奉公人）	53	
	調査対象「家」数	178	
	「家内」平均人数	4.7	
貯穀穀類	籾	226.15	石
	米	57.31	
	挽割	64.95	
	大麦	411.70	
	小麦	172.90	
	麦粉	16.41	
	鴬麦	0.50	
	鴬麦粉	0.10	
	大豆	0.26	
	小豆	0.13	
	大麦粉	0.03	
貯穀合計		950.44	
1 人当たり石数		1.14	
籾を除いた 1 人当たり石数		0.87	
家 1 軒あたり石数（籾込）		5.34	

出所）長谷部［2010］58 頁の表 1。

　居住合計人数 855 人（内召使奉公人 54 人，寄留者 6 人）が子どもも含めて 176 日間消費し続けることが可能な穀物量であると計算されていました。注目すべきはその 724 石の中身です。半分以上が大麦，挽割も加えると 3 分の 2 に迫る量です。米は 1 割にも満たない状況です。もっとも 8 月という米収穫直前であるという季節的要因が大きいかもしれませんが。ともかく夏の間を過ごすために，村人にとって麦，とくに大麦の重要性が大きかったことがうかがえます。
　次の 1836 年においては，まず春から気候不順であって，麦作が不作となってしまいました。上述のように麦に大きく依存していた上塩尻村の家々にとっては，米収穫期を待たずに，非常事態となっていたのです。その後冷気が続き，稲作の凶作が招来したため，被害が大きくなりました。図 2-3 から明らかなように，穀類相場も高騰し，米価や麦の価格は，冬春期に 2 倍，端境期には 4 倍となっています。これを受けて上塩尻村では頻繁に寄合が持たれ，対策が進め

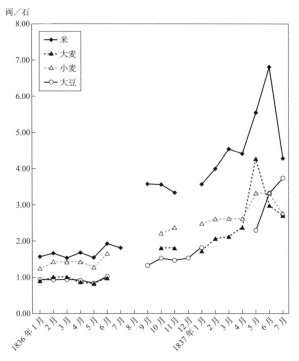

図 2-3　上田穀類相場，1836〜37（天保 7〜8）年
出所）長谷部［2010］63 頁の図 2。

られていきます。藩が買い入れた稗を，村役人が資金を出して買い付けたりもしています。そして翌正月から春にかけて，救い米が下層の家々に施されるのが恒常化していくことになります。結局この年の初夏頃まで影響が残ることになったようです。

　このように見てくると，上塩尻村では，稲作のみならず麦作や雑穀生産も含めて食糧消費を賄っていたと考えられるでしょう。この村では，畑地における小麦・大麦作のみならず，水田裏作としても麦作が行われていたことが確認できます。さらには，春蒔麦の栽培まで行われていました。実に多様な麦栽培が行われていたのです。したがって単に稲作が不作となっただけでは，大きな危機とはなりません。麦作と稲作の両者が同時に凶作となることで，大きな危機

表 2-2　1836（天保 7）年中之条村諸作物出来方

大麦	麦腐る
小麦	大麦よりは腐り方が少ない
茄子	茄子になりかね
隠元ささげ	大当たり。土用初めより秋まで絶えなかった
いげ豆	実り悪く
木綿	とりわけ大ちがい
蕎麦	下作。彼岸になっても赤い実さえ見えない
粟	大変良い
鎌蜀黍	実りかねる
蜀黍	中之上
丸芋	中
馬鈴薯	上の当り
大根	六部位の作
蕪	四分，大ちがい
胡麻	大ちがい
大豆	中ノ上
小豆	中之上
大角豆	下
柿	渋抜けず
栗	実入り悪し

出所）中島［1981］512, 513 頁より作成。

となるのでした。さらにこの村では，水田についても，いわば田畑輪換といえるような土地利用が行われていました。年によって，水田として用いたり，畑地として用いたりする水田が，存在していたのです。またこの村では，養蚕を行うための桑畑が拡大していたのですが，その桑畑にも，蕎麦や小豆等が栽培されていました。まさに多様で，高度な農業が行われていたのです。このような多様な農業が展開していたことが，飢饉に対する耐久性を構築した一つの理由といえましょう。実際凶作時には，実りの期待できない稲を青田刈りし，早めに麦，とくに大麦の栽培を開始するよう藩からお達しが出ていましたが，村ではそれに応じていました。凶作時には，大麦生産が増大しています。

　稲作にこだわらず，さまざまな作物を臨機応変に栽培していくことが，飢饉に対する耐久性を高めていたといえるでしょう。ここで上塩尻村から少し離れて，近くの中之条村の様子を見てみましょう。表 2-2 のように中之条村では 1836 年に，やはり麦や蕎麦も不作だったようなのですが，しかし粟が上出来

となり，また大豆や小豆といった豆類も中の上の出来であり，さらには馬鈴薯がよくできていたようです。多様な作物を栽培することは，やはりそれだけ飢饉に対する耐久性を備えることになるようです。

次にまったく違った側面から，上塩尻村の耐久性について論じてみたいと思います。実は上塩尻村は，19世紀には市場経済化の進んだ村だったといえるのです。年貢はその半分が金納とされ，多様な生業・商い等が盛んに行われていました。とくに18世紀半ば以降信州蚕種業の中心村落として急速に市場経済が展開した村でした。蚕種商人の村といってもよいような村でした。19世紀初頭までにこの村の7割の家々が蚕種取引に従事し，ほとんどの蚕種商は蚕種を製造し，「種屋」を渡世稼業としていました。しかもほとんどが鑑札を得て村外への蚕種販売を行う蚕種家でありました。そして天保凶作期のこの村の蚕種販売の様子を確認してみると，1833年から37年の間に，販売量においては，それほど大きな減少は見られませんでした（長谷部［2016］）。

このような蚕種業を中心とする上塩尻村の活発な市場経済活動が，凶作への耐久性の基盤となったのではないかと考えられるのです。蚕種取引とともに雑多な商取引が行われ，市場活動が行われることで，土地担保金融や無尽・講による少量資金融通も活発化しました（山内［2010］，岩間［2010］）。また上塩尻村商人による米買入行為や藩の買入政策を容易にする条件として作用したのではないかと考えられます。さらに農村地域の家々による蚕種や綿製品の取引活動は，広域的な商取引活動として繰り広げられ，それらが形成した流通チャンネルや家業家産的富は，大小にかかわらず飢饉時の穀物等食糧取得の可能性を拡大することにつながったのではないでしょうか。そして彼らが資金を供出することで，村内の貧窮者への救済策を行うことができたのでした。その影響力は，村落内の蚕種商いに対応していないような下層農家にも及んだと考えられます。結果として，蚕種商いをはじめ市場経済活動の存在は，上塩尻村の凶作に対する社会経済的耐久性を確保する方向に作用したと考えられるのです。

表2-3は，上記を概念図化したものです。蚕種取引等市場経済活動を行う村内自立層と同族関係等インフォーマルな関係を持つ中下層民は，インフォーマルな関係性のなかで救済されることになります。その外側にいる人々，インフ

ォーマルな関係性の外側に位置する人々，後家や高齢者等に対しては，村内自立層が資金を供出した御救米の供給等，村のフォーマルな対応のなかで，救済されていくことになります。

以上，市場経済活動がもたらす飢饉への耐久性が指摘できました。既述のように市場経済化は，地域に対して飢饉への脆弱性をもたらす場合もあります。しかし逆に市場経済化が，飢饉への耐久性をもたらす場合も存在したといえそうです。

表2-3 貯穀層の構成（概念図）

自立層	蚕種商い等市場経済活動者
（同族関係等インフォーマルな被扶助者層）	零細農家
御救米受給等フォーマルな被扶助者（30家）	無高層（後家・弱者・高齢者等）

出所）2010年12月社会経済史学会東北部会長谷部報告資料より一部修正の上，引用。

おわりに

　経済社会化が進展しつつも，技術的には低位な状態にあった徳川社会は，市場経済化に伴う人間活動の空間的，質的拡大とともに，災害や飢饉に対する脆弱性を高めることになりました。そんな人間の状況などお構いなしに繰り返される自然現象によって，人々は自然災害をこうむり，また繰り返される飢饉に苦しむことになります。前近代社会においては，その技術的限界から，繰り返される災害や飢饉と共存せざるをえなかったのです。あるいはそれらの存在を前提として社会的営みがなされており，自然と共生し，自然と調和した営みが行われていたといえるのかもしれません。

　近年注目されるこの自然との共生という人々の思想について，最後に民俗学の知見を紹介して本章を閉じたいと思います。長く三陸沿岸漁村を中心に，全国の漁村で漁師たちに聞き取り調査を行ってきた民俗学者の川島秀一は，「津波に何度も来襲された三陸沿岸に生き続けた漁師の，運命感，死生観，そして自然観」にまさに学ぶべきだと主張しています（以下，川島［2017］）。「三陸の漁師たちは海で生活してきたのではなく，海と生活してきた」と主張し，漁師

が述べたという「海は人を殺しもするが生かしもする」という言葉等から，津波の後の大漁，海洋生物の命と人間の命との相互交換関係のような回帰的な生命感，天運循環的な思想を見出しています。そして川島は，海がどんなに危険であっても，それを抱え込んで生きてきた漁師等生活者の災害感を前提としない限り，漁業の復興や防災・減災の対策は，ことごとく失敗するであろうと主張しています。

　たしかに前近代社会に生きた人々も，自然に向き合って生きることのリスクを十二分に承知しながら，それでも自然に深い信頼を寄せて生活していたといえるのかもしれません。自然災害と穏やかに，柔軟に付き合い，それを利用しようとするしたたかさも兼ね備えていたのかもしれません。そう考えると，前近代社会の人々は，自然と生活してきた，自然と共生してきたといえるのかもしれません。

● ── 解説 2

風評とデマ

　ここでは，災害時に起きた風評とデマについて考えてみましょう．まず，風評を「ある事実をもとにしながら誤った解釈によって生まれた世評」と定義し，その具体的事例として，1891（明治 24）年の濃尾地震以降にいわれるようになった「煉瓦造建物は地震に弱い」という一般論を取り上げます．次に，デマを「根拠のない宣伝やうわさ話」と定義し，その事例として 1889 年に起きた明治熊本地震における「阿蘇噴火，西山崩壊」というデマを紹介します．これらの事例を取り上げた理由は，瞬時に情報が伝達する状況にない時期でありながら，かつ正確な被害統計や専門家による調査分析が存在する時期の災害に限定したためです．

　最初は，「煉瓦造建物は地震に弱い」という話題です．1891 年 10 月 28 日に起きた濃尾地震は，死者 7,273 名という甚大な被害を出しました．しかし，当時の政府や府県庁の対応は，情報伝達手段が限られた時期としては，迅速で，かつ各地に整備された電信網により，被害状況は多くのルートを通って政府に集約されました．地震発生からおおよそ 12 時間後には，政府は大規模な被害を伴った地震が発生したことを把握していました．また，翌朝には，多くの新聞が大規模地震の発生と被害状況を報じました．

　さて，地震発生から数日間の新聞報道を見ると，煉瓦造建物が多数被災し，煉瓦造建物が地震に弱い，という印象を受ける記事が出てきます．たとえば，『朝日新聞』（東京本社版）は 11 月 1 日付 1 面に「建築上の注意」という記事を載せ，そこで，「煉瓦造りは我国の如き地震国に適当せざるもの」と指摘しました．さらに，同紙は 11 月 3 日付 1 面に「愛知電報」という被災地からの電報を掲載し，そのなかで「当市並に郡部の倒家は概ね古家又は煉瓦なり」という電文を掲載しました．

　同様の報道は，被災地であった名古屋で発行されていた新聞にも見られました．『扶桑新聞』は，11 月 2 日付 1 面で愛知県作成「第四回震災概表」を載せましたが，そこでは名古屋市内の状況が「市内家屋の被害夥しく且煉瓦の構造は皆潰若しくは半潰せり」と記されていました．『新愛知新聞』は 11 月 5 日付 1 面に載せた論説記事「建築学の大試験場」で，「煉瓦の家屋が多く崩壊したるは果たして煉瓦不適当と即断すべきや，あるいはその接合法も不十分なるか」という一文を記し，煉瓦造建物が多数被災，倒壊したかのように論じています．

　このような報道の源は，建物が被災した名古屋郵便電信局から通信省に 10 月 29 日午後 1 時 55 分に発せられた電報に含まれた「名古屋市内死亡百五十，負傷百八十八，潰家千八十七，損害夥しき内煉瓦構造は皆倒壊す」という一文であると考えられます．これは，10 月 30 日付『官報』号外に載りました．この電文に書かれた「煉瓦構造は皆倒壊す」とは，煉瓦造建物が極端に地震に弱いという印象を社会に与える表現でし

た。それに拍車をかけたのが，愛知県作成の被害一覧表「震災概表」です。愛知県はこの表を逐次内務省に送っていましたが，その第1回（10月29日午後6時調）では，名古屋市内の状況を示す一文に「市内家屋の損害夥しき内煉瓦構造は皆潰せり」と表現され，第4回（10月31日午前10時調）では，「市内家屋の損害夥しき内煉瓦構造は皆潰若しくは半潰す」と書かれていました。前述の『官報』記載の一文と似た表現です。しかし，第5回（10月31日午後6時調）では，この一文が「市内家屋の被害夥し」という表現に変わり，煉瓦造建物への指摘が消えています。前述の11月2日付『扶桑新聞』は，この表のうちの第4回を転載しており，地元紙として社会に与えた影響は大きかったと考えられます。

ところが，後に愛知県警察部が作成した被害統計「震災取調統計表」では，全壊建物72,810棟のうち，煉瓦造建物はわずかに1棟であり，半壊建物84,454棟のうち煉瓦造建物は6棟でした。にもかかわらず，この統計表をつくった愛知県警察部もその報告書『震災記録』では，「煉瓦土蔵ノ構造及ヒ瓦葺等ハ崩壊多ク」として，被災した建物の説明の筆頭に煉瓦造建物をあげていました。

一方，濃尾地震を契機に政府が1892年に設立した震災予防調査会は，被害実態に基づいて，木造建物の耐震化研究を推進し，筋違の挿入や金物による柱と土台の緊結など，さまざまな提案が行われました。それらをすべて織り込んだ木造建物の模型も作成され，1895年には帝室博物館で展示されています（『読売新聞』1895年10月2日，3頁）。濃尾地震の現地を調査していた建築の専門家は，大々的に報道された煉瓦造建物の被害だけでなく，多数に及んだ木造建物の被害を重視し，震災予防調査会でもそれが反映されました。

しかし，新聞報道とその根拠となった公的機関の被害調査は，「煉瓦造建物は地震に弱い」という印象を社会に流布させることになりました。この影響は大きく，濃尾地震後，10年以上にわたって名古屋市内では，大規模な煉瓦造建築の新築がありませんでした。愛知県は，被災した愛知県庁舎を応急修理して急場をしのぎ，その後，1900年に庁舎を新築しました。しかし，新築庁舎は木造2階建てでした。この時期，愛知県と規模の近かった兵庫県が1902年に煉瓦造庁舎を新築したこととは，様相が大きく異なります。また，名古屋市庁舎は，濃尾地震では被災しませんでしたが，1907年に火災で焼失しました。にもかかわらず，名古屋市は1909年，木造庁舎を新築しました。名古屋市と規模の近かった横浜市が1911年に煉瓦造の市庁舎を新築していたこととは大きな違いです。これらの事実には，予算の制約も原因の一つと思われますが，それだけでなく，煉瓦造に対する根強い不信感が存在したものといえます。

そして，関東大震災の報道でも同様のことが起きました。当時施行されていた市街地建築物法は関東大震災の被害状況を勘案して改正されますが，それに中心的な役割を果たした復興院建築局長の佐野利器は，1924（大正13）年2月25日『朝日新聞』の取材に対して「煉瓦造は最も成績が悪くて震災前市内で七千軒からあったものが今日使用に堪えるものは僅かに一千軒位だから，高さも従前五十尺（四階位）までを軒

高三十尺として木造と同じにした」と発言しました（『朝日新聞』1924年2月26日，6頁）。この佐野の発言は，学者でありながら煉瓦造建物の被害を大雑把に把握したのみで，一般には「煉瓦造が地震に弱い」という印象を与えるに十分な発言でした。この佐野の発言に対し，当時，日本有数の煉瓦製造会社であった日本煉瓦製造株式会社の商務部長を務めていた生方裕之は，煉瓦造は「施工を誤らざる限り決して危険なものではない」とし，ほとんど被災しなかった建物として「東京駅，大審院，商業会議所外三菱村の旧建物抔はよい実例」と指摘して反論しました（『朝日新聞』1924年3月8日，4頁）。復興院が行った被害調査の報告でも鉄材などで補強された煉瓦造はほとんど被災していないことが指摘されていました。また，1910年代に三菱に所属していた保岡勝也は「近頃の建築家は誠実味を欠いた」と題した文章を『朝日新聞』に投稿しました。彼はそのなかで被災しなかった煉瓦造の実例を示し，関東大震災での建物被害は，濃尾地震直後の耐震化の工夫が忘れられ，耐震化の努力を怠った結果であるとしました（『朝日新聞』1923年10月17日，3頁）。

　しかし，実際には，この後，確実に煉瓦造建物の新築は激減し，市街地を中心にそれまで煉瓦造で建てられていた公共建築や大規模建築，商業建築は鉄筋コンクリート造になっていきました。結局，濃尾地震での煉瓦造建物の被災が極端に大きく報じられ，その印象が広く社会に残ったまま，関東大震災での煉瓦造建物の被災が拍車をかけた結果，「煉瓦造建物は地震に弱い」という風評が社会に定着しました。その起因となった濃尾地震については，現在の専門家でさえ，その風評の影響下にあります。日本建築学会の機関誌『建築雑誌』は，東日本大震災関連の特集記事において，「1891年に発生した濃尾地震では煉瓦造建物が大きな被害を受けた」（『建築雑誌』1637号，2012年10月，8頁）と記載しています。

　次の話題として，地震が引き起こすデマを考えてみましょう。1889年7月28日夜，熊本で地震が発生し，死者20名，全壊建物228棟という被害が生じました。今日，明治熊本地震と呼ばれる地震です。この地震は，地震発生後の1週間で有感地震が108回あり，その後も長らく余震が続いた地震でした。また，明治熊本地震が起きる直前，熊本県では，梅雨特有の長雨，大雨により，6月29～30日，7月4～5日，23～24日に洪水が起き，浸水家屋が1,000戸を超え，死者も出ていました。そのような状況で明治熊本地震が起き，多数の有感地震が連続したことは，熊本の人々に大きな恐怖と不安を与えました。

　地震発生から3カ月後に刊行された水島貫之『熊本明治震災日記』（活版社）は，地震翌日にあたる7月29日の欄にて，デマが流れることを前提に「我熊本新聞のごとき深く爰に注意し怪異の言前途の予想確乎たる証拠あらざらんよりは掲載せず」と記載し，デマの発生と流布を予期し，根拠のない話題を記事にすることを戒めています。

　にもかかわらず，地震直後から続く有感地震は，人々の不安をかき立てました。とくに熊本では，「阿蘇山が噴火する」「西山が破裂する」というデマが起きました。阿

蘇山噴火は，地震の震源と阿蘇山が無関係であったため，すぐに消えましたが，地震後，鳴動が確認された西山と呼ばれた金峰山に対するデマは，消えませんでした。

『熊本新聞』は，地震から3日後の7月31日付1面にて「天災地変」と題した論評記事を載せ，そのなかで「蓋し巷説をなして曰く金峰山破裂せん阿蘇山壊裂せんと。之れ固より一の迷説に外ならざるべし。……一刻も早くこの地震の原因を市民一般に公示せるや，金峰山に原因する事之れを人民に布告せし通常の地震なる事之れを人民に布告せよ」と記しました。実際に熊本県は，この前日，7月30日に「熊本県臨時第一報告」を発表し，金峰山が震源に近いことを推測しながら専門家に調査を依頼した旨を公表しました。これは，さきほどの論評記事と同じ7月31日付『熊本新聞』に掲載されました。

熊本県の要請を受けた内務省は，当時，大分県臼杵に滞在していた帝国大学教授小藤文次郎に熊本での調査を依頼し，続いて帝国大学教授関谷清景にも調査を依頼しました。8月1日熊本に先着した小藤は，各地を調査しながら，震央は金峰山（西山）にあることを推定するとともに，8月5日には「破裂の兆候なし」と断言し，これを熊本県臨時第五報として公表させました。『熊本新聞』は8月6日付3面に「恐怖に就いて」という記事を載せ，この熊本県の発表についての経緯を紹介し，あらためて西山崩壊というデマを否定しました。しかし，小藤の言葉を借りれば，この時，熊本市内では「市中三分の二空家」という状況でした。そこで小藤は，地元紙『九州日日新聞』に「怖るゝ勿れ熊本の市民諸君」と題した文章を寄せ，8月7日付1面に掲載されました。小藤は，「山に多少鳴動あるも未だ大事に及ぶ可き兆候を予は発見する能はず，怖るゝ勿れ熊本の市民諸君よ」と結び，あらためて西山崩壊を否定しました。

しかし，西山崩壊というデマはこれでも収まらず，地元紙の記者たちは，小藤より遅れて熊本に到着した関谷に対し，8月15日，小藤の判断の是非を問いました。関谷は，「小藤博士の見込同様破裂の兆候なし」「たとえ地震はあるにもせよ噴火破裂の兆候は未だ之を見出さず」と答えました（『九州日日新聞』1889年8月16日，3頁）。結局，関谷のこの発言によって，西山崩壊というデマは消えました。

さて，ここで紹介した事例は，風評やデマが容易に生じることと，それを打ち消すには多大な努力が必要であることを示しています。同時に，近代化のなかで学者と呼ばれた専門家が社会に与えた影響力の大きさを示していました。加えて，後者の事例は，今日でも起きる可能性のある複合災害に直面したとき，デマが流布する可能性（危険性）を示しています。当時に比べて情報伝達手段が発達した現在では，デマが瞬時に拡散する危険性があります。一方，煉瓦造被害が誇大に報道されるなか，木造被害に着目した震災予防調査会に参加していた辰野金吾などの建築家も，明治熊本地震でデマを打ち消した小藤や関谷も，彼らの行動は自らが確認した正確な情報に基づいていました。これもまた，今日学ぶべき教訓です（北原編［2006］，北原［2016］，北原・松浦・木村編［2012］）。

テーマI　社会史の方法

1. 社会史と経済史

　歴史学は，その対象によって，いくつかの下位分野に分けることが可能です。たとえば，政治現象を対象とすれば政治史，経済現象を対象とすれば経済史，思想を対象とすれば思想史，美術を対象とすれば美術史，といった具合です。

　一方，政治現象については政治学，経済現象については経済学といったように，それぞれの分野にはそれぞれの専門的な学問が存在しています。そうすると，たとえば「経済史」という学問は，歴史学のなかで経済的な現象を扱う一分野なのか，経済学のなかで，歴史的な視点から経済現象を研究する一分野なのか，という問いが生まれます。

　ここで，それに対して結論を述べる必要はないでしょうし，答えが出るような問いでもないかもしれません。ただ，とくに日本の学術界において，こうした問題がしばしば問われるのは，日本の大学の学部・学科編成のあり方と関係しています。日本の大学では，「歴史学」という学問は，文学部ないしそれに類似する名称を持つ学部に所属しているのが普通です。一方，経済史を例にとるならば，経済学部のなかでも，日本経済史や西洋経済史，アジア経済史といった科目が設けられ，それらを専門とする教員が配置され，研究者の育成が行われているという現実があります。同様に，法学部には政治史，政治思想史，法制史の専門家が所属しています。

　これら分野縦割りの「○○史」という表現に比べて，「社会史」という名称は少し違った意味を持っています。そもそも，経済現象にせよ政治現象にせよ，「社会」のなかで起きる現象であることに違いはありません。およそ歴史研究が人間の歴史を対象とするものであり，また人間が，何らかの社会を作って生活してきた以上，社会の外で起きる現象を扱う歴史研究はないはずです。

　それでもあえて「社会史」という表現が用いられるのには，大きく分けて以下の二つの意味合いがあります。

第1に，政治史や経済史といった，メジャーな分野史が扱わない，残りの部分を扱う歴史学という意味です。たとえば，食事の歴史，衣類の歴史，あるいは出産や育児の歴史といった問題群は，伝統的な政治史や経済史では対象とされてきませんでした。政治や経済にとって，それらは重要な課題とはみなされなかったからです。しかし，食事や衣類や出産や育児，総じて日常生活のあり方もまた，時代や場所によって変化するものですから，当然歴史的研究の対象となるものです。こうした，ほかの分野では重要でないとみなされる事柄について研究する歴史学が，「社会史」という名前で呼ばれることがあるのです。

　それでは，「社会史」とは，単にほかの分野で扱わないテーマを，落穂ひろいのように研究する学問にすぎないのでしょうか。そうではありません。たとえば衣類の歴史について考えてみましょう。経済史研究において重要なテーマとされるものに，繊維産業の歴史があります。イギリス産業革命が綿織物業や綿糸紡績業から始まったこと，近代日本の貿易構造が，綿花の輸入，生糸の輸出によって特徴づけられていたことなど，よく知られた事実でしょう。しかし，織物業にせよ紡績業にせよ製糸業にせよ，それが成り立つためには最終的な消費の局面が存在していなければなりません。多くの場合，それは人が着る衣服です。人々がどのような素材の，どのような衣類を，どのような用途で，どのぐらい着るのか，それは購入されるものなのか，それとも自分で作るものなのか。そうした消費の状況を十分に考慮しなければ，繊維産業の変化について全体像を理解することはできません。同様に，食事の歴史は農業生産のあり方と密接に関わっていますし，出産や育児の歴史は人口動態に影響を与えることで，マクロな経済変動と深く関係しているのです。

　ここから，「社会史」の第2の意味が生じてきます。社会史とは，政治，経済，思想といった分野ごとに分けられた歴史研究の垣根を越え，メジャーな分野史では注目されてこなかった現象も含めて，歴史の全体像の再構成を目指す学問である，ということです。ある研究が「社会史」を積極的に名乗るときには，多かれ少なかれ，こうした歴史の全体像の提示という意図が込められているといえます。

　社会史研究を代表する潮流が，フランスの「アナール学派」（竹岡・川北編

［1995］）です。「アナール」というのは，フランス語で「年報」という意味で，1929 年，ストラスブール大学の教授であったマルク・ブロックとリュシアン・フェーヴルが発刊した『社会経済史年報』という雑誌に由来します。雑誌の名称は何度も変更されますが，『年報』は現在まで刊行され続けています。

　アナール学派の創設者の一人であるフェーヴルは，「存在するのは歴史そのもの，統一性を持った歴史です。歴史はもともと社会史なのです」という言葉を残しています（フェーヴル［1995］）。また，『社会経済史年報』という雑誌のタイトルについても，「社会経済史」という特別なものが存在するわけではなく，「マルク・ブロックと私は，とりわけ『社会』が，時代とともにさまざまな意味に使われたためしまいにはほとんど何も意味しなくなってしまった，あの形容詞の一つであることを知っていました」とまで述べています。

　しかし，それでもアナール学派があえて「社会経済史」を正面に打ち出したのは，それがヨーロッパにおける伝統的な歴史学の形態である政治史を批判の対象としていたことと関係しています。近代歴史学の祖とされるのはドイツの歴史家レオポルド・フォン・ランケですが，ランケの専門はヨーロッパの外交史でした。ランケとその影響を受けた歴史家たちは，精密な史料批判によって出来事の日時や内容を確定してゆく手法を洗練させてゆきました。しかし，その結果，政治史を中心とした歴史研究では，社会の全体像を描くことができなくなってしまった，というのがフェーヴルらの問題意識でした。フェーヴルは，学校で教わる歴史は，政治家や外交官の行動についての「細々とした事実」の暗記ばかりで，幼少の頃からの歴史家になりたいという希望がくじけそうになるほどだった，と回想しています。また，アナール学派の第二世代を代表する歴史家フェルナン・ブローデルは，1958 年に，「この 100 年間の歴史学は，その全体においてほとんどつねに政治史であり続け，『大きな出来事』の劇的な事象」を中心としており，「外交官の書簡類や議会の議事録から導きだされてくるような出来事史」を中心としてきた，と述べています（ブローデル［2013］）。

　アナール学派の第一世代を代表する成果として，フェーヴルとともに『年報』創刊を主導したマルク・ブロックの『封建社会』をあげることができます

（ブロック［1995］）。ブロックは，「ひとつの社会構造をその前後の時代との関係において分析し説明すること」をこの本の課題として掲げています。つまり，「封建社会」と呼ばれるヨーロッパのある時代は，それ以前の時代，それ以後の時代と比べて，全体としてどのような特徴を持っていたのか，ということです。ブロックはこの本で，ヨーロッパ封建社会の全体像を描出しようとしたのです。もちろん，この本のなかでは，土地所有のあり方，農業の実態，商業の展開過程など，狭い意味での経済現象も論じられています。しかし，ブロックは，それらの経済現象を単独で考察するのではなく，それが，ヨーロッパ封建制というシステム全体の一部として機能していることを強調します。ブロックによればそのシステムの特徴とは「人間関係の織りなす階梯に上から下まで張りめぐらされている，相互依存の網の目」の存在です。9世紀から10世紀にかけてのヨーロッパへの異民族の侵入と，商業の衰退のなかで生まれたヨーロッパ封建社会とは，人々が生存のために，保護と奉仕の関係を取り結ぶことを特徴としていたというのがブロックの理解です。いわば，人と人とのつながり方に着目し，経済や政治を，そうしたつながり方の特質から説明しようとしたのです。歴史を，王や貴族や聖職者たちを主人公とした政治史として描くのではなく，社会のあらゆるところに見出される人間関係の特質から説明するのが，ブロックの『封建社会』という書物なのです。

アナール学派の第二世代を代表するのが，さきほども名前をあげたフェルナン・ブローデルです。ブローデルの代表作は，16世紀の地中海世界を描いた大著『地中海』（1949年）ですが（ブローデル［1991-95］），この書物を含め，ブローデルの歴史認識の特徴は，短期間に起こる出来事，数十年のサイクルで起こる経済現象，そして長期間にわたって変化しない「長期持続」の三つの歴史の層を区別することにあります。ブローデルによれば，最も目につきやすいのは，短期間に発生する出来事，すなわち「個人の，日常生活の，われわれの想念の，われわれの素早い意識化の尺度の時間であり，とりわけ時評家やジャーナリストの時間」である「短い時間」の出来事です。さきほども触れたように，事件を中心とする政治史はこの「短い時間」を扱う歴史学の典型です。しかし，このような出来事をいくら集めたところで歴史の全体像が描けるわけではあり

ません。なぜなら，歴史のなかには，もっと長期間をとってみないと変化の意味が明らかにならない現象があるからです。典型的には物価や人口の変化といったものがそれです。統計データを用いる経済史はこうした変動を論じることができます。

ところが，歴史には，数十年周期の経済変動を超えて，さらに長期にわたって変化しないものがあります。ブローデルはこうした「思考と行動の古くからの習慣，いかなる論理にも抗して時には生き残る，ほとんど不滅の枠組み」のことを「長期持続」と呼びました。

「ほとんど不滅」に見えるといっても，「長期持続」は本当に変わらないわけではありません。ブローデルが具体例として提示しているのは，14世紀から1750年頃まで，450年余りにわたって存在したヨーロッパにおける経済システムです。その特徴は，人口変動が起こりやすく，それによって経済が大きな影響を受けること，交通手段においては，陸運よりも水運が優位を占めていること，商人が力を持っていること，貴金属の役割が極めて大きかったこと，といった点にありました。これらの特徴を持つシステムは，この450年間の数々の政治的動乱にもかかわらず，基本的には変化しなかった，というのがブローデルの主張です。

このように，アナール学派の社会史は，全体史志向を持つと同時に，政治史偏重の伝統的歴史学と対決するという色彩を強く持っていたため，経済史を組み込んだ社会の全体像を描き出すという特色を持っていました。経済史を排除するのではなく，むしろ経済史を内に含み込んだ社会史という特徴を持っているといえるでしょう。

2. 日本の場合

アナール学派の社会史が「新しい歴史学」として旗を掲げた時，いわば仮想敵とされていたのは政治史でした。このような状況は，アナール学派が登場したときのフランスの歴史学界のあり方に対応しています。社会史が登場するときに，何を「伝統的な歴史学」として念頭に置いているのかは，国によって大きな違いがあります。たとえばフランスに比べて，経済史研究の伝統が厚かっ

たイギリスでは，社会史は経済史のなかから生まれ，そこから自立してゆくという流れをたどりました（竹岡・川北編［1995］）。

日本の状況は，フランスともイギリスとも異なっていました。日本における近代歴史学の誕生は明治時代にさかのぼります。明治の日本では，ドイツ人の御雇外国人ルートヴィヒ・リースを通じてランケ流の歴史学が輸入され，それが日本の伝統的な学問に影響を与える形で歴史学が発展しました。一方，1930年代には，こうした伝統的な歴史研究に飽き足らず，マルクス主義的な方法論に基づいて歴史研究を行う研究者たちが現れます。アジア・太平洋戦争で日本が敗北すると，マルクス主義的方法論に基づく歴史研究は，近代日本の失敗を説明する理論として，強い影響力を獲得することになります。

そもそも，マルクス主義は，労働と生産という人間の経済的活動を基礎として，政治のあり方や思想のあり方が，最終的には経済的要因によって説明されるという方法的な構えをとっています。そうしたマルクス主義を方法の基準とする歴史学は，したがって，経済史を研究の中心に据えながら，政治，思想，文化といったあらゆる領域を説明しようとする，全体史の志向を最初から持っていました。

このようなマルクス主義的社会経済史が歴史学において大きな影響力を持っていた状況に対し，1980年代頃から，日本史研究でも「社会史」と呼ばれる潮流が生まれてきます。ここでの「社会史」は，フランスの場合とは逆に，経済史を中心とした歴史学に対して，経済的な論理だけでは説明できないものを提示しようという色彩が強いものでした。そうした動向が最も強く表れたのは日本中世史の分野で，網野善彦をはじめとし，笠松宏至，勝俣鎮夫らの業績がその代表的な成果です。ここでは，典型的なものとして，笠松宏至の徳政令に関する研究を紹介しておきましょう（笠松［1983］）。

鎌倉幕府が発した徳政令は，御家人が売却した土地を，もとの所有者に取り戻させる法令として知られています。幕府が，土地を失った御家人を救うために出した法令，というのが一般的な説明です。しかし笠松は，徳政令は単に幕府が上から一方的に出した法令ではなく，中世日本人の土地に対する観念，あるいはそもそもモノを所有するということに対する観念が反映した法令であり，

そうであればこそ当時の人々に受け入れられたのだ，と主張します。

　笠松によれば，中世の日本人にとって，モノの持ち主を変えるということはそれほど簡単なことではありませんでした。モノが交換されるのは市の場においてですが，中世日本において，市はいつでもどこでも開かれてよいものではありませんでした。すなわち，モノの交換は，いつでもどこでも行ってよい行為ではなかったのです（この点，経済学が想定する「市場」のイメージとは大きく異なっています）。市は特定の場所，特定の日に開かれるもので，それは，普通は寺院や神社の門前で，聖なる祭日に開かれるものでした。祭日とは神が地上に降りてくる日のことで，売買・交換は，神のいる場所で行われなければならないとされていたのです。今日では，日常的・一般的に行われる売買が，非日常的な時間，特殊な空間で行われなければならないというのが中世の人々の考え方でした。

　なぜそのような条件を満たさないとモノの交換はできないのでしょうか。笠松によれば，ある人が所有しているモノ，とくに長い間身につけていたモノには，その所有者の「たましい」が付着しているという観念が中世人の間には存在していたからだ，というのです。不特定の見知らぬ他者との間の交換は，そのモノにどのようなたましいが付着しているかわからないので，場合によっては手に入れた人間に禍をもたらす可能性があると考えられていました。そこで，見知らぬ者同士の所有物の交換が成立するためには，このような所有者とそのたましいとの関係を断ち切ってしまう「浄め」の場が必要であり，交換の場としての市が，神の降りてくる場所である必要性が生じたのだ，と笠松はいいます。笠松の理解によれば，市での売買は，売り手も買い手も市に来て，その売買物を神に捧げ，神からその交換物をそれぞれ与えられるという形で売買がなされるのが，本来的な形であり，神を経由することで，元の所有者と対象となるモノとの関係を断ち切る場が市の機能なのです。

　こうした，モノと所有者の密接なつながりが，最も強く出るのは土地所有の場合です。中世において，土地の本来の所有者とは，その土地を切り開き，開墾した人物であると考えられていました。土地を開墾し，そこで農業が可能な状態にするということは，土地に生命力を付与することであると考えてお

り，それゆえその土地には開墾者のたましいが付着していると考えられたのです。したがって，中世においては，土地はいつでも自由に売買できるもので，誰の持ち物にもなりうるものだ，とは考えられておらず，ある土地には，本来の持ち主がいて，その持ち主がその土地を所有しているのが本来的な姿である，という観念が根強く存在しました。笠松はこれを「土地と本主の一体観念」と呼んでいます。ここからは，本来の持ち主が売って，他の持ち主のものになる，という状態は「仮の姿」という考え方が出てきます。このような観念が社会的に広く共有されていたからこそ，徳政令が，土地をもとの所有者に戻すよう命令した際に，それが受け入れられたのだ，というわけです。

　このように，笠松の研究は，それまでの研究では，御家人の窮乏，商人の台頭といった純粋に経済的な視点から説明されていた徳政令に対して，人々の観念，とくに宗教的な観念に注目して，あらたな説明を与えたものでした。こうした観念的なもの，あるいは「心性」への注目も，社会史の特徴の一つです。

3. 事例分析の意味

　ブロックやブローデルの研究は，広い空間的範囲の長期間にわたる構造や変化を対象としたものです。しかし，社会史が全体史を目指すからといって，対象が，空間的に広がったり，時間的に長かったりする必要はかならずしもありません。日常生活のなかの，一見すると些細な事象のなかに，その事象を取り巻く社会の構造を浮かび上がらせようとすることも，社会史の方法的特徴の一つです。

　こうした方法をとる社会史家の一人が，イタリアの歴史家カルロ・ギンズブルグです。ギンズブルグは，自分の方法を「ミクロストリア」（マイクロ・ヒストリー）と呼んでいます。

　ギンズブルグの代表的な作品に，16世紀イタリアのある裁判を扱った『チーズとうじ虫』（ギンズブルグ［1984］）があります。この裁判の被告は，メノッキオというイタリアのフリウリ地方の一粉挽屋です。メノッキオは教皇庁から異端であるとして告訴されますが，それは彼が非常に特異な世界観を抱き，それを周囲の人々に説いて回ったからでした。それはたとえば，世界は，カオ

スから「牛乳のなかからチーズの塊ができるように」生まれてきたものであり，チーズからうじ虫があらわれてくるように出現するのが天使である，といったようなものでした。裁判の末，メノッキオは処刑されてしまいます。

　メノッキオの世界観は，16世紀のイタリア農民にありふれたものとみなすことはできません。彼は周囲からも変わり者とみなされていましたし，その特異な世界観ゆえに教会から異端の認定を受けて処刑されてしまったのです。それでは，メノッキオの裁判についての歴史を書くことは，意味のないことなのでしょうか。

　そうではありません。ギンズブルグがこの本で行っていることは，この特異な人物の主張が，16世紀のフリウリ地方の置かれていた政治的・経済的・宗教的な文脈を背景にしていることを明らかにすることです。たとえば，カオスからすべてが生まれるというような宇宙論はこの地方の農民の間に古くから伝わる世界観に根差しているとともに，それをメノッキオが言葉にして主張するようになるのは，宗教改革によってカトリック教会の権威が揺らいでいるという時代状況によって初めて可能になったことでした。メノッキオの主張は宗教改革の時代の思想の典型でもなければ（メノッキオの主張はプロテスタント教会の主張とは異なるものです），この地方の伝統的な農民思想の典型でもありません（メノッキオは何冊かの本を読み，そこから自分の思想を組み立てていました）。むしろ，そうした特異な人物であるからこそ，メノッキオ裁判からは，ある過去の社会の全体像が浮かび上がってくるのです。ギンズブルグは，ミクロストリアの方法論を「人工的な条件のもとで，顕微鏡の下に置かれたサンプルにもとづく実験」にたとえ，「一個の事例研究の，対象に近接した分析」が，広大な仮説への道を開くこともありうる，と述べています（ギンズブルグ［2016］）

　経済史研究における事例研究は，何かの「典型例」として行われることが普通です。たとえば，近代日本における地主制の特質を明らかにするために，個別の地主について，その経営分析が積み重ねられてきましたが，それらの多くは近代日本に数多く存在する地主の一つの例として扱われてきました。こうした方法論においては，より多くの（理想的にはすべての）地主経営の分析が進めばそれだけ近代日本の地主制の特質が明らかとなることになります。実際に

は，すべての地主経営の分析を行うことは，作業量的にも残された史料的にも不可能です。そのために，いくつかの類型を設定し，その類型ごとの典型例を分析するという作業が行われることもあります。たとえば地主制研究においては，「東北型」「養蚕型」「近畿型」といった地主の類型が設定されてきました（中村［1979］）。

　もちろんこうした方法もある時代の全体像に迫るための一つの道ではあります。しかし，事例研究は，事例をたくさん集めることによって初めて意味を持つわけではないことを，ギンズブルグの研究は示しています。たった一つの事例の分析が，ある社会の全体像を鮮やかに浮かび上がらせることもあるのです。

　日本の歴史学の歩みを振り返ると，よって立つ方法論の差異を超えて，そうした著作が確かに存在してきました。たとえばマルクス主義史家である石母田正の『中世的世界の形成』（石母田［1985］）は，伊賀国黒田庄という一つの荘園の歴史を通じて，日本社会の特質に迫ろうとした，日本の歴史学の傑作です。民衆思想史家安丸良夫の『出口なお』（安丸［1976］）は，19世紀日本の一人の女性教祖の生涯を通じ，日本における近代の意味を鋭く問うた書物です。

　重要なことは，事例の数や対象の時間的・空間的大きさではなく，歴史の書き手が，自らの研究を通じて，社会の全体像に迫ろうという意志を持っているかどうかということもできるかもしれません。フェーヴルの言葉を借りるならば，「世界を世界に説明しよう。歴史によって」（フェーヴル［1995］）という立場こそ，全体史を目指す社会史の方法なのです。

第 II 部

自然環境と生活

「官材図会」のうち「元伐之図」(下呂町史編集委員会編 [1980] 70頁)

飛騨代官所の地役人の家に生まれた富田禮彦は，同僚の土屋秀世，絵師の松村寛一の協力を得て，飛騨の伐木・運材作業を取材して19世紀中葉に『官材図会』を著し，後にそれをもとに絵巻を仕立てました (所 [1975] 99-101頁)。上図はその絵巻の一部です。

第3章

森林資源と土地所有

はじめに——地球環境問題と資源利用

　私たちは今，地球環境問題について学ぶ機会を数多く有しています。小学校の「社会」や中学校での「公民」，高等学校での「現代社会」の授業では，地球規模の環境問題をテーマとして，地球温暖化や酸性雨，砂漠化，熱帯雨林の減少，オゾン層の破壊などが取り上げられています。近代以降の資本主義社会において展開された工業化の過程で，さまざまな「資源」が開発・利用され続けました。そうした開発によって，局地的に環境破壊は発生していましたが，近年，その環境破壊が地球規模の問題に発展してしまったのです。その結果，さまざまな「資源」を無尽蔵に開発・利用しつくす私たちの経済・社会のあり方自体が問われるようになりました。1970年代以降，国際連合人間環境会議など国連を中心とした国際会議において，環境・資源の開発，利用に関わる新たな施策が提案され，その後，京都議定書やCOP（Conference of the Parties，生物多様性条約締約国会議）などの議論に発展していきました。こうした地球規模で起きている環境破壊への関心の高まりは，私たちの生活にも大きな影響を与えました。それまでの大量生産・大量消費・大量廃棄の社会からリサイクルを中心とした循環型社会への転換がはかられ，持続可能な資源利用が浸透するようになったのです。

　では，私たちが開発・利用している「資源」とはどのように定義できるでしょうか。「資源」とは，『広辞苑』によると「生産活動のもとになる物質，水力，

労働力などの総称」。また，『精選版日本国語辞典』では，「産業の材料・原料として見た地下の鉱物，山林，水産物，水力などの類」と定義されています。こうした定義から「資源」とは，人々の営みを支える存在であり，かつそれが自然に存在し，人がつくりだすことができないものと捉えることができるでしょう。「資源」は，それぞれの特性の違いからさまざまな形で分類されています。たとえば「資源」の自律的な回復可能性を基準にすると，枯渇性資源と再生可能資源の二つに大別することができます（佐和監修［2006］）。前者は，石炭，石油，金属といった鉱物資源，後者は水，森林，漁場，温泉，大気，土地などがあげられます。枯渇性資源は，工業分野における原料，エネルギー源としての「開発」のありように焦点があてられることが多いと思われます（エネルギー源としての石炭・石油などの利用・開発については第4章を参照）。一方，水や森林など再生可能資源は，地域住民の生活や生業と密接に関わり，持続的な利用・管理のありようが重要となります。

　ただ，これまで「資源」というともっぱら，原料・エネルギー源としての側面から見られることが多かったといえます。実際，第二次世界大戦後の資源政策において水や森林といった再生可能資源は，持続的な管理よりも工業製品の原料や電力のエネルギー源としての利用・開発が重視されていました。枯渇性，再生可能性資源，それぞれの「資源」が，個々の特性によってその利用・管理のあり方が大きく異なる一方で，原料・エネルギー源という側面が注目されていたため，「資源」開発が強調されていたのです。現在は，経済発展や工業化を優先してきた社会への批判という観点から，再生可能資源の利用・管理への関心が高まったのです（高柳［2012］）。

　ただ，工業化によって引き起こされた環境破壊ばかり強調すると，工業化以前の社会は自然環境に融和的な社会であり，さまざまな「資源」は持続的に利用されてきたと思われる方も多いかもしれません。たしかに，工業化以降の人類の環境破壊のスピードは増しています。しかし，人類がさまざまな場所で生活を営む上で，自然資源との関わりは不可欠なものであり，人類は，誕生して以降，自然環境や「資源」に対し絶えず改変し，何らかの影響を及ぼし続けています。自然資源を利用・改変することによって，文明を興しただけでなく，

生活水準を向上させてきたのです。ただ，こうした人と自然との関係は，単に人が自然を破壊するという把握も一面的でしょう。工業化以前の社会においても，自然環境に対して破壊的な対応をする社会が存在する一方で，持続可能な資源利用を実現する社会も存在しました。人類と森林資源など自然との関係を，単に「開発」と「保全」という図式だけで論じることにはさまざまな問題があるといえます（鬼頭秀一 [1996]）。

したがって，それぞれの社会において，人がどのように自然環境との関わりを持っていたのか，さまざまな事例を通して考えていくしかないと思われます。また，環境問題自体，単に人と自然環境という関わりから生じた問題ではなく，自然環境を介して，人と人との関わり，つまり社会のありようがどのように展開したのかを見ることも重要でしょう。

本章では，資源のなかでも主に森林資源を取り上げ，これまで人々がどのように森林資源と関わっていたのか，日本の事例を中心に紹介していきましょう。森林資源の乱開発が地球環境問題を引き起こした要因とされるように，自然資源のなかでも森林資源の重要性は高いといえます。加えて，人と森林との関わりだけでなく，森林を通して，人と人との関わりについても考察していきます。森林資源は限られた資源であり，その資源を利用する過程において，どのように人々は利用・管理していたのか。また，資源をめぐる人と人との社会関係においては，それぞれの利用を基礎づけている「権利」（ここでは所有のありよう）も重要な要素であるため，土地所有のありようについても注視します。以上を通して，現代の資源利用や土地所有のさまざまな問題について理解を深めてもらえればと思います。

1　森林資源利用の歴史

1）森林資源の利用と破壊

森林資源は，人類が身近にかつ積極的に利用を始めた資源の一つでしょう。人類は元来，森林や草地において得られる植物を収穫し，また動物を捕獲する

ことで食糧を得ていました。人類と森との関係に大きな変化が生じるのは，農耕が始まってからです。今から約1万2000年から約4000年前に，西南アジア，中国中央部，ニューギニア高地，中央アンデスなど世界各地で農耕が始まりました（ベルウッド［2008］）。農耕の拡大とともに，各地の森林は破壊され続けますが，今から約5,000年前に都市文明が各地で勃興し森林破壊のペースが加速しました。たとえば，メソポタミアの低地に興った都市文明は気候変動と森林破壊の影響で，乾燥化と砂漠化が進行しました。また，地中海沿岸の諸文明においても木材不足による文明の衰退が見られ，森林資源をめぐっての争いも起きました（安田［1996］）。農耕の普及や文明の発達など，人類の発展は大きく森林資源に依存する一方，過度な利用によって自らの生活基盤を破壊した結果，社会の衰退を招いたのです。ただ，森林資源の破壊が全世界的に進行していたかどうかは別問題です。世界全体の森林被覆面積は，何千年かの歴史のなかで，60億ヘクタールから40億〜50億ヘクタールに縮小したことが推計されています。とくに19世紀中頃までの縮小は数字として大きくなく，20世紀以降の熱帯雨林の伐採によって減少のテンポが早まったのです（斎藤［2014］）。森林資源を含めた環境破壊が，都市文明の拠点やさまざまな場所で局地的に頻発していたことがうかがえます。

　そのようななか，森林資源の過剰利用によって地域社会自体が根こそぎ破壊された事例として，太平洋に浮かぶ孤島イースター島の事例があげられます。オランダのJ・ロッヘフェーン艦隊が1722年の復活祭のイースターの日に発見したこの島は，巨石で作られたモアイ像が多く残されていることで有名です。このモアイ像は数十トンの重さがありますが，草ぶきの小屋や洞窟に住み原始的な生活を営んでいた島民がどのようにモアイ像を作成し，運んだのかが大きな謎でした。その後，島の過去の植生などを明らかにした結果，イースター島には，過去にヤシなどの森林が密生していたことが確認されています。人口が少ない間は森林資源を利用しながら共存していた社会が，その後，人口が増加するなか（200人程度から15世紀には最大7,000人程度が定住していました），森林伐採が深刻化してしまったのです。開墾，生活用具への利用だけでなく，モアイ像など石像を運ぶために木材を利用するなど，祭祀にも多くの木材が使わ

れたのです。こうした乱開発によって森林が枯渇することで，生活に欠かせないさまざまなものが不足するようになります。木材不足は家や筏の製作を不可能にし，島民は資源不足のまま，島から脱出することもできず，絶海の孤島で生活レベルは悪化し続けたのです。イースター島は孤島であったため，外部環境の影響をほとんど受けないなか，森林破壊による社会の衰退が生じてしまった典型的な事例だといえます。こうした森林伐採の進行による植生の破壊や地力の劣化といった土壌問題を引き起こす例は多く，インダス川流域の文明，中国，中世エチオピア，メキシコのマヤ文明など枚挙に暇がありません（ポンティング［1994］）。

2）日本における森林破壊

こうした人類による森林破壊の歴史を見ると，人類は他の動物と異なり，火や狩猟の道具を使用するなど，もともと「反自然」的な存在であるという見方もできます（湯浅［1993］）。しかし，資源保護を目的としていなくても，結果として持続可能な資源利用を実現した社会も存在しました。歴史学者のダイアモンドは，そうした持続可能な資源利用を実現した社会として，ニューギニア高地と南太平洋に浮かぶティコピア島（ソロモン諸島），そして日本を取り上げています（ダイアモンド［2012］）。

では，日本では森林資源とどのような付き合い方をしてきたのでしょうか。現在日本の森林は国土の約3分の2を占めているため，昔から日本は自然との共存を重視した社会であったという言説も見られます。この「豊かな森林」が太古から存在し続けていた思われる方も多いでしょう。たしかに，日本の森林観（森林に対する見方）は，古代において，自然のなかに神を見出し，森林自体を「山の神」ともみなしていました。富士山や御嶽など山自体を自然神として尊崇する地域もあります。ただ，山を神とみなす一方で山の近在の農民らは落ち葉などの採取を行うなど山に対して「畏れ」と「感謝」双方の念を持っていたのです（菅原［1996］）。

日本ではこうした森林保護の思想が支配的で，本当にこれまで森林を大事にしてきたのでしょうか。この点，日本林業史を研究したアメリカ人のタットマ

ンは，日本人と森林との融和的な関係への言説を批判し，日本における森林危機の歴史をまとめています。彼は，近代以前の日本では2回の森林危機があったことを明らかにしています（後述しますが，第二次世界大戦前後の時期も大量伐採が行われた時期とされています）（タットマン［1998］）。

　森林危機の1度目は古代（奈良・平安）の時期だといわれています。古代では，支配者によって都に寺院や神社，居住する宮殿などを数多く建設したことで木材が大量消費されました。当時は，施工技術も未熟で（土台などを作らず木材を地中に埋めて建築していました）シロアリの影響などで木が腐るため，20年に1度の建て替えが必要でした。したがって，建造物の建築とともに定期的な建て替えの必要から，都では木材が大量に必要となったのです。都があった畿内（大和，近江と呼ばれる現在の奈良県，滋賀県）では，良質な木材が供給される森林が大量伐採されました。ただ，良質な木材を得られる森林は限られるとともに，当時の輸送，技術水準では，遠隔地や山の奥地から木材を伐採・輸送することは困難でした。その結果，都周辺の良質な森林は伐採され，木材供給の限界を迎えることとなり，新たな建造物の建設が困難となったのです。建て替えなどの木材需要が高まると，木材の供給不足から新たな良質な木材が得られる森林を探すこととなり，満足な木材が供給しやすい場所に都を設置したのです。平安京に都が移されるまでの間，たびたび遷都（都の移転）が行われたのは，政治的な要因以外にもこうした資源制約も原因の一つであったと考えられています。ただ，平安京に移されたのち，畿内の森林は良質な木材を賄うことができなくなり，それ以降，木材の再利用や使う樹種の変化，利用方法の工夫でしのいだのです。たとえば，仏像製作ではこの時期に巨木から一つの仏像を製作する一木造から，仏像を部分的に製作する寄木造への製法の変化が見られました。急増する仏像需要に対して，作業の効率化がはかれただけでなく，一木造で用いる大きく良質な木材が調達できない限界を克服したのです。

　第2の時期は，戦国時代末期から近世初頭にかけての約100年間になります。初期は，戦闘による工作物の建築や合戦で用いる馬の秣や燃材など軍事的な需要や橋，道路といったインフラ整備に，その後は，城下町，寺院建設などによって木材需要が高まりました。とくに全国統一を果たした豊臣秀吉や江戸幕府

を開府した徳川家康は，巨大な建造物を建設するため自らの権力基盤を利用して各地で森林開発を進めました。秀吉は，大阪城や京都の寺社などを建設するため，良質な森林を有する吉野や木曽を直接支配し，また腹心の大名らを重要な森林地に配置しました。家康も江戸城をはじめ駿府城，名古屋城，二条城，増上寺などの大規模建築物を建設します。同時に家康は舟運の輸送網改善に努め，海運の整備や富士川・天竜川などの河川改修を行い，秀吉同様，重要な森林地については直接的に支配しました。加えて，近世初期の木材需要の増加は，庶民（農民・町人）の木材利用の増加も要因の一つでした。近世初期は人口増加が著しいだけでなく，多くの人が集住した都市が形成されました。とくに近世初期に100万人の人口を抱えていた江戸は，頻繁に起こる火事のたびに再建のための大量の木材が必要となりました。江戸の町の大部分を焼失した明暦の大火（1657〔明暦3〕年）の復興には，原生林2,500ヘクタールの立木が必要であったともいわれています。

　このような近世初期の木材の大量消費は，伐採地域の拡大をもたらしました。河川の上流部の山奥や遠隔地の森林の開発が進展した結果，1660年代には日本全体の木材需要が森林のストックの能力を超える規模となったのです（タットマン［1998］）。元来，森林を神として信仰の対象としていた日本においても，木材需要の高まりから各地で森林伐採が進行し，近世初期の時点で資源枯渇の危機に直面していました。ただ，その後の資源不足への対応によって，危機的状況からの回復を実現していきます。

3）森林危機とその対応

　森林危機に直面した社会において，木材不足への誤った対応はその社会の存亡に関わる重大な問題でした。いくつかの古代文明や先に紹介したイースター島では，その対応の失敗によって社会自体の基盤が崩壊してしまいました。一方で，環境破壊にうまく対応した社会も存在しました。この点，ダイアモンドは，ボトムアップ方式で持続可能な資源利用を実現した小規模社会（ニューギニア高地と南太平洋に浮かぶティコピア島）とトップダウン方式で実現した大規模社会である日本とを対比させています。ニューギニア高地では，年間1万ミ

リメートルの降雨量と内陸部に海抜 5,000 メートルの山脈を有する土地という環境の下で，人々が食糧生産を行うためにさまざまな工夫を行いました。地力の維持を目的とした取り組みが行われ，モクマオウと呼ばれる樹種を移植し「育林」を行ったのです。またティコピア島は 5 平方キロメートルの狭い面積の島に 1,200 人の人口を抱えていた島でしたが，南太平洋で一般的な焼き畑農業ではなく果樹園を営み，その栽培を通して持続可能な資源利用を維持していました（ダイアモンド［2012］）。

では，大規模な社会であった日本は森林危機に直面した際に，どのような対応を行うことで危機を脱したのでしょう。森林資源の生産・流通・消費，それぞれの過程において，幕府権力がさまざまな制限や規制を行うことで対応します。流通過程では街道や河川での積み荷の検査を行い，消費過程では，農民がヒノキやスギを利用して建物を建築することを規制するなど，誰がどのような目的で木材を利用するのか詳細な規則が定められたりしました。

生産過程においては，過剰な森林伐採を制限しました。近世以前の社会でも伐採を制限するような仕組みは存在していましたが，近世社会を基礎づけていた幕藩体制の下で新たな森林管理が行われるようになります。幕府や大名などの領主らは，優良な森林を「御林」と名付け，加えて樹木の伐採を禁じた「留山」と称する森林保護政策を展開しました。たとえば，優良な森林が数多く展開していた木曽山では「留山」政策が進展することになります。木曽山では，材木支配のあり方を変えるとともに，それまで住民の自由な伐採と利用が許可され薪炭の供給源となっていた「明山」が減少するなど，住民らの山林利用は大きく制限されることになりました（徳川林政史研究所編［2012, 2015］）。

その後日本における森林資源管理は，人工林の登場によって大きく変わっていくことになります。18 世紀後半以降，植林・森林管理のさまざまな技術が普及し，各地で人工林が登場しました。この時代，農業経営の指南書として普及していた宮崎安貞の『農業全書』や佐藤信淵らの著書では，樹木と森林との関わりの重要性が指摘されるとともに，造林技術に関してさまざまな方法が紹介されていました。先の「留山」政策では森林資源の回復がはかられるものの，伐採を規制するのみで需要の拡大には不十分でした。そこで，新たな技術を用

いて御林に植林を行うなど，積極的な植林事業を行う地域も登場したのです。人工的な造林作業は，多種多様な方法が地域ごとに構築されましたが，初めに，苗木を植え付けする際，相当量の労力が必要となるだけでなく，枯損率が50％以上とリスクが大きい不確かな事業でした。したがって，造林事業は手入れをひんぱんに行うなど，巡視（パトロール）の強化が必要で，数十年間，林を維持するためには，多くの費用と手間がかかる点が負担でした。ただ，デメリットを抱える一方メリットも存在しました。木材の需要者にとって，最良の樹種を植えまた質を向上させる手段をとることができたのです。そうした市場の動向に応じて，産地の銘柄品も登場します。たとえば，吉野杉で有名な奈良県吉野は灘での酒造業への樽を供給する林業地帯として発展していきます。また，秋田藩では藩による人工林への造林事業の展開が近世中期以降に見られるなど，各地で人工林が増加していったのです。

このように，木材生産を人工林にシフトさせることで，森林の長期的安定がはかられたのです。幕府や領主によるさまざまな規制など森林保護への対応も重要でしたが，育成林業に代表されるように，市場の動向に刺激された民間の林業従事者による人工林業の展開も日本の森林を維持していく上で不可欠な存在でした（斎藤［2014］）。以上のように日本では，伐採を禁止する消極的な対応から人工林を造林する積極的な対応によって森林危機に対応したのです。

2　資源利用と土地所有

1）暮らしのなかの森林利用

　森林資源は，建造物を建築するための用材としてだけでなく庶民の生活に密接に関わっていた資源でもありました。では，庶民（主に農民）は，どのように森林資源を利用していたのでしょうか，人々の営みにおける森林の役割について見てみましょう。

　一般的に森林といっても，町場の近くから山深いところまで，人々の生活空間との関係によってその役割は大きく異なります。集落に接した山を「里山」，

人里離れた山を「奥山」と呼びますが，人々にとって重要な山は，生活に関わる「里山」でした（「奥山」は，領主らが建築材を求めて「御林」とするような森林でした）。生活に密接に関わっていたからこそ，利用者である農民による山の管理，運営が重要となったのです。人々は，里山からエネルギー源として薪や炭の燃料や家屋の建築資材，木の実や山菜といった食糧，そして，田畑への肥料などを得ていました。近世社会では，田畑の肥料に自給肥料が広く利用され，人糞尿や厩肥とともに山の草木を利用していました。山の草や柴，落ち葉などを田畑に敷き込み，地中で腐らせて利用する刈敷として利用されていたのです。刈敷などの草木を得るための林野は，田畑面積の約10倍必要で，農業を行う際大量の草や芝が必要でした。そのため，百姓らが草や柴を得ることを目的に行った山焼きや野火によって，各地の山々の自然環境が大きく改変され，「草山」「柴山」が出現することになったのです。たとえば，飯田藩（現在の長野県飯田市）脇坂氏の村々では17世紀中頃に97の村の内，草山，柴山は全体の6割を超え，また林業地帯であった飛驒地方では，草山に加え，はげ山も見られていました（水本［2003］）。都市部でも同様の傾向が見られ，江戸後期の京都を描いた絵図から，周辺の山には高木はほとんどなく，草木もないはげ山が多かったことをうかがい知ることができます（小椋［1996］）。

　こうした草山，柴山の拡大は，近世の人口増加とそれに伴う耕地増加によって引き起こされました。しかし，自然の改変による草山の増加は，さまざまな弊害をもたらすとともに，山の利用や農業のあり方をも大きく変えていくことになりました。

　草山や柴山への改変はそれまでの樹木が持っていた保水力などを低下させ，大雨による土砂の流出や下流域への洪水といった被害を引き起こしました。そうした下流域での草山被害への対応として，幕府は1660年代に全国的な林野利用に関する触れを出し，淀川・大和川流域で土砂留制度を採用しました。これは，山城から近江の山間部で木の根が刈り取られた結果，土砂流出，河川の利用の妨げが見られたため，木・草の根の刈り取りの禁止と土砂流出への対応として植林等を定めたものでした。その結果，土砂流出が減少した一方，上流部の草・柴を利用していた人々の林野利用のあり方が大きく変化しました。草

や柴の利用禁止によって，新たに干鰯や油粕といった金肥が導入されたのです。商品作物の栽培のための金肥導入という側面だけでなく環境制約に伴う農業経営の変化が引き起こされたのです（水本［2003］）。

　森林資源は人々が生業や生活を営む上で欠かせない存在ですが，同時に重要な社会の維持基盤でもあります。森林は，さまざまな気候変動や災害から人々や暮らしを守るという機能を有しているのです。現在，多発しているさまざまな災害において，森林が持つ減災機能が注目されています。2011（平成23）年3月11日に発生した東日本大震災では，東北地方の太平洋沿岸は津波被害によって多くの犠牲者を出しました。町に押し寄せた津波の力の大きさを残された数々の映像から知る一方で，海岸付近の森林が一定の減災効果を持ち，津波被害を減らしたことも私たちは知ることとなりました。私たちの生活や生存を脅かす災害は不可避なものであり，先人たちはたびたび大きな被害をうけてきました。しかし，さまざまな工夫でこうした災害から人々の営みを守ろうとする取り組みが行われ，近世以降，災害から人々を守るための森林の保護・育成，整備が行われてきたのです。たとえば，季節風が多い地域では防風林，海からの砂や潮，津波から守る防砂林，防潮林などがつくられています。

　また，災害には天変地異だけでなく，人々の「生存」を脅かす存在である飢饉も含まれます。近世社会ではたびたび飢饉が発生していましたが（第2章を参照），飢饉の際には，領主の山が領民に解放される「御救山」が東北地方各地で行われました。金や御救米の代わりに森林が開放され，人々は山に入って自然採集で食糧を確保したのです。実際，ワラビやトコロと呼ばれる山菜を採取して飢えをしのぎました（ただ，それでも数万人の餓死者を生んでしまいます）。森林は人々が生存にすがる最後のよりどころであったといえます。こうした食糧不足における森林利用は近代以降にも見られます。1913（大正2）年に北日本を襲った大凶作では，米が不作となるなか（例年の約2割程度の作柄），人々は松の皮や山菜などの森林の恵みで飢えをしのいでいたのです（青森県史編さん近現代部会編［2004］）。このように，森林は人々の生活・生存を支え，社会を安定させる存在として機能していました。

2）近世社会における土地利用と資源利用の結びつき

　人々の生活や生業との結びつきが強い里山などの林野利用のあり方は「入会」と呼ばれ，資源利用において共同利用するためのさまざまなルールや規制が設けられていました。たとえば，収穫できる場所，持ち出すことができる収穫物の数や大きさ，立ち入りの順序，作業日数，作業者の人数，使える道具の種類などを事細かに規定することで，利用者間の分配の不公平性を回避し，また資源の持続的な利用を可能としていたのです。こうしたルールに対して，違反行為を監視し，厳しい制裁も科していました。この「入会」は近年「コモンズ」との関係で紹介され，日本だけでなく世界各地で同様の資源利用の仕組みが存在することが明らかにされています（三俣・森元・室田編［2008］）。これらの議論では，「公」と「私」に属さない「共的世界」を重視し，地域住民が共同で行う「資源」利用・管理の機能や役割を再評価し，「共的世界」における資源利用の積極的な側面を強調しています（この点，「国家」の役割の軽視や共同体内における閉鎖性や階層性を持つ集団内部問題や外部集団に対する排他的な対応への評価は分かれるところがあります）。こうした，資源の共同利用のあり方は，その利用者たる集団のありようと密接な関係を有しています。「入会」に見られる資源利用は，その利用者の集団からなる近世社会における村社会との関わりから考察する必要があるのです。

　近世の村社会は，村請制と呼ばれる仕組みのなかで形作られていました。領主との支配関係の下である種の自律性を持ちながら，土地・資源利用が行われていたのです（「村」の役割については第1章を参照）。

　では，近世社会の人々はどのような観念のもと，土地・資源利用を行っていたのでしょうか。私たちが生きている現代の土地所有・利用の観念と近世での観念は大きく異なっていました。この点，近代以降の私たちの社会の前提となっている土地所有権のありようと比較してみましょう。私たちの社会が前提としている土地所有の観念は，「近代的土地所有権」と呼ばれる理念に基づいて構成されています。所有を形作っている民法において，第3章206条，207条には重要な条文が定められています。

206条　所有者は，法令の制限内において，自由にその所有物の使用，収益及び処分をする権利を有する。
207条　土地の所有権は，法令の制限内において，その土地の上下に及ぶ。

　206条では所有権の内容そのものは法律や判例によって形成されること，そして土地所有に限らず所有権一般を扱っています（所有権を定める法令は数多く存在し，代表的なものに土地基本法，建築基準法，農地法などがあります）。土地所有者に焦点をあてれば，法律などの制限がない範囲で自由に処分・利用することができると規定されています。ただ，実際には所有権の濫用には厳しい制約があります。207条では土地所有権の支配範囲に関する規定で，空から地下まで所有者の権利が保障されています（川島・川井編［2008］）。

　こうした所有に対する観念を前提とした私たちの社会と異なり，近世の村では土地所有の意味が異なっていたのです。近世の土地所有において，幕府・領主の耕地・屋敷地に対する権利は「領知」，農民のそれは「所持」と呼ばれていました。今日の所有権制度と異なり（一物一権主義），一つの土地に複数の「所有」が重畳的に存在していた点が特徴でした。また，今日であれば土地所有の主体は個人や法人格を有する会社，団体などですが，近世の土地所持の主体が「家」という単位であることや，家長（「家」で最も権威がある人物）が「家」を統括するものの土地を自由に処分できない点も特徴でした。

　第2に，土地利用に関するさまざまな民間慣行の存在があげられます。たとえば，割地（耕す土地を数年に一度，くじ引きなので抽選し割り当てしていた）や無年期質地請戻慣行（質入れ・質流れから何年たっても元金を返済すれば元の持ち主が土地を取り戻せる慣行）などがあげられます。そして第3に，村落共同体の土地への関与があげられます。個人が土地を処分する権限を持っていたわけではなく，そこには「家」の同族団や村落共同体といった集団によって土地の所持自体が規制され一方で保証されていたのです。村落の土地への関与は間接的共同所持と呼ばれ，耕地は，「家」や「同族」の土地（百姓の個別的所持）であると同時に，村の再生産を支える「村」の土地（間接的共同所持）という観念が存在していました。こうした土地所持の観念が生まれたのは，村のなかで構

成されていた「家」を持続的に経営，維持させていくことが主眼であったからでした（渡辺 [1996]）。

このように，近世の土地所有・利用秩序は，近代以降の社会の前提と異なった観念のなかで位置づけられ，領主との関係では村請制のもと，村落の自律性を保ちながら維持されていました。林野利用は，耕地の農業生産のための水利や資材供給機能を有するため，耕地の土地利用と同様，村の間接的共同所持によって利用が秩序づけられていたのです。加えて，他村や領主的権力との間で資源利用をめぐる対立や紛争を抱えながらも，村落内での資源配分機能や資源利用は維持されていたのです。この点，漁場という場も水産資源保全を目的に，漁民らや領主層による漁業規制や慣行がありました（高橋 [2013]）。

3）「近代的土地所有権」の導入と近代以降の資源利用・土地所有の変化

国家が新たに付与した「近代的土地所有権」によって，近代以降の資源利用のあり方は大きく変わっていきます。地租改正に見られる私的土地所有を認めた土地所有権の制度改革は，それまでの土地・資源利用との間でずれを生じさせました（沼尻 [2006]）。法社会学者の戒能通孝は，岩手県の小繋を事例に，入会慣行を認めようとしない土地所有者と林野利用に生活手段を依存している農民等，利用者との生存をかけた闘争の過程を明らかにすると同時に，入会権をめぐる裁判の支援を行いました（戒能 [1964]）。この小繋事件と呼ばれる入会の闘争は，地租改正時に村の有力者が所有者となった一方，村人の林野利用が山の所有者が変わるなかで，その権利が守られるのかが問われた事件で，非常に弱い入会の権利の保護をめぐって裁判闘争が行われたのです。

維新政府によって導入された「近代的土地所有権」制度が，私的土地所有を確立させたことで，それまで有機的連関を維持していた土地利用や資源利用は分断され，住民による資源利用は大きく制約を受けるようになります。近世に見られた割地制度の慣行や焼畑農業など，近世まであった土地利用慣行の多くは否定され，間接的共同所持によって規制していた村落の土地利用は大きく変容を遂げました。そして，土地所有と利用との対立（＝近世期から続く利用秩序の慣行と私的土地所有との対抗）が新たな問題となったのです（丹羽 [1992]）。

また，近世に共有資源として利用されていた漁場，林野といった「資源」は国家による統一的な把握によって秩序づけられようとしました（漁場については，海面公有制が国家によって宣言されたため，所有権は認識されず，漁場は利用権が漁業法によって設定されました）。ただ，鉱物資源の多くが国の管理・所有下に置かれるなど，資源の「所有」のありようは，個々の資源で異なった対応がとられました。実際，石炭や石油などの鉱物資源は鉱業法が制定され，国家所有のもと，企業による開発が進展しました。一方で温泉などの資源はそのよりどころとなる法律の不備から，絶えず開発による不安定化に悩まされることになります（解説3を参照）。このように，近代以降の日本における資源利用は，「近代的土地所有権」をはじめとする諸制度の導入によって分断されただけでなく，「所有」のありようが異なる様相を見せたのです。

3　近現代日本の森林資源と過少利用問題

1）近現代以降の木材利用と森林資源

　近世日本の森林資源利用は人工林業の登場によってその危機を脱しました。では，工業化を実現する明治時代以降の森林資源はどのように利用されたのでしょうか。日本の森林伐採面積は，20世紀初頭2200万町歩から1940年代には1700万〜1800万町歩（1町歩は約1ヘクタール）まで減少し，工業化の過程において森林伐採が進行しました。木材消費の多くは，自給される薪や木炭などエネルギー源としての燃材で，全体の消費量の過半を占めました。とくに家庭では多くの燃材が利用されていました。実際，台所ではごはんの煮炊きでかまどが用いられ，また七輪やコンロなどが使用されていました（古島［1996］）。現代の私たちの生活で当たり前のように利用する都市ガス，電気といった生活インフラは，まだ一部に普及する程度で，高度成長期までの日本では大都市であってもそれら生活インフラの普及は遅かったのです。

　一方，さまざまな用途の材料として使用される用材の利用は，1880年代2000万石から1919（大正8）年6900万石，39（昭和14）年には1億石を突破

（1石＝0.278立法メートル）します。木材の用途はさまざまで住宅用材，鉄道の枕木，電話事業の電信柱，炭鉱での坑木（坑内の支柱など），機械部品の木型，馬車，荷車の車体，製紙用，人絹用のパルプ，新聞，雑誌，木箱などの包装用材・合板単板用材などがあげられます。こうした幅広い分野での利用が拡大するなど，木材は産業化（幅広い社会経済の変化の過程）に不可欠な資源だったのです（山口［2015］）。

　近代以降の森林資源にとって重要な画期は，交通網の進展に伴う開発地域の拡大でした。鉄道網によって，近世に開発できなかった奥地の山が開発されました。木材生産地域では鉄道に連結された林道や森林鉄道が奥地に向けて敷設され，鉄道沿線に数多く製材所が建設されたのです。木材の生産分布は大きく変化し，近畿や東海，関東から北海道，九州，東北といった地域に変化しました。また，交通網の進展とともに外国貿易の存在が森林資源利用に大きな影響を与えました。日本はアジアにおける重要な木材供給地域となり，北海道から丸太や角材が上海など中国へ輸出されました（1900〔明治33〕年36万石→07年345万石）。1920年代以降にはアメリカや樺太からの木材の輸移入が増加するようになります。外国からの木材は価格も低く国内の林業経営は悪化し，林業経営の諸団体は，政府へたびたび関税改正や輸入への措置を訴えました（山口［2015］）。

　その後，1930年代以降為替下落の影響で国産材が外材に対し価格面で優位になります。加えて林道建設によって輸送面での供給制約が緩和されたとともに，植民地における木材需要の増加によって，関東州，満洲への日本からの木材輸出が増加し，国産材の生産量が急増しました。その結果，木材輸入が減少し国産材のシェアが高まったのです。しかし，1937年の日中戦争勃発後は，輸入額の大きい木材は輸入制限を受け日本国内だけでなく帝国内の木材配給が課題となります。1940年代以降は木材不足が深刻化するなか，日本国内の森林では過剰伐採が進行しました。

　第二次世界大戦直後の日本の森林資源は，戦時期の過剰伐採によって深刻な状態となりました。さまざまに不足する資源のなかで，森林資源は過度に利用され，近世初期以来の資源枯渇の危機に直面することになります。ただ，その

表 3-1 木材供給量

(単位:千 m³)

年	総数	国産材	外材（輸入）	木材自給率（％）
1955	65,206	62,687	2,519	96.1
1960	71,467	63,762	7,705	89.2
1965	76,798	56,616	20,182	73.7
1970	106,601	49,780	56,821	46.7
1975	99,303	37,113	62,190	37.4
1980	112,211	36,961	75,250	32.9
1985	95,447	35,374	60,073	37.1
1990	113,242	31,297	81,945	27.6
1995	113,698	24,303	89,395	21.4
2000	101,006	19,508	81,498	19.3
2005	87,423	17,899	69,523	20.5
2010	71,884	18,923	52,961	26.3

出所）矢野恒太記念会編［2013］211 頁。

一方で多くの山で植林が再開され，その後，1950 年代から 60 年代の日本の林業生産は最盛期を迎えることとなります。

　高度成長期に隆盛を極めた林業経営ですが，1960 年に木材の貿易自由化が始まると，安価な木材が流入したことで，一転，林業生産が停滞することになります。表 3-1 は 1960 年代から今日までの木材利用を表したものです。1960 年代から輸入木材が急増し 70 年には外材輸入が国産材生産を初めて上回るなど，国内の森林資源利用の減少が確認できます。ただ，皮肉なことにこうした外材の利用の増加は国内の森林資源保護につながることとなります。1980 年代以降，地球温暖化などの原因の一つともされる熱帯雨林の減少が世界的に問題となるなか，熱帯雨林で伐採された木材の多くが日本に輸入され，大きな社会問題となりました。価格競争に敗れた日本の林業は好転する兆しを見せないまま現在に至り今日は森林資源の維持管理の問題が表面化してしまうのです。

2）過少利用による諸問題——資源利用と土地利用

　今日，日本の森林資源利用や土地利用は，新たな局面を迎えています。これまで人と森林との関係では，木材需要の高まりが供給の限界を招いた結果，古代や近世において資源枯渇の危機，近代以降は輸入木材への依存という問題を

抱えました（輸入木材への依存は，国内の森林資源が伐採されず守られたという側面があります）。世界では，森林伐採の深刻化による環境破壊が大きな問題となり，地球規模の環境問題に発展しています。このように森林伐採など資源の過剰利用が問題の主な原因となっていました。しかし近年，日本の土地利用・資源利用では過少利用という新たな問題が大きな社会問題となっています。

　森林資源の過少利用とはどのような事態なのでしょうか。先に紹介したように日本の木材消費量はここ数年減少傾向にあり，高度経済成長期と比較すれば同程度であることが表3-1から確認できます。ただ安価な輸入木材の流入によって，国産材の供給量は1960年代と比べて3分の1に落ち込んでいます。輸入木材との価格競争下で国産木材の採算性が悪化したという事情に加え，生活における木材の重要性が低下していることが大きな要因でしょう。木材は燃材として薪や薪炭に利用されていましたが，高度成長期以降電気・ガスなどのインフラが普及し，燃材として木材を利用することがほとんどなくなりました（都市ガスの普及率は1955〔昭和30〕年37.2％から80年77.5％に上昇します）。実際，2010（平成22）年の薪炭材の消費量は1955年の10分の1まで減少しています（矢野恒太記念会編［2013］）。農山村においても生活と森林との関係が薄らいでしまったのです。これまで集落の住民が共同で利用・管理していた共有林などは，生活と切り離された結果，別荘地やゴルフ場に代わる森林に加え，旧来の利用が行われず管理が放棄される森林などがあらわれてしまったのです。また，近年は，利用価値の低下だけでなく，中山間地域では過疎による人口減少が顕著で，森林管理を行う担い手自体が減少するとともに高齢化によって現実的な対応が困難になっています。

　ただ，こうした森林管理の放棄は農山村地域の問題にとどまらず，非農家の近隣住民や都市に住む住民も含めた多くの受益者に関わる問題だという認識が広がっています（図司［2017］）。それは近年，森林資源が持つ「美しい景観，地域の多様な生物の存在，レクリエーションなどの文化的サービス，気候変動の緩和，自然災害の防止といった調節的サービス」（森野［2014］）といった生態系サービスの概念から，地域資源である森林資源の多面的な価値が見直されているからです。農山村のさまざまな資源に価値を見出した都市に住む人々が

農山村の資源管理に関わるといった人的交流（地域おこし協力隊のような外部との関わりを持った若者や地元公共団体の職員などの結びつき）が増えつつあります（図司［2017］）。このように，資源の過少利用は経済的な需給の問題に加え，担い手不足といった日本社会が抱える問題と密接な結びつきを持つ課題なのです。

　現在，資源の過少利用とともに土地の過少利用という問題も顕在化しています。主に空き家問題，空き地，耕作放棄地などがあげられます（吉田［2016］）。とくに空き家について見ると，2013年に空き家率は13.5％に達しています（この数字では賃貸用の空き家物件も含まれています）。空き家で問題となるのは，誰も居住していない状況で，外観上破損があるなど，地域の生活環境に大きな影響を及ぼす点です。具体的には防災や防犯機能の低下，ごみなど不法投棄，火災の発生の危険，風景・景観の悪化などの問題が考えられます。こうした空き家については利用活用を促進させる仕組みづくりや空き家を除去していくことが考えられています。ただ，前者については空き家バンクなど，空き家の利用が現在進められていますが，多くの地域で問題となっているのは後者の事例です。近年，こうした空き家への対応として各地で空き家条例と呼ばれる条例が制定され，2014年には空き家特措法も制定されています。ただ，こうした法律や条例を制定しても現実として空き家問題は解消されてはいません。土地所有関係の複雑さや市町村での予算制約など，空き家問題の解決にはなお多くの時間がかかるでしょう。

　こうした土地・資源の過少利用の問題の根底には，今日の所有権制度の限界が存在しています。所有権者が利用価値を見出さない土地や資源が利用されないだけでなく，処分するにもさまざまなコストが生じ，また担い手不足のなかでそのままにされているのです。「物の利用が低減，消滅していくという現象は近代化論の枠組において前提とされていなかった」（高村［2015］）というように，過少利用という新たな問題が，これまでの土地・資源利用のありようを見直すきっかけになるとともに，近代以降導入された所有権制度の可能性を新たに模索していくことが必要でしょう。

おわりに

　人と森林資源の歴史は，開発と破壊のなかで進められてきました。過剰な利用が森林資源の危機を招くだけでなく，人の社会も破壊してしまう例がこれまでの歴史のなかで数多く見られました。一方，資源危機を克服する歴史も存在しましたが，今日では地球全体の環境問題解決という目標の下，さまざまな取り組みが行われ，その解決が図られようとしています。

　また，新たな問題として，私たちが生活する場において，土地・資源の過少利用の問題が顕在化するようになっています。人口減少や地域経済の衰退，地域コミュニティの崩壊など，今日生じ始めているさまざまな問題がそうした過少利用を引き起こしている面もあるでしょう。単に土地・資源の利用のありようを新たに模索するだけでなく，新たな社会をどのようにつくりあげていくのかという課題に直面しているといえます。一人ひとりがこうした課題に向き合っていくことが重要でしょう。

●── 解説 3

温泉と開発

　日本には現在，3,155 カ所の温泉地と 27,214 の源泉（温泉が湧き出すところ）があります（環境省ホームページ「平成 27 年度温泉利用状況」）。1 年間の温泉地の宿泊客数は約 1 億 3000 万人を数え，国民 1 人当たり年間 1 泊以上の滞在をしている計算になります。近年は日本にやってくる外国人観光客にも人気の観光スポットとして温泉地が注目され，「温泉」は日本を代表する観光資源として認知されているのです。

　私たちと温泉との関わりは古く，『古事記』や『日本書紀』『風土記』といった文献に道後（愛媛）や有馬（兵庫），白浜（和歌山）などの温泉地の様相が描かれています。また，自然に湧き出す温泉は，宗教や信仰との結びつきが深く，各地に修験者による開湯伝説も残っています。たとえば，静岡県の伊豆山温泉には，中世から走り湯と呼ばれる源泉と修験道との結びつきが強く示される史料も残されています（熱海温泉誌作成実行委員会編［2017］）。

　近世以降は，人々の寺社参詣や旅の流行に伴い，庶民の温泉利用が普及し，湯治療養の場として多くの人々が温泉地を訪れるようになります。江戸では，温泉番付と呼ばれる温泉地ランキングが作成され全国の温泉地が紹介されるとともに，それぞれの旅行案内が出版され，温泉地がより身近な存在となったのです。

　近代以降，私たちと温泉との付き合い方は大きく変化し，温泉地は新たな問題に直面することとなります。明治時代には，鉄道網が全国に整備され，それまで徒歩で温泉地を訪れていた利用客は短時間で行くことが可能となるとともに，より遠隔地の温泉地を訪れるようになりました。その結果，明治の中頃に全国で約 400 万人であった利用客数は，1930 年代までに約 2600 万人に増加しました。利用客数増加のなか，多くの温泉地では自らの温泉地を改良するなど，利用客の獲得を目的とした温泉地間競争が始まります。外湯（共同湯）が発展した温泉地では，地方行政機構（町村）が地域資源である温泉を所有し，浴場の経営を行うのが一般的でした。たとえば，愛媛県道後湯之町での道後温泉本館の建設，大分県別府町での外湯施設の建設・改良，熊本県山鹿温泉の外湯建設などがあげられます。

　一方，利用客の増加は，各地で温泉開発の増加も引き起こしました。近世までの温泉地では，自然湧出の温泉に頼っていたため，貴重な温泉を多くの人々が利用できるように個人の勝手な開発を許さず，地域住民とともに湯治客らは外湯（共同湯）を利用していました。しかし，利用客の増加とともに，内湯と呼ばれる旅館内に浴場を設けて利用する形態が急速に普及しました。どの旅館でも自らの敷地内で開発を行うなど，私的に利用できる温泉を手に入れるため，開発が進展したのです。このように，交通網の進展に伴う利用客の増加と内湯利用の普及に直面した温泉地では，温泉の湧出量を増加させるための開発が進展していきました。

しかし，開発の結果，利用をめぐる紛争や対立を招いてしまいました。では，温泉資源の利用をめぐる紛争や対立とはいったいどのようなものでしょうか。温泉資源は，地下で水脈がつながっているなど，湧き出る温泉相互の関係が強いという特徴を持っています。たとえば，隣接する土地所有者が，互いに開発を行った場合，地下で温泉の水脈がつながっていることが多いため，開発の度に湧出量の減少や水位・温度の低下といった問題を引き起こします。加えて，過度の開発を進めれば，温泉が自然に回復することができず，枯渇してしまう可能性もあります。したがって，温泉資源を安定的にかつ持続的に利用するため，利用者らが一定の範囲内で何らかの秩序を保ちながら利用をするとともに，開発しすぎることを回避する必要があるのです。ただ，温泉の開発・利用に関しては法整備が行われず，こうした権利の調整は，それぞれの府県行政に任されました。府県行政は開発の進展や湧出量不足といった状況に対応するため取締規則を制定し，積極的に利用秩序に介入したのです。このように地域社会や地方行政機構の対応が利用の安定化に寄与しました。

　第二次世界大戦以降，社員旅行や団体旅行の普及に伴い温泉地の利用客数は1970年代に1億人を突破しました。利用客を受け入れる旅館施設も巨大化し，熱海や別府，箱根などの温泉観光地は多くの利用客で賑わいました。ただ，必要となる源泉湧出量は増加し，温泉開発も進展した結果，1950年代半ばには，開発に伴う温泉の枯渇や利用者間の対立が先鋭化します。湧出量の減少や水位，温度低下といった問題が生じ，利用のありようを根本から見直す事態となったのです。加えて，新たに開発された温泉の多くは，より深く掘削するため，動力を使用して温泉をくみ上げました（利用する源泉の内，半分以上が動力使用でした）。こうした資源枯渇の危機が生じたなか，温泉の詳細な調査を行うと同時に掘削・動力装置を制限することで対応しました。

　1948（昭和23）年に制定された温泉法の下，都道府県行政が温泉の開発・利用に関わる条例を制定し，温泉保護と適正な利用との調整をはかる仕組みとして，学識経験者や温泉地の関係者を中心に構成される温泉審議会が設けられました。この審議会では，温泉の開発・利用に関わる許可不許可の審議を行いました。たとえば，温泉観光地が数多く存在した静岡県では，資源危機のおそれが生じ始めた1950年代終わりから60年代にかけて，独自の温泉資源保護方針や保護地域を設定しています。審議会では，恣意的な開発申請に厳しく対応するほか，温泉組合を組織化するなど，県内の温泉利用を安定させたのです（高柳［2017］）。1960年代初頭以降，源泉の枯渇，温度の低下などの対応に迫られ，各地で温泉の調査が実施されました。その結果，源泉を効率的に利用する仕組みとして「集中管理事業」が注目され，その仕組みが導入されました（集中管理とは，一つの温泉地で採取される温泉を，単一の管理体が管理し，効率的な利用を行うために源泉を一元化して管理する仕組み）。実際，熱海，別府をはじめ，利用客が多い温泉地では，地方公共団体や協同組合といった公的性格が強い主体が源泉管理を行っています。この事業は，湧出量不足や温度低下といった問題に直面し利用可能な温泉が減少するなか，安定的な利用と資源維持を両立させる仕

組みとして機能しました。

　ただ，集中管理の仕組みによって，温泉地における資源枯渇の問題が完全に解消されたわけではありませんでした。開発は増加し続け，1957年に11,511であった源泉数は70年15,436，80年代後半には2万を突破します。開発の進展によって，利用ができない源泉も増加しており，現在27,000ある源泉の内，約4割が未利用となっています。

　一方，国内のみで自給できる新たなエネルギー資源として「地熱」も注目されました。実際，地熱を使った発電事業は実用化に向けた研究が行われ，1966年に岩手県松川発電所で地熱発電が開始されます。その後各地で地熱発電が展開し，とくに2011（平成23）年の東日本大震災後，地熱発電の機運が高まりました。しかし，各地で企業による地熱開発計画が立案されましたが，大量の蒸気を必要とする地熱発電が温泉を減少させるといった不安から，温泉旅館からの反対運動が起きました。加えて，国立公園・国定公園内に開発地域が存在するなど，地熱発電の展開にはさまざまな困難があるため，現在では温泉そのものを利用した熱利用の取り組みが多くの温泉地で行われています（高柳［2014］）。

　これまで温泉地では，資源枯渇等，利用の不安定化がたびたび起きていますが，こうした実態について，多くの人々に理解されないまま，温泉資源の豊富さというイメージだけが流布しました。たしかに，日本は他国と比べ温泉資源が豊富に存在していますが，温泉資源の賦存状況や利用客の推移，温泉地の社会関係などの事情は温泉地ごとに異なります。多面的な利用（エネルギー源や入浴利用）を維持するため，それぞれの温泉地の経済・社会構造，歴史的背景を踏まえながら，持続可能な利用を行っていく必要があるでしょう。

第 4 章
エネルギーと経済成長

はじめに——人新世の時代

　地学を本格的に学んだことのない人でも，カンブリア紀，ジュラ紀，白亜紀といった言葉は耳にしたことがあるでしょう。これらはいずれも地質年代といわれ，地層中の化石や岩石から地球の歴史を時期区分したものです。最も新しい区分は，新生代第四紀完新世（Holocene，約1万年前〜）です。最終氷期の終結に伴って農耕・牧畜が開始され，さらに古代文明が発展し，現在に至るまでがすべて含まれます。

　しかし，近年，自然科学系の雑誌や書籍では人新世（Anthropocene）という年代を目にするようになりました。これは，オゾンホール研究でノーベル化学賞を受賞したパウル・クルッツェンが2000年に提唱した最新の地質年代です。Anthropoは人類を意味する接頭辞であり，クルッツェンが人新世を提唱したのは，産業革命以降の人類の活動——とくに化石燃料の使用とそれに伴う温室効果ガスの増大——が地球に地質学的な痕跡を残すと考えたからでした。さらにクルッツェンは，人新世を1800〜1945年頃の工業化時代（Industrial Era）と1945年以降の大加速時代（Great Acceleration）とに二分します。第二次世界大戦を画期とするこの大加速時代では，人口が急増するとともに，新たな化石燃料として石油が登場し，それを利用した新技術が数多く生み出された結果，人類の地球への影響が工業化時代と比べても飛躍的に増大したことに注意を促しました（Steffen, Crutzen and McNeil［2007］）。

クルッツェンの提起は地質学者からも広い支持を得ることとなります。2016年8月にケープタウンで開催された国際地質学会議の検討作業では，人新世の採用が賛成多数を占めました。ただし，その開始時期は1945～50年としており，クルッツェンのいう大加速時代のみが人新世に該当するとしています。これは，「未来の地質学者」でも認識しうる地質学上の痕跡として，核実験，プラスチックや家畜の急増，森林伐採，二酸化炭素濃度の上昇など第二次世界大戦以降に本格化する現象が重視されたからです（吉川［2017］）。

　ですが，歴史学的に見た場合は，産業革命を画期とする当初の提起も魅力的な時期区分です。なぜなら，人類が最初に化石燃料——石炭——を使いこなすようになり，工業化を開始し，経済成長が本格化し始めた時代が，産業革命にほかならないからです。そして，工業化が世界的に拡大するとともに，石炭に加えて石油や核燃料も使うようになったことで，大加速時代が訪れたと考えられます。この意味では，産業革命は人類史の「分水嶺」であり，人新世が地質学上は第二次世界大戦以後だとしても，それは「年代的により古い起源」を持つのです（Austin, ed.［2017］ch.1）。

　そこで本章では，石炭・石油を代表とする化石資源に依存した経済が普及していく過程を技術・産業・生活に注目して概観することとします。まず，初めに石炭を利用する経済がどのようにして開始したのかを，その原点であるイギリスの産業革命に注目して考えます。次いで，石炭を利用した経済がどのようにして他地域にも広がったのか，その際にどのような特徴が見られるのかを日本を例に見ていきます。さらには，大加速時代に石油の使用が拡大していく過程を，日本を含む東アジアに注目して検討しましょう。東アジアに注目するのは，大加速時代を工業化時代と区別する大きな特徴として，石油の利用と石油を利用した東アジアの工業化とがあるからです。

1　石炭とイギリス産業革命

1）石炭利用の開始

　人類史上，石炭を初めて本格的に利用した地域はイングランドでした。その背景は対外貿易の成長です。アメリカ大陸の「発見」に伴って貿易機会が拡大したのち，毛織物工業の成長や重商主義政策に成功したイングランドでは，ロンドンを中心として急速に都市化が進展します。18世紀初めのロンドンはその労働力人口の3分の1が船舶・港湾やその関連産業で働いており，まさに対外貿易の成長を通じて発展した都市でした。1500年に5万人だったロンドンの人口は，1600年には20万人，1700年には57.5万人，1800年には96万人へと増加し，ナポリやパリなどを抜いてヨーロッパ最大の都市へと成長します。

　人口増大とともにロンドンでは食糧と燃料との需要が増加しました。これらのうち，食糧需要の増大には，農地開発や農業技術の革新によって対応していきますが，農地開発は同時に，当時の主要燃料である薪炭の生産地（すなわち森林）の減少も意味します。実際，16世紀以降ロンドンの薪炭価格は高騰していきます。この問題を解決する手段として登場したのが，薪炭の代わりに石炭を燃料として消費することでした。

　薪炭価格が高騰する以前から石炭は薪炭とほぼ同価格でしたが，その利用は15世紀までは限定的でした。硫黄などの不純物を含有し，煤煙を排出する石炭を，居間の中央に備えた薪炭用の暖炉で燃焼することはできなかったからです。そこで解決策として，壁際に小さな暖炉を設置する家屋が登場します。また，暖炉から排出される高熱の煤煙への対策として，レンガや石で造られた煙突も備えられるようになります。石炭の利用とともに，イギリスの住宅は木造からレンガや石造りへと変貌していきました。1666年のロンドン大火の後に木造建築が禁止されるようになったことも，この動きを促進します。同時に17世紀には，石炭窯を利用したガラス生産も拡大したため，窓ガラスが中産階級にも普及しました。エネルギーの転換が街並みを変貌させたのです。そして，石炭消費の拡大はイングランド北部の炭鉱をさらに発展させました。

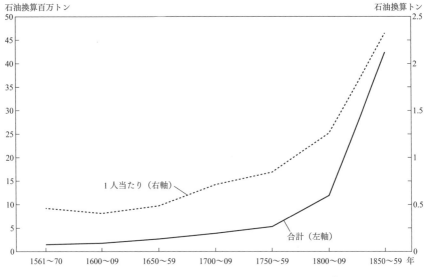

図 4-1　イングランド・ウェールズの年間エネルギー消費量

出所）Wrigley [2009] p. 94 より作成。
注）人力，畜力，薪炭，風車，水車，石炭の合計。1850～59 年の薪炭のみ 1840～49 年の数値。

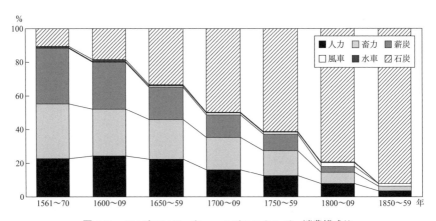

図 4-2　イングランド・ウェールズのエネルギー消費構成比

出所）図 4-1 に同じ。

この結果，早くも 17 世紀半ばには，イングランド・ウェールズの年間石炭消費量は薪炭消費量を超え，エネルギー消費量はその後 18 世紀半ばにかけて倍増していきます（図 4-1〜図 4-2）。17 世紀は人類史上初めて工業用・家庭用燃料が薪炭から石炭へと切り替えられた画期的世紀であり，これは人類が農業社会から離脱する構造変化の現れでした。同時に，都市での労働需要も旺盛でしたから，イングランドでは中国，大陸西欧諸国と比べて賃金が高く，かつエネルギー価格が低い経済が成立します（角山［1975］，Allen［2009］）。

2）有機経済から鉱物エネルギー経済へ

とはいえ，1830 年頃までは，有機経済（土地の生産性に制約された経済。具体的には，天然肥料や薪炭，畜力，水車動力などに依存した経済）の下でその生産性を極限まで高めていくことでの経済成長——高度有機経済——も並存していたといわれます（Wrigley［1988］）。有機経済から石炭・石油といった化石燃料に依存した経済（鉱物エネルギー経済）への転換をほぼ完了させた現象こそが，18 世紀後半に本格化するイギリス産業革命です。

産業革命については，世界史の授業などでその発明品と発明者をやたらと暗記させられた人も多いでしょう。ですが，その主要なものをエネルギーという観点から整理すると，産業革命期の発明は，石炭需要の増大に伴う技術的課題を解決していく過程としてシンプルに理解することができます（角山［1975］）。では，その課題とは何でしょうか。まず第 1 の技術的課題は，炭鉱開発に伴って生じる地下水の排水です。イギリスの炭鉱地帯では地下水が多いため，坑道が水没し，採掘を途中で断念することもしばしばでした。当初は人力や馬（畜力）によって対応していましたが，「もっと効率的に排水したい」という経営者の要望を満たしたのが，トマス・ニューコメンの蒸気機関でした（1712 年）。石炭をボイラーで燃焼して蒸気を発生させ，ポンプを動かして排水することで，ずっと多くの石炭を採掘できるようにしよう，というわけです。そして，この蒸気機関を改良し，炭鉱以外でも原動機として広く普及することを可能にしたのが，1775 年設立のボウルトン・ワット商会です。その後，19 世紀前半にかけてさらに改良が進むことによって，工場の主要動力は水車から蒸気へと転換

し，水辺以外でも工場建設が進展します（Allen［2009］）。

　第2の課題は石炭輸送です。いくら炭鉱の採掘技術が発展しても，石炭を効率的に輸送することができなければ，それを都市で低価格で消費することはできません。このためにまず開発されたのが運河です。イギリスの運河はフランスや中国などと比べても遅れていましたが，ワースレイ炭鉱からマンチェスターまでの7マイルをつなぐ運河が1761年に登場しました。この運河の開通によって，マンチェスターの石炭価格は半値にまで低下します。ですが，運河にはいくつか難点がありました。その最たるものは，運河を通航する際の主要動力が畜力だったことです。運河の通航では，順風の際は帆を広げていましたが，普段は馬に曳航させていました。このことは，石炭の輸送量を増やすには馬の飼育数を増やす必要があり，馬の飼育数を増やすには飼料の供給を増やす必要があるということを意味します。そして，飼料生産は人間の食糧生産と競合します。この制約を克服するには，石炭輸送用のエネルギーも有機経済から鉱物エネルギー経済に転換する必要がありました。この要求を満たした発明こそが鉄道です。人類初の鉄道は1825年にストックトン―ダーリントン間に石炭輸送のために敷設されました。

　第3は石炭の製鉄工程への応用です。従来，鉄の生産には木炭が利用されていましたが，イングランドの製鉄業は木炭価格の上昇によって停滞し，森林の豊富なスウェーデンから鉄が輸入されていました。こうした状況下で，豊富な石炭を木炭の代わりに利用することが模索されます。石炭で鉄を生産するには，リンや硫黄といった木炭にはない不純物を取り除くとともに，高温状態を保つために持続的に送風する必要がありました。18世紀初頭にダービー1世が開発したコークス高炉（コークスとは石炭を蒸し焼きにし，不純物を除去したもの），1783～84年にヘンリー・コートが開発したパドル法，そして1855年のヘンリー・ベッセマーによるベッセマー法はいずれも，木炭で生産した鉄よりも良質なものを，石炭でも大量生産することを目指した技術でした。そして，鉄鋼生産の技術革新が，機械生産の改良と拡大とを下支えします。

　なお，産業革命期の生活に関係する重要な発明にガスがあります。それまで照明には獣脂などが利用されていましたが，ボウルトン・ワット商会のウィリ

アム・マードックが1790年代に石炭ガスの発明に成功し，1812年にはロンドンのガスライト・アンド・コークス社がガス灯への供給を開始しました。これが都市ガス事業（ガス事業者が工場で発生させたガスを導管により家庭や工場に供給する）の始まりです。

3) 鉱物エネルギー経済の普及

イギリス産業革命期の技術革新は，豊富な石炭をより安価に消費することを基本方針とするもので，労働節約かつエネルギー多消費型の技術革新でした。ここで注意すべきは，これらは石炭に恵まれかつ外国貿易を契機として都市化と賃金上昇とが進んだ当時のイングランドに適合した技術ではあっても，大陸西欧諸国では適合的な技術ではなかったということです。たとえば，大陸西欧を代表する貿易都市のアムステルダムでも薪炭価格の上昇に直面していましたが，イングランドとは違って泥炭が豊富に存在していました。泥炭は枯死した湿地植物が炭化したもので，硫黄分を含まず，薪炭の便利な代替燃料でした。このため，アムステルダムでは石炭を利用した技術革新は進まなかったのです。ですが，19世紀前半にイングランドで技術革新がさらに進み，石炭消費効率の改善が進むと，イングランドほどには石炭の供給に恵まれていない地域でも，イングランド発の技術が次第に適合するようになります。たとえば，アメリカや大陸ヨーロッパの鉄鋼生産でも19世紀半ばには薪炭から石炭に転換しました (Allen [2009])。

しかし，これで終わりではありません。ドイツ，アメリカといった後発国は，技術教育の拡充や大企業の垂直統合の進展などを通じて石炭やさらには石油を活用する技術革新をより巧みに実現し，イギリスへの追いつきとさらには追い越しを果たします。鉄鋼生産ではアメリカが1890年に，ドイツも93年にイギリスをそれぞれ抜きました。有機化学合成，電気機器，自動車といった19世紀末から20世紀初頭に発展した新産業では，ドイツもしくはアメリカが当初からイギリスよりも優位を占めます（大和 [2004]）。また二次エネルギーでも，都市ガスの事業化を先導したのがロンドンだったのに対し，石油製品の利用や電力事業と電気鉄道との事業化を先導したのはアメリカやドイツでした。まず

1859年にドレーク油田で原油の機械掘りに成功したのを機に，アメリカでは石油製品の増産が可能となり，ランプの鯨油から灯油への転換が進みます（本田［2016］）。さらに1880年代にはエジソン電灯会社がニューヨークで配送電システムを事業化します。ただし，これは直流で，その後1890年代にはウェスティングハウス・エレクトリックによって交流送電事業が開始されました。こうして，家庭の照明でも鯨油から灯油さらには電気への転換が進みます。また，世界最初の電気鉄道は1881年にベルリン近郊で営業が開始され（直流），98年にはスイスで交流も事業化されました。イギリスがまいた種を後発国がより巧みに育成した結果，イギリスはその「世界の工場」の地位を明け渡したのです。

なお，以上の過程から示唆できることとして，以下の二つを付け加えておきます。第1に，この一連の過程ではエネルギー効率の改善がさらなるエネルギー消費の増大をもたらしました。これはたとえば，燃費の良い自動車の普及が必ずしもガソリン総消費量の削減を意味しないのと同様です。燃費が良くなったとしてもそれによってガソリン代の低下を期待する消費者が自動車の購入に踏み切る場合もありますから，場合によっては社会全体のガソリン消費量は増大します。今日のエネルギー問題も，省エネ技術の進歩だけでは解決できないでしょう。第2に，鉱物エネルギーの利用が普及した19世紀を通じて，西欧の技術観が大きく変化したことです。科学史家の山本義隆によると，中世には技術をあくまでも自然の模倣とみなす考えが強かったのに対し，19世紀になると，人間は技術によって自然を支配できるという考えが広く表明されるようになります。そして，こうした技術観を突き詰めたものが，20世紀半ばに登場する原子爆弾であり原子力発電である，というのが山本の考察です（山本［2011］）。

2　石炭・水力と日本の工業化

1）江戸時代の高度有機経済

　以下では，鉱物資源の利用が普及し，生活を変えていく過程を日本に即して

見ていきます。日本とイングランドとは近代初期において最も人口稠密な社会という共通性を持ちながら，そのエネルギー制約への対応は大きく異なる社会でした。つまり，イングランドが有機経済から石炭への転換によって制約を解決した世界最初の社会であったのに対し，江戸時代の日本は有機資源・燃料の継続的な利用に比較的成功した社会だったのです。江戸時代の一定程度の経済成長は，高度有機経済によって実現されました。その要因としては，幕府・諸藩による山林の利用制限や植林といった公的規制に加えて，実質的な「鎖国」という閉鎖性の高い経済の条件下で全国市場が発展したことがあげられています。兵農分離を機とする都市化によって木材の需要が増大し，市場向けの木材・薪炭生産が広がった結果，育成林業が商業的に実行可能となったのです。また，日本の気候的・地理的条件が森林の再生にそもそも有利だったことも見逃せません。なお，ブリテン島における森林の比率は，中世盛期の時点ですでに欧州大陸に比べても非常に低い水準でした（斎藤［2014］）。

　全国市場の流通によって発展した燃料用の商品作物としては，薪炭のほかに菜種があげられます。菜種はその油が灯火用の燃料として，絞り粕が肥料として利用され，18世紀以降，畿内を中心に裏作として生産が増加しました。一部の産地で絞油に水車が利用されるようになったことも，その生産性を高めます。18世紀中期の俳人，与謝蕪村（1716～83）の「菜の花や月は東に日は西に」の菜の花は，決して野生のものではなく，市場経済の発展に伴って急増した人工的な風景だったのです。そして，この菜種油が行燈の油として普及することで，それまでよりも幅広い層に灯りがもたらされます。行燈の明るさは現在の60ワット電球の50分の1程度にすぎないといわれていますが，それでも夜なべや読書といった「夜の時間」を過ごせる人々は増加したのです。寺社境内などの縁日や吉原に代表される遊郭も，菜種油の灯りなしには成り立ちませんでした（塚本・一ノ関［1990］，会田監修［2000］）。ちなみに，菜の花は18世紀後半には俳句のポピュラーな題材となっていますが，松尾芭蕉（1644～94）が活躍した17世紀末の時点では，まだあまり取り上げられていません。市場経済の発展とそれを背景とした高度有機経済の成長が，芸術にも影響を与えたのでした（藤田［2000］）。なお，17世紀には松などの樹根が灯火用燃料として

掘り取られており，林地の荒廃を招くとの理由でしばしばその禁令が出されています（千葉［1991］）。

普及したとはいえ，菜種油の価格は米1升の100文に対し1升400文（文化年間〔1804～18〕の数値）で，決して安くはありませんでした。このため，菜種油の普及度には格差があったと思われます。たとえば江戸では，外房産の鰯油も灯火に用いられていました（東京油問屋市場［2000］）。また，樹根の消費も完全に消えたわけではなく，畳表，藁加工など強い光源が必要な家内副業では，菜種よりも明るい松根が好まれ続けている事例が18世紀以降も見られます（千葉［1991］）。今日では全国各地の家庭で石油や電気が画一的に利用されているのと異なり，江戸時代の高度有機経済は，地域別・階層別・職業別に大きな多様性を内包しつつ，全体としては成長を遂げていったのです。

2）鉱物エネルギーの導入

明治期に入り，西洋の技術や制度の導入が本格化するのにあわせて，日本では鉱物エネルギーの導入も進みます。まず，幕末開港と同時に灯油ランプがもたらされ，1874（明治7）年には東京日本橋の街灯に石油ランプが並びました。1880年代以降になると工場や家庭でも石油ランプが普及し，灯火用燃料は菜種や魚油から灯油へと転換します。また，1888年には新潟に日本石油会社が設立され，国産原油の採掘と精製・販売が開始されました。ガスでは，1870年に横浜瓦斯会社が設立され，72年にガス灯が外国人居留地を照らします（現在の馬車道通）。さらに2年後の1874年には銀座にもガス灯が設置されました。都市ガスは大都市から地方都市へと次第に普及し，1912（大正元）年には74社のガス会社が全国に存在しました（現在は200社超）。電気事業では1886年に東京電灯が設立され，95年には京都電気鉄道が電気鉄道を商用化します。なお，ガスの用途は電灯の普及とともに暖房・台所など熱用に移行し，1920年代前半には熱用口数が灯用口数を凌駕しました。石油の主な用途も，灯油から工場や船舶用の重油へと転換します（牧野［1996］，鈴木［1999］）。

日本における一次エネルギー消費量とその構成比を見ると（図4-3～図4-4），有機経済を代表する薪炭の比率が次第に低下し，1900年代には2割台にまで

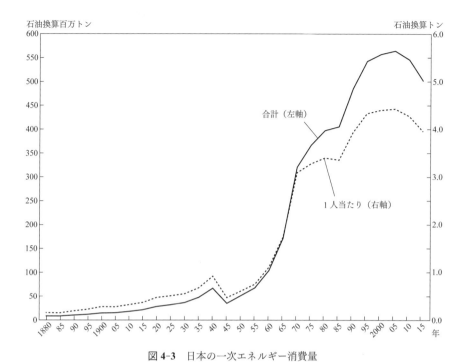

図4-3 日本の一次エネルギー消費量

出所）日本エネルギー経済研究所エネルギー計量分析センター編［2017年版］298-307, 314-321頁より作成。
注）1880年の1人当たりエネルギー消費量のみ，総務省統計局ホームページ「日本の長期統計系列」表2-1（「男女別人口・人口増減及び人口密度［明治5～平成21年］」）を利用して算出した。

落ち込んでいることがわかります。ですが，これはここまで見てきたような生活領域での鉱物エネルギーへの転換が主導するものではありませんでした。電灯が普及した反面，薪炭は熱用を中心に1930（昭和5）年の家庭用燃料で全体の8割以上を依然占めていたといわれています（牧野［1996］）。ガス会社が全国に普及したとはいえ，その導管が供給できる範囲には限りがあり，薪炭は依然として生活で大きな役割を果たしていました。日本の鉱物エネルギーへの転換を先導したのは工業や運輸部門（鉄道，船舶）だったのです。つまり，イギリスとは逆の順序をたどったのでした。そこで以下では，日本の工業化と鉱物エネルギーとの関係を見ていきます。

　幕末までの石炭利用は塩田程度で，石炭は明治期の主要な輸出商品の一つで

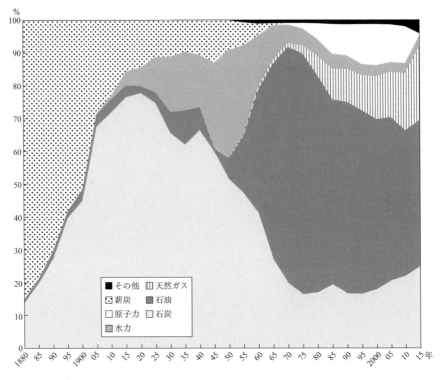

図 4-4　日本の一次エネルギー消費構成比

出所）図 4-3 に同じ。

した。ですが，工業化によって薪炭が不足するにつれて，国内鉱工業では石炭利用が徐々に進展します。たとえば愛媛県の別子銅山では，江戸期には附属林の苗木の保全・育成や村民の利用制限によって森林資源を維持していましたが，明治期に銅の増産と輸出振興とが進むことによって，山林荒廃の危機は高まりました。そしてこの危機は，洋式精錬の本格的展開とともに，1890 年代中頃から，燃料を薪炭から石炭・コークスに転換することによって解決されます。また製鉄業でも，1874 年に岩手県に設立された釜石製鉄所では，地元の木炭を用いることで操業に成功しましたが，のちに木炭生産の量的制約が予測されると，北海道の石炭へと原燃料を転換することで，事業のさらなる発展を果た

します。官営製鉄所が八幡（現在の北九州市）に設置された理由の一つに筑豊地域の石炭への期待があったことも有名です。また，戦前期の主要輸出産業である長野県諏訪地域の製糸業でも，当初は周辺の山林から薪炭を得ていましたが，生糸の増産に伴い，山林は荒廃していきます。そして，ボイラーの改良や鉄道輸送の到来を機として，1900年代後半には石炭へと転換を遂げました（小堀［2012a］）。

　こうして，日本でも産業革命とともに石炭の利用が進展します。ですが，ここで注意すべきは，石炭の採掘や利用といった技術を直輸入することは不可能だということです。なぜなら，石炭には硫黄分や灰分など品質の違いをもたらす種々の要素があり，その成分比は地域によってかなり異なります。また，石炭の採掘条件や埋蔵量はどれくらいか，代替エネルギー（たとえば薪炭）はどの程度入手しやすいか，労働力はどれくらいか，といった違いもあります。これらは要素賦存の違いといわれ，各地域にはそれに基づいた適正技術がそれぞれ存在しうるのです。日本国内の石炭資源が英，米，独といった諸国と比べて貧弱なのは否めませんでした。ですから，日本が高度有機経済からの転換を進めるには，日本なりの工夫が必要となります。それにはどのようなことがあげられるでしょうか。

　第1に科学と技術の制度化です。イギリス産業革命期の発明が高い技能を有する熟練職人のカンやコツ，彼ら同士の情報交換によって，試行錯誤の積み重ねの上に実現されたのに対し，後発国ではその成果をいち早く体系的に導入するために国家が積極的に取り組みました。すなわち，高等教育を拡充し，技術者・科学者を教科書を用いて育成することで，技術の模倣と改良とを効率的に行ったのです。1794年に設立されたフランスのエコール・ポリテクニク，1865年にアメリカで開学したマサチューセッツ工科大学（MIT）などはその代表例です。日本でも1873年に工学寮（77年に工部大学校に改称）が開学し，86年に帝国大学工科大学（のちの東京帝国大学工学部）へと発展します。これは総合大学（university）に設置された世界最初期の工学部でした。エコール・ポリテクニクやMITの設立年と比べてもわかるように，科学の制度化という点では，日本のそれは欧米諸国にそれほど遅れていなかったのです（これに対して，

伝統的な技術観，大学観の根強いイギリスでは，高等教育での技術者育成は円滑には進展しませんでした）（廣重 [1973]）。石炭の採掘・利用技術も科学の制度化の重要テーマの一つで，帝国大学工科大学には当初から採鉱及冶金学科が置かれていました。その卒業生が大学の研究者や炭鉱・工場の技術者として，エネルギーの生産や利用技術の向上に取り組んでいくのです。たとえば，明治期の代表的なエネルギー多消費工場である八幡製鉄所（1901年操業開始）でも，帝国大学卒業生や明治期に日本の民間工場で経験を蓄積した日本人技術者によって，外国人技術者にあまり依存することなく，技術移転が早期に達成されました（長島 [2012]）。

　第一次世界大戦期に重化学工業化が進むと，高等教育機関や公設研究機関の拡充はさらに進展し，同じ分野の科学者・技術者が議論する場である学協会の活動も活発化します。エネルギー消費量の増大を背景として，1920年代には石炭の輸出国から輸入国への転換と価格上昇，原油の国産品から輸入品への転換といった現象が進んだため，エネルギーの節約に関する技術にも注目が集まるようになります。1922年には官民の技術者や研究者によって燃料協会が設立され，技術者間の交流が活発化したほか，日本鉄鋼協会などエネルギー多消費産業に関わる学協会でも石炭の消費技術に関する情報交換が進展しました。実際，八幡製鉄所の石炭消費効率は1920年代から30年代半ばにかけて約2倍に改善し，製鉄コストの低下に貢献します。しかも，この時期に発展を開始したエネルギー節約技術は，戦時期や戦後復興期にも継承，発展を続けており，石油危機以降の省エネ技術とも決して無関係ではありません（小堀 [2010]）。

　第2に注目されるのが，水力発電の利用です。英・仏・独やアメリカにおける電気事業の中心は石炭を主に利用した火力発電で，明治期に都市部に設立された日本の電気事業も当初は石炭利用の火力発電でした。ですが，石炭価格の高騰を受けて，日本では水力発電への注目が高まります。豊富な雨量や傾斜度の高い河川といった日本の地理的条件が，水力に適していると考えられたのです。そして，20世紀初頭に長距離送電技術が発展したことがこれを実現させました（橘川 [2004]）。東京電灯は1907年に駒橋発電所を山梨県に建設し，そこから東京府への76キロメートル長距離送電を実現します。さらに，1915年

には猪苗代水力電気が設立され，東京への225キロメートル送電を開始し，送電電圧は11.5万ボルトで完成当時世界第9位でした。猪苗代水力電気の事業は東京の財界が政界・官界を巻き込んで開始したもので，今日から振り返るならば，福島県が首都圏の電力源となる嚆矢でした（宮地［2012］）。1920年代には東京・大阪など大都市で都市化や電鉄事業の拡大が進んでおり，旺盛な水力開発はこの必要条件の一つでした。

ただし，1910〜20年代の日本では，都市部だけではなく農村も含めて広く電化が進展しており，その普及度は欧米諸国と比べても決して引けを取るものではありませんでした。この背景には，水力開発や送配電網の整備に加えて，送配電の安全規制が英国などに比べて弱かったことがあります。電気の普及の恩恵を主に受けたのは家庭ではなく工場であり，動力の蒸気機関から電動機への転換がほぼ完了しました（牧野［1996］，橘川［2004］）。

両大戦間期には，電気化学，電気製鉄など豊富な水力を活用した電力多消費産業も成長しました。その代表例が，1908年に野口遵が設立した日本窒素肥料です。野口は金山への電力供給のために建設した曽木水力発電所の余剰電力を利用して1914年に水俣での肥料（硫安）製造を開始し，両大戦間期には最先端の技術であるカザレー法によるアンモニア合成も導入し，日窒コンツェルンへと成長していきました。

第3に，このように鉱物エネルギーへの転換が進められたと同時に，求められる製品の品質や地理などの諸条件によっては，高度有機経済は戦前期にはまだ残存していました。たとえば近代の陶磁器業では，その最も重要な技術導入に石炭窯がありましたが，その普及度は一様ではなく，有田地方では遅れていました。これは有田が高級品陶器産地という路線を選択し，薪炭から石炭への転換が品質に与える悪影響を懸念したからです。また，埼玉県入間郡の養蚕・製糸・製茶業でも，明治・大正期には石炭だけではなく木炭消費量も増加しており，木炭の供給先は郡内から郡外・県外へと次第に転換していきました。交通の発達を受けて，岩手など豊富な森林資源を有する地域が木炭生産県として成長していったことがこの背景にあります（小堀［2012a］）。

また，矢作川とその支流に恵まれた愛知県三河地方の山間部では，水力発電

の開発が進むだけではなく，水車動力の利用も活発に行われました。その代表例が水車紡績です。水車紡績は水車動力と木製の紡績機（臥雲辰致が1876年に発明したガラ紡を改良したもの）とを利用するもので，矢作川流域には1917年時点で301の零細業者が存在していました。三河水車紡績の生産量は近代的な大規模紡績工場にはるかに及ばないものでしたが，綿製品の廃物も原料に利用して足袋や綱といった下級品用の糸を生産する点でその独自性を誇っていました（臨時産業調査局編［1919］）。三河や美濃では陶磁器原料である石粉が生産されていましたが，その精製にも水車が利用されています。水車での石粉の精製は，大正期になると，水車にトロンミルという粉砕機を取り付けることで生産性を向上させました。粉砕工程はエネルギー効率が悪いため，電力への転換は当時の業者にとって必ずしも有利ではありませんでした。このため，水車動力を利用した技術改良もいまだ進展していたのです（平岡編［2001］）。

3）日本の帝国主義化と石炭・水力

　戦前期日本の鉱物エネルギー経済の成長を考える上で見逃せないのは，それが日本の帝国主義化にも支えられて実現したことです。石炭では第一次世界大戦期以降「満洲」への直接投資が増加し，満洲は従来の大豆・豆粕に加えて石炭・銑鉄でも対日供給地として位置づけられるようになります。南満洲鉄道が経営する撫順炭鉱では1920年代に技術革新が進み，生産量は急速に増加しました。また，水力でも，野口遵の日本窒素肥料が朝鮮総督府の許可を得て1925（大正14）年から電源開発を実施し，世界最大級の興南コンビナートを建設します（第10章を参照）。

　ですが，こうした自給主義的手段では問題は解決されませんでした。満洲での資源調達は満洲国建国を主導した石原莞爾ら陸軍の期待を下回るものだったのです。しかも，軍需工業化の進展はエネルギー需給をかえって逼迫させます。原油でも国内生産は停滞し，海外からの製品や原油の輸入が増加しました。日本は1925年に北樺太での石油利権獲得に成功したものの，日独防共協定の成立以降ソ連からの圧迫が強まるなかで，衰退に向かいます。結局日本はエネルギーの自給化を試みながらも，英米圏への依存を克服することができなかった

のです。むしろ自給化政策は英米との対立を激化させ，アジア太平洋戦争の開戦と日本帝国の崩壊とをもたらしました。

　また，国内のエネルギー生産も植民地や占領地域の労働力によって支えられていました。日本の植民地支配によって朝鮮では離農が進んだ結果，多くの労働力が日本に移動します。その就労先として大きな割合を占めたものに，土木建設業や筑豊地域の石炭産業がありました。また，戦時期に朝鮮人・中国人の強制連行が実施された際には，炭鉱やダム建設にも多くが動員されます。たとえば，京浜工業地帯への工業用水と電力との供給を目的として1938（昭和13）年に神奈川県が着手した相模ダム（47年完成）でも，朝鮮人・中国人が建設に従事しました。

3　エネルギー革命と「東アジアの奇跡」

1）エネルギー革命と臨海工業地帯

　石炭が工業化時代を代表するのに対し，大加速時代を代表するのが石油です。石炭から石油への転換は，国内に豊富な油田を有するアメリカでは第二次世界大戦前から進んでいましたが，その他の地域で本格化するのは大戦後のことです。圧倒的な技術・資金・採掘権を有するメジャーズ（国際石油資本）による油田開発が中東を中心として進むとともに，タンカー・パイプラインなど輸送手段の発展によって輸送費も低下したことがその背景でした。また熱効率や扱いやすさの点でも，石油は石炭より優れていました。メジャーズは1950年代後半時点で，可採埋蔵量の92％，精製能力の75％，原油輸送手段の90％，石油製品市場の70％以上を確保しており，パックス・アメリカーナの成立によって自由貿易秩序が形成されたことが，メジャーズの生産と世界各地への輸出とを保障しました。こうした状況下で，西欧・日本を中心とする各地域では，国内の石炭・水力・薪炭から輸入原油への一次エネルギーの転換（エネルギー革命）が進みます。1950年代には両地域とも地元の石炭資源と輸入原油とのどちらを重視するかを決めかねていましたが，60（昭和35）年になると石炭か

ら原油への転換を公式に政策として掲げました（小堀［2012a］）。

　エネルギー革命自体は普遍的な現象ですが，日本のそれはとくに急速でした。1950〜60年代にかけて，日本のエネルギー消費量は約6.7倍（1人当たりでも約5倍）にまで増加し（図4-3），60年代後半には西独・英国を相次いで抜きます。これを可能にしたのが輸入原油にほかなりません（図4-4）。日本のエネルギー自給率は1950年の96.9％から73年には9.2％へと急落しました。そして，急速な原油輸入の増大を支えたのが臨海工業地帯です。臨海部を浚渫して水深を確保すると同時に，浚渫土砂を埋立に利用することで，大型タンカーがそのまま入港可能な工業地帯を高度成長期の日本は各地に相次いで建設しました。もともと国内の原料・エネルギーに依拠して形成された欧米の工業地帯には資源も豊富な内陸の河川（たとえばライン川）沿いにあるものが多かったのですが，これらは海外の原燃料の活用にはかえって不利でした。国内造船技術の発展もあり，日本は世界最大級のタンカーを相次いで製造し，それらが中東産油国と国内臨海工業地帯とを往復しました（小堀［2010］）。

　高度成長期に臨海工業地帯が林立したのが大都市圏とその周辺都市とから成る太平洋ベルト地帯であり，新鋭・大型の石油コンビナート，火力発電，鉄鋼などエネルギー多消費産業が成長しました。たとえば電気事業では，主要電源の水力から火力への転換，また火力発電用燃料の国内炭から重油・原油への転換が急速に進展します。三河の水車紡績やトロンミル水車も，1950年代末から60年代にかけて消滅し，電力へと転換しました。資源・エネルギーの海外依存を避けるのではなく，むしろそれを最も低廉・安定的に，すなわち「経済的」に行うことに，高度成長期の日本は専心したのであり，これが「日本の奇跡」の秘密の一つでした。

　ただし，臨海工業地帯の形成が戦後に突然進んだわけではありません。日本の臨海部が海外の原燃料を利用した工業化に有利との構想は，1930年代から，鈴木雅次を代表とする内務省土木局の港湾技官によって唱えられていました。工場が臨海立地し，それに船舶が横付けされる港湾を鈴木は工業港と定義し，その普及を主張していたのです。鈴木らの構想は大蔵省がその費用対効果を疑問視し，ブロック経済が基調をなしていた1930年代当時にはあまり陽の目を

見ませんでしたが，自由貿易秩序が成立した戦後になると，工業港的発想を共有する技官によって，臨海工業地帯の設計が各地でなされます。この意味でも，日本の大加速時代もそれ以前の工業化に根差したものでした（小堀［2012b］）。

2）エネルギー革命と大衆消費社会

　高度成長期における日本の最終エネルギー消費は，その6割程度を製造業が占めていて，同時期の欧米に比べて飛び抜けて高いものでした。その一方で，家庭や運輸部門が消費に占める割合は低く抑えられています。石油製品別に見てもガソリンの消費量は相対的に少なく，これは日本における重化学工業化の進展と乗用車普及の遅れとを反映したものです。とはいえ，高度成長期の生活をエネルギーの家庭利用という観点から見ると，それは1920〜30年代とは大きく変貌し，かつ均一化しており，大衆消費社会（解説7を参照）と呼ぶに十分なものでした。代表例として，以下の三つをあげましょう。

　第1にプロパンガスの普及です。プロパンガスはプロパン（C_3H_8）を主成分とする液化石油ガス（LPG）のことで，石油精製工程の副産物です。都市ガスが工場から導管を通じて各家庭に供給されるのに対し，プロパンガスはプロパンが加圧・液化され，ボンベ詰めされたものが各家庭や集合住宅に運ばれ，そこに備え付けられて供給される点が異なります。プロパンガスはアメリカでは1924年から使用されていましたが，日本での家庭への供給は52（昭和27）年から始まり，61年には需用家数で都市ガスを上回りました。1963年の業者数は4万7000（現在1万9000）といわれており，全国各地の中小業者が普及の担い手であったことがわかります。具体的な業種としては，最初期は酸素商が活躍し，その後薪炭商などからの新規参入が急増しました。プロパンガスは地理的問題などのため都市ガスが供給されない地域を中心として普及し，石油コンロや薪炭からの転換が進んだほか，風呂釜や給湯器のようにガスを用いる家庭用器具を全国各地に普及させます。また，薪炭からの煙が解消された結果，住宅の高層化・気密化が可能となりました。これによって，都市以外でも団地建設や住宅近代化が促進されます（鈴木［1999］）。

　第2に小型家電製品の普及です。高度成長期には階層間での消費の差異化と

均質化を繰り返しつつ家電製品が普及していきましたが（解説 8 を参照），代表的な家電製品である洗濯機と冷蔵庫とについてその普及率を国際比較すると，日本のそれは西欧諸国よりも急速に上昇していきました。炊飯器や白黒テレビも，家事や娯楽のあり方を大きく変えたといえます。そしてこれらの普及を可能にしたのが，エネルギー革命を背景として達成された 9 電力各社の低廉・安定的な電力供給であり（橘川 [2004]），さらには松下電器を代表とする総合家電メーカーの商品開発と販売網の構築や，正力松太郎の日本テレビ放送網などテレビ局の番組開発に代表される企業者活動でした。そして旺盛な企業者活動の原動力には，松下幸之助の水道哲学，正力の政治的野心，そして正力を利用したアメリカの対日宣伝工作など，決して利潤最大化には収まりきらない精神が無視できない役割を果たしていました。

　第 3 に鉄道の電化と高速化です。国鉄幹線の電化は 1950 年代から順次着手され，64 年には東海道新幹線が開業しました。高度成長期には在来線でも特急列車網の整備が並行して進められています。高度成長期における社員旅行や修学旅行など団体旅行客の増加を支えたのは鉄道輸送であり，温泉のような観光地や旅行業者はこの機会を捉えるためにさまざまな創意工夫を行いました（解説 3 を参照）。また，大都市圏では国電，私鉄，地下鉄の増設が進み，その沿線には多くの団地が誕生しました。鉄道と団地とで構成される大都市圏郊外の光景はアメリカよりもソ連に近く，沿線ごとに微妙に異なる文化や政治が育ったことが近年では注目されています（原 [2012]）。こうした点にも，自動車社会のアメリカとは一味違った日本の大衆消費社会の一端を見出すことができましょう。

　とはいえ，エネルギー革命の利益がこのように生活にも享受された一方で，その不利益が強く実感されるようになったのも高度成長期です。太平洋ベルト地帯を中心とする臨海工業地帯の形成は，大都市圏とその周辺部への人口移動を加速させるとともに，農村部からの人口流出を本格化させました。薪炭や石炭生産の減少に伴い，山村集落の過疎化や炭鉱都市の衰退がもたらされたこともこの一要因です。ちなみに，過疎の単語が初めて冠された市販書は 1968 年に岩波新書として発刊された『日本の過疎地帯』（今井幸彦編著）であり，その

冒頭には「"カソ"ってなんだ？」という質問が同僚の新聞記者からも発せられたことが記されています。過疎は高度成長の産物なのです。

　過疎の一方で，生産と人口の集積する都市部では，大気汚染，水質汚濁，自然海岸の激減，満員電車，家電ゴミの増加とその不法投棄といった都市問題が激化します。乗用車普及率が低いにもかかわらず，排気ガス，渋滞，交通事故といった自動車公害も深刻化しました。農村部の過疎と都市部の過密とは，ワンセットで浮上したのです。日本社会党や日本共産党などを与党とする革新自治体が太平洋ベルト地帯で相次いで成立したことに象徴されるように，高度成長期の後半はエネルギー革命の不利益への異議申し立てが発せられる時代でもあり（解説4を参照），増大を続ける団地住民は確かにその一翼を担っていました。臨海工業地帯の生みの親である鈴木雅次が1968年に土木関係者初の文化勲章を受章するとともに，その5年後には鈴木の受章を「エコノミックアニマルであるということをシンボライズするもの」（河合義和発言，『第71回国会参議院公害対策及び環境保全特別委員会会議録』第10号，1973年7月6日）との非難が国会の場で発せられたことは，エネルギー革命の利益と不利益とが双方とも著しく顕在化したことを意味しています。

3）「東アジアの奇跡」とオイル・トライアングル

　石油危機後，日本では省エネルギー技術の発展や産業構造の転換を通じて，1990（平成2）年前後にかけて，産業構造の省エネルギー化と高付加価値化とが進展しました。また，一次エネルギーでも石油が減少する代わりに，石炭，天然ガスや原子力が増加するといった変化が見られます（図4-4）。

　ですが，石油危機後に増加したこれらエネルギーもその大半は海外から輸入されたものです。この意味で，エネルギー革命によって形成された海外鉱物エネルギーへの依存は今日まで続く現象です。そして，さらに重要なのは，輸入エネルギーを利用した工業化と経済成長が，日本だけではなく東アジア全体に広がりを見せたことです。たとえば韓国では，1960年代末から大型臨海コンビナートや製鉄所の建設が急速に進展しました。その過程では，日本からの技術移転も確認することができます。同時に，機械産業など比較的労働集約・資

源節約的な産業を発展させ，その輸出志向工業化路線に成功することで，石油危機後の原油価格上昇を吸収することにも成功しました。東アジアの奇跡は，国内の豊富な人的資源と輸入原油に代表される海外の化石資源との結合によって可能となったのです。こうして，世界の工業生産の中心は大西洋圏からアジア太平洋圏へと移動しました。

　同時に形成されたのが，オイル・トライアングルです。「奇跡」が日本からさらには，台湾・韓国，ASEAN，中国といった東アジア全域へと拡大していくにつれて，アジアの対欧米民需輸出黒字，対中東原油輸入赤字は増加を続けました。そして，この不均衡がオイル・ダラーの欧米への還流や欧米の対中東輸出（武器を含む）により決済されているのです。オイル・トライアングルに注目することで，東アジア諸国が中東情勢の不安定化と決して無関係ではないことに気づかされます。にもかかわらず，とくに冷戦崩壊以降，東アジア諸国は中東に対して，原油消費国としての独自の関与をできていない状態が続いているのです（杉原［2010］）。

おわりに

　産業革命以来の「エネルギーと経済成長」を一言で要約するならば，それは，「化石資源をより遠くから，より大量に輸送し，より大量に消費することに支えられた，より豊かな生活への過程」でした。そして，エネルギー利用の面で日本の平均的な生活者がその果実を享受し始めたのが，大加速時代に実現した高度成長です。日本やさらには東アジア諸国は，海外の鉱物エネルギーを臨海工業地帯で極めて効率的に活用し，重化学工業化を実現しました。と同時に，こうして実現された産業革命以来の経済成長は，より大きな環境負荷を地球全体にもたらすものでした。人新世や大加速時代といった概念が国際的に議論されているのは，この動向に警鐘を鳴らすものにほかなりません。

　むろん，人類はこれらに対してまったく手をこまねいているわけではありません。今日，環境問題に代表される地球規模の課題を解決する手段として提唱

されているものにグローバル・タックス（国境を越えた課税とその再配分）がありますが，これは鉱物エネルギー経済が地球規模で拡大していく状況に，国境を越えて対応しようとの構想です。一方，現代の再生可能エネルギーでは，単にエネルギーを生産するだけではなく，その供給の仕方，つまりは協同組合やエネルギー自治といった考えが重視されています。これは，産業革命以来の「エネルギーと経済成長」の基本線自体に抵抗する試みだといえます。

　これらの試みを今後より実りのあるものとすることに，歴史はどう寄与できるでしょうか。本文中で見たように，明治期に始まる日本の近代は鉱物エネルギーへの転換を一挙に生み出したわけではなく，戦前期までは，各地域の資源を活かした創意工夫が見られました。また，鉱物エネルギー経済の不利益が無視できないものとなるなか，日本をはじめ世界各地ではそれへの異議申し立てが行われ，たとえ局地的・部分的なものにすぎないとしても，成果をもたらしました。両大戦間期以降の日本におけるエネルギー節約技術の革新過程からも，それが必ずしもエネルギー総消費量の削減をもたらすわけではないことを忘れなければ，多くの示唆を得られるに違いありません。

　たしかに人新世は，今日の「豊かさ」と環境負荷とをもたらした時代です。にもかかわらず，各地域に根差した創意工夫や異議申し立ての試行錯誤を生み出した時代として描くことも可能ですし，それによって見えてくるものは少なくないでしょう。

● 解説 4

日本の公害対策

　環境経済学の有名な仮説に環境クズネッツ曲線というものがあります。これは，横軸に1人当たり平均所得を取り，縦軸に環境汚染の程度を取ると，逆U字型の曲線が描かれるという仮説です。経済成長の初期段階では成長とともに汚染が増大する一方，どこかの段階で転換点を経た後は，成長とともに環境汚染度が低下する傾向を指します。経済成長の初期段階では無視されていた環境汚染が，成長がある程度進み，かつ汚染が深刻化すると，やがて「持続可能な成長」が可能となることを示唆します。

　では，果たしてこの仮説は成り立つのでしょうか。また，成り立つとすれば環境問題はそれこそ自動的に解決するのでしょうか。環境経済学分野の実証研究の多くは，硫黄酸化物のように直接的かつ局地的な健康被害をもたらす汚染については，環境クズネッツ曲線が成り立つと指摘しています。高度成長期に世界最悪の水準にまで深刻化した日本の公害が，硫黄酸化物濃度や水質汚濁については，石油危機以降急速に改善し，環境技術のイノベーションが進展したことも，この仮説を感覚的に裏書きするものといえましょう。だがこのことは，環境問題が自動的に解決することを決して意味しません。局地的な汚染では曲線が成立するにしても，転換点がどの時点で（つまり，どれだけ多くの健康が不可逆的に蝕まれた時点で）訪れるのか，また汚染度の低下がどのようにしてもたらされるのかについては，一義的には定まっておらず，転換のあり方は事例によって大きく異なるからです。しかも，二酸化炭素のように地球規模でかつ間接的に予測される汚染については，環境クズネッツ曲線が成り立つか否かは議論が分かれており，たとえ成り立つとしても転換の前に人類が滅亡する可能性は否定できません。したがって，公害問題がこれまで部分的にはどのように改善されてきたのかを具体的に追究し，どのような解決過程がより望ましいのかを見出していくことは，経済学的なモデル分析とは別の独自の価値を持つでしょう。

　実際，公害対策については，その進展過程の研究が進捗しています。たとえば，ドイツとアメリカとの環境政策を1880～1970年という長期にわたって比較したのがユーケッターです（Uekoetter [2009]）。この期間の両国はいずれも，まず石炭消費の増大に伴い煤煙が問題視された後，第二次世界大戦後には硫黄酸化物や自動車の排気ガスなどを含むより広範な大気汚染が深刻化した点で共通していましたが，これらへの対策や成果は異なるものでした。つまり，戦前のアメリカでは市民活動家，地方自治体，産業界が協調しつつ煤煙規制に取り組んでいたのに対し，ドイツでは官僚制が機能不全に陥っていた結果，規制は進展しませんでした。一方，戦後のアメリカでは，戦前の協調的関係が失われたがゆえに環境規制が停滞したのに対し，西ドイツでは国家の権限を強化したい官僚組織が規制に積極的に取り組んでいったのです。

　では，日本にはどのような特徴を見出せるでしょうか。この点について最も包括的

な説明を提供したのが宮本憲一です（宮本［2014］）。宮本が戦後日本の公害・環境政策の独自性として注目したのは，自治体改革と公害裁判とでした。まず，住民要求の強い地域では環境保全に積極的な首長を選出することで，政府よりも先進的な環境政策を実現します。先駆的な公害防止条例を制定した美濃部亮吉東京都政（1967～79〔昭和42～54〕年）など，革新自治体（日本社会党や日本共産党などを与党とする自治体）がその旗手です。一方，水俣市のような企業城下町など公害反対の世論の弱い地域では，少数派とされた被害者が裁判所に救済を求めました。これらはともに政府への圧力となり，国政レベルでの政策転換につながります。日本の公害・環境政策を前進させたのは政府でも大企業でもなく，各地域の住民でした。

　このように各地域レベルで改善が進む際には，ユニークな取り組みも行われました。その有名な例に，社会党を与党とする飛鳥田一雄横浜市政（1963～78年）の公害防止協定があります。公害防止協定とは条例によって市内一円に規制をかけるのではなく，行政と進出企業とが個別に契約を結ぶことによって，汚染物質の排出を抑制する方式です。横浜市は飛鳥田の市長就任翌年の1964年以降，東京電力，電源開発，日本石油精製，東京瓦斯など市が造成した埋立地に進出したエネルギー多消費工場と個別に契約を締結することで，大気汚染を当時の法的規制よりも大幅に抑制しました。たとえば，当初重油専焼での操業を予定していた東京電力南横浜火力は，燃料を世界初の液化天然ガス（LNG）専焼とするイノベーションによって公害防止と電力供給とを両立させます。この公害防止協定は横浜方式として知られ，その後全国の自治体に普及しました。環境政策論では1990年代以降，規制でも補助金でもない自発的手段（Voluntary Approach）が注目され始めましたが，日本の公害防止協定はこの先駆的事例として位置づけられうるもので，世界的に著名な政策手段です（松野［2006］）。

　横浜方式が成功した背景としては，横浜という立地条件の良さに加えて，保守層も巻き込んだ地元の住民運動，飛鳥田とそのブレーンの手練手管，横浜市による科学的な公害被害調査・予測といった横浜市の主体的側面を指摘することができます。ですが，最近の研究は，横浜方式を革新自治体の「功績」として単純に描くことに満足せず，別の側面にも注目することで，より多くの示唆を得ることに取り組んでいます。

　第1に，横浜方式においてイノベーションが実現されるには，住民要求だけではなく企業の自主的取組も必要不可欠でした。東京電力のLNG導入過程を分析した伊藤康によると，東京電力がLNG導入を決めたのは，横浜市の提案ではなく，のちにLNG供給者となる東京瓦斯の提案によるものであり，そして東京瓦斯が東京電力にLNG購入を持ちかけたのは，採算の取れる最低取引量の確保という経済的理由からでした。アラスカからのLNG導入には年間100万トンが必要で，それには東京電力が大口需要者となることが不可欠だったのです。また，東京電力がLNG導入に踏み切ったのも，それが燃料供給地の多様化やひいては電力政策を所管する通商産業省への牽制にもつながるとの判断があったからではないかと，伊藤は推理します。つまり，環境分野のイノベーションが進展するには，規制がかえって利益につながるだろうと

の判断を下す企業がいなければなりません。そして伊藤は，こうした判断が下されるには，既存の業界秩序が崩れても構わないと考えるような主体（アウトサイダー）の存在が重要であり，「補助金か規制か」といった細かい議論以前に，アウトサイダーを許容するような制度設計が必要だと結論づけます。そもそも，東京電力や東京瓦斯にイノベーションのきっかけを与えた革新自治体も，当時の政治秩序のアウトサイダーでした（伊藤［2016］）。伊藤の結論は，今日における再生可能エネルギーの普及策についても，多くの示唆を与えます。

　第2に，企業の自主的取組も重要であるという伊藤の指摘は，この自主性が果たせなかった企業も存在したことを意味します。では，そうした企業はどう行動したのか。飛鳥田自身が「立地を断った例もいくつかある。言えないけどね。今，よそで稼働してるんだから」（飛鳥田［1987］84頁）と回顧しているように，横浜市ではクリアできなかった技術水準の企業のなかには，結局他地域で操業した例が存在したのでした。その代表例が日本原子力船開発事業団です。同事業団は原子力船の定係港の設置を横浜市に持ちかけたものの，安全性への懸念を拭えない横浜市首脳部の判断とその手練手管とによって，進出を断念しました。その後，原子力船の定係港は青森県むつ市に建設され，原子力船はむつと命名されます。首都圏で行われた横浜方式は下北半島における原子力産業の集積の流れに棹をさしたのでした。ある都市において環境クズネッツ曲線が成立していたとしても，それがイノベーションによるのか，それとも公害移出やさらには公害輸出によるのかでは，その含意は大きく異なります。「倫理的二重構造」は決して前近代社会だけの話ではありません（テーマⅢを参照）。

　第3に，公害対策については先駆的な飛鳥田市政でしたが，それは自然保護とは同義ではありませんでした。飛鳥田は横浜市南部の海岸を大規模に埋め立て，横浜市内の貴重な自然海岸を500メートルだけ残してほぼ消滅させます。埋立地に横浜市都心部の工場を移転し，住工分離を実現することで公害対策と住環境の改善とに資するというのが横浜市の構想でした。ですが，1970年代に入ると，こうした構想に反対運動が立ちはだかります。反対運動は自然海岸の喪失を不可逆的な損失と捉え，その保全に公共性を見出さない横浜市政を，公害だけに問題を矮小化していると批判しました。そして，こうした批判が喚起される上で重要な役割を担っていたのは，鎌倉や三浦半島といった横浜市の隣接地域で地道に自然保護を担ってきた活動家であり，横浜市政において野党に転落していた自由民主党の一県議会議員でした。まさに横浜市政のアウトサイダーによって，飛鳥田の環境政策はその限界を批判されたのです。一方の飛鳥田はこうした批判を「横浜全体」を見ない議論と反論し，埋立を実行しました（小堀［2017］）。環境とは何か，その保全はどうあるべきか，そして公共性とは何か。一連の論争は環境問題が民主主義の問題でもあることを改めて想起させてくれます。

テーマ II　進歩と環境

　人類の歴史は「進歩」の歴史という側面があります。過去から現在に至る過程で私たちの生活は大きく変化し，その生活水準が向上したことを疑うことはないでしょう。ただ，「進歩」という言葉だけでなく，「発展」や「成長」といったキーワードで語られる私たちの歴史は，ある一面を捉えているにすぎません。以下では，「進歩」のありよう，環境との接し方などがどのように歴史のなかで捉えられてきたのか，いくつかの研究の枠組みについて紹介していきましょう。

1. 経済の発展と成長

　人類の歴史は発展と成長を常に達成してきた歴史だったのでしょうか。たしかに，私たちの生活は過去と比べても豊かになっていることは実感できるでしょう。では，どのような要因によって，生活が豊かになっているのでしょうか。この点，イギリスの統計学者であったアンガス・マディソンは世界の人口と所得の長期的変化を数量化しその比較研究から，約2,000年に及ぶ世界経済の発展過程を分析しています（マディソン［2004］，この点，近代以前には現在のような経済統計が整備されていないので，正確な数値の動向が不明ですが，大まかな見取り図として見ることが可能でしょう）。

　そこで得られた知見は，第1に，世界人口は約2,000年間で約27倍（61億人へ），実質GDP（Gross Domestic Product, 国内総生産）が362倍に上昇したこと。第2に約2,000年間で，人口は年平均0.16％，GDPは年平均0.3％成長するとともに，時期や地域によってその変化の度合が大きく異なることがあげられます。たとえば時期に注目すると，西暦1年から1000年の間に人口は16％，GDPは14％上昇したのみで「停滞」の時代と評価できる一方，その後の西暦1000年から1820年までの人口は4.8倍，GDPは6倍，1人当たりGDPでは1.5倍増加しています。そして，西暦1820年以降の180年間では，人口が6倍

に増加するだけでなく GDP は 53 倍に増加しています。加えて，地域によっても人口や所得の増加の度合も大きく異なります。現在の先進国である日本・ヨーロッパとアジア・アフリカ地域を比較すると，西暦1年から1000年までは両地域ともに人口，所得の成長率はほぼ拮抗し，人口の割合では，アジア・アフリカ地域のほうが多くを占めていました。しかし，その後の 1,000 年間で，アジア・アフリカ地域の人口，GDP の成長率が鈍化し，1820 年に 56％であったアジアの GDP シェアは 1950 年には 15％に減少しました。一方で 1820 年代以降，ヨーロッパやアメリカ，日本の GDP のシェアが高まり，20 世紀にはGDP のシェアが逆転したのです。その結果，アジア・アフリカ地域の1人当たり GDP は低くなったのです（宮本編［2012］）。

　このように，19 世紀以降，とくにヨーロッパ，日本などの特定の地域で人口，所得が急速に発展，成長を実現したことが示されています。とくに，日本をはじめとしたヨーロッパ，アメリカなど今日の先進国と呼ばれる国々で経済の発展と成長を実現したわけですが，その要因は，19 世紀初頭に始まった工業化でした。それまで人口増加と1人当たりの所得増加を同時に実現することができなかった人類は，工業化によってその状況を打開し，それらを同時に実現することができたのです。こうした 18 世紀から 19 世紀以来の工業化によって実現した経済の発展と成長の様相は，それ以前の経済成長と質的に異なることから「近代経済成長」と呼ばれています。この近代経済成長によって，人口増加と1人当たりの生産が急成長することで，産業構造が変化するとともに，都市化の進展をもたらしたのです（南［2002］）。一方，近代経済成長の枠組みとは異なり資本主義社会の確立のありようを分析するマルクス経済学では，人口や所得の動向に注目するわけではありませんが，工業化による社会の変化に注目する点（資本賃労働関係の成立）では，工業化の存在を重視しています。人類の発展，成長にとって工業化は一大画期であったことがうかがわれます。ただ，経済の発展，成長の過程において工業化の役割を重視することは，工業化を実現させた西欧や日本をモデル化する傾向を強めた結果，研究視角や対象において限定的となる問題もあります（この点は，後述するグローバル・ヒストリーにも関係します）。

こうした工業化に見られる経済の発展，成長に関して，日本は非西欧世界で初めて近代経済成長を始動させた国とされています（残りはいずれも欧米の国々です）。そこで，なぜ，日本で近代経済成長が実現できたのかという観点から，近代以前の社会（前近代社会）の画期性や先進性に注目する研究が数多く登場することになります。

　冷戦崩壊以降，数量経済史の成果を踏まえた新たな日本経済の歴史像が提示されるようになります。ここでは，1970年代にまとめられた『長期経済統計』をベースに，近世から現代にかけての日本経済の発展過程のなかで，「経済社会」（「そこに住む人々が，基本的に経済的行動をする社会」と定義され，「個人としてであれ，集団としてであれ経済的価値を中心に日常の行動を行う社会」を指します）のありように注目し，その成立と展開の過程を歴史的に明らかにしているのです（速水・宮本編［1988］）。とくに，近世以前と近現代を峻別せずつながりを持った歴史像を構築することで，近世における経済の発展，成長の実相を強調しています。こうした議論の背景には，前近代における経済の発展，成長について，プロト工業化論や在来産業論などの議論の影響が見られます（高柳［2017］）。

　ただ，こうした近世社会における経済発展の側面を重視することは，近代経済成長へつながる点のみを注視することで，それ以外のさまざまな点（社会の矛盾など）を軽視することとなる点が指摘されています。加えて，近代に向けて発展，成長を中心とする視角は総じて「近代化論」（産業化を土台に超歴史的に現代社会の伝統的社会からの離脱の度合を測る概念）との親和性を認めることもできます（近代化論については，金原［2000］，和田［1971］）。近世社会に限らず，経済の発展と成長への注視は，その発展，成長に主導的な役割を担った産業や主体（企業）の動向を過度に注視する傾向があります。一方で，厳しい生活を強いられていた労働者や農民の労働や生活への関心が薄らいでいることは，労働者の働き方や格差といった社会問題への関心の低下にもつながっているのです（高柳［2017］）。また，現実的な問題としては，経済の発展，成長を強調する視角が今日の「新自由主義イデオロギー」と密接に関わっている点も指摘でき，矛盾を含んだ社会の特質を多角的に検討することが求められているので

す（小野 [2017]）。

2.「環境」へのまなざしと環境史の展開

　人類と環境との関係は古く，絶えず環境を破壊させながら文明や社会を発展させてきました（第3章を参照）。工業化が19世紀以降ヨーロッパ・アメリカで展開するなか，「人間活動による環境変化に対する危機感」から「環境」が注目されるようになります。農業，林業，鉱工業などそれぞれの産業において，開発対象の変化（森林や土壌の変化，大気，水の汚染など）が注目され，「環境」の変化が産業発展の負の側面として把握されるようになりました。その後，人類と環境との関わりを歴史的に捉えようとする「環境史学」という学問分野が形成され，第二次世界大戦前には，リュシアン・フェーヴルやマルク・ブロックに代表されるフランスのアナール派やドイツの歴史地理学の研究者らが先駆的な研究を始めました（石 [2009]）。

　第二次世界大戦以降の国際社会にとって，経済の成長・発展は達成すべき重要な課題となり，重化学工業を中心とした高度経済成長が世界各地で実現しました。一方で，1950年代半ば以降，地理学，生態学，社会科学の諸分野の研究者らが「人類の地球支配」「持続的経済」などをテーマとするシンポジウムを開催するなど「環境」への関心も高まります。そして，1962年にレイチェル・カーソンが『沈黙の春』を発表して以降，環境破壊の深刻化や科学万能への懐疑から，それ以前と比べて「環境」への関心が深まりその重要性が認知され，環境史という分野が広く展開することとなったのです（石 [2009]）。

　一方，日本では1950年代半ば以降，さまざまな公害病が工業発展の影の部分として表出することとなりました。1956（昭和31）年に水俣病が公式発見され，その後，70年代以降には公害規制に関する法整備が進むほか，四日市ぜんそく公害裁判での画期的な判決（公害の因果関係の挙証責任の転換）が出されます。日本での「環境」への関心は，人々の生命・身体への危害となる公害研究を中心に進められるようになりました。そして，1970年代以降，自然破壊による環境汚染に加え，騒音など身近なものまでが環境問題として認識されるようになり，自然科学から社会科学までさまざまな研究者が関わる学際的な分

野として環境史という分野が確立することとなります（石［1999］）。

　その後，地球規模で起こるさまざまな環境問題への関心の高まりのなか，多様な環境とそこに生きる人々や生物への注目（生態史との関わり）や環境に関わる生物全体を通して歴史を語っていくという視角などが採用されました。環境史というのは非常に広い時期と地域を対象とするため，現在では，『20世紀環境史』を執筆したジョン・ロバート・マクニールなどグローバルな視点から気候や環境に注目する議論も登場しています（マクニール［2011］）。加えて，近年世界史ブームのなか，自然と文明といった枠組みでの世界史像が注目を浴び，ジャレド・ダイアモンドは，環境を文明や社会の発展・衰退要因と把握し通時的な世界史像を提示しています（ダイアモンド［2012］）。

　このように，環境史は，人類の歴史を環境との関わりのなかから描く点に特徴を有しますが，地域や時代を問わず，環境をめぐるさまざまな人間社会のありようも重要だといえます。この点は，人と人との社会関係を資源管理・環境との関わりから考察する視角や「帝国論」との関わりから見る研究も近年盛んになりつつあり，環境を題材とする研究や議論は今日ますます活発にかつ歴史研究に不可欠なテーマとなっています（歴史学研究会編［2012］，歴史学研究会全体会［2015］）。

3.「グローバル・ヒストリー」の登場

　1990年代初頭の冷戦終結以降，新たに登場したのが「グローバル・ヒストリー」と呼ばれるものです。さまざまな研究者がこの用語を用いるため，定義づけることは難しいとされていますが，1990年代以降，「グローバル・ヒストリー」の用語の利用が増加したことは間違いないようです（木畑［2017］）。上記で紹介してきた人類の進歩に関わる経済の発展や環境との関わりを重視する視角とグローバル・ヒストリーは密接な関わりを持つこととなります。

　たとえば，日本で先駆的にグローバル・ヒストリーを提唱した水島司による定義を紹介すると，水島は，①扱う時間の長さ，②対象となるテーマの幅広さ，空間の広さ，③ヨーロッパ世界の相対化，近代以降の歴史の相対化，④諸地域間の相互連関，相互の影響，⑤従来の歴史学で扱われてこなかった対象やテー

マをグローバル・ヒストリーの特徴と位置づけています（水島［2010］）。グローバル・ヒストリーは世界的に大きく展開している一方で、論者によって重点を置く場所が大きく異なっているため、その特徴も多岐に及んでいます。上記で紹介してきた人類の進歩に関わる経済の発展や環境との関わりを重視する視角は、①と②に密接な関わりを持つでしょう。地球規模の環境のありようと人類との歴史以上に、今日では、地球の生命誕生など人類が登場する以前にもさかのぼるような時間的な幅、対象の広さを持った研究が現れているのです。

　そのなかで、グローバル・ヒストリーの特徴としてあげられるのは、上記の③でしょう。経済の発展、成長において工業化が重要であった点は上述した通りですが、工業化を実現した西ヨーロッパをモデルとするヨーロッパ中心史観に対抗してアジアを再評価する歴史像が登場したのです。これらは、東アジアにおける急激な経済成長という現実社会のなかで、アジアを再評価する動きから登場しています。なかでもこうした研究の代表的な論者として杉原薫があげられます。杉原は、ウェスタンインパクトがアジアに大きな影響をもたらす19世紀後半のヨーロッパとアジアとの関係を、アジア域内の貿易の拡大、成長に注目し、アジアの相対的な自立性や発展のありようを明らかにしています（杉原［1996］）。諸地域間の相互連関において経済活動の展開（＝貿易のありよう）が取り上げられるなど、工業化ではない商業活動への注目も特徴でしょう。また近年では、「グローバル経済史」と呼ばれる見方も登場するようになっています（金井・中西・福澤編［2010］、杉山［2014］）。

　ヨーロッパの相対化に加え、グローバル・ヒストリーの特徴として比較と関係性（つながり）を重視するという点もあげられます。比較史という方法は日本でも近代ヨーロッパと日本を比較することが行われてきましたが、今日では、比較する対象同士がどのような関係性を有していたのかという（つながっていたのかという）視点も重視されています。その代表的な論者として、近年精力的にグローバル・ヒストリー研究を進めている秋田茂の研究があげられます。秋田はこれまで支配的側面を強調してきたイギリス帝国とアジア諸地域の関係の相互の関係性を分析しています（秋田［2012］）。

　このように近年注目されている「グローバル・ヒストリー」ですが、いくつ

かの課題もあげられるでしょう。

たとえば,「植民地責任」や「帝国主義」をどのように捉えるのかという問題があげられます（歴史学研究会全体会［2004］,木畑［2008］,近江［2012］,趙［2012］）。この点,近江吉明は,「『グローバル・ヒストリー』論が国民国家の相対的位置づけをおこなうことが課題であるとするかぎりにおいて,グローバリズムとの同一戦略上を邁進する運命にある。したがって,たとえば彼らの認識においては東アジア地域の『ダイナミックな経済復興』には最大の価値が付与されるが,『植民地責任論』の世界史認識には拒否の姿勢が示されることになる。このことからもわかるように,彼らの世界史論には植民地支配や帝国主義支配といったグローバルな認識が消滅してしまっている」（近江［2012］）と指摘しています。この点は「下からのグローバル・ヒストリー」として,近年,トランスナショナル・ヒストリーが提唱され,植民地研究や帝国主義研究の成果を取り入れるなか,広域圏史や人の移動,そして人種やジェンダーの視点を組み入れた研究が進展しているのです（貴堂［2017］）。

また,新自由主義との関わりもあげることができるでしょう。「グローバリゼーションの商品としてのグローバル・ヒストリー」（小沢［2017］）と評されるように新自由主義,新帝国主義という時代認識の希薄さがグローバル・ヒストリーの大きな問題点として指摘されています。リン・ハントは,「パラダイムとしてのグローバリゼーションは,その過程の不可避性,推進力としての経済の優位性,経済的要因に焦点を合わせる研究が望まれていること」を指摘し,グローバル・ヒストリーが近代化論,マルクス主義といった歴史研究の代表的なパラダイムを組み込んだことを指摘しています（ハント［2016］）。この点,上記の批判に対して南塚信吾の議論が参考になるでしょう。南塚は世界史におけるグローバル・ヒストリーの必要性を述べた後に以下のような点を述べています。「しかし,歴史学の立場からすれば,事態を根底的に考える批判的思考こそ,その任務であるはずである。グローバリゼーションが世界的な規模でいかなる矛盾を生み出していて,その歴史的特性はいかなるものであり,その解決にはどのような歴史的展望がありうるのかを示すこと,つまりグローバリゼーションの時代における人々の解放の道を考えるということに,歴史学は取り

組まなければならない」（南塚［2009］）。民衆や人々の視点を重視することが，グローバリゼーションを批判的に捉える視点だといえます。つまり，これまで歴史学で主題とされてきた民衆生活や民衆運動のありようといった人々の生存や営みへの関心をどこまで対象として把握していくのか，そして，グローバリゼーションへの批判的なまなざし（＝矛盾の認識）をいかに意識するのか，歴史における「主体」とどう向き合うのかという点が重要だといえるでしょう。

　実際，グローバル・ヒストリーの主眼が経済発展のありように注目する要素が強いため（議論の主語は「地域」や「モノ」），「主体」の行動やその意義についてあまり重視されていません。人間から企業，国家に至るまでさまざまな「主体」が担い手であり，それぞれの行動の集合が経済活動などに現れる以上，「主体」がどのような意図で行動したのか，またその行動が持つ意味を考える必要があります。この点は「下からのグローバル・ヒストリー」のなかでも意識的に捉えられ，「移動する者の行為主体性に重点」を置いた研究が進展しています（貴堂［2017］）。加えて，諸関係が持つ質的要素をどのように把握するのかという点もあげられるでしょう。地域間の「諸関係の質」（たとえば，互いの地域の経済力の差や商業活動の実態）や地域内における権力的関係の存在，階層性を把握することも必要でしょう（松沢［2012］）。人々の営みなど，よりミクロな実体に関わる議論との接合，「主体」の動向と関係性の質的な側面の理解が必要なのです。

　経済発展，環境，グローバル・ヒストリーと近年盛んになる研究潮流を紹介してきましたが，いずれもその議論の展開が大きい点が特徴でしょう。これらは気候や土地，資源の賦存状況といった自然環境から経済発展のありようを捉えるためには「地域」を広く把握する傾向があります。ただ，「地域」を広く把握することで，域内における共通性や差異をどのように位置づけるのかは残された課題だといえます。多様な特徴を持つ個々の「地域」のさまざまな事象から事実を積み重ね，比較した上で議論する見方や方法との関連をどのように捉えるのか，ミクロな「地域」の視点からの比較史も重要だといえます。

第 III 部

近代化と生活

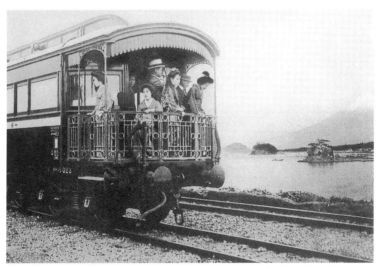

最初の特急列車につながれた展望車（宮地ほか監修［2005］409 頁）
1912（明治 45）年 6 月に日本で最初の特別急行列車が新橋―下関間に登場し，最後尾に展望車が連結されました（三宅［2005］57 頁）。

第5章

人口で測る経済力

はじめに——現代社会の人口と経済

　現在，ニュースなどを通して毎日のように人口に関することがらが問題とされています。なぜ，いま「人口」が問題とされているのでしょうか。それは，日本の近代以降の社会では「人口は増えるもの」という前提で形成されてきた社会システムが「人口減少」という新たな課題に直面した結果，いままでのシステムを維持できなくなり，変化が必要とされているからにほかなりません。さらに，社会システムを動かしていくためには，何歳のひとがどのくらい地域に居住しているかという「人口の年齢別構成」を考えることが必要ですが，この構成が歴史上初めての「頭でっかち＝高齢化社会」になっていることも大きな要因です。そのため，私たちの生活や経済活動のなかでも，人口減少や高齢者が多いという人口構成によって，ひずみが生じてきていることをひしひしと感じさせられます。たとえば，「少子高齢化問題」の「少子」対策が充実しているのであれば，保育が必要なすべての子どもが保育園に入園できてしかるべきであるにもかかわらず，「待機児童問題」が生じています。その背景には，「人口減少」により生産年齢人口も減少したため，たとえ保育士の資格を持っていてもより待遇の良い職種へと労働者が流れるために生ずる保育士不足という問題があります。このような矛盾した現象からも，人口が社会に及ぼす影響についてどのように捉えたら良いのかを，これまでの歴史から考察することは，私たちの社会を考える上で大変重要であることがわかります。

人口が経済活動にどのように関係しているかを考えますと，労働力（＝生産者）という三大生産要素の一つとしての関わりがあり，同時に消費者としての関わりが考えられます。先にあげた保育士不足はまさに労働力の不足にあたるわけです。そして，消費者としての人口は，マーケティングの視点からも重要です。たとえば，商品は年齢別の需要なども考慮して生産されて，小売店の店頭に配置されているわけです。POSシステムは細かな年齢別需要に対応して生産物を流通させるのに役立っています。

昨今，AI（Artificial Intelligence，人工知能）の急速な進歩が見られ，コンピュータが量や質においてどの程度まで人間に取って代わることができるのかということが話題とされています。労働者が機械に取って代わられるということは労働力人口が急速に不足しつつある少子高齢化社会においては大きな希望ですが，歴史的には労働者の失業が大きな問題となり，産業革命期のイングランドにおいては，機械打ち壊し運動（ラッダイト運動）へと発展しました。

1　人口に関する理論

1）人口と経済の歴史

現在，地球の人口は73億人を超えています。世界人口の急増が生じたきっかけは，まず農耕の開始で，次に産業革命です。すなわち，経済成長を促す変化が生じることによって人口は増加してきました。近代以前の社会では，人口は経済的制約により抑制されてきた，あるいは，経済発展は人口成長を促したと考えられています。しかし，地球全体としての人口増加現象とは反対に，現在の日本社会では人口減少と少子化が進んでおり，このままでは日本の人口が2017年6月1日の約1億2700万人から2053年には1億人を割って，2065年には8808万人になると推計されています（国立社会保障人口問題研究所ホームページ「日本の将来推計人口〔平成29年推計〕」）。

人口と経済の関係についての理論を考えるときに，最初にあげられる研究者は，トマス・ロバート・マルサスでしょう。彼は1798年に『人口論』を著し，

人口は食糧（＝経済）によって制約されると述べました（マルサス［2011］）。人口は等比級数的（幾何級数的）に増加し，いっぽう食糧は等差級数的（算術級数的）に増加するとし，初期に食糧が人口よりも多かったとしても，いずれ人口は食糧に追いつき，制約されると考えました。食糧不足による餓死，食糧など生活必要物資の獲得のための戦いでの死亡数増加による人口数の制限は「積極的制限」と呼ばれます。これに対して，経済状態が悪くなったために結婚を控え，出生数が減少することに起因する人口数の制限は「道徳的制限」と呼ばれます。マルサスの人口と経済についての関係は前近代社会においては真であるといえます。これに対し，近代以降では事情が異なってきます。私たちが近代経済成長（Modern Economic Growth : MEG）を考えるときには，「1人当たりGDP（Gross Domestic Product, 国内総生産）」という概念を用います。1人当たりGDPの増加が経済成長を意味するという定義は，マルサスの考え方に真っ向から対立します。なぜならば，「GDPという指標で表される経済の大きさを人口数で割った値が増加する」ということは，経済の増加のほうが人口の増加よりも大きいということを意味するからです。そして，このときに生活水準も上昇することになります。すなわち，人口数で経済力が測れなくなった，あるいは経済力で人口数が測れなくなったのが近代社会の特徴と考えられます。

　人口と経済の関係に関して，人口が増加することによって経済が刺激されるとする考え方もあります。現在，日本社会の人口減少地域で経済活動が停滞することが懸念されていますので，この関係はわかりやすくなっていると思います。デンマークの開発経済学者エスター・ボズラップは，彼女の観察していた焼畑耕作社会において，人口が増加すると人々は新たな土地を耕地として開発するようになるという行動を指摘しています（ボズラップ［1991］）。また，人口と経済との関係については，スリッヘル・ファン・バートやE・A・リグリィによって図式化されています（速水［2012］）。

　このほか，経済学者として著名なカール・マルクスも絶対的過剰人口に対して相対的過剰人口という概念を資本主義という経済制度との関連から示しています。このように，多くの学者が人口と経済との関係について言及しています。また，最近の先進国における人口減少傾向に関しては，「子ども」を財とみ

なして他の財との選択から後者が選ばれるという説明をする学者もいます（Becker［1960］）。

2）人口学方程式

　ところで，人口が増加したか減少したかを考えるとき，最も単純で重要な概念は，「人口学方程式」です。これは，

$$人口増加 = 自然増加 + 社会増加$$
$$= （出生数 - 死亡数）+ （流入数 - 流出数）$$

というものです。ある地域の人口が増加（減少＝マイナスの増加）したときに，自然増加と社会増加のどちらが効いていたのかを確認することは，人口の変化による社会への影響や対策を考える上でたいへん重要です。また，自然増加が人口変化に大きな影響をもたらしたのだとしても，出生数と死亡数のどちらの影響によるのかも確認する必要があります。現代の日本社会は自然増加がマイナスになってきています。自然増加がマイナスになるということは，出生数が死亡数よりも少ないということです。「少子化」が問題視されていることから，「出生数の少なさが問題なのではないか」と考える人が多いと思います。たしかに，日本政府も人口減少を食い止めるために合計特殊出生率（Total Fertility Rate：TFR）1.8 という目標を掲げています。ここで一般的に用いられる合計特殊出生率は，再生産年齢（15～49歳）の女性の年齢別出生率の合計です。

　しかしながら，自然増加がマイナスになっている原因としては，産まれてくる子どもの数が少ない，ということもありますが，実際は死亡数が多いという要因も大きく作用しています。現代は，医療技術が発達していますから死亡数が多いというのは考えにくいかもしれません。ところが，今の日本社会は人口ピラミッド（人口の年齢別構成，後述）で高齢者比率が高くなっていることから，死に至りやすい人口数が多い集団となっているのです。人口ピラミッドからはその社会の置かれている状況や今後の状態を推測することができるので，これは将来の人口の状態を知る上でもたいへん便利な図です。

3）歴史人口学

　現代の人口学的手法を歴史資料に適用して人口学で示されるさまざまな変数を算出し，人口が社会に及ぼす影響や社会環境が人口に与える影響について考えてみようとする研究が歴史人口学です。

　歴史人口学は，フランスで1950年代に始まった学問です。ルイ・アンリとピエール・グベールが創始者とされます。アンリはINED（L'Institut national d'études démographiques，フランス国立人口統計学研究所）の研究者で，フランスの出生率に対する関心から歴史的考察が重要だと考えて人口学的分析を試みました。一方，経済史的な研究を行ったのがグベールです（グベール［1992］）。いずれも，これまでの「人口史」よりも一歩進んだ人口学的分析でした。そのような分析のために必要とされるのが史料です。キリスト教社会では教会が人々の生活と密接に関係したため，洗礼・結婚・埋葬を記録した帳簿である「教区簿冊」（parish register）が教会に残されています。洗礼を出生，埋葬を死亡と捉え，これらのイベント時の個人の記録を記載年と年齢そして名前を手がかりにして，一つの家族を復元する（家族復元，family reconstitution）ことが歴史人口学における最初の資料作りとなります。

　このような方法を日本に取り入れたのが速水融です。速水は，江戸時代に作成されていた宗門改帳や人別改帳（図5-1）を用いれば歴史人口学の研究を行うことができると考えました。さらに，ヨーロッパ社会では，個人の名前をつなぐという，かなりたいへんな作業である家族復元も日本の史料ではすでに明らかにされているという利点もあったので，人口と家族の双方の研究を進め，そのために積極的に史料の収集と分析を行いました（速水［2012］）。

　西欧社会ではキリスト教が根付いていたことにより作成された教区簿冊を用いて歴史人口学が開始されたのに対し，日本ではキリスト教を取り締まるために作成された宗門改帳を中心史料として歴史人口学という研究が開始されたことはたいへん興味深いといえます。

　宗門改帳や人別改帳などの史料は，家族を中心に世帯と考えられる「一筆」によって記載されています。このことから，人口と同時に家族史の史料としても用いられてきました。ただし，「一筆」が本当に世帯を表しているかについ

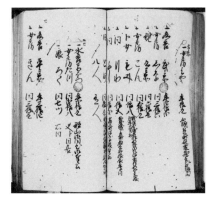 

図 5-1　人別改帳の例（陸奥国安積郡郡山上町）
出所）（文化 7 年）「〔郡山上町人別改帳〕」（今泉家文書，郡山市歴史資料館提供）。

ては地域ごとに慎重に確認する必要があります。近世において，世帯は生産活動の単位として重要な役割を担ってきました。また，最近では世界的にも家族が社会の重要な基礎を築いているのだというエマニュエル・トッドの見解もあります（トッド［2008, 2016］）。トッドは，全世界の家族についての研究のなかで日本の家族についても触れています。彼の日本の家族についての研究のベースとなっているのは，速水を中心とする歴史人口学の研究ですが，日本の家族システムは直系家族が中心でありながらも，地域によって差異があることに言及しています。

　歴史人口学の研究としては，宗門改帳や人別改帳を史料として，多変量解析を用いた国際比較が行われました。これは，速水が 1995（平成 7）年に始めた，歴史人口学のプロジェクト「ユーラシア社会の人口・家族構造比較史研究」に端を発した，日本・中国・イタリア・ベルギー・スウェーデン 5 カ国の国際比較です。国際比較研究については，これまでに MIT Press から，死亡，出生，結婚に関する 3 冊の本が出版されました。このなかで経済変数としては，地域の経済指標や個別の世帯の経済指標が用いられ，異なる文化のなかでの世帯の経済と人口との関わりについての比較研究がなされています。その成果として，結婚の巻では，国が異なっていても，経済指標が高い世帯ほど結婚しやすいと

いう同質性が発見されています（Lundh and Kurosu［2014］）。また，速水が収集した宗門改帳や人別改帳のデータを整理して研究者が使えるようにするという作業も進められています（落合編著［2015］）。このような研究の進展から，日本全国のさまざまな地域の人口の状況が解明されてきています。

2　日本の人口変遷

1）縄文時代から中世までの人口

　国勢調査以前の近代統計が整備されていない時期において，日本の人口がどのように動いてきたのかについては，鬼頭宏の『図説　人口で見る日本史』が，縄文時代から現代までの人口研究のまとめをしていますので，以下では，主にこの本によりながら日本の人口の歴史的変化を見ていきたいと思います。この本の最初に地域別の人口表（鬼頭［2007］表1）がありますが，それによって日本人口の動きを図に示すと以下のようになります（図5-2）。

　この図は，縦軸を対数目盛りで表示しています。図からは，日本のこれまでの歴史のなかで人口が減少もしくは停滞していた時期が現代以前に3回あったことがわかります。第1回目は，縄文時代の後期から晩期にかけて，第2回目は平安時代から鎌倉時代にかけて，第3回目は江戸時代の全国人口がわかる享保から弘化期です（解説5を参照）。現在，人口が減少していることが史上初という話が出ることがありますが，実は，必ずしも初めてではなく第4回目と考えられます。しかしながら，第3回目の停滞期と考えられる江戸時代においても地域ごとに人口を観察した場合には増加している地域と減少している地域とに分かれます（図5-3）。

　縄文期の人口に関しては，小山修三が遺跡の分布と各遺跡にどのくらいの人が居住できたかということから推計をしています（小山［1984］）。また，縄文時代の乳幼児死亡率はかなり高かったという推定から，平均寿命（0歳時平均余命）が15, 6歳であったという説があります。しかし，これに対し，長岡朋人は，人骨を用いた古人口学の立場から，もう少し平均寿命は長かったのでは

第5章 人口で測る経済力　131

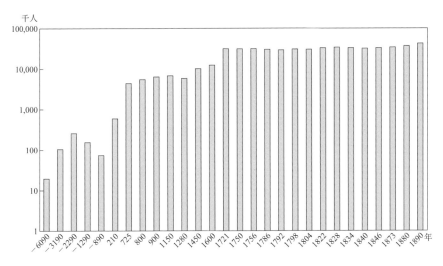

図 5-2　日本の人口数の変遷

出所）鬼頭［2007］6-7頁の表1より作成。

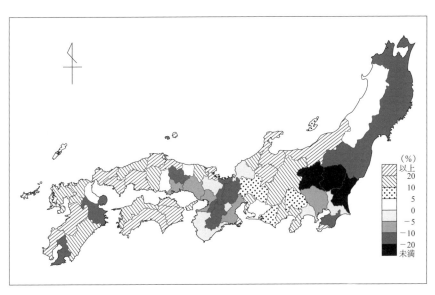

図 5-3　人口の変化（1721〜1846年）

出所）「幕府国別人口統計」（内務省内閣統計局編［1992-93］別巻1, 1-10頁）。

ないかとしています（長岡［2010］）。乳幼児に関する人骨は残存が少ないため，15歳以上の平均余命を計算していますが，それによりますと15歳まで生き延びた人は平均で残り31.5歳を生きるとしています。また，65歳以上の人口も4割以上存在した可能性を指摘しています。平均寿命という言葉はよく知られており，たいへん便利な概念です。ただし，平均寿命の計算には，乳児死亡率の値が最も強く影響するということに注意が必要です。乳児死亡率が高ければ平均寿命はかなり短くなり，逆に低ければ長くなります。

　弥生時代になると農耕が開始され，社会の人口扶養力が増大しました。弥生時代の人口はおよそ59万5000人で，奈良時代にはおよそ500万人まで増加すると推定されています。この人口増加には大陸からの移住民も含まれていると考えられます。奈良時代は大陸の影響を受け，律令制度が取り入れられるなかで，庚午年籍や庚寅年籍に代表される古代籍帳という人口統計が作成されたという点からも重要な時代です。しかしながら，戸籍の作成目的は課税のためであり，それを逃れるために成年男性の数を過少に登録するなどの偽籍も行われました。

　古代籍帳で最後に残されているのは，1004年のものと考えられています。この時期から近世になるまでは，人口統計が得られませんので，人口をどのように推計するかは大きな問題です。そこで，「前近代社会では経済活動の大きさが人口を制約する」という考えに基づいて人口推計を行っています。たとえば，人口統計のない平安時代の人口は耕地面積の記録である田籍から扶養可能人口として900年に644万人，1150年に684万人と推計されています。

　ウィリアム・ファリスは，1280年の人口については「大田文」という田地面積の記録を用いて570万〜620万人としています。また，1450年の人口については，武士人口などからの推計を行って，960万〜1050万人としています（Farris［2009］）。

2）近世の人口

　近世になると，豊臣秀吉により兵農分離や検地が進められるなかで，百姓だけが居住する村落が成立します。村落における居住者が確定され，人口調査が

行われます。江戸時代初期，慶長年間の小倉藩による「人畜改帳」では人口や家畜の数が調査されています。また，江戸幕府は，切支丹取り締まりのために絵踏みを課して，「宗門改帳」を作成しました。幕府は宗門改帳の作成を最初に天領に命じ，1664（寛文4）年からは全国，71年になると，毎年作成を命じました。現在残存が確認されている最古の宗門改帳は1638（寛永15）年のものです。しかしながら，幕府は，宗門改帳の様式について統一を図らなかったので，各地域に残されている宗門改帳には何歳から記載を始めるかなどの点で相違があります。内容的にも，切支丹取り締まりのために各人が所属する檀那寺を記載しているものから，人口調査のほうが重要とされ，宗門の記載のないものもあります。そのため，表題も「宗門改帳」「人別改帳」「宗門人別改帳」とさまざまです。

村落人口の調査は原則として子午の年にまとめられ，私たちは地域別全国人口の値を1721（享保6）年から1846（弘化3）年まで，ほぼ6年おきに12回分知ることができます（関山［1958］）。しかし，江戸幕府成立時や1846年から明治になるまでの全国人口はわかっていません。幕府成立時の人口に関しては，20世紀初めに吉田東伍が全国の石高がおよそ1800万石であることから1800万人くらいであったと述べています（吉田［1911］）。これに対して，米1石で1人を扶養することはできなかったという説明から，速水が諏訪郡の人口増加パターンを用いて全国人口を推計し，1000万〜1400万人くらいではなかったかとしました。鬼頭は，前掲図5-2で示した全国人口の変化では速水の約1200万人を用いていますが，本文中では1400万〜1500万人くらいではなかったかとしています。これらに対し，斎藤修は飢饉と人口の関係および諸藩の人口データによる推計から約1700万人と考えています（斎藤・髙島［2017］）。1721年からの全国人口の数値は約3000万人ですから，江戸時代の最初の人口がどの値であったかによって，人口増加の速度は異なってきます。しかし，いずれにせよ中央政権が安定するなかで新田が開発され，それに伴って人口が増加しました。また，家族構造も近世初頭に隷属的な労働力であった譜代奉公人や傍系親族が独立して一軒を構えることになるなどの変化が生じて，直系家族へと収斂したと考えられています。

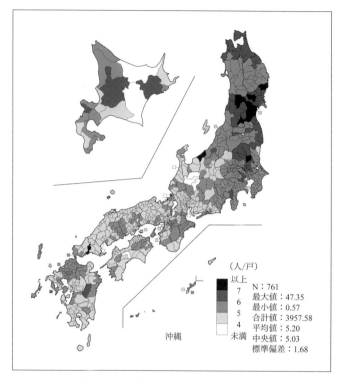

図 5-4　1886 年，郡区別世帯規模（現住）

出所）明治 19 年末「日本帝国民籍戸口表　第二各地方廳及各郡區役所管内戸口表」（内務省内閣統計局編［1992-93］第 2 巻，15-52 頁）。

3）近代以降の人口

　明治時代には，宗門改帳や人別改帳のようなミクロの人口を知る史料はほとんど残存していません。それでも，地域ごとの集計人口はあります。国勢調査以前の人口史料に関しては，内務省内閣統計局編，速水融監修『国勢調査以前日本人口統計集成』にまとめられています。そのほか，各府県が作成した『府県統計書』などの史料によっても人口を知ることができます。1886（明治 19）年末の民籍戸口表からは，各歳刻み男女配偶別に郡別の人口統計が得られます。この統計により，世帯規模を観察してみると「東高西低」であることがわかり

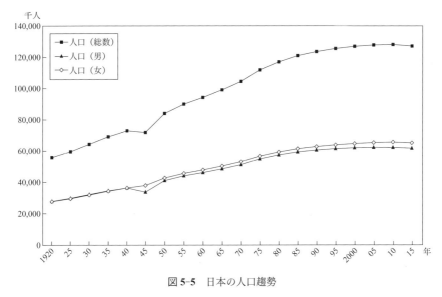

図 5-5　日本の人口趨勢

出所）総務省統計局「国勢調査結果　時系列データ（大正9～平成27年）」（政府統計ホームページ）より作成。

ます（図5-4，速水［2012］）。速水は，このような東西の差の境界を「人口変数においてもフォッサマグナが存在する」という表現で示しています。

　出生や死亡などの人口動態統計は，1899年から個表を用いて中央で集計されるようになり，これが近代統計制度の始まりと考えられます（厚生労働省ホームページ「人口動態調査」）。

　さて，日本の人口は2015（平成27）年の国勢調査を境として減少に転じました。国勢調査の日本での開始は1920（大正9）年です。国勢調査は原則として5年おきに行われ，1の位が0の年は詳細な調査が5の年は簡易な調査が行われています。国勢調査による人口の様子を示すと図5-5のようになります。

　第二次世界大戦のときは，男性が戦争に兵士として駆り出されたことから出生数が少なく死亡数が多くなり，日本の人口は減少しました。そのため，この時期は「生めよ育てよ国のため」という標語で知られる人口増加政策が打ち出されたときでもあります（解説5を参照）。政府は，強い国をつくるのに人口が多いことは欠かせない条件であると考えました。そして，日本の人口がいつ1

億に達するのかを問題とし,さまざまな人口増加の手段を模索しつつ植民地の人口を含めれば1億近くなることを謳ったのです。また,この時期の政策には「優れた」人口を増やしていこうとする「優生」という観念も含まれていたことは知っておく必要があります。

4）疾 病

　人口を自然増加の側面から変化させるのは,出生数の変化と死亡数の変化です。前近代社会は,乳幼児死亡率が高く,自分のきょうだいに幼くして亡くなった者がいる場合も多いなど,「死」が身近にある社会でした。そして,死亡数はとくに飢饉時に急増しました。死亡の要因にも色々とありますが,病気について考えてみますと,流行病は死亡数を大きく増やしました。前近代の日本社会では,麻疹と疱瘡（天然痘）が二大疾病として猛威を振るいました。麻疹は死亡率が高く,天然痘は死亡率が高いと同時に治癒したとしても痕が残ることから,「麻疹は命定め,疱瘡は器量定め」といわれました。疱瘡は数年間隔で村や町において流行したので,この対策として,やがて種痘による予防が講じられました。また,幕末開港の時期に被害が大きかったコレラも罹患死亡率の高いことから非常に恐れられました。猛威を振るう病気に対して医学によっても太刀打ちできない場合に,人々は神仏に祈禱し,また,狂歌などを作って吹き飛ばしてしまおうという動きも見られました。第一次世界大戦のときには,スペイン・インフルエンザが流行し,戦争にも影響を与えるほどでした（速水［2006］）。栄養水準は人々の疫病に対する抵抗力に関係し,衛生水準は疫病の流行に影響します（第6章を参照）。

　医療技術の発達した現代においても,疫病との戦いは続いています。近世に猛威を振るった疱瘡に関してはWHO（World Health Organization, 世界保健機関）から1980年に撲滅宣言が出されています（WHOホームページ）。しかし,麻疹に関しては,予防接種を受けない人口集団において,今日の社会でも時折発症が報告されています。また,インフルエンザは型を変えて毎年流行し,社会に脅威を与えています。交通手段の発達に伴う世界の一体化は,世界の一地域で起こった病の感染速度と地理的範囲を広げています。

3　経済成長と人口

1）産業革命 vs. 勤勉革命

　18世紀にイギリスで開始された産業革命（Industrial Revolution）は，飛躍的に生産量を増加させました。そして，それに先立つ農業改革や流通の地理的および技術的革新は，農業生産の拡大とともに人口が流入する都市に食糧を集積させ，マルサス的制約から人口を解放しました。農業生産量と工業生産量の拡大とにより，人口は急激に増加しました。

　産業革命は，生産量を決定する生産要素である「資本」「労働」「土地」のうち，「資本」が増加して生じる生産量の増加です。これに対し，「労働」を増加させることにより生産量を増加させることもあると論じたのが，勤勉革命（Industrious Revolution）という考え方です。この言葉は，速水による産業革命のもじりですが，日本の前近代社会における生産方法についての卓越した表現で，①経済発展には多様な道筋があることを示す表現として，②明治における本格的な産業革命を準備する経済社会の表現として，経済史において使用されています。

　速水は，濃尾地方の人口を研究しているときに，17世紀後半から19世紀初頭の2時点間の史料を比較すると，人口は増大するのに対して家畜数が減少しているという事実に気づきました（速水［2003］）。つまり，日本の農業には西欧と異なり，資本である家畜数の減少が見られ，これを代替したのが人間の労働力であるということです。17世紀に，従来は隷属的な労働力として一つの家のなかに取り込まれていた，奉公人や傍系親族が独立して世帯を構えるようになりました。その結果として世帯規模が小さくなり，各世帯における生産量の増加による恩恵を人々が実感として捉えられるようになりました。やがて，金肥を用いるなどの土地質の保全・改良とともに労働集約的な生産が開始されました。反当収量を上げる，すなわち土地面積という生産要素を増やさずに集約的な生産方法によって生産性を上げるという活動が行われたのです。もちろん，これは土地の制約という側面から強いられた経済活動でもありました。速

水は，土地当たり生産性の増大である日本の資本節約型の勤勉革命を，西欧で生じた資本多投入型の産業革命に対立する概念として考えたのです。しかし，これは，前述のように研究者によっては産業革命と対立する概念ではなく連続する概念として捉えられる場合もあります。

2）プロト工業化（原基的工業化）

　プロト工業化（Proto Industrialization）というのは，本格的な工業化（＝産業革命）に先立って農村地帯で生じた工業化のことです（Ogilvie, Sheilagh, Markus Cerman, eds. [1996]）。この概念には人口という要素が含まれています。最初にこの言葉を用いて経済社会の説明を行ったのはフランクリン・メンデルスです。彼は，18世紀のフランドル地方（ベルギー西部からフランス北端にかけての北海沿岸の低地地方）に関する博士論文，'Industrialization and Population Pressure in Eighteenth-century Flanders'（1969年）でプロト工業化について言及しました（Mendels ［1981］）。すなわち，彼は本格的な工業化が始まる前のヨーロッパ各地において伝統的な手工業の発展と同時に人口増大が生じたのはなぜかという疑問を抱きました。人口圧が農村工業の成長をもたらすという考えがあります。そして同時に農村工業が人口増加をもたらしたという考えもあります。この因果関係をどのように説明したらよいのかと彼は問いかけました。

　日本では，斎藤修が日本と西欧の比較史という観点からプロト工業化について論じています（斎藤［2013］）。斎藤は，プロト工業化が見られた地域において本格的な工業化（＝産業革命）に移行した地域もあれば逆に経済が衰退してしまった地域（「工業化の挫折」de-industrialization）もあると述べています。経済成長を考える理論では，人口を理論の内部に組み込まずに外生変数とする場合が多いのですが，プロト工業化論では内生変数として人口を扱っています。職に就けると結婚ができることから，

　経済成長→労働需要増加→結婚年齢低下→出生数上昇→人口増加→経済成長というプロセスを通じて，経済成長が人口を増加させ，増加した人口が経済活動を刺激する，というものです。

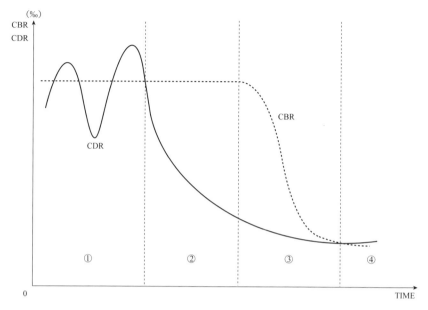

図 5-6　人口転換（概念図）

出所）筆者作成。

3）人口転換理論

　人口と経済との関係を考えるとき，「人口転換理論」（demographic transition theory）という概念も重要です（図 5-6）。人口転換理論は，18 世紀後半から 20 世紀前半までのヨーロッパの経験から考えられた概念です。時系列的に経済が発展し，それに伴って人口がどのように変化するかを示しています。人口転換理論の縦軸には，粗出生率（crude birth rate, CBR）と粗死亡率（crude death rate, CDR）が示されます。粗出生率は，ある地域で 1 年間に生じた出生数を年央人口で除した数値で 1,000 人当たり（パーミル，‰）で表示されます。同様に粗死亡率はある地域で 1 年間に生じた死亡数を年央人口で除した数値になります。

　①経済が未成熟である初期においては，粗出生率と粗死亡率の双方とも高い状態にあります（多産多死の社会）。このとき，通常は粗出生率が粗死亡率よりも若干高いのですが，飢饉などの時期には逆転することがあります。②その後，

140 第III部 近代化と生活

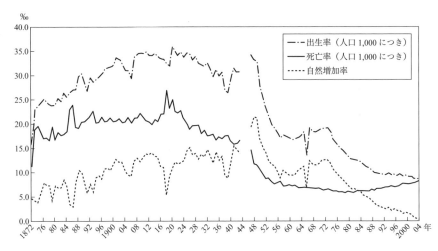

図5-7 粗出生率，粗死亡率，自然増加率

出所）総務省統計局ホームページ「日本の長期統計系列」表2-24（男女別出生数及び出生率［明治5年～平成16年］）より作成。

経済が発展すると生活水準の向上とともに栄養状態も良くなり，医療が発達して，粗死亡率が下がります（死亡力転換）。粗出生率が高い状態で粗死亡率が低下し，人口は増加します（多産少死，人口爆発の社会）。③やがて，粗出生率も下がり（出生力転換），粗出生率も粗死亡率も低い状態へと推移し，人口増加は低い状態に落ち着きます（少産少死の社会）。④続いて，粗死亡率のほうが粗出生率よりも高くなり人口が減少するという状態になることがあります（少産少死，人口減少の社会）。まさに，現在の日本社会は④の局面にあるわけです。

実際の社会でこのような転換がいつどのように生じたか，あるいはこのような模式図が本当に達成されたのかということについても議論があります。たとえば，日本の明治以降の粗出生率と粗死亡率の変化は図5-7のようになっています。これを見ると，粗死亡率は1917（大正6）年にいったん上昇してそこから下降曲線を描いています。しかし，1913年の20‰よりも低下したのは，ようやく26（昭和元）年になってからのことです。ですから，死亡力転換が達成されたのは昭和になってからとも考えられるわけです。また，出生力転換に関しては1920年から下降傾向が見られはしますが，それ以前は上昇傾向にあっ

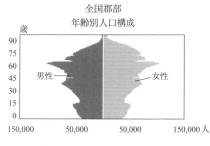
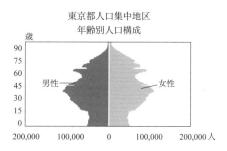

図 5-8 年齢別人口構成(人口ピラミッド) 郡部と都市部
出所)総務省統計局「2015年国勢調査」(政府統計ホームページ)より作成。

たこと,戦後のベビーブームで急上昇し,そこから急激に下降していることがわかります。このように見てくると,歴史的には確かに多産多死の社会から少産少死の社会へと変化してきてはいますが,その過程は理論通りではなくて複雑であったことがわかります。

4)都市と農村

都市と農村とでは,都市では商工業がさかんで農村では農業が中心であるというように,産業構造が異なります。また,都市は農村に比べて人口密度が高く人口の移動も頻繁です。このような相違が人口に対して与える影響を比較する方法として,人口の年齢別構成(人口ピラミッド)を確認するということがあります(図5-8)。

人口を年齢別に年少人口(1~14歳),生産年齢人口(15~64歳),高齢人口(65歳以上)と三つに区分します。一般に労働需要の高い都市部では生産年齢人口が多くなります。現在の日本の都市と農村との比較から,都市には人口が集まるけれども,農村ではとくに生産年齢人口が流出して過疎化という問題を抱えているという状況が思い浮かぶのではないでしょうか。これは人口の社会増加の視点からの観察になります。それでは,自然増加についてはどうでしょうか。前近代の都市の問題として指摘されているのは,農村部よりも粗死亡率が高く粗出生率が低い都市は,農村からの人口流入がなければその人口を維持しえないという「都市墓場説」(urban graveyard theory, 都市蟻地獄説ともいわれ

ます）です。とくに工業化初期に関しては都市の生活環境は劣悪であったため，死亡率が高くなったと考えられています。日本の場合にも明治初期に産業革命が始まったときの都市環境は悪く，人口の自然増加率は低かったといわれています（伊藤［1995］）。

おわりに——人口の歴史は私たちに何を教えてくれるか

　歴史的な人口の変化を見つめることは私たちにどのような示唆を与えてくれるでしょうか。まず，現在の私たちが直面している「人口減少」が決して未曾有の新しい問題ではないことがわかりました。そして，人口が停滞から増加へと移るのは，たとえば近世初頭では新田開発が行われて農業生産性が増加したことによりますし，近代初頭においても産業革命による生産性の増加が生じたときでした。そして，近世の地域社会が人口減少に直面したときには，現代と同じような金銭的補助による少子化対策や他の地域からの移住が図られたりしました（高橋［2007］）。粗出生率が上昇したのは，地域社会に養蚕業などが根付いて経済的な安定がもたらされたときだと考えられます。すなわち，人口減少の対策としては，広い意味での経済支援が必要とされました。ここからは，現代においても人口増加には生活の経済的安定が必要とされることがいえます。
　しかし，現代と異なるのは，歴史的な人口減少はマルサス的な人口制限に基づくものだったことです。自然環境の変化に伴って食糧不足が生じて，人口数を制限する動きにつながったのです。これに対し，現代の日本をはじめとする先進国では，経済が成長しても人口の伸びは見られないようです。先進国をはじめとして合計特殊出生率が低下しています。高齢化社会では粗死亡率も高く，人口減少が見られるようになってきています。そして，人口の停滞もしくは減退が経済停滞につながるのではないかと懸念されています。
　1人当たりGDPの上昇が見られ，マルサス的制約から解き放たれても，必ずしも人口の増加しない社会が到来したのです。働いている女性にとって，子どもを産み育てる選択と子どもを産まずに働き続ける選択とを比較した場合，

後者のほうが経済的にも生活的にもゆとりが存在する場合には，女性は子どもを産むという選択をしないことがあるのではないでしょうか。日本の近世社会の女性も家の仕事に携わる労働者として，また家の外部に奉公に出ることによっても働いていました。彼女たちにとっても多くの子どもを持ち育てることによる負担は大きかったことが，「赤子養育仕法」（解説 5 を参照）という近世版の子育て支援の条項から推察することができます。労働力が不足するといわれる現代日本で，社会における女性労働のあり方や出産・育児へのサポートの必要性を認識する上でも，歴史から学ぶことはたくさんあります。

　必ずしも少子化を止めて人口を維持することが良いとは限りません。明治初期の人口は 3300 万人程度でした。それに比べて現在の約 1 億 2700 万人という数は多すぎるかもしれません。そして，人口が減少しても，IT 技術などの活用により経済成長が続けば，生活水準の向上は達成可能であるという考え方もあります。そこに至るにはイノベーション（吉川［2016］），あるいは速水の述べたような「勤勉性」が必要とされます。社会が危機に直面したときに技術発展が進み，新たな社会システムが形成されることがあります。そのような進歩は私たちの生活にゆとりを与え，再びの人口増加につながることになるかもしれません。

　人口は，大きな自然災害や移民などがない限りは，ある程度の将来予測が可能な貴重な変数です。すなわち，それは短期的に変更可能な数値でもないのです。人口と経済とのこれからの動き，それについて私たちがどのように対応していくべきかを考える上で，歴史的な人口の変遷と社会，そして人々のあり方を検討することは，重要な鍵であると考えられます。

● ── 解説5

人口をめぐる思想と政策

　現代の日本では総人口が減少に転じています。その一方では東京を中心とする大都市圏への人口集中と地方における人口減少という人口の偏在も顕著になっており，「地方創生」が政策課題となっています。2015（平成27）年度以来政府が進めている「まち・ひと・仕事創生総合戦略」では地方の雇用を創出することによる東京一極集中の抑制，また若い世代の結婚・出産・子育ての支援が謳われ，2060年に1億人程度の人口を維持することが目指されています。しかし，人口減少が懸念され，また都市と地方との人口の偏在が問題となったのは過去の日本でもあったことです。

　第5章で見たように，江戸時代の享保から弘化期には人口が停滞します。これは世界的な気候の寒冷化による農業生産の停滞に加えて，一定の生活水準を維持するための出生制限（堕胎や間引き）が行われたことも原因です。さらに全体としてあまり人口が増えないなかで，人口の「墓場」「蟻地獄」であった江戸などの大都市に人口が「吸い込まれる」ことになったため，18世紀の日本では人口は停滞することになったのです。

　こうした人口の停滞と農村から都市への人口移動は，農業生産に依拠する武士の経済基盤を脅かすものと考えられ，それゆえ多くの思想家は農村の人口を増やし，都市への人口集中を抑制することを説きました。たとえば荻生徂徠は著書『政談』において，都市と農村との境界を明確にし，戸籍制度によって移住を禁止し，さらに農民の転業を禁じるとともにすでに都市に移り住んだ元農民は強制的に元の居住地に「人返し」することを主張しました。徂徠と同時期の儒学者の室鳩巣も江戸に集中した人口を周辺（八王子，葛西，戸塚，板橋など）に分散させることを説きます。大坂の学問所「懐徳堂」で活躍した中井竹山は人口を増やすためには出生制限をなくすことが必要であり，子どもを育てることの重要性を説く精神的感化や産まれた子どもに養育料を与える「赤子養育仕法」のような実際に行われていた施策をもっと行うべきであると説きました。本多利明は人口を増やすためには日本の経済発展が必要であり，開国による貿易や日本周辺の属島の開発が必要であると主張しました（本庄［1972］）。

　ただ，人口が停滞したことは1人当たりの所得水準を高いものにして人々の生活に余裕を持たせ，それが江戸時代後半の経済発展を可能にしたとも指摘されています。人々の生活が安定したことは人口を再び増加に向かわせ，さらに人口増加による需要の増大は民間投資の増加による経済発展によりさらなる人口増加を促すことになります。

　こうした江戸時代後半の経済発展が明治の近代化につながっていきますが，経済発展とともに進んでいた人口増加については明治中期から問題視されるようになります。トマス・ロバート・マルサスの人口思想（第5章を参照）の影響も受けて，日本でも

人口増加は貧民の増加につながるとして、海外移民や植民地の確保の必要性が盛んに論じられていきます。こうした傾向は1920（大正9）年から始まった国勢調査で人口増加の正確な数字が示され、「人口過剰」が問題視されていくなかで一層強くなります（マルサス学会編［2016］）。

その一方、日本における将来の人口減少を憂慮する意見も登場するようになります。欧米主要国では出生数を制限して生活水準を上昇させることを目指す新マルサス主義の影響もあり、人口動態が「多産多死」から「多産少子」そして「少産少死」へと推移する人口転換（第5章を参照）が進行しており、日本も将来は同様の経路をたどることが予想されました。人口増加は社会と経済の発展をもたらすと考えていた社会学者・経済学者の高田保馬は、人口が停滞する欧米に日本が対抗していくためには日本の人口を増やしていかなければならず、少なくとも出生率低下を食い止めなければならないと早くから主張していました（小峯編著［2011］）。

高田の懸念は日本が戦争に進んで行くなかで現実のものとなっていきます。1937（昭和12）年の日中戦争勃発後に重化学工業化が進展し、これにより第二次産業に従事する人口の割合は急速に拡大したのに対し第一次産業人口は減少します。急速な重化学工業化とそれに伴う人口の都市集中は、これまで人口増殖を支えてきた農村人口の縮小を通じて人口増殖力を減退させ、人口減少を通じて民族の危機を招くものと考えられるようになります。実際に1938年以降は出生率低下が顕在化しており、このままでは日本の人口は2000年の約1億2247万人をピークに減少に向かうとかなり正確に予測されていました。

こうした「人口の都市への集中による総人口減少」という江戸時代と同様の問題に対応するため、1940年8月には第二次近衛文麿内閣で「国土計画策定要綱」が閣議決定され、国土計画による「人口の量的質的増強と之が地域的職能的の適正なる配分」が謳われます。この時期に人口政策関係者（戦後は厚生省人口問題研究所〔現在の国立社会保障・人口問題研究所〕所長となる舘稔、都市計画の権威の石川栄耀ら）から提案された国土計画は、小都市を中心とする生活圏を単位として都市と農村との調和を図り都市人口を抑制しようとするものであり、舘や石川らも参加した財団法人国土計画研究所の理事長となった高田もこうした国土計画を支持して農村人口の維持を主張しました。

さらに1941年1月、企画院が起案した「人口政策確立要綱」が閣議決定されますが、その内容は「東亜共栄圏」を建設して健全な発展を図るため、60年の内地総人口1億人を目標とし、民族の量的および質的発展を確保すること、このために諸施策を講ずることでした。同要綱では死亡率減少のための乳幼児死亡率の改善・結核予防などのほか、出生率増加のための婚資貸付制度や家族手当制度などが謳われます。これらはミュルダール夫妻の提案をもとに1930年代にスウェーデンで導入された定常人口を確保するための出産・育児支援政策など、すでに少子化が進んでいた30年代のヨーロッパ各国（スウェーデンのほかドイツ、イタリア、フランス等）で体制の違

いを超えて実施されていた政策を参考にしたものでした（高岡 [2011]）。同要綱と同時に発表された「結婚十訓」では出生率の増加と死亡率の低下による人口増加を図るために「生めよ育てよ国のため」というスローガンが掲げられました。

　しかし第二次世界大戦後，日本は敗戦により植民地を失い，多くの引揚者が内地に帰還し，また多くの男性が復員したことで第一次ベビーブームが起き出生数が急増します。これに加えて戦災により経済力が低下していたこともあり，明治から昭和初期にかけてと同様に再び人口過剰が問題視されるようになります。そのため戦前から新マルサス主義に基づく産児制限運動を展開し戦後は衆議院議員となった加藤シヅエらの提案により 1948 年に優生保護法が成立し，翌年の同法改正により経済的理由による中絶が可能になったこともあり出生率は大きく低下していきます。生活水準を維持していくための出生制限を必要とし，それが広く行われたという意味で江戸時代の日本と戦後の日本は同じだったのです。こうして出生率は急速に低下し，総人口に占める従属人口（年少人口と老年人口の合計）の割合が低下したことによる生産年齢人口の負担減少（人口ボーナス）は日本経済の発展に寄与し，高度経済成長が実現します。

　その一方，高度経済成長により工業が集中する太平洋ベルト地帯への人口集積が顕著になり，都市の「過密」と地方の「過疎」が問題になります。こうした人口の偏在を解決することを意図して作られた 1969 年の新全国総合開発計画（新全総）や 1977 年の第三次全国総合開発計画（三全総）は「広域生活圏」「定住圏」を単位として整備し，都市への人口集中を抑制し地方の振興を図ろうとするものであり，大都市への人口集中を抑制しようとした戦中の国土計画とよく似たものでした。しかし国土計画による地方への公共投資の拡大により地方経済が維持されたことで本来の自然な人口移動が阻害され，かえって日本経済の生産性を停滞させたという指摘など，こうした国土計画の効果に否定的な評価もされています。

　このように見てみると，現代の日本で問題となっている「総人口の減少」と「都市と地方との人口偏在」は実は過去にも盛んに論じられてきた問題であったことがわかります。出生率の低下や農村から都市への人口移動が生活を豊かにしたり経済発展をもたらしたりする面もあるので，実は「総人口の減少」「都市と地方との人口偏在」はあまり心配しなくても良いのかもしれません。

　しかしこれまでと違うのは，現代の日本では高齢化がかつてないほどに進行していることです。1600（慶長 5）年前後に 30 歳前後だった日本人の平均寿命（0 歳時平均余命）は 1947 年にようやく 50 歳を超えますが，2015 年は男性 80.75 歳，女性 86.99 歳となり，高齢者の総人口に占める割合は 27.3％に達しており主要先進国のなかでは最高です（解説 6 を参照）。すでに厚生省人口問題研究所が 1941 年に刊行した『人口政策の栞』では，日本は 2025 年には「現在何れの国に於ても見るを得ぬが如き若年人口の少数，老年人口の多数なる年齢構成状態」となることが予測されていましたが，それが現実になってしまったわけです。

　戦後の日本でも高齢人口の増加とともに，高齢者になったときの生活をどうするか，

高齢者をどう扱うかといったことは徐々に論じられるようになりましたが，人口の高齢化が社会全体に及ぼす影響が盛んに論じられるようになるのは，高齢者の増加による年金基金の役割の拡大や高齢者を扶養するための生産性の向上の必要性などを指摘した経営学者 P・F・ドラッカーの『見えざる革命』（ドラッカー［1976］）刊行後のことになります。さらに 1975 年以降合計特殊出生率が低下していき，89 年に近代統計史上最低を記録して「1.57 ショック」が起きることで，日本では「少子高齢化」が重要な政策課題となり，数多くの施策がそれ以来行われています。にもかかわらず少子高齢化が現在も進行しているのはみなさんもご存知の通りです。

　人口問題には過去の思想や政策から学べる部分と現在の私たちが新たに直面する部分とがあり，最も重要な高齢化の問題は私たちが新しく考えていかなければならない問題なのです。

第6章
健康と医薬

はじめに

　みなさんはセルフメディケーションという言葉を知っていますか。世界保健機関（World Health Organization : WHO）によれば，セルフメディケーションとは，「自分自身の健康に責任を持ち，軽度な身体の不調は自分で手当てする」こととされています（厚生労働省編［2016a］）。この言葉は，自分で軽い身体の不調を感じた場合，自己認識した病気や症状に対して手当てをするために，自ら薬――置き薬（配置用医薬品），大衆薬（一般用医薬品），民間薬など――を選んで服用するという自主服薬を意味しています。診療所や病院などの近代的医療機関が広く普及する前は，人々の暮らしのなかでは自主服薬は普通に行われていたのですが（宝月［2010］），とくに1961（昭和36）年の国民皆保険の成立後は，誰もが身近な医療機関を受診できるようになったことで（杉山［2006］），軽い体の不調でも自主服薬より医療機関に受診した上で，医師の処方薬（医療用医薬品）を服用することが多くなりました。しかし，近年は高齢化が進み，疾病構造も変化し，がん，循環器疾患，糖尿病，慢性閉塞性肺疾患などの生活習慣病が日本人の死因の約6割を占めるとともに，これに伴って医療費の高額化や健康保険財政の悪化など，健康と医療をめぐる課題が浮上しています。こうしたことから，国は健康の維持増進および疾病の予防への取り組みとして，再びセルフメディケーションの重要性に注目しています[1]（厚生労働省編［2016a］）。もっとも，近代的医療機関成立以前の日本ではセルフメディケーシ

ョンはごく普通のことであったと思われますが，なかでも多くの人々に親しまれた薬の一つが，富山の置き薬（配置用医薬品）でした。

　富山売薬業では，売薬行商人は「先用後利」という独自の販売システムで薬の配置販売による行商をしました。この販売システムは，江戸時代から今日まで変わらず受け継がれています。人々は一般に，いつ病気になって薬が必要になるか，またどのような薬が必要かは予測のつかないものです。しかし，病気やケガは，人が生活する上では，いつかは起きる可能性があることは，みなさんも理解できると思います。医療が現在ほどに普及していなかった時代に，いつ必要になるのかわからない薬を何種類か，前もって一般の庶民が家庭に常備することは難しかったのです。まして衛生状態や生活水準が低い場合には，なおさら不可能であったでしょう。しかし，この不可能を可能にしたのが，富山の配置売薬業でした。富山の売薬行商人は，先に得意先（顧客）の家に薬を預け，その翌年にその顧客の家を訪れた時に，その期間に顧客が使用した分の薬の代金を徴収し，古い置き薬は新しい置き薬と交換するというシステムをとっていました。この薬の配置システムは，人々の生活に共通の不安である病気に対応するために，顧客のもとに一定の種類の薬を預けておくというアイデアで，顧客にとって利便性があり，広く人々に受け入れられました。売薬行商人と顧客の間には信頼関係が築かれ，少なくとも 19 世紀中葉には全国的な行商圏が形成されていました（富山県薬業史通史編さん委員会編［1987］31-32 頁）。

　江戸時代から今日まで，日本全国の人々に親しまれ，使われてきた置き薬。その薬箱は，日本中の家の片隅にそっと置かれ，必要な時に置き薬が使われてきました。本章では，日本の暮らしに定着していた富山の置き薬に代表されるセルフメディケーションの視点から，健康の近現代史を振り返ります。

---

1) 2017 年 1 月 1 日から 21 年 12 月 31 日までの期間，国はセルフメディケーション（自主服薬）推進のための医療費（スイッチ OTC 医薬品購入の対価）控除の特例としてセルフメディケーション税を創設しました。

1　健康と病い

1）健康とは何か

　みなさんに，「あなたにとって幸福とは何ですか」と問いかけると，おそらくさまざまな答えが返ってくると思います。この問いについて，世界各国の統計をもとに，先進国と新興国の比較をすることができ，包括的な幸福度指標として最良のものを，国際的なレベルで示そうとしたのが，経済協力開発機構（OECD）の発行した『OECD 幸福度白書』です（OECD 編著［2012］）。この『白書』では，幸福度を測るために，物質的な生活状態の指標として，住居，所得，仕事を，また幸福な生活の質の指標として，地域社会，教育，ガバナンス，健康，生活満足度，安全，ワーク・ライフ・バランスをあげています。このように健康とは，より良い暮らしに欠かせない大切な価値あるものなのです。

　WHO は，その憲章で，「健康とは，完全な身体的，精神的及び社会的福祉の状態であり，単に疾病又は病弱の存在しないことではない。到達しうる最高基準の健康を享受することは，人種，宗教，政治的信念若しくは，社会的条件の差別なしに万人の有する基本的権利の一つである」と定義しています（厚生労働省編［2016a］）。これは第二次世界大戦後の世界の人々がほぼ共通認識として受け入れている健康の定義です。では，それ以前の時代に，健康はどのような意味で使われ，人々に受け入れられてきたのでしょうか。東洋では古くから，自らの知恵と力で自らの心身を守りながら，長生きをして「生」を充実させていく理念を「養生」と呼んできました。「養生」の語句のなかの「養」には，「治療する・癒す」という意味と，「はぐくみ・そだてる」という意味とが含まれています。つまり「養生」という概念は，「いやし」の思想と「そだて」の思想を含んでいると考えられます。近世後期の養生論には，養生する対象を社会生活や経済生活まで含めて考えたものもありました。「健康をつくる」ことと「生活をつくる」ことの二つを，「人間をつくる」ことの課題であるとした近世後期の養生論は，歴史的条件を帯びつつも，今日の健康や生活，そして人間形成への理解に対して普遍的な視点を提供しているといえるでしょう（瀧澤

[2003] 4-6, 296-298 頁)。

　ところが，19世紀前半の日本において西洋医学を学んだ人々の間では，「健康」とは，医学的根拠に基づき，身体の内部に異常がない状態という意味として理解されたため，先に紹介した近世後期の「養生論」の概念や WHO 憲章に掲げられた健康の定義と比べると，近代以降の日本では「健康」の意味するところが限定され，「健康」とは「身心に医学的根拠による異常がない」状態と理解されてきました（園田［2010］）。そのため日本では，今日なお，身体的にも精神的にも異常がない状態であることが「健康」であると受け止められており，WHO 憲章で目標とされているような「健康」，すなわち到達可能な最も高い健康水準は，人種，宗教，政治信条，経済社会条件によって差別されないすべての人間の基本的権利の一つであり，肉体的，精神的のみならず，社会的にも，すべてが満たされた状態が「健康」である，という理解が，必ずしも広く社会に浸透してきたとはいえません。

　しかし，近年，日本でも「健康格差社会」の問題がクローズアップされています。健康格差とは，「地域や社会経済状況の違いによる集団における健康状態の差」を意味します。1990年代以降，経済のグローバリゼーションが進み，経済危機をもたらしました。WHO の「マクロ経済と健康に関する委員会」は，低所得者の不健康が，グローバル経済に損失をもたらすことを示し，グローバリゼーションによる格差拡大に対して公正・平等を求める声が大きくなりました（近藤［2017］63-64 頁）。そして 2012（平成 24）年に厚生労働省は告示で「健康格差の縮小」を目指すこと，そのために「社会環境の質の向上」を図ることを示しました。こうして，日本でも「健康」の意味は，WHO 憲章で掲げられた基本的人権の一つとしての健康という理解に近づいてきました。

2） 衛生行政・社会保険制度の変化と疾病の推移

　日本は幕末開港後，諸外国との交流が増え，ヒト・モノ・カネの動くスピードと量が，それ以前の時代に比べて非常に大きくなり，その結果，コレラなどの感染症が海外から流入し，また都市の劣悪な衛生環境なども影響して，たびたび感染症が流行したため，明治政府は，コレラなどの急性感染症対策に追わ

れました（解説6を参照）。1877（明治10）年にコレラが流行し，79年にもコレラが流行して患者16万人，死亡者10万を超えました。こうしたコレラ流行に対しては，明治政府のみでなく民間有力者も独自の情報網を利用して自発的に消毒薬を購入しようとしました（二谷［2009］）。同年に明治政府は，「虎列刺（コレラ）病予防仮規則」を，1880年に「伝染病予防規則」を定めて，統一的な感染症予防対策を行うようになり，明治後半にコレラ流行はある程度収まりました。その後，19世紀後半の伝染病学の進歩もあって，1897年に「伝染病予防法」が制定されました。この法律は国内の感染症予防に効力を持ち，しばしば改正はされましたが，1999（平成11）年に「感染症予防法」が施行されるまで，国内の感染症予防の中心法規でした。

　明治半ばからは結核など慢性感染症対策が問題とされ始めました。1899年から死因別死亡者数の統計がとられ，結核による死亡の実態が解明され始めました。このような状況のなか，政府は1904年に「肺結核予防ニ関スル件」を公布しましたが，結核死亡者は10万人以上で推移し，大正半ばまでは増加の勢いが止まらず，19（大正8）年に「結核予防法」が制定されました（厚生労働省編［2014］）。その後1937（昭和12）年の日中戦争の勃発で，日本は戦時体制に移行しましたが，この時期の衛生行政は国防目的に資することが求められ，人口を増加させ，国民の体力向上を図る方針に展開しました。そして1940年には「未成年国民の体力を国権をもって管理」し，「国民は自己の健康を保持増進すべき公法的義務をもつ」とした「国民体力法」が制定されました。1938年1月に創設された厚生省と保険院，また同年4月に公布された国民健康保険法は，それを推進するために設けられたものとされています（新村［2006］）。この「国民体力法」により，満17歳以上19歳以下の男子（1942年以降は，満25歳以下の男子）を対象にして毎年体力検査が行われました。当時の結核の状況は，1939年の結核死亡総数約15万4000人のうち15歳から39歳までの若年層が約11万人弱と7割を超え，「国民体力法」は結核予防も目的にしていました。体力検査では身体計測のほかに，疾病異常検診としてとくに結核に重点が置かれ，ツベルクリン反応検査・X線検査の集団検診が行われました（厚生省五十年史編集委員会編［1988］）。

第6章　健康と医薬

　第二次世界大戦直後の日本は，海外からの引揚げや食糧事情の悪化により，コレラ，発疹チフス，痘瘡などの急性感染症が大規模に流行し，マラリアも蔓延しました。このため，厚生省は GHQ（連合国軍最高司令官総司令部）の指示に基づいて検疫をはじめとする防疫対策を行い，DDT（有機塩素系の殺虫剤）を使用し，1946～47 年に腸チフス・パラチフスの予防接種を徹底したことで，患者発生数は激減しました。この成果に基づき，1948 年に「予防接種法」が制定され，従来からの種痘のほか腸チフス，パラチフス，ジフテリア，百日ぜきおよび結核について定期の予防接種を国民の義務としました。なお「国民体力法」は 1946 年に廃止されましたが，同年春以降，復員者および引揚者の結核検診が行われました。このようななかで，医学の発達でストレプトマイシン，パスカルシウムをはじめとする化学療法剤が出現し，結核の治療効果が著しく上がり，1950 年には，この二つの薬剤が社会保険の給付対象となって広く普及しました。その翌年に新「結核予防法」が制定されましたが，とくに重要だったのは，結核対策を社会保障制度の一環とし，医療保険制度の活用に加え，患者の医療費負担を公費により軽減する制度を作り，適切な医療を普及できるようにしたことです。戦後の結核対策で，結核の死亡者数は著しく減少し，ピークの 1943 年には死亡率（人口 10 万人当たりの死亡者数）は 235.3 でしたが，51 年には死亡者数が 10 万人を割り，死亡率は 110.3 と半分以下にまで改善しました（厚生省五十年史編集委員会編［1988］）。

　表 6-1 は，死因別に見た死亡率の推移ですが，1899～1950 年は，1920 年を除いて死因の第 1 位は結核でした。一方で，悪性新生物（がん），心疾患の死因順位は，時代とともに上昇しました。1960～80 年は，死因の第 1 位は脳血管疾患，第 2 位は悪性新生物，第 3 位は心疾患で推移し，いわゆる成人病[2]が死因順位の上位を占めるようになりました。1990～2010 年は，死因の第 1 位は悪性新生物，第 2 位は心疾患，第 3 位は脳血管疾患，第 4 位は肺炎，第 5 位

2）成人病は，厚生省が 1950 年代後半から 1960 年代前半に「主として，脳卒中，がん，心臓病などの 40 歳前後から死亡率が高くなり，しかも全死因の中でも上位を占め，40～60 歳くらいの働き盛りに多い疾病」として，行政用語として使ったのが最初です。1996 年に公衆衛生審議会で，「食習慣，運動習慣，休養，喫煙，飲酒等の生活習慣が，その発症・進行に関与する疾患群」を「生活習慣病」と定義しました。

表 6-1 死因別に見た死亡率の推移

(単位：人)

年次	悪性新生物	心疾患	肺炎	脳血管疾患	不慮の事故	自殺	肝疾患	結核
1899	44.7	48.6	99.8	170.5	50.1	13.7	不明	155.7
1910	67.1	65.0	142.1	131.9	44.7	19.1	17.2	230.2
1920	72.6	63.5	313.9	157.6	46.8	19.0	20.2	223.7
1930	70.6	63.8	156.8	162.8	40.8	21.6	16.2	185.6
1940	72.1	63.3	154.4	177.7	39.5	13.7	12.3	212.9
1950	77.4	64.2	65.1	127.1	39.5	19.6	10.4	146.4
1960	100.4	73.2	40.2	160.7	41.7	21.6	14.3	34.2
1970	116.3	86.7	27.1	175.8	42.5	15.3	16.6	15.4
1980	139.1	106.2	28.4	139.5	25.1	17.7	16.3	5.5
1990	177.2	134.8	55.6	99.4	26.2	16.4	16.1	3.0
2000	235.2	116.8	69.2	105.5	31.4	24.1	12.8	2.1
2010	279.7	149.8	94.1	97.7	32.2	23.4	12.8	1.7

出所）厚生労働省ホームページ「主な死因別にみた死亡率の推移」より作成。
注）原資料は，厚生労働省大臣官房統計情報部「人口動態統計」。人口 10 万人に対する死者数。

は不慮の事故，第 6 位は自殺へと変化しています。死因順位の変化の要因は，第二次世界大戦後の日本で，人々の健康を守る諸制度が設けられたことによります。1946 年 11 月に公布された「日本国憲法」の第 25 条には，「すべて国民は，健康で文化的な最低限度の生活を営む権利を有する」と明記され，そのため「国は，すべての生活部面について，社会福祉，社会保障及び公衆衛生の向上及び増進に努めなければならない」とされて，日本の社会保障制度の理念が明確に憲法に示されました（山下・山口ほか編［2017］）。

とくに 1961 年 4 月に確立した国民皆保険が重要で，これにより「誰もが安心して医療を受けることができる医療制度」が確立されました（厚生労働省編［2014］）。日本の社会保障制度は，1922 年の健康保険法など，まず労働者を対象として発足しましたが，労働者以外の人にも医療保険の適用範囲を広げるため，38 年に国民健康保険法が制定され，42～43 年には，政府の普及・督励で，市町村の 95％に国民健康保険組合が設立されました。しかし戦後になると保険組合経営が困難になり，事業を放棄する組合さえ多く見られ，1956 年 3 月末時点では零細企業労働者や農林水産業従事者，自営業者を中心に約 2871 万人（総人口の約 32％）が医療保険制度の未適用者となっていたのです。こうした状況の日本の医療保険制度にとって，全市町村に国民健康保険の実施を義務

づけ，給付の範囲を健康保険と同等以上とし，国の助成を拡充するなどの内容の新「国民健康保険法」（1958年公布）は，人々の保健医療水準を大きく引き上げた法律でした（厚生省五十年史編集委員会編［1988］）。

このように保健医療の諸制度が整うなかで，高度経済成長以降に都市化や核家族化，人口の高齢化が進み，人々の暮らし方が大きく変化していくとともに，健康に影響を与える原因も複雑で多様化しました。また成人病が生活習慣病とその呼び名を変えたように，病気の原因は，運動不足や栄養の偏りによる高血圧や肥満に変化しました。生活習慣病のみならず，経済不況や高齢化社会，高度情報化社会の到来，長時間労働などがあいまって，精神的ストレスの積み重ねから鬱や精神障害の発病などが社会問題として指摘されるようになりました（厚生労働省編［2014，2016b］）。

2　生活と家計に見る健康と医薬

1）記憶のなかの病気と健康

本節では，人々が健康を守るためにどのような対応をしたかを，日記や記録資料と家計簿からわかる医療費の推移から見ていきます。

上杉正幸は大学の授業で，学生たちに，親族のなかで最も年長な人（60代～80代）から若い頃の保健・衛生事情や健康・病気について話を聞き取るレポート課題を出しました。当時の人々の健康の考え方は，「皆生きていくことに精一杯で，健康なんて考える暇がなかった」「健康に気を使ったことなどなく，健康になろうという気持ちもなかった」など，健康を気にしない生活をしていた姿が浮き彫りになりましたが，死については，「結核で大勢の人が死んだが，その人の寿命だと思った」「病気になると，死が待っている時代だった」などの報告がありました。また食べ物については，「麦と野菜が中心で，米や肉はめったに食べられなかった」「食べ物を手に入れることに夢中で，栄養のバランスなんて考えなかった」「食べ物が少なかったので，食べられる山菜と食べられない山菜の区別を父母から繰り返し教えられた」「米は貴重品だったので，

おかゆ状にして少しでも量が多くなるようにした」「牛乳やバナナは病気の時にしか口にできなかった」などと報告されました。またこのような食生活から派生して，「糞尿をかけた野菜を食べていたので，ほとんどの人が寄生虫を持っていた」「口から大きな回虫が出てきた」「学校で虫下しを飲まされた」「回虫を出すために，海藻を煮て飲んだ」「ノミやシラミを取るためにDDTを振りかけられ，頭が真っ白になった」など，寄生虫やノミ・シラミなどが多く見られた当時の生活の衛生状態がわかりました（上杉［2008］）。

　では，このような生活水準における病気と医療はどのようなものだったのでしょう。学生たちのレポートでは，「急病人が出ると，近所の人がリヤカーで三時間かけて町の病院まで運んだ」「風邪くらいでは病院に行かなかった」「結核はうつるといわれ，患者の家の前を通る時は走っていった」「夏になると赤痢が流行していた」「重病人が出ると，その家の人が神社に行ってお百度を踏んでいた」「治療費は盆，正月に払ったり，払えない時は野菜や米を渡していた」「おばあちゃんは大阪の工場に勤めていたが，結核になって家に帰された」など，医療が充実していなかった時代の状況が報告されました（上杉［2008］）。また愛知県葉栗郡北方村の村本利廣の『思出の記』には，村本が小学校入学後のある日，「学校近くの或る家の前を通る時，上級生が『傷寒坊』と云いながら鼻を摘んで駆け出すのである。呼吸をしないでついて来いという。訳も判らず苦しみながら走ったものである。何でもそこの家には腸チフス患者がいたとか。後になって知らされた」とあって，学生のレポートの報告と似たような体験をしていました（村本利廣『思出の記』村本家蔵）。

　また『思出の記』には，1920（大正9）年にインフルエンザに一家が罹患した様子が詳しく書かれ，この当時，急性伝染病に人々がどのように対応したかがわかります。村本が体験したのは「スペイン・インフルエンザ（1918～20年）」で，推定死亡者数は最大の推計では，世界で5000万人といわれています。第一次世界大戦（1914～18年）の死亡者が推計で多めに見ても900万人とされているので，その6倍近い被害がありました。当時の世界人口16億人の内，少なくとも5億人が感染したと考えられています（加藤［2013］）。

　日本での流行は，内務省衛生局『流行性感冒』（1922年）によると，「前流

行」(1918年秋〜19年春)は患者2116万8398人，死亡者25万7363人，「後流行」(1919年暮〜20年春)は患者241万2097人，死亡者12万7666人で，合計すると患者2358万495人，死亡者38万5029人とされていますが，いくつかの県の数値がないため，この数字は過小な評価ではないかとされています（速水［2006］）。このため日本でのスペイン・インフルエンザの被害を正確に把握することは難しいのですが，いずれにしても短期間で感染が拡大し，多数の死亡者が出ていた状況に留意しておきたいと思います。

　村本の記録には，「伝染力強く死亡率の高いインフルエンザのスペイン風邪が，第一次欧洲大戦後，全世界に拡がり，日本へも渡って来た。1920年3月の終わり，多分24日のこと，2年生としての修業式を終って昼頃，勇雄〔利廣の弟——引用者注〕は頭痛がすると云って帰ってきた。38℃くらいあったろうか。我が家にスペイン風邪が侵入して来た初めであった。一・二日の内に次々と罹病者が現れた。高熱の為，皆，床に就くより仕方がなかった。最後まで発病しなかったのは祖母と私（岐阜の4年修了時），隆雄（5年修了時）の3人だけだった。病人全員39℃〜40℃の発熱で如何にも苦しそう。5人の病人の看護には手薄である。祖母は食事の用意をしても病人は食欲ゼロ」とあり，わずか1・2日で5人の家族が高熱を発し寝付いた様子があります。この時，村本は学校の春休み休暇を過ごしていましたが，「私は医者を呼び，薬受取でまた看護に必死で，休暇どころではない。心配な1週間か10日間が過ぎて治り始めた者は衰弱しきった体を漸く起こし始めたが，母と勇雄はとうとう恐る可き肺炎となってしまった」とあります。現在のようにインフルエンザの特効薬があったわけではありません。その看病の内容は，「発熱と苦痛の連続で如何とも致し方ない。当時学校勤めをしていた水谷叔母も夜は手伝いに来てくれて看護は専ら私と2人。文字通り侵食を忘れて頑張った。……病人が呼吸し易いように湯を湧かし蒸気を立てる。中戸や柱は蒸気で水浸し。2時間の間隔で湿布を取替えねばならぬ。嵩の少ないタオル程度の生やさしいものではない。幅30cm余のフランネルの布で胴を一巻余りする長いものを熱い湯に浸して之を絞る。病人が苦しまないよう注意しながら胴に巻く。衣服をぬらさぬ為に更にその外側をカッパで包むのである。2時間は直ぐにやってくる。患者は2人。昼

夜幾日も続くと無性にねむたくなる。今度はこちら2人共作業のつらさより睡魔との戦いの方がえらくなる。夜昼の区別がしにくくなる。頭はボンヤリ，体はフラフラ」と，看護する側も気力体力ともにギリギリであったようです。「其の内1週間程して奇跡的に――本当に奇跡的に回復へ向かいつつあった。死からの恐怖を脱し一家全員に気力が出始めた。発病以来1ヶ月余だったろうか，めでたく床上げすることが出来たのは……」と，対症療法を丁寧に続けて，肺炎になった家族の回復を待つ姿が浮かび上がります。またその結果，助かった家族のことを「本当に奇跡的」と述べています（村本利廣『思出の記』）。

　医薬品については，学生たちのレポートに，「富山や奈良から薬売が来て，置き薬を置いていった」という事例も多く報告され，それ以外に「よもぎは傷くすり，居薬，虫除けになった」「肺炎の時は，ハブを蒲焼きにして食べた」「腹痛の時は，ゲンノショウコを煎じて飲んだ」「アロエを"医者いらず"と呼んでいた」「ナメクジを薬として飲んだ」など，富山や奈良の置き薬や民間療法などのさまざまな対処法で病いに対処したことがわかります（上杉［2008］）。この当時の置き薬については，船曳由美『100年前の女の子』に紹介されています（船曳［2010］）。この本には，1909（明治42）年に栃木県足利郡筑波村大字高松に生まれた船曳由美の母親寺崎テイが，乳幼児期から女学校時代（16歳）まで祖母に育てられた頃の思い出が綴られていますが，そこに越中富山の薬売りの話があります。テイの話では，「街道をやってくる者の中でも一番大切にされたのは，越中富山の薬売り」でした。「一年に一回現れて，家中の病気の案配をしてくれるからです」。十数年も前に，富山の薬売りが桐の立派な薬箱にギッシリと薬を詰めて，箱ごと置いていったといいます。薬箱は「いくつもの小引き出しに分かれていて，引き出しの一つ一つに薬の名前が，小さな字だがハッキリと書かれていました。万が一にも薬を間違えて飲まないようにである」。「薬は15種類くらい」で，「ヘブリン丸」や「子どもの夜泣き・疳の虫にのませる救命丸」とか，「一粒で痛みがおさまる"ケロリン"という名前の薬」，めまい，息切れに効く「六神丸」，「蛤の殻に入った軟膏は，"蛸の吸出し"」といって「"おでき"につける薬」や，「目の薬」は「水に溶いて」からつけたといいます。さらに薬箱のなかには，「富山の薬売りが，こんなもンと

いっしょにされてはかなわねえヨと顔をしかめる」,「孫太郎虫というヘビトンボの幼虫を乾燥させた」もので,「子どもの疳の薬」といわれ,「黒くて,気持ちよい物ではないから誰ものまない。でもオマジナイのように入れてある」ものが入っていたそうです。「薬売りの小父さんが嫌がるもののもう一つは,馬骨で」,「風邪をひいたとき,カンナで削りその白い粉をのんだ」が,「富山の薬よりもよく効いたという」ので,「薬の箱にいっしょにしまってあった」のでした。「しかし,ドイツの薬がはいってくると,この馬骨は禁止され」,「ヤバンだということで,違反した者は罰せられた」といいます。それに「ドイツの薬は,本当に風邪がたちまち治った」そうです。「越中富山の薬でもどうしてもダメなものが,麻疹と疱瘡」で,「ハシカは命定め,ホウソウは器量定め」と「おばあさんが呪文のようにい」ったそうです(船曳[2010])。

2) 20世紀前半日本における医療サービス

　それでは,20世紀前半の日本の人々が病気になった場合,どのような医療サービスを使い分けていたのでしょうか。まず,長期的な医療費の変化が追跡できた地方資産家の事例を見てみましょう。明治初期から昭和戦前期(1938〔昭和13〕年)までの医療費の記録が残された大阪府泉南郡の資産家X家と,明治初期から明治末期までの医療費を追跡できた愛知県知多郡のY家の事例から次のようなことがわかりました(二谷[2011a])。明治期のY家は自己判断で医薬品を購入していましたが,その金額は医師に支払う医療費に比べると少ないものでした。購入した医薬品は,1900年代には和漢薬を主体とした伝承薬と,明治期以降に発売された有名売薬,西洋生薬類のチンキやエキス等の洋薬,新薬・新製剤などでした。家族に病人や怪我人が発生した場合は,医師の診察を受けて治療することが日常となっていました。しかも治療を受けた回数から推測すると主治医がいたと考えられます。ただし,1908〜09(明治41〜42)年に子どもが重い病気になった際には,遠路名古屋まで専門医の診察を受けに行きました。もっともその場合,交通費・入院諸費用を含めると合計81円余となり,この年の医療関連支出合計約220円の約4割弱を占め,入院には多額の費用が必要になりました。また明治期のX家にも主治医が存在し

ていたと考えられますが，その他に堺の病院や大阪の開業医と病院も利用していました。おそらく阪堺鉄道（後に南海鉄道）の開業（1897年）でX家の地元から堺・大阪へのアクセスが容易になったことが，X家の医療サービスの選択の幅を拡げましたが，遠隔地の医療サービスを受けるには交通費が必要なため，ある程度家計に余裕のある家の選択肢であったと考えられます。

　ところで近代日本の病院は，明治前期に政府が西洋医を養成するため各地に設置した医学校の付属の公立病院として設立が進みました。しかし1888年に府県による公立医学校や公立病院の経営費用を地方税で賄うことが禁じられたため，一転して私立病院が増えました。その一方で日赤病院，陸軍病院，海軍病院，結核療養所などの国家的な病院設置は必要最低限に抑えられたため，一般の人々が受療する医療機関は開業医が中心となりました。1911年に明治天皇が「施薬救療の大詔」を出し，恩賜財団済生会の創設を見て，慈恵医療として済生会病院，診療所が開設されていきました。同じ時期に，実費診療所（1911年～），産業組合法による医療利用組合（1919～48〔大正8～昭和23〕年），都市の無産者診療所（1929～41年）などが創られました（冨長［2016］，杉山［2006b，2006c］）。近代日本の病院の開設パターンとして，19世紀末から20世紀初頭において医学専門学校や大学を卒業した医師が病院での勤務医として働いたのちに開業医として比較的小規模の病床数の病院を開設する「開業医モデル」（猪飼［2010］）や，地方名望家が地域社会のインフラ整備として病院を設立したのち地域の産業組合組織による医療利用組合が病院の経営維持をする「地域社会モデル」などが指摘されています（中村［2017］）。

　病院に入院するには入院費のみでなく，付添人を雇う費用や看護師への心付け，入院した家族を見舞うための交通費などが必要になったと考えられ，医師に支払う薬価（診療報酬）に加え，これに付随して発生する費用を含めると相当高額の医療サービスになりました。ところが1920年代後半になるとX家の大阪の病院への支払いはほとんど見られなくなり，地元の開業医への支払いが急増しました。その開業医はレントゲンなど近代的医療機器を使用して患者を診断しており，近代的医療技術を備えた開業医の普及により，X家は地元でも高度な近代的医療サービスを受けられるようになりました。

次に1930年前後の新中間層の家庭での病気への対応を見ておきます。近年，東京女子高等師範学校の卒業生へのインタビューから，当時の様子が浮き彫りにされました。新中間層の家庭では，置き薬，店舗売薬，民間療法などによって自己治療する場合，家庭医（かかりつけ医）に相談する場合，さらに家庭医からの紹介で専門的な医療を受ける場合が見られました。また結核や歯科など学校衛生で診断・治療の体系が医療化されている病気の場合や，自己治療が難しいと思われた病気の場合は，専門医の診察を受ける可能性が高かったのですが，そうでない場合，経済的もしくは地理的に開業医を利用することができるか否か，さらには本人と家族の身体経験に基づいた判断で，医師による医療を受ける利用頻度が異なったとされます（宝月［2010］）。

また，1938年の東京滝野川区健康調査から大都市に生きた人々の医療状況も明らかになりました。この当時の滝野川地区の人々は，民間療法や売薬の利用，医師による医療，医師資格を持たない療術行為などの多元的な医療サービスがあるなかで，受療者の所得の多少にかかわらず，それらのサービスを傷病の状態によって選択して利用していたことがわかりました。東京滝野川地区の人々は，医師にかかる程度に違いはありましたが，医師による医療を高額所得者が独占していたわけでなく，低所得者でも重篤な疾患の場合，医師にかかって高額医療費を支払わざるをえない可能性がありました（鈴木［2008］）。さらに，何らかの形で医師を利用したのは，病気にかかった人（罹病者）全体の6割ほどでしたが，その他の複合的な医療サービスを含めて売薬を利用した人は，罹病者全体の8割以上にのぼりました。また疾病ごとに見る医療サービスと治療費および治療期間の関係では，治療する期間は短くすむが高額な治療費が必要となる治病形態と，売薬を中心とした1日当たりの治療費は安くすむが長期継続的な治病形態とが併存しており，治療を受ける人が主体的に傷病の状態を判断して治病する様相が浮き彫りとなったのです（中村［2008］）。このように第二次世界大戦前の東京では，外科手術など医師の医療技術や入院加療が必要な傷病以外の比較的軽度な傷病の場合，医師の診療を受けた上の投薬治療よりも自己判断によるセルフメディケーションのほうが当時の人々の普通の治病形態でした。この調査の治病件数4,159件のうち売薬のみで対処されたのは

2,629件と全体の60％以上を占め，その売薬で多かったのは，1位が救命丸116件，2位がメンソレータム102件，3位が実母散61件でしたが，「富山」の銘がつくさまざまな薬（腹薬，熱さまし，風邪頓服，腹頓服など）は，合計226件が確認されました（鈴木［2004］）。多様な医療サービスがあった東京で富山の置き薬が生活に根付いていた事実は重要で，地方の郡部や山村僻地では，おそらく東京以上に富山の置き薬は人々の生活に浸透していたと思われます。その背景には，富山の置き薬が改良され，効能が高まっていたことがあると思われます（二谷［2000］）。

3）家計に見る医療費

　X家とY家は，いずれも資産家であり，明治期には家計の面でも似たような医療サービスを利用できる経済的余裕があったと考えられますが，一般の人々の家計において医療関連支出がどのような位置を占めたかを見ておきます。前項では東京の事例を検討したので，地方の郡部の事例として群馬県を取り上げます。表6-2で1908〜18（明治41〜大正7）年の群馬県各地の「町村是」からわかる家計における年間の医薬・衛生費と，「町村是」を作成した町村が属した郡と同じ郡部の富山売薬行商人，中西間一郎の懸場帳のデータから導き出した富山の置き薬の購入額とを比較し，富山の置き薬の購入額が医薬費・衛生費のなかでどの程度の割合を占めたかを見ると，群馬郡の村では約2〜5割でしたが，利根郡や北甘楽郡の村では1割以下でした。また町村是にあげられた地主・自作・小作の1戸当たり年間医薬費を見ると，多野郡と吾妻郡を別にすれば，地主・自作・小作の順で医薬費は多くなっており，医薬費に占めた富山の置き薬の購入額の割合は，小作が高いとわかります。ただし，この状況は群馬県内でも地域によって違いがあり，たとえば1915年の多野郡中里村の小作は，医療サービスを受けず，売薬のみを使っていたようです。医薬費・衛生費に占める富山の置き薬の購入額は，その割合が高い場合では約2割で，残りの約8割の医薬費は，おそらく医師の医療サービスを受けた場合に支払う薬価（診療報酬）や，地域の薬局・薬種商・売薬営業者らが調製販売した売薬の購入にあてられたと推察されます（二谷［2011b］）。群馬県の民俗学では，農村に薬の行

表 6-2　群馬県各地における家計諸費のなかの年間医薬・衛生費

(金額の単位：円)

年次	郡名	町村名	戸数(戸)	家計諸費	衛生費	医薬費	衛生費医薬費1戸当たり金額	町村是にあげられた1戸当たり年間医薬費			置き薬1戸当たり平均額	備考
								地主	自作	小作		
1908	群馬郡	大類村	479	17,232	1,059		2.20				0.50	
1909	新田郡	強戸村	616	19,049	208		0.34					
1912	利根郡	利南村	534	14,423	2,099		3.80				0.19	
1914	〃	利南村	587	16,784	2,198		3.70	20.00	20.00	14.00	0.22	医薬代
1914	碓氷郡	臼井町	598	13,340		3,765	6.30					
1914	邑楽郡	佐貫村	463	5,928		2,476	5.36	20.00	13.69	3.77		医薬費
1914	群馬郡	清里村	340	4,272		170	0.80	50.00	3.00	2.00	0.42	医薬代
1914	〃	桃井村	571	28,688		1,142	2.00	15.65	3.80	3.00	0.42	医薬代
1915	吾妻郡	坂上村	812	17,693		4,060	5.00					
1915	〃	伊参村	415	9,050		4,690	11.30	18.40	14.54	11.94		医薬費
1915	多野郡	中里村	268	17,277		2,015	7.50	3.48	4.00	0.00		医療費
			371	17,277	682		1.80	4.52	4.50	3.90		売薬費
1915	北甘楽郡	小幡村	708	25,927		4,550	6.40	27.65	7.50	2.22	0.44	医薬費
1918	吾妻郡	岩島村	520	19,169	520		1.00	4.00	7.00	3.00		医薬費

出所）二谷［2011b］46-47頁，表10・11より作成（同表出所資料より補訂）。
注）1戸当たり年間医薬費の地主・自作・小作および置き薬1戸当たり平均額は判明した戸の平均。多野郡中里村は，医薬費と衛生費が区別して計上されていたので別々に示した。地主・自作・小作の1戸当たり年間医薬費の費目は備考欄に記した。

　商人がしばしば来ていて，何でもよくきく万能薬として越後の毒消し，子どもの疳の虫にきく房州のマゴタロウ虫，越中からは胃腸の万能薬としてセイロガンを売りに来て，「どこの家でも必ず買い求めて備えておいた」といいます（群馬県史編さん委員会編［1982］374頁）。このように群馬県には県外の複数の地域から行商人が薬を販売しに来ており，1915年の多野郡中里村の小作農の売薬費3円90銭は，こうした薬も含めた購入額と思われます。

　明治末から大正中期における地方の郡部では，地域の医療環境——たとえば人口に対する医師数や薬業者（薬種商・薬局・売薬営業者）数の比率の高低，他府県から来る薬の行商販売など——により，人々が使い分けることのできる医療サービスが存在していたと考えられます。少なくとも20世紀初頭には，地方でも人々は近世以来の置き薬や売薬，民間薬などの伝承薬にのみ頼るセルフメディケーションを行っていたとは，とてもいえないようです。

そこで次に治病行動の一つであった開業医に支払う医療費＝「薬価」（診療報酬）の額を見ておきます。北海道・兵庫県・佐賀県の3名の開業医の経営史料から，1894～1932（昭和7）年の患者1人当たりの年間平均薬価額がわかりました（二谷 [2017]）。それによると「薬価」は，1890年代後半は50銭～1円未満，1900年頃に1円を超え，1900～13年は2～4円台を推移し，第一次世界大戦期に4～6円台となり，1920年代～30年代初頭は8～11円台で推移していました。この間の物価上昇も考慮すると，薬価は第一次世界大戦期に上昇して1920年代に高水準で推移していたと思われます。

前述の資産家層X家とY家，東京の軍人将校（A家），地方都市の教員（C家），山形県の自作農（K家）の近代期の家計支出内訳が判明しますが（中村編 [1993]，農政調査会 [1955]），1910年代に医療費が増大し，20年代以降は高い医療費水準が定着したことが共通していました。この結果は，開業医の薬価推移の動向と整合します。もっとも資産家と一般民衆，また一般民衆のなかでも都市の俸給生活者と労働者，農村の自作農と小作農という社会階層間で，医療費支出の平均的水準に格差がありました。表6-3には上記の家計調査報告から，俸給生活者・労働者・自作農・小作農の4グループについて医療費を示しました。当時の俸給生活者と労働者の平均世帯員数は1世帯約4人でしたが，1人当たりの医療費・薬料で考えると，俸給生活者と労働者は年間約10円でした。これと比べると農村では医療費の支出は少なく，とくに小作農の保健衛生費は1世帯当たり年間約14～38円と，同時期の俸給生活者の約3分の1程度でした。都市住民では労働者よりも俸給生活者が，消費支出総額と保健衛生費ともに上回っていました。家族が入院するような事態がない通常の年の医療費支出には，そこまでの大きな格差はなかったのですが，家族が入院するような事態に直面したときに問題が明らかになりました。

つまり治療のために選択しえる医療サービスの内容や，医療サービスを利用する頻度や期間，また医師に支払う診察料・薬料に加えて，医療費の発生に付随する費用，たとえば交通費や，看護師・付添人への支払いや心付け，高額なレントゲン検査料などを含めると，必要な医療関連支出が多額になったことは2軒の資産家X家・Y家の事例からわかり，その他の家計分析事例と比べると

表6-3　1世帯当たり年間平均消費支出に占める医療関連支出の比率

(単位：円，括弧内は％)

期間	俸給生活者				労働者			
	サンプル数	消費支出総額	保健衛生費	医療費・薬料	サンプル数	消費支出総額	保健衛生費	医療費・薬料
1919年1月〜19年12月	東京59世帯	793.0	45.0 (5.7)		東京13世帯	551.5	31.2 (5.7)	
1921年6月〜22年5月	2府10県360世帯	1,408.7	52.8 (3.7)	41.5 (2.9)	2府10県291世帯	1,077.2	38.1 (3.5)	30.2 (2.8)
1926年9月〜27年8月	全国1,575世帯	1,492.1	92.2 (6.2)		全国3,210世帯	1,096.6	70.1 (6.4)	
1931年9月〜32年8月	全国525世帯	989.5	76.1 (7.7)	44.9 (4.5)	全国992世帯	877.0	66.5 (7.6)	36.1 (4.1)
1934年9月〜35年8月	全国589世帯	1,033.4	68.2 (6.6)	39.0 (3.8)	全国1,082世帯	920.8	65.0 (7.1)	34.9 (3.8)
1937年9月〜38年8月	全国562世帯	1,070.0	75.4 (7.0)	44.9 (4.2)	全国1,039世帯	973.1	68.4 (7.0)	35.9 (3.7)

期間	自作農			小作農		
	現金支出額	現物支弁額	保健衛生費	現金支出額	現物支弁額	保健衛生費
1921年3月〜22年2月	747.3	485.9	35.2 (4.7)	367.2	350.8	14.3 (3.9)
1924年2月〜25年1月	786.1	576.2	66.0 (8.4)	399.4	412.1	25.6 (6.4)
1927年2月〜28年1月	749.4	540.6	60.5 (8.1)	453.6	417.2	33.0 (7.3)
1931年3月〜32年2月	368.2	247.4	40.0 (10.9)	258.5	202.7	26.1 (10.1)
1934年3月〜35年2月	366.4	299.3	42.5 (11.6)	294.0	258.1	23.7 (8.1)
1937年3月〜38年2月	492.8	386.3	43.1 (8.7)	368.9	316.5	38.6 (10.5)

出所）二谷［2011a］86頁の表7．
注）家計簿方式の家計調査よりサンプルのなかでの1世帯当たりの平均を示した。自作農・小作農のサンプル数はいずれも全国各府県それぞれにつき，自作農2〜3戸，小作農2〜3戸。医療費・薬料の欄は，保健衛生費のうち医療費・薬料の分を示した。括弧内は消費支出総額に占める比率を示したが，自作農・小作農の場合は，現金支出額に占める比率を示した。1919年欄は，調査対象者に未記入の月があるため実際の数値より低めに出されている。

違いは明らかでした。家計における医療関連支出は，通常では家計に占める医療費の比率から見て（表6-3を参照），家計を圧迫するような要因ではありません。しかし緊急の事態が生じた場合に必要不可欠な経費として家計を圧迫する「経済的なリスク」になりました。この場合の「経済的リスク」とは，単に病院や開業医へ支払う診療報酬としての医療費のみを意味するのではなく，この当時の水準での高度近代的医療サービスが都市に偏在したことに伴う交通費の必要性や，医師の診察を受ける時間的な余裕があるかないかなど，人々の住んでいる地域や職種の差異による要素が大きく作用するもので，「経済的リスク」には，人々の生活環境を含めた複合的な問題が関係していたといえるでしょう（二谷［2011a］）。このように1961年の国民健康保険制度による国民皆保険が成立する以前には，人々の職種や社会階層，居住地域などにより，人々が利用できうる医療サービスの受療機会の格差は大きかったのです。

3 現代の健康と医薬

1）国民皆保険と保健医療費

　本節では，国民皆保険成立後の健康と医薬について取り上げます。表6-4で，第二次世界大戦後の1955〜2015（昭和30〜平成27）年までの60年間について，5年おきに勤労者世帯の実収入・実支出・保健医療費の推移を示しました。実支出に占める保健医療費の比率（b/a）に注目すると，1955〜60年は1.9％でしたが，61年の国民皆保険の成立後は増えて，70年に2.3％になりました。その後1975〜95年まで保健医療費比率（b/a）は1.9〜2.1％にとどまりましたが，2000〜15年の同比率は2.5〜2.9％と，それまでより増加しました。勤労者世帯の支出における保健医療費比率が変化した要因の一つには，社会保障制度の制度設計の改編が影響していると考えられます。

　すなわち，1973年は「福祉元年」と呼ばれて，老人福祉法改正による老人医療費支給制度が導入されるとともに，健康保険法の改正で家族療養給付費の7割を実現化し，高額療養費制度を創設するなど，福祉を重視した制度が実行

されるようになりました。しかし「福祉元年」以降の日本経済は，オイルショックを経験し，高度成長期から安定成長期へと移行しました。この状況下で始まった「老人医療費の無料化」は，老人受療率の上昇と医療費の増大を招き，老人を多数抱えた国民健康保険制度は揺らぎ始めました。また疾病構造が変化して成人病が中心となっているなか，高齢者の健康という観点から壮年期からの予防や早期発見の対策が重要で，こうした高齢化社会をめぐる諸問題に対応するため，行財政改革と社会保障制度が見直され，1982年に老人保健法が制定され，老人保健制度が創設されました。この制度により，老人医療費の7割は各医療保険者からの拠出金，3割は国と市町村の公費負担とし，患者に一部負担を求めることになりました。つまり各医療保険制度間に財政調整の仕組みを導入したことで，老人医療費の公平化が図られ，国民健康保険の老人医療費負担は緩和されることになったのです。

表6-4 第二次世界大戦後勤労者世帯における医療費支出の動向

(単位：円)

年	実収入	実支出 (a)	保健医療費 (b)	b/a (％)
1955	29,169	26,786	506	1.9
1960	40,895	35,280	687	1.9
1965	65,141	54,919	1,221	2.2
1970	112,949	91,897	2,141	2.3
1975	236,152	186,676	3,957	2.1
1980	349,686	282,263	5,771	2.0
1985	444,846	360,642	6,814	1.9
1990	521,757	412,813	8,670	2.1
1995	570,817	438,307	9,334	2.1
2000	560,954	429,109	10,865	2.5
2005	524,585	412,928	12,035	2.9
2010	520,692	409,039	11,398	2.8
2015	525,669	413,778	11,015	2.7

出所）総務庁統計局編［1988］，各年度『家計調査年報』日本統計協会より作成。
注）総務庁統計局が実施した戸票による全国的家計調査のうち勤労者世帯について1世帯当たりの平均値を示した。実支出および保健医療費はそれぞれ1カ月平均。右欄の比率（％）は小数点第2位を四捨五入。2002年より単身世帯と2人以上世帯に調査集計が分けられたが，それまでと数値が連続しているのは2人以上世帯であったため，2002年以降は2人以上世帯のうち勤労者世帯について1世帯当たりの平均値を示した。

1990年代になると日本の高齢化はさらに進展し，これに伴って医療費が増え続けるなかで国民皆保険を維持するために，医療費の3割を占める75歳以上の老人医療制度の見直しが行われ，1997年に老人保健法の改正（同年5月施行）と介護保険法の制定（2000年4月施行）がありました。そして2008年4月から75歳以上の老人を対象として「後期高齢者医療制度」が新設されました。この制度は，75歳以上の高齢者を対象に医療費や保険料の負担を求めて，それまでの職域保険（対象は雇用者や公務員）と地域保険（国民健康保険）から切

り離して，新たに高齢者保険制度を創設するものでした。この保険制度では，都道府県ごとに全市町村が加入する後期高齢者医療広域連合が作られて運営主体となり，保険料の決定や医療の給付を行います。保険料は，後期高齢者が広域連合の決定した保険料を年金から市町村に支払い（保険運営財源全体の10％），各医療保険者は財源全体の4割を支援金として拠出し，残りの5割を公費負担としました。医療費の患者負担はそれまで同様1割（現役なみ所得者は3割）で，世帯内で毎月の患者負担を自己負担限度額にとどめる高額療養費制度が設けられたのです（以上，玉井［2016］，厚生省五十年史編集委員会編［1988］，社会保険研究所［2008］）。このように2000年以降の医療保険制度の変化は，人々の生活費（実支出）における保健医療費の実質的な負担増となったことは，前述したb/aの比率にも明確に表れたのです。

2）国民皆保険と医薬品産業の変化

　1961（昭和36）年に国民健康保険制度による皆保険が実施されたことで，軽い病気でも医者にかかるようになり，富山の置き薬は人々から忘れられがちになりました。富山県医薬品生産に占める配置用医薬品の比率は，1960年は約80％でしたが75年は19％にまで減って，高度成長期から安定成長期にかけて，配置用医薬品の生産比率が4分の1に減少しました。こうした変化に1976年4月のGMP（Good Manufacturing Practices，医薬品等の製品管理および品質管理に関する基準）の実施が追い打ちをかけました。GMPは品質保証を重視したため，富山の製薬メーカーの場合，従来通りの製造品目を生産すると各種品目への設備や品質管理体制に莫大な費用が必要となったので，製薬メーカーは各社が得意とする医薬品の製剤に特化して，医薬品を製造する専業化が進みましたが，他方ではGMPに対応できない製薬メーカーもあり，富山県薬業界で製薬メーカーの淘汰が進みました（富山県薬業史通史編さん委員会編［1987］）。その一方，大手製薬各社は国民皆保険の実施を契機に大きく成長を遂げました。その理由は，国民皆保険で開業医や病院にかかる患者の受診率が大幅に増えたこと，制限されていた抗生物質など高薬価薬剤の使用制限が緩和されて，医家向け（医療用）医薬品の需要が急増したこと，高度経済成長による生活レベルの向上が

人々の健康志向を高めてビタミン剤などの大衆向け（一般用）医薬品の需要を喚起したことなどがあげられます（日本薬史学会編［2016］）。

　しかし近年の日本の医薬品産業をめぐる状況で，富山県薬業に大きなインパクトを与えた制度的な変化があります。第1に2005（平成17）年に薬事法が改正され（現医薬品医療機器等法），医薬品製造のアウトソーシングが完全に自由化されました。第2に政府が医療費抑制のために打ち出したジェネリック医薬品の使用促進策があげられます。2007年に政府は，12年度までにジェネリック医薬品の使用数量シェアを30％以上にすると決定しました。さらに2015年6月30日の閣議決定で，政府はジェネリックの数量シェアの目標値を17年央に70％以上，18～20年度末までのなるべく早い時期に80％以上にする新しい目標を設定しています（厚生労働省編［2016a］388-389頁）。300年以上の歴史を持つ置き薬の生産地域である富山県には，置き薬を製造してきた高品質で安全性の高い製剤技術と，その周辺産業として容器製造・包装・印刷業など関連産業の産業集積があります。歴史的な産業集積がある富山県は，医薬品生産地域としてさまざまな施策を実施し，県外の製薬メーカーに積極的に企業誘致を行い，県内の製薬メーカーも受託生産を増やすための設備投資を積極的に行っています（富山県医薬品産業活性化懇話会［2014］9頁）。

　その結果，大手新薬メーカーの受託生産を行い，ジェネリック医薬品の生産額を増やしたことで，富山県の医薬品生産額は日本全国の医薬品生産額の10.7％を占め，2015年度には都道府県別で全国1位となりました。その一方，配置用医薬品の日本全国の生産額は1997年度の約685億円余から18年間連続で減少し，2015年度には189億円となり，ピーク時であった1997年の28％程度まで落ち込みました（『家庭薬新聞』平成29年4月5日）。

　こうした状況のなか，置き薬の配置販売業者は，現在の社会保障制度改革の方針に沿う形で，配置販売システムを活かそうとしています。2011年の介護保健法改正を機に，自治体は，医療，介護，予防，生活支援，住まいの五つの要素を充実させる「地域包括ケアシステム」の構築を本格化させました。置き薬を扱う配置販売業者が創った全国配置薬協会のうち，茨城・群馬・長野・富山・福岡・佐賀の六県配置協議会・協会では，県や市町村と生活支援・地域見

守り活動に関する協定を締結するなど新たな取り組みも始まっています(『家庭薬新聞』平成29年10月5日)。

おわりに

　富山の置き薬の販売システムは,「先用後利」という売薬行商人と顧客との「信頼関係」を前提にして, 300年以上にわたって成立してきました。1961(昭和36)年に成立した国民皆保険は, 保険証1枚で, 国民の誰もが, どこでも, 安い費用で高水準の医療を受けられるシステムが日本にできたことを意味しました。この制度ができたことで, 人々の暮らしに寄り添って, 安い費用で健康を守るという役割の中心的な担い手は,「置き薬」から「国民皆保険」に代わったのです。「国民皆保険」は, 国民が公平に負担を分かち合う, 一人ひとりが応分の保険料を負担することを前提とした仕組みですから, これも置き薬の販売システムと同様に, 人と人との「信頼関係」を基盤にしています。

　しかし現在の日本社会では, これまで通りに国民皆保険を維持することが難しくなり, 国民健康保険法などの一部が2015(平成27)年に改正され, 国が国民健康保険への財政支援を拡充し, 都道府県が国民健康保険の運営の中心的な役割を担うことになりました。急激に進む高齢化社会に直面している現在では,「地域包括ケアシステム」を作ることで, 高齢者の在宅生活を支える仕組みを構築しようとしています(厚生労働省編[2016a])。

　近世後期の日本に芽生えた「養生」概念の本質は,「健康をつくる」ことと「生活をつくる」ことの二つを,「人間をつくる」ための課題として認識していました。約200年前の私たちの先祖は, すでに健康と生活, そして教育が, 人がより良く生きるために欠かせない価値のあるものと理解していたのです。この意味をかみしめ日本社会で健康を支えてきた国民皆保険をいかに維持していくか, また過去に経験したことのない高齢化社会に向き合うためにも, 現在を生きる私たちが知恵を出し合い, 公平で応分な負担を担いつつ, 安心して生活できる社会を次の世代につないでいきたいと思います。

● 解説 6

感染症流行と経済発展

　2015（平成 27）年の出生時平均余命（平均寿命）は男 80.75 年，女 86.99 年。日本はいま世界の最長寿国の一つですが，平均寿命の持続的な伸長が軌道にのったのは，第二次世界大戦後のことでした。第 1 回国勢調査（1920〔大正 9〕年）以前については，データ不備により確かな推計ではないのですが，明治から戦前期にかけての日本の平均寿命は，おおよそ 30〜40 歳台で推移していたと見られます。

　なぜ平均寿命の水準は今より低かったのか。まず，乳児死亡率の高さが考えられます。出産環境や母体の健康状態に加え，衛生環境の悪さに起因する感染性の下痢症や肺炎などによる子どもたちの死亡率の高さが，平均寿命を下げていました。そして幸いにして脆弱な乳幼児期を生き残った場合でも，感染症に襲われ若くして命を落とすことが，現在よりも頻繁に見られたのです（斎藤［1989］）。細菌やウィルスなど感染症の病原体や，その感染経路・流行様態はさまざまですが，たとえば結核菌を病原体として飛沫感染する結核は，20 世紀の半ばまで，他の感染性の呼吸器疾患・胃腸炎などと，日本人の死因順位の最上位を争う存在でした。

　感染症の流行は，人体がどれだけ病原体に曝される環境にいるか，すなわち病原体への「曝露」度の問題と，人体の病原体への「抵抗力」の両面から考える必要があります。たとえば病原体の宿主・媒介者となる人間や動物が密集していたり，交流が頻繁になって接近の機会が増えれば，病原体の伝播が容易な環境になりますから，それだけ曝露度が上がることになります。そして同等の曝露度のもとに置かれた人々の間でも，抵抗力の強弱によって病気への罹りやすさや症状の深刻度は変わります。抵抗力は総じて免疫，すなわち病原体またはその毒素に対して生体が持つ抵抗性の問題です。先天的に備わったものもあるし，感染経験などによって後天的に獲得されるものもあります。栄養状態（＝栄養摂取―労働などによる消耗）が関わる場合もあります。

　こうしたことを踏まえて，感染症と経済発展の関係について少し考えてみましょう。まず経済発展が感染症流行の抑制に寄与した可能性について。一般論として，経済発展に伴う生活水準の向上によって栄養状態が改善すれば，それは感染症への抵抗力の向上につながるはずです。また所得が上がれば，感染症への曝露を軽減するような衛生環境の改善や，病気になった際には医療に出費することもできるようになるでしょう。

　日本では 19 世紀を通じて多様な商品経済が発達し，19 世紀末から 20 世紀初頭にかけていわゆる「産業革命」が進行しました。好不況を挟みながらも 1880 年代から1930 年代にかけて，日本の 1 人当たり実質国民総支出は年率平均 2％台で成長していたとする推計もあります（鬼頭宏［1996］）。しかしこうした経済成長が，そのまま感染症流行の抑制に帰結したとはいえません。

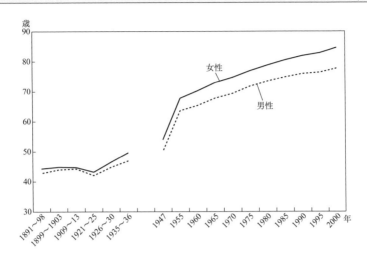

日本の平均寿命の推移

出所）厚生労働省「完全生命表」（第1～6回，8～19回）（総務省統計局ホームページ「日本の長期統計系列」表2-35）。

　その理由としては，まずマクロ的な成長が必ずしも個人レベルの生活水準の向上に結びついたとは限らないことがあげられます。当時は「二重構造」に象徴されるように，産業部門間，地域間，そして世帯間などで大きな格差がありました。みなが栄養状態や衛生環境の改善を享受できたわけではなかったのです。また「無医村」問題に象徴されるように，地域によっては保健医療供給が充分ではないところもあったし，医療への支払い能力を持たない世帯も多く見られました。

　ただし医者にかかれたとしても，多くの感染症について，まだ特効的な予防・治療法が確立していなかったことには留意する必要があります。たとえば結核菌は1882年にロベルト・コッホによって発見されていましたが，結核の有効な治療薬としての抗生物質ストレプトマイシンが普及したのは，第二次世界大戦後でした。例外的に19世紀から感染症への有効な医療的予防法となっていたのは，天然痘に対する種痘です。明治政府も接種義務化を進めました。人々の忌避もあり，実施がすぐに軌道にのったわけではなかったのですが，痘苗の生産・接種技術の改善も相まって，とくに1909（明治42）年「種痘法」施行後は接種率・免疫獲得率も改善し，かつてほど大規模な天然痘流行は見られなくなっています。

　経済発展が感染症の減少に寄与した面だけではなく，むしろ流行を助長した面も考える必要があります。近世から近代にかけての市場取引の増加とともに，人や物の移動の広域化や頻度・速度はさらに上がり，商工業の拠点として都市化も進みました。

こうした発展は、感染症への人々の曝露度を上げるものでした（永島 [2017]）。

19世紀における交易の活性化に伴いパンデミック（広域の国際的流行）化した感染症として象徴的な存在は、コレラです。元来インド・ベンガル地方のエンデミック（局地的流行病）だったコレラが世界的に広まったことには、イギリス東インド会社による植民地開発と貿易活動が関係していたと考えられます。コレラ菌は感染者の糞便に汚染された水・食物の摂取により伝播します。日本へは 1822（文政 5）年に伝播したのが最初と見られます。いわゆる「鎖国」体制のもとでも海外から伝播していたわけですが、欧米船来航を長崎に制限していたことは、伝播リスクを抑制していたかもしれません。「開国」後の 1858（安政 5）年には、コレラは再び長崎から侵入し流行は江戸まで達しました。1877 年からはほぼ毎年患者が発生し、とくに 79 年と 86 年は全国で患者 15 万人を超える大流行となっています（杉山 [1995]）。このほか 1899 年にペストが（永島・市川・飯島編 [2017]）、1918 年にはインフルエンザも日本に襲来しました（速水 [2006]）。

明治のコレラ大流行は、検疫・届出・隔離・消毒・交通遮断など、人や物の自由な流通を制限して病原体の拡散を防ぐための緊急の防疫対策や、上下水道整備などを通じた衛生環境対策の必要性への認識が高まる契機となりました。しかし多額の資金を必要とする上下水道整備は、財政的に比較的恵まれた東京や大阪など大都市においてすら早急には進まず、上水道は当初の計画が完了しても、都市域の拡大・人口の急増によってすぐに不充分になることもありました。下水道についてはさらに難航し、下水道が敷設された地区においても各戸の接続が進んだとは限らず、汲み取り処理が一般的な状態が続きました。大正期になるとコレラ流行は以前に比べると小規模で散発的になりましたが、コレラと同じく水・食物による経口感染の病気としては、子どもたちを襲う赤痢や、主に成人が罹る腸チフスなどが蔓延し続けていました（永島 [2005]）。

人々が集まる学校や職場も感染症伝播の場所となりました。石原修著『衛生学上より見たる女工の現況』(1913 年) は、寄宿舎に滞在しながら紡績工場で働く若い女性の間で蔓延した肺結核についての詳細な分析です。肺結核は病状の進行が緩慢な慢性感染症であるため、結核と気づかれぬまま労働を続け、同僚へ病気を広めてしまうとともに、本人の病状も深刻になっている場合も多かったようです。結核は感染してもすぐに発病するとは限らず、その人の抵抗力も関係します。過酷な労働条件と貧しい栄養状態が、発病と病状悪化を促した可能性があります。病気になると女工たちは故郷に帰され、彼女たちによって都市や町場の工場から農村部へと結核が拡散された可能性も石原は指摘しています。工業化に伴う都市における密集や労働条件そして人的移動などが、結核蔓延を助長したと考えられるわけです（Johnston [1995]）。

このように経済発展には、感染症流行を抑制する面と助長する面の両方が考えられます。1930 年代までに保健衛生関連のインフラ整備が進んだことなども要因の一つとなって、急性感染症死亡率や乳児死亡率の低下が始まっていたところもあり、平均

寿命が伸長し始めているように見えます。しかし経済不況や戦時体制への移行のもと結核死亡率はむしろ上昇するなど，戦前期には経済発展の感染症に対する抑制面が助長面を凌駕するには至っていなかったと見られます。軍事関連への資金の流れが，公衆衛生への充分な支出を妨げたのではないかという指摘もあります。戦時中については確かな統計は得られませんが，感染症に限らず戦争による生存条件の悪化により，平均寿命は短縮したことが推測されます（Ryan Johansson and Mosk [1987]）。

　敗戦後の混乱の収束とともに，感染症死亡率の低下が大きく寄与して平均寿命は伸長しました。直接的には抗生物質をはじめとする医学・医療の成果が大きく貢献したと考えられますが，その普及を可能にしたのは戦後復興から高度成長期にかけての経済状況の好転でした。戦後民主主義のもとでの経済発展は，人々の生活水準を向上させ，公的な健康保険の整備と保健医療への投資の増加を可能にしました。戦後の感染症死亡率の劇的な低下は，医学・医療，公衆衛生，そして居住環境・栄養状態改善の効果などが複合的にあらわれた結果として見られるべきでしょう。もちろん格差がなくなったわけではないし，公害病など高度成長の陰で顕在化した生活環境上の重大な問題もありました。しかし感染症流行に限って大局的に見る限り，経済発展の恩恵がその負荷を上回るペースで増加した時期として高度成長期を位置づけることができます。

　感染症死亡の減少により，日本は，生活習慣病さらには人口高齢化に関連する諸問題に直面する局面に入りました。その一方で，感染症も決して過ぎ去った問題ではありません。経済のグローバル化のもと，人・物の移動がますます頻繁で広範にわたるなか，感染症の新興や再興の潜在的なリスクは高まっているとも指摘されています。人々の健康面でのリスクが多様化するなか，社会としてどのような対応が必要なのか，そこに経済がどのように関わるのかを考えることは，ますます重要になっているといえるでしょう。

第7章
娯楽と消費

はじめに――「金」は天下の廻りもち

　「金は天下の廻りもち」ということわざがあります（鈴木・広田編［1956］）。金銭は一カ所にばかりとどまっているものではないから，いつかは自分の所にも回ってくるだろうとの意味ですが，一般的に経済学の理屈では，お金が循環すればするほど市場は広がり経済生活は豊かになるだろうと考えられています。現代の貨幣社会では，商品を購入するのに，物々交換ではなくお金が必要になるからです。その場合，手に入れたお金の使い方として私たちには大きく分けて「消費」・「貯蓄」・「投資」の3通りの方法があると考えられます。

　このうち人々が生きていくためには何よりも「消費」が優先されます。食べるための食料や寒さをしのぐための衣服はどんな人にも必要であり，生きていくために必要な支出は，現代の貨幣社会では「お金の支払い」として行われることになります。それでは，生きていくために必要な支出をした上で，まだお金が残った場合，上記の3通りのなかで何を選ぶでしょうか。そのうち「貯蓄」は，そのお金の使い道を先送りすることになるので，最終的には，「消費」か「投資」かの区別になると考えられます。もっとも，「貯蓄」でも，タンス預金の場合は，その使い道を完全に先送りして経済社会にあまり影響を与えませんが，銀行などの金融機関に「貯蓄」する場合は，預金者に代わって金融機関がその貯金を使うことになりますので，預金者は，お金の使い道を金融機関に任せたことになります。ここで生活に必要以上に行う消費を「浪費」と表現

してみると，お金が回るには，「浪費」したほうがよいか，「投資」したほうがよいかという問いが立てられるといえるでしょう。

　先ほどの金融機関も色々な借り手にお金を貸します。現代は，大手の銀行でも企業向けのみでなく，住宅ローン・教育ローンなどの個人向けの貸し付けも行っていますし，消費者金融会社も多数ありますので，工業化が急速に進展した時期とは異なり，金融機関も「消費」と「投資」の両方への金融を優劣なく行わなくてはならない時代となりました。その意味では，タンス預金にするよりは，金融機関にお金を預けたほうが社会でお金が回る状況を作ることができます。ただし，ここで考えておくべきは，金融機関は預けられたお金のすべてを貸し出しに回しているわけではないことです。金融機関はお金を預けた預金者がいつその預金を引き出しにくるかわかりませんので，その準備のためにお金を残しておかなくてはならないからです。もちろん，定期預金であればある程度予測は立ちますが，定期預金の解約を拒否することはできませんので，やはり預金支払準備金を残しておかなくてはなりません。その意味では，金融機関にお金を預けたとしても社会で回るお金の量はその一部にすぎないといえます。もっとも金融機関には信用創造[1]という機能があるため，社会全体で見ると金融機関に預金することでより多くのお金が回る可能性が高いですが，本源的な預金が増えているわけではありませんので，多くの預金者が，同時に預金の大部分を引き出しにきた場合には，金融機関はそれに対応できず，信用を失って経営危機に陥ります。

　次に「投資」を考えてみましょう。「投資」とは将来の利益を見込んで前もってお金を支払い，のちに利益を含めて支払ったお金を戻してもらう経済活動のことを意味します。先ほどの，金融機関への預金も，それを金融機関が運用して利益を獲得してそれを利子の形で預金者に還元するのであれば，「投資」の一つの方法ともいえます。ただし，現代では銀行が破綻して預金がなくなる

---

[1] 銀行は多くの預金者が同時に預金を引き出しにくるとは想定しておらず，預金の一部を支払い準備に残してそれ以外の分を貸し出すことで貨幣供給量を増やすことができます。この機能を信用創造と呼びますが（金森・荒・森口編［2013］），そのためある銀行からの借入金を別の銀行に預金し，別の銀行がその預金をもとに信用創造を行うことで社会全体の名目の貨幣供給量はかなり増えます（この点は金井［2017］も参照して下さい）。

危険性が低くなった代わりに，銀行預金の利子は非常に低くなりましたので，銀行預金の「投資」としての意味合いはそれだけ低くなりました。そうすると，「投資」の代表的な方法として，株式のような有価証券を購入してその価値（株価）が高くなることを期待したり，不動産を購入してその価値が上がったら売却して売却益を得る方法がよくとられます。もっとも，宅地の場合，転売目的ではなく自分たちが住む土地を購入し，そこに家を建てて住み続けるのであれば，それは「投資」ではなく「消費」になりますので，同じような経済行動をとったとしても目的によって，「投資」になったり「消費」になったりすることがあります。

　さて，代表的な投資として株式購入を考えてみましょう。製造・販売・輸送などの経済活動が大規模になると，個人の資金で賄えなくなりますので，金融機関からお金を借りたり，あるいは大勢の人からお金を集めたりしてそうした経済活動を行います。大勢の人からお金を集める場合は，その見返りとして経済活動から上がった利益を分配する必要がありますので，そこで考え出された仕組みが，事業を行いたい人や組織が定額の株式を発行してそれを大勢の人に買ってもらうことで事業資金を集めて，買ってもらった株式の額に応じて利益を配分する方法でした。こうした組織が株式会社と呼ばれますが，株式を買う人は利益配分を期待して買うわけですから，その行動は「投資」となります。ただし，利益が必ず上がるとは限りませんので，利益配分がない場合もありますし，そのために株価が下落して出資額を下回るようになると，「投資」が損失を生むようになります。

　つまり，「投資」には必ず損失のリスクが伴うことを念頭に置く必要があります。ただし，出資額以上に損失を負う必要がないことが，株式会社制度のメリットで出資者が予想もしない負債を背負うことはありません。実は，「消費」のなかにも後述するように娯楽の一分野として「賭け事」があります。競馬で勝ち馬投票券を購入したり，宝くじを購入したりする娯楽は，当たればお金が増えて戻りますが，外れれば支払ったお金が戻ってきません。ただし最初に支払った額以上にお金をさらに支払う必要はありませんので，こうしたリスクが計算可能な「投資」や「賭け事」は，まだ安全といえます。怖いのは，金融機

関からお金を借りて「投資」をしたり，「賭け事」を行って，儲かってから返済しようとするような経済行動で，この場合は，「投資」や「賭け事」がうまくいかなかった場合，借金が残ります。

　また，こうした「投資」や「賭け事」は，儲かったお金のすべてが資金の出し手に分配されるわけではないことを認識する必要もあります。株式会社の場合，純益金の一部は内部留保として残し，重役への賞与もありますので，株主に配当されるのは，純益金の一部となります。そして内部留保としてさまざまな積立金が株式会社のなかで膨らめば，その分は社会でお金が回ってないことになります。競馬の勝馬投票券の売上金にしても，競馬場の運営資金や入賞馬とその関係者への賞金などに使われる部分もあり，勝馬投票券購入者への払い戻しは，やはり一部となります。このように儲けようとする人々の行為は，お金の回り方を偏らせたり，部分的に滞らせる可能性が高いといえます。

1　娯楽の産業化と消費社会

　前述のように，儲けようとする人々の行為がお金の偏在を生む要因になるとすれば，人々が素直に必要なものや消費したい財やサービスにお金を支払うことが，社会にお金を行き渡らせる方法として優れているでしょう。その点では，生きるために必要以上の消費である「浪費」も非難されるべきことではなく，社会にとって有益な経済活動といえます（米田［2016］）。ただし，人々が生きるために必要な以上にお金を消費するには，それに見合う見返りが必要といえます。その一つとして「楽しさ」を味わうための支出があり，お金を支出して「楽しさ」を味わう行動を，本書が対象とする経済社会における「娯楽」と考えることにします。そして本章では，こうした娯楽を二つに分けて考えます。一つは，日常生活のなかでの娯楽です。映画や舞台を観賞することや，御馳走を食べること，遊技場へ行ってスポーツを観戦したり自らスポーツをすることなどがあります。これらには，入場料・利用料を支払ったり，御馳走の場合は食事代を支払う必要があります。また「賭け事」などで「楽しさ」を味わう娯

楽も歴史的に存在しています。いま一つは，日常生活ではない生活空間での楽しみ方です。たとえば，行楽旅行に出かけたり，別荘や温泉地に滞在するなどの行為が考えられます。日常生活ではない生活空間に置かれると，日常とは異なる心持ちになると考えられ，おそらく日常とは異なる消費行動を見出せるでしょう。居住地でも祭りの時期などは日常生活ではない生活空間に置かれると思われます。

　こうした娯楽に伴うお金の支出は，娯楽の産業化とともに，より大規模になります。たとえば，劇を観る場合を考えてみましょう。パントマイムなどの大道芸は，現代でも駅や広場などで行われていますが，かつては寸劇が道端で行われており，通りがかりの人がそれを観て演者にお金を上げることが行われていました。ここでのお金のやり取りは，演者と観客の1対1ですが，劇場が建てられ，そこで劇が行われ，それを観るために人々が集まり，入場料を払って劇を観るようになると，その入場料は，演者のみでなく劇場主や劇場従業員，宣伝の担当者などさまざまな人々に回ることになります。旅に出る場合も，行きたいところに個人的に徒歩で行き，自然のなかで野宿するのであれば，お金のやり取りは限定的ですが，旅館が建てられて，そこに泊まり，有料の交通機関が開設されたり，また旅行代理店が設立されて団体旅行が始まると，旅行費用が旅館主，旅館従業員，旅行業者，運送業者などさまざまな人々に回ることになります。このように，娯楽のために支払われたお金が社会で回るような回路を作ることが，娯楽の産業化といえます。

　日本での娯楽の産業化の過程を見ると，伝統芸能が公家・武家などの支配階級の庇護のもとで洗練されるとともに，芸能の商品化が室町時代に進展しました。その後江戸時代になると，商品化された芸能を大衆にまで届ける興行師が登場し，常設の芝居小屋が城下町で開設されるのみならず，興行師が地方でも巡回興行を行うことで，芸能を観賞する人々の範囲が，かなり広がりました（神田［1999］）。江戸の吉原のように城下町では公的な遊技場所が設置されるようになり，侠客集団が賭博場を開くなど，アンダーグラウンドな娯楽も普及しましたが，経済社会との関係でお金を支出する形の娯楽が広範に浸透したのは近代期と考えられます。

たとえば，小林一三は，都市郊外への電気鉄道の開設とそのターミナルでの百貨店開業，そして都市郊外の鉄道沿線の住宅地開発を組み合わせた新しい生活スタイルを 1920 年代以降阪急電鉄沿線に創り上げましたが，彼は娯楽の産業化にも熱心で，阪急沿線の宝塚に温泉場と遊園地と観劇場を併設したレジャー施設を開設し，一般大衆層も歌劇を観ることができるような文化の創造を目指しました（竹村［2004］）。興味深いのは，小林一三が観劇場での舞台のために少女歌劇団を結成して，その育成のために学校制度を導入して興行を生徒たちの晴れの舞台に位置づけた際に，京都の花街の修行システムを参考にしたことです。京都花街では，芸舞妓の育成のための「女紅場」が 1872（明治 5）年に設立され，芸舞妓は「女紅場」に所属してそこで技能を磨き，そのお披露目の場として「都をどり」などの興行が行われていました。そして小林一三は，宝塚歌劇団設立にあたり，1910 年に芸妓さん育成の学校制度を設置し，そこで育成した芸妓さんたちを自分の料亭専属にしていた大阪の南地大和屋からアドバイスを受け，開業当初の宝塚新温泉観劇場では，南地大和屋の抱える芸妓さんたちの踊りが披露されました。

　この点に着目した西尾久美子は，「宝塚・花街型」とも呼べる垂直統合型の興行方法のメリットを継続的な人材育成と出演料の低コスト化および観客の反応に敏感に反映した公演内容に求め，デメリットを劇場建設と学校維持に莫大な経費がかかることと観客が望む適切な人材を継続的に育成できるかのリスクに求めました（西尾［2007］）。デメリットがあるとはいえ，宝塚歌劇団は，上品で華やかな女性向けのイメージ作りに成功し，現在も人気劇団として存続していますし（津金澤［1991］），お笑い芸の産業化に成功した吉本興業株式会社も，自前の劇場と学校を持ち継続的な人材育成に成功しています（吉本興業株式会社［1992］）。また，劇団四季（四季株式会社）も自前の専用劇場を複数持ち，常時公演を行っており，研究生を受け入れて，その出身者が劇団員の多くを占めます（松崎［2002］）。非日常的な空間を創り出すレビューに強みを持つ宝塚歌劇団と，観客を笑わせるために考え抜かれた芸に強みを持つ吉本興業（吉本新喜劇）と，全体として完成度の高い演技力に強みを持つ劇団四季は，それぞれが求める演劇の方向性は異なるものの，現代日本で芸能の商業化に最も成功

した演劇（芸能）集団といえるでしょう。

　一方，非日常的な娯楽である旅行産業も，近代期に広く世界で普及した有料輸送機関の鉄道網の整備を背景として，さまざまな鉄道旅行を企画し，近代日本では，外国人の日本観光のための斡旋業者としてジャパン・ツーリスト・ビューローが，1912（大正元）年に設立されました。ジャパン・ツーリスト・ビューローは，旅行モデルコースとその費用を紹介した旅行案内書を定期的に刊行するとともに，旅館と提携して旅館券を発行し，決められた料金で協定旅館に宿泊可能にすることで旅行客の旅費に対する不安感を取り除き，さらに団体旅行も企画して，旅行文化の普及に貢献しました（中西［2016］）。それを受けて，各地の温泉場なども，宿泊客誘致に努め，さまざまな広告やキャンペーンを打ち出すようになり，マスコミも名所・景勝地のランキング投票を行いました（関戸［2007］）。

　ただし，1930年代になり戦時色が強くなると，旅行文化が国策に利用されるようになったことも指摘されています。戦争のための体力増強のためにハイキングが奨励されたり，天皇制への敬愛を深めるための神社参詣が奨励されました（高岡［1993］）。映画も国策に利用され，戦時中には映画の検閲が厳しくなり，国威を発揚するような戦争映画を観ることが奨励されました。もっとも，人々が国策の思惑通りの旅行を行っていたとは必ずしもいえず，戦時中でも温泉観光旅行は盛んに行われ，映画も戦争映画はあまり人気がなく，笑いの含まれた映画が好まれたともいわれています（古川［2003］）。娯楽は強制されて行うものではなく，自由意志で行えることに「楽しみ」の意味があり，江戸時代の日本でも奢侈禁止を幕府がたびたび出したものの，庶民の娯楽への熱意はあまり衰えませんでした。こうして娯楽の産業化は，人々が生活に必要な消費を行った後の，余剰部分を「楽しむ」ための消費に回すことを促進する働きをします。それが所得の余剰部分にとどまらず，次第にお金を借りて娯楽を行うようになると，金融機関も娯楽の産業化を促進するようになり，現代では消費が経済の動きを作り出す社会へと転換したのでした（解説7を参照）。

2 近代日本における娯楽の諸相

近代期には娯楽の産業化とともに多様な娯楽を楽しめるようになったので，その様相を，都会と田舎，日常生活と非日常生活に分けて検討してみます。

1）都会の日常生活での娯楽

本節では近代日本の都会での娯楽を首都東京から振り返ります。表 7-1 は，近代東京における娯楽場の数を，入場人員を含めて示したものです。そうした娯楽場は，近世期から博徒らとのつながりが深く，近代期でも警察の管轄下に置かれました。江戸時代から江戸は大都市でしたが，近代東京になり，天皇の居所となることで首都東京の機能がより高まり，人口も急増しました。1879（明治 12）年の東京の本籍人口は約 67 万人でしたが，87 年の現住人口は約 125 万人となり，非常に多くの人々が東京に移り住みました（中西編［2013］）。こうした人々の娯楽場として，1890 年代は寄席と芝居小屋が中心でした（倉田［2006］）。江戸時代の寄席は，落語を中心に音曲を加えたにぎやかな舞台で 19 世紀前半に興隆を迎えましたが，天保改革の奢侈禁止の流れで，寄席の数も一時限定され，常設芝居小屋の江戸三座（中村座・市村座・森田座）が浅草猿若町に隔離されました。そのため天保改革後に再び急増した寄席では，芝居に飢えた人々に応えるように，道具入りの芝居ばなしなどが盛んに行われましたが，明治に入ると，江戸三座が都心に復帰したため，人々の芝居見物が容易になり，当時の落語界の旗手であった三遊亭円朝は，扇子一本の素ばなしに転向し，以後話芸としての落語を確立させることとなりました。一方，芝居小屋は寄席に比べると数は少ないですが，入場人員は寄席と同じくらいの人を集め，とくに一幕限りの入場者も比較的多いのが特徴でした。これは，統計書で劇場とあげられたものの内実が，1 日何幕も連続して興行する江戸時代の流れをくむ芝居小屋であったことを示しており，観劇者は好きな幕や時間の合った幕を一幕だけ観劇することができました。そして遊戯場では「弓戯」に分類されるものが多く，弓を射って，的を当てる的当ての遊戯場が多かったようです。

第7章 娯楽と消費

表 7-1 近代東京の娯楽場
(総数(内訳):ケ所, 入場人員:千人)

年末	寄席			劇場			観物場	
	総数	入場人員		総数	入場人員		総数	入場人員
		昼	夜		木戸	一幕限り		
1891	193			13				
1894	190	728	2,253	19	1,805	1,110	230	1,141
1897	156	955	4,265	19	1,742	1,666	98	1,198
1901	170	680	3,985	19	1,980	1,512	215	2,172
1905	151	515	3,470	18	2,140	1,487	261	2,287
1909	166	509	3,763	17	2,109	1,361	374	7,322
1913	181	316	2,856	21	2,031	779	180	15,399
1919	125	325	3,718	30	6,420	270	[61]	10,878
1925	[187]	287	3,715	34	5,269	51	[191]	23,517
1931	[172]		3,967	32	5,872		[232]	35,599
1937	[112]		3,336	32	8,278		[255]	48,992

年末	遊戯場							
	総数	内 弓戯	内 球戯	内 射戯	内 魚釣	内 碁会所	内 麻雀	内 西洋物
1891	624	386	116	44	8			
1894	486	223	126	87				
1897	436	179	108	114	2			
1901	456	173	80	131	39			
1905	547	126	73	143	118	71		
1909	466	92	89	101	109	69		
1913	534	82	131	113	114	79		7
1919	700	77	254	179	92	87		2
1925	1,920	62	791	379	209	455		
1931	4,636	87	1,664	121	249	960	1,307	174
1937	4,553	115	1,972	142	314	900	994	56

出所) 各年度『警視庁統計書』警視庁より作成。
注) 東京府の市部と郡部を合計した。寄席欄の1925年以降は演芸場, 観物場欄の1919年以降は活動写真館のため, 総数をそれぞれ [ ] で示した。観物場は主に見世物小屋のことと思われる。劇場の入場人員のうち「木戸」はすべてのプログラムを見る方式, 一幕限りは, 歌舞伎などで一幕のみを見る方式。1931・37年は, 演芸場・劇場の入場人員はそれぞれ総入場人員を示した。遊戯場の射戯は, 室内射的と空気銃の合計。西洋物の内訳は, 1913・19年はいずれもスケート。1931年は, ベビーゴルフ132, プール26, 庭球13, 野球3で, 37年は, ベビーゴルフ6, プール35, 庭球12, 野球3。

ところが，20世紀に入ると劇場と観物場の内容が大きく変わります（青木[2004]）。劇場では，一幕限りの入場者が急減し，「木戸」での入場者が急増します。「木戸」での入場とは，木戸銭（入場料）を払ってすべての演目を観る観劇者のことと考えられ，1日何幕も連続して興行する形式から，特定の演目のみを興行する形式に変わりました。そして劇場そのものも，西洋的な演目を行うに相応しい劇場が作られ，そこでの観客動員数が急激に伸びました。帝国劇場が開場したのは1911年で，それ以後西洋的な歌劇が日本でも上演されるようになります。一方，大衆芸能のほうでは，日清戦争を契機に軍記物を語る講談が寄席での人気を博すようになりますが，1901年に寄席の上演種目の制限が撤廃されて単に「演芸」と称されるようになると，落語家のなかでも踊りや滑稽話を中心に時世に合わせてアレンジした三遊亭円遊らが登場しました。
　その後，学校教育が定着して人々の教育程度が高まると，史実とかなり異なる内容の講談は人気が衰え，代わりに読み物に節を付けて朗ずる浪花節が急速に流行します。それまで寄席で行われた浪花節の演目が，劇場で独演されるようになり，とくに日露戦争後は武士道を鼓舞する浪花節は映画とともに日本を代表する民衆娯楽となりました。たとえば，東京府の種目別営業者数では，1884年には講談師が424人，落語家が614人，浪花節語りが49人でしたが，1926（昭和元）年には講談師が74人，落語家が150人，浪花節語りが281人となり，大阪府の有料興行延日数では，1889年には講談が13,257日，落語が3,555日，浮連節（浪花節）が3,834日でしたが，1905年には，講談が4,478日，落語が5,729日，浮連節（浪花節）が14,550日となりました（倉田[2006]150-151頁）。そして観物場への入場人員が急増したのも20世紀に入ってからでした。この観物場はおそらく西洋的な小道具を利用したパノラマなどを見せる見世物小屋のことと思われますが，それが人気を博する一方で，遊戯場では的当てが減少し，碁会所が設けられました。
　1910年代になりますと，近代東京の娯楽場が大きく転換します。まず19世紀の娯楽場の中心であった寄席が減少し，1920年代から統計資料の分類項目名が寄席から演芸場と変わります。劇場の内容も一幕限りの入場者はほとんど見られなくなり，帝国劇場の開場に続くように，西洋型の劇場が増えて入場人

員も増大し，1933 年には東京宝塚劇場（現東宝）も開場しました（株式会社東京宝塚劇場編 [1943]）。そして最も大きな変化は，観物場の内容が見世物小屋から活動写真館に転換したことで，統計資料の分類項目名が観物場から活動写真館と変わります。草創期の活動写真は，芝居の背景に映像が流れ，それと芝居とのコラボレーションで行われたりしましたが，次第に映像のみを人々が観るようになり，セリフの入っていない無声映画の時代を迎えます。弁士と呼ばれる説明者が，無声映画を背景にその情景や感情を説明することで，人々は映像を観ることを楽しみました（上田 [2012]）。

遊戯場では，一時的とはいえ 1910 年代に西洋物の遊戯場としてスケート場が登場したのが興味深いです（表 7-1）。第一次世界大戦後の 1923（大正 12）年に関東大震災があり，東京の娯楽場も大打撃を受けましたが，震災から復興して遊戯場が急激に増えます。この時期に急増したのが，碁会所と麻雀荘で，球戯場も急増しましたが，これは 19 世紀の的当てとは異なり，西洋から入ってきたビリヤード場やボウリング場でした。しかも，学校野球に始まり，職業野球団も結成されたため，スポーツを観戦する新たな娯楽が登場したのもこの時期です。西洋からのスポーツは野球にとどまらず，ゴルフ・庭球（テニス）なども次第に広まり，遊戯場としてベビーゴルフ場やテニスコートも開かれるようになりました。戦時色が次第に強まった 1937 年でも，演芸場の数は次第に減少したものの，多くの活動写真館が東京で営業しており，その入場人員も急増しており，遊戯場も球戯場・碁会所・麻雀荘を中心に多数が営業しており，人々の娯楽を求める欲求に応じていました（青木 [2005, 2008]）。

2）田舎の日常生活での娯楽

次に，娯楽の地方への普及を見てみましょう。表 7-2 は，1940（昭和 15）年に日本各地で行われた娯楽調査です。1940 年というと日中戦争下ですが，全面的な戦時体制には，41 年 12 月のアメリカ合衆国への宣戦布告から入りますので，この頃は平時の余韻がかなり残されています。調査の方法は，表注にありますように朝日新聞が，「貴地方においては，どんなものや，どんなことが大衆の娯楽または慰安となっているか」との設問を各道府県に問い合わせたも

表 7-2 近代日本の地方での娯楽

道府県	都会（都市）	田舎（農山漁村）
神奈川県	映画，ラジオ，蓄音器，浪花節	都会に映画を見に行く，祭礼
埼玉県	映画，歌謡曲，浪花節，囲碁，将棋，ラジオ	祭礼，郷土踊
群馬県	映画，音楽会，浪花節，野球，ラジオ	都会に出ること，祭礼，盆踊
栃木県	映画，浪花節，寄席，野球	都会に映画を見に行く，相撲，飲食
静岡県	映画，浪花節，ラジオ，野球，水泳	団体旅行，温泉，飲食
山梨県	映画，デパートでの食事，ラジオ，小旅行	都会に出ること，飲酒，茶呑み話
長野県	映画，食事	青年団の巡回文庫，運動会
福島県	映画，劇場，ラジオ，パチンコ，撞球	祭礼，民謡，運動会，学芸会
岩手県	ラジオ，映画，芝居，スポーツ，生け花	ラジオ，映画，スポーツ，読書
秋田県	ラジオ体操，映画，演劇，学芸会	祭礼，獅子舞，濁り酒，茶呑み話
青森県	映画，軟式野球，庭球，ラジオ	盆踊，相撲，馬市
北海道	映画，ラジオ，レコード，撞球，麻雀，魚釣	映画，ラジオ，レコード，飲酒，相撲
大阪府	映画，寄席（漫才，浪花節），演劇	都会に出ること，村芝居，盆踊
京都府	祭礼，郷土舞踊，映画，演劇，ラジオ	祭礼，郷土舞踊，運動会
愛知県	映画，芝居，浪花節，漫才，ラジオ	ラジオ，巡回映画，運動会，学芸会
岐阜県	映画，音楽，スポーツ，読書，ハイキング	読書，祭礼，盆踊，ラジオ，レコード
富山県	ラジオ，映画，芝居	ラジオ，おわら節踊，獅子舞，盆踊
石川県	映画，ラジオ，管弦楽，軟式野球，ハイキング	祭礼，盆踊，相撲，学芸会，巡回映画
福井県	映画，演劇，撞球，囲碁，将棋，ラジオ，蓄音器	祭礼，年中行事，相撲，囲碁，将棋
滋賀県	江州音頭，ラジオ	江州音頭，盆踊，巡回映画，相撲，餅撒き
三重県	映画，演劇，芝居，浪花節，撞球，麻雀，ラジオ	祭礼，年中行事，寺社詣で
奈良県	映画，ラジオ，芝居，詩吟，音楽	巡回映画，詩吟，相撲，盆踊，ラジオ
和歌山県	映画，ラジオ，スマートボール，麻雀，ハイキング	巡回映画，ラジオ，相撲，祭礼，盆踊
兵庫県	映画，芝居，寄席，登山，野球，庭球，喫茶店	盆踊，ラジオ，囲碁，将棋
岡山県	映画，演劇，野球	巡回映画，ラジオ，祭礼，盆踊
広島県	映画，野球，相撲，町内運動会，ラジオ，生け花	武道，相撲，村芝居，神楽，演芸会，詩吟
山口県	映画，演劇，ラジオ，出版物	盆踊，武道，相撲，詩吟，ハイキング
島根県	映画，浪花節，芝居，ラジオ	祭礼，学芸会，音楽会，囲碁，将棋
鳥取県	映画，演劇，芝居，出版物，ラジオ，音楽	映画，芝居，祭礼，ラジオ，学芸会，盆踊
香川県	映画，芝居，寄席，ラジオ，野球，ハイキング	映画，盆踊，相撲
徳島県	映画，浪花節，浄瑠璃，ハイキング，ラジオ	巡回芝居，映画，相撲，詩吟，浪花節
愛媛県	映画，演劇，浪花節，ラジオ，囲碁，将棋，読書	都会で映画を見る，祭礼，相撲，盆踊
高知県	相撲，映画，闘犬，パチンコ，飲酒	映画，相撲，盆踊，飲酒，闘犬，魚釣
福岡県	演劇，映画，ラジオ，囲碁，将棋，ハイキング	祭礼，相撲，将棋，魚釣，寺社詣で
大分県	映画，ラジオ，漫才，浪花節，芝居	巡回映画，祭礼，盆踊，巡回芝居
佐賀県	映画，芝居，ハイキング，相撲，野球，茶の湯	武道，相撲，ラジオ
長崎県	映画，演劇，相撲，凧揚げ，祭礼，麻雀	盆踊，相撲，花見
鹿児島県	映画，武芸，郷土舞踊，遠足，運動会	武芸，郷土舞踊，学芸会，祭礼
沖縄県	映画，蓄音器，ラジオ，ピクニック，琉球音楽	綱曳，腰休，競馬，相撲，琉球音楽

出所）南博責任編集［1988］72-168 頁より作成．

注）1940 年 11 月に朝日新聞が行った全国調査，調査項目は，「貴地方においては，どんなものや，どんなことが大衆の娯楽または慰安となっているか」．各道府県の回答のうち，全般的に都会（都市）と田舎（農山漁村）について比較して回答した道府県について表に示した．

のです．都会（都市）では映画が全国的に普及し，田舎（農山漁村）でも巡回映画などで人々が映画鑑賞を楽しんでいましたが，それ以外の内容では都会と田舎でかなりの違いがありました．都会では映画に続くものとしてラジオがあげられますが，前項の東京の事例に見られた新しい娯楽である野球などのスポ

ーツ（観戦）や撞球（ビリヤード）・麻雀の室内娯楽が垣間見られる一方で，芝居・浪花節・寄席（漫才）など日本の伝統的な舞台芸能の観賞も見られました。ところが田舎では，祭礼が娯楽の中心となり，盆踊・運動会・学芸会など地域社会が共同で行う行事が多数見られます。個人レベルの都会の娯楽と集団での田舎の娯楽の対比が明確に現れました。もっとも，田舎の人々がそれで満足していたわけではなく，都会近郊の田舎では，都会に出ること（都会に映画を観に行く）が休日の楽しみとしてかなりあげられており，都会的な娯楽への憧れは田舎の若者が共有するものでした。

　ただし，地域によっては伝統芸能が人々の娯楽として根強く残されており，秋田県の獅子舞，京都府の郷土舞踊，富山県のおわら節踊，滋賀県の江州音頭，高知県の闘犬，鹿児島県の郷土舞踊，沖縄県の綱曳などがあげられました。そしてそうした地域性のある伝統芸能は，田舎に限らず都会でも同様で，京都府では都会でも郷土舞踊が，滋賀県では都会でも江州音頭が，高知県では都会でも闘犬が，鹿児島県では都会でも郷土舞踊が主要な娯楽となっていました。興味深いのは，田舎で文芸面の娯楽が見られたことで，読書・詩吟があげられており，長野県で積極的に行われた村の青年団による巡回文庫（移動図書館）などのように，近代日本で義務教育が定着し，教育水準の上昇が青年団の活動などを通して村の文化向上に寄与して大人たちが詩吟に興じるようになる流れが読み取れ，両大戦間期日本の農山漁村社会の生活様式を変えていった若者の役割が注目されます（大門［1994］）。

　なお青森県の田舎では馬市が主要な娯楽にあげられましたが，青森県は競走馬の産地で早くから競馬が娯楽として登場しました。とくに，青森県野辺地町の野村治三郎家は，自ら牧場経営を行って競走馬を育成するとともに，1902（明治35）年に私設競馬場を野辺地に開設し，06年には東北地方の第1回競馬会を開催しました（野辺地町史編さん刊行委員会編［1997］）。その背景には，日露戦争時におけるロシア馬と日本馬の馬格の違いを意識した政府が軍馬改良に乗り出したことがあり，1906年から「馬政第一期計画」，24（大正13）年から「馬政第二期計画」により産馬奨励が行われました（大瀧［2013］）。競走馬と軍馬では用途がかなり異なり，馬匹改良の直接の接点はありませんが，人々の馬

への関心を深めたい陸軍は，競馬開催に理解を示しました。

　東京でも，明治時代に招魂社の参道で行われた招魂社競馬や上野公園の不忍池の周囲を走る上野不忍池競馬等で人々が競馬を楽しむようになり，1923年の競馬法によって勝馬投票券発売を伴う競馬が公的に認可されます（本多［2004］）。ただし，政府は根強い賭博反対論に配慮して，勝馬投票券の最低金額を非常な高額に設定しました。しかし人々は，1枚の勝馬投票券を分割で購入するなどして規制をかいくぐって競馬を楽しみました。実際，競馬法以後，札幌・函館・福島・新潟・東京・京都・阪神・小倉・宮崎など11カ所で政府から認可された諸団体が競馬を開催しますが，その売上金合計は，1924年の約1055万円から28年の約3732万円に急増しました（杉本［2004］）。1920年代の日本政府の租税収入が約8億〜9億円程度ですので（三和・原編［2007］），1920年代末には政府公認の競馬で租税収入の4〜5％の売上金を上げたことになります。競馬によって世のなかにお金がかなり回りました。

　もちろん，賭博に対する政府の警戒心はありますが，賭け事に類する娯楽として，江戸時代にも富くじ（現代の宝くじ）が販売されました。興行者は富くじ発売の収益金のすべてを購入者に還元せずに，一部を収入とするので，1730（享保15）年に京都の仁和寺門跡が舘を修理するための費用を賄うために富くじの発売を願い出た際に，徳川幕府は修復費用を補助することができないために，その発売を公認しました。公認後は，次々と新たな申請があり，それも公認せざるをえず，18世紀前半から富くじ興行が活況を呈しました。富くじは19世紀中葉の天保改革による奢侈禁止の流れで禁止され，明治期も禁止されましたが，第二次世界大戦期に戦費調達のために「弾丸切手」の名称で政府が実質的な富くじを発売し，財政収入を補うために第二次世界大戦後に「宝くじ」が発売されて現在に至っています（増川［2012］）。「宝くじ」発売当初は，国土復興資金のためとされ，当せん者には当初は日用品や米が支給されたものの，その後当せん金が渡されるようになりました。賭け事は，民間から始まったものをその収益性に目をつけた政府が取り込んでいく過程が見られますが，競馬は軍馬育成のため，富くじは戦費調達のためと政府がそれを取り込むきっかけに戦争があったことを忘れてはならないでしょう。

3）非日常生活での娯楽

　先ほどの表7-2で，田舎の人々の楽しみが都会に出ることであったように，日常生活から離れて遠出をすることが，近代になると娯楽として意識されるようになりました。もちろん江戸時代も，平和な時代となり交通環境が整備されたことから旅は庶民文化として社会に定着しましたが，江戸時代の旅は寺社参詣を主目的としており，物見遊山の側面は付随する目的で，温泉旅についても，近世期は観光目的ではなく，湯治（治療）が主目的であったと考えられます（高橋［2016］）。消費との関係では，江戸時代の旅で，散財が行われたことが指摘されていますが，それは目的地の寺社での祈禱料・お札代や道中で旅の安全を祈願しての撒き銭などが多く，信仰に由来する出費でした（深井［1997］）。このような多額の出費の負担を軽減するために，近隣の人々で講組織を作って旅の費用を出し合って積み立て，講のメンバーが順番に講を代表して参詣する代参講として江戸時代の庶民の旅は行われました。それが近代になると，鉄道網が発達することで旅行が行いやすくなり，鉄道沿線や大都市の旅行案内書も多数刊行されるようになり，旅行斡旋業も登場します。それによって人々の旅の主目的が信仰から観光へ次第に変化しました（中西［2016］）。

　もちろん，所得階層によってこの変化には大きな差があり，地方の資産家は明治期から近代的交通機関を駆使した観光旅行を行い，内国勧業博覧会などを見物しましたが，明治期の庶民層は信仰の旅の要素が強く，大正期になって大都市周辺に電気鉄道網が整備されると都市住民は日帰りや1泊2日の都市郊外への旅行を楽しむようになりました。それぞれの所得水準に応じた旅文化が定着したといえ，そのため田舎の庶民層にとって行楽旅行は難しく，講組織を利用した参詣の旅は近代期を通して根強く残りました。とくに，資産家の旅では，日常生活と桁違いの散財（食事・土産）が見られ，たとえば，富山県宮林家の1881（明治14）年の東京・大阪・京都観光旅行では，年間収入を超えるような支出がなされました。それは旅先で，西洋料理を頻繁に食したり，舶来物の土産を多数購入したりしたからで，文明開化は，こうした地方の資産家の旅を媒介として地方に波及したともいえます（中西［2016］）。

　一方，旅行客を受け入れる温泉地・名勝地・避暑地でも，パンフレットの発

行や広告で観光地化を進め，大正期に発達した都市郊外への行楽旅行とは異なり，温泉地・避暑地などで数日間滞在する保養目的の旅文化も生まれました（関戸［2007］）。1930年代は，都市郊外のみでなく幹線鉄道と温泉地を結ぶ電気鉄道も次々と開通し，たとえば，中浜東一郎は温泉地が鉄道と結ばれるとそこへ逗留に行くことを繰り返し，関東・長野県・南東北の温泉地での逗留をいくつも体験し，結果的にクーポン券を利用できる伊豆半島の温泉に通うようになりました（中西［2016］）。前述のように，クーポン券の利用により，旅行費用がある程度確定したため，人々は安心して旅文化を楽しめるようになり，このような旅は旅行会社が実施する団体旅行でさらに普及しました。団体旅行の習慣を日本人に広めたきっかけとして修学旅行があげられます（太田［2015］）。修学旅行は，明治後期に始まり，国威高揚のためもあり，昭和戦前期には，伊勢神宮参拝の修学旅行が空前のブームとなりました。

3　日記に見る人々の娯楽

1）大都市の事例

　本節では，近代日本の人々がどのような娯楽を行ったかを日記をもとにして明らかにします。その場合，地域によって娯楽の内容に差があったと思われますので，大都市近郊，地方都市，農村地域の日記をそれぞれ比較します。大都市近郊の事例として，東京郊外の王子町に住み，役場職員および小地主でもあった高木助一郎家の日記を取り上げます。助一郎は，1908～47（明治41～昭和22）年の40年間にわたって日記を書き続けましたが，それを分析した羽田博昭は，助一郎の日記に含まれる娯楽的要素を，季節の行楽，祭礼・縁日，興行，学校・地域の行事，旅行，東京市内への外出の六つに分類しました（羽田［2004］）。

　季節の行楽とは，王子地域にある飛鳥山の花見や荒川の対岸に位置する西新井大師への参詣など，季節に応じて行われた日帰りの行楽で，交通機関の発達とともに1920年代になると行楽の範囲が大宮・与野・府中などまで広がりま

した。これらの行楽に高木家は家族連れで赴き、隣接する公園で遊びました。祭礼・縁日では、毎年7月1日に地元の富士神社で開かれる祭礼と毎年8月13日に開かれる王子神社の祭礼に、一家は積極的に参加し、助一郎は王子町役場に勤めてからも休暇をとって王子神社の祭礼に参加しました。その点では、都市化が進んでも伝統的な年中行事が根強く残っていたことが見てとれます。

興行では、自宅の近くに常設の劇場があったため、活動写真や芝居などの観劇に助一郎は夜出かけ、奇術・曲芸などの臨時興行が近くで開催された際には、高木家の女性が出かけていました。学校・地域の行事で興味深いのは、表7-2でも見られた運動会が地域住民にとって祭礼に匹敵する楽しみであったことで、雨が降っていても「見物人及生徒ニテ校庭ハ一杯」になり、1921（大正10）年に王子区で青年団が創立されてからは、青年団が主体となって遠足や運動会・競技会が行われました。学校のみでなく地元の会社・工場の慰安行事に地元住民が招待されることも多く、地域社会のつながりが感じられます。旅行では、1930年前後になると週末泊りがけの温泉旅行がかなり行われるようになり、役場での勤務が土曜日半日と日曜日の休日が固定化されたためそれが可能になっていました。そして東京市内へは、上野の博覧会見物、百貨店の買物などでよく訪れ、市内電車網の発達とともに東京行の頻度が高まり、「銀ぶら」と銀座を散歩した記述も日記にありました。このように高木家は、都市郊外に居住したことを十分に活かして、多様な娯楽を楽しんでいました。

2）地方都市の事例

地方都市として、江戸時代は城下町で、明治期に町制が施行され、1921（大正10）年に市となった愛媛県宇和島を取り上げます。宇和島で生糸商を営み、のちに宇和島市長や愛媛県会議員となり、1940年代前半には衆議院議員となった高畠亀太郎の日記があります（川東ほか校閲［1999-2003］）。生糸商であった高畠家は、1901（明治34）年に生糸生産に進出し、03年に比較的規模の大きい製糸工場を開設しました。亀太郎は高等小学校を卒業する1897年から日記をつけ始め、その頃から家業を手伝い、1904年の父親の死の後は、父親に代わって地域社会の運営に関与し、自家製糸工場の機械化を進めて宇和島有数

表 7-3　1899～1941 年高

劇場	融通座（宇和島）	教会（宇和島）	福井座（宇和島）	鶴島館（宇和島）
1899	幻燈 (1)			
1905	活動 (1), 幻燈 (1)			
1906	活動 (1), 素人浄瑠璃 (1)	幻燈・蓄音器 (1)		
1907	素人浄瑠璃 (2)	手品 (1)		
1908	活動 (2), 新演劇 (1)			
	素人浄瑠璃 (1), 能楽 (2)			
1912	素人浪花節 (1)	1913 年	活動 (1)	
	活動 (1), 観劇 (1)		共楽座（宇和島）	
1919	演劇 (1), 活動 (2)	宇和島館（宇和島）	落語 (1), 喜劇 (1)	活動 (1)
			ロシア国女優劇 (1)	
1922	早稲田大学講演会 (1)	寄席 (1), 講演 (1)	奇術 (1), 活動 (1)	キリン館（宇和島）
1923		喜歌劇 (1)	少女歌劇 (1)	活動 (3)
1926	落語 (1), 万歳 (1)	活動 (1)		特別映画 (1)
				活動 (4)
1927		活動 (3)		活動 (2)
1928	落語 (1), 諸芸会 (1)	中央キネマ（宇和島）		活動 (2)
	万歳 (1), 素人能楽 (2)			
1929	万歳 (3)	活動 (1)		活動 (3)
1932	万歳 (1), 少女歌劇 (1)		万歳 (2)	活動 (2), トーキー (1)
1933	発声映画 (1), 舞踏 (1)		万歳 (1)	活動 (1)
1934			万歳 (1), トーキー (1)	
1935	万歳 (3)	活動 (1)		
1939				映画 (1)
1941	築地検番発表会 (1)		人形芝居 (1)	

出所）川東ほか校閲［1999-2003］より作成。
注）劇場名に続く括弧書きは所在を示す。活動は活動写真の略。内容に続く括弧内は回数。万歳は舞台で行わ

　の製糸家になりました。また亀太郎の弟は，華宵として著名な画家となり，亀太郎自身も句集を刊行するなど優れた俳人でした。
　亀太郎の娯楽は，10 歳台～20 歳台前半までは若者同士のサークルである壮弁会や実業青年会が主催する催しものを楽しむことでしたが，1905 年に俳句

畠亀太郎観劇内容一覧

演芸館（松山）	寿座（松山）	敷島館（松山）		（大阪）
			1903年	寄席（1）
				京都
			1912年	落語（1）
				活動（1）
			1913年	落語（1）
				活動（2）
活動（1）	活動（1）		有楽座（松山）	紅葉館（東京）
新栄座（松山）	喜劇（2）			
活動（1），喜劇（1）	松竹座（松山）	活動（1）		講談（1）
	活動（1）		活動（3）	
新派劇（1），喜劇（1）		活動（1）	活動（2）	
舞踏詩（1），万歳（1）		松山館（松山）		世界館（別府）
落語（1），童謡講演（1）	活動（2）	活動（1）	活動（1）	
			活動（1）	活動（1）
	国技座（松山）			
山川舞踏団（1）	剣劇（1）			
	東京宝塚劇場（東京）			
東宝四階劇場（東京）		東宝小劇場（東京）	東京浅草	有楽座（東京）
	少女歌劇（1）			
映画（1）	少女歌劇（1）	東宝名人会（2）	喜劇（1）	ロッパ劇（1）

れる漫才のこと。左端欄は年。

　会に参加してから俳句を趣味とし，その頃より地元の劇場で活動写真が見られるようになると，それ以後劇場の出し物をいろいろと観劇するようになりました。仕事関係で大阪や京都に出張すると，大阪や京都でも劇場に入り，1910年代に愛媛県会議員になると松山に頻繁に出かけることになり，松山でも劇場

に足を運びました。こうした亀太郎の観劇の内容を一覧したのが表 7-3 です。亀太郎は，特定の観劇種目にこだわるのではなく当時の流行に応じてさまざまな出し物を楽しみました。表 7-3 からは劇場での出し物にどのような流行があったかがわかります。地元宇和島では，融通座という劇場が老舗で，1900 年代前半までは幻燈，すなわちスライドのように映写機で風景などを映す催しが行われ，1900 年代後半から活動写真が行われるようになりました。活動写真は映像が動きますが，セリフは入っていませんので，弁士が説明するようになると，専用の活動写真館が登場し，宇和島でもキリン館や中央キネマなどが開設され，1930 年代には映像と音声が組み合わされたトーキーが提供されるようになりました。そしてトーキーが当たり前になりますと，活動写真（無声映画）とトーキー（発声映画）の区別がなくなり，単に映画と呼ばれるようになりました。

　一方，演劇では 1900 年代後半に浄瑠璃が流行し，10 年代前半に浪花節が，20 年代前半に喜劇が，20 年代後半から万歳が流行したことが，宇和島の融通座・宇和島館・共楽座などの劇場の出し物からわかります。共楽座は，多様な出し物を提供しており，亀太郎も落語，ロシア国女優劇，奇術，少女歌劇，人形芝居などもこの劇場で体験しました。専門館ではなく，このように多様な出し物を開催する劇場の存在が，地方への演劇文化を広める重要な役割を果たしていたといえます。ただし，よりユニークな演劇を宇和島で求めるのは難しく，亀太郎は松山でも活動写真館や劇場に足を運び，宇和島では観られない演目の活動写真を観たり，新派劇・舞踏詩・剣劇など特殊な種目を楽しみました。もちろん，流行の最先端の演劇を宇和島や松山で楽しむのは難しく，衆議院議員となって頻繁に東京に赴くようになると，戦時色が強まったものの，東京で東京宝塚劇場や有楽座などを訪れ，宝塚少女歌劇や喜劇（ロッパ一座の劇）などを楽しむようになりました。

　このように大都市と地方の県庁所在地都市と地方都市では観劇できる内容に差があったため，それを埋めるために旅行先での旺盛な観劇が見られ，旅行費用も一層増大しました。その意味で，人の移動が消費文化に大きな役割を果たしたといえます（中西［2016］）。

3）農村地域の事例

　農村地域として，長野県伊那地方河野村の胡桃澤盛日記を取り上げます（「胡桃澤盛日記」刊行会編［2011-13］）。胡桃澤家は，河野村で自ら農業を行い所有地の一部を小作に出している耕作地主でした。村のなかでは比較的豊かな階層で，当主の盛は 1933（昭和 8）年から村議を務め，40 年から村長になりました。1920 年代に伊奈地方に鉄道が開通したため大都市とのアクセスは容易になりましたが，費用と時間がかかり，しかも 30 年代初頭の昭和恐慌の打撃が大きく，盛が村政に関わった時期は村の経済状況が非常に苦しい時期でした。盛は，1920 年代から日記を書き始めましたが，青春時代を記した 20 年代と苦悩の 30 年代，そして村長の時代の 40 年代でかなり日記の調子が異なります。その点を意識しつつ，盛が楽しんだ娯楽を振り返ります。1920 年代の青春時代は若者同士のつながりが重要で，村の青年団を通して時代の空気として広まりつつあった社会主義運動に盛は親近感を持ちます。村の有力者の子弟として社会主義に完全に同調はできないものの，国家権力への批判的精神を垣間見せており，こうした政治的関心が結果的に盛を地方政治家にしていきました。

　とはいえ，友人と一緒にさまざまな遊びを 1920 年代は楽しみました。鉄道で隣接していた飯田町へ行くと，活動写真館に行き，知識欲求を満たすために，書店でさまざまな書籍を購入し，そしてスポーツではピンポンで遊びました。地元の河野村では娯楽に類するのは祭りくらいしかなく，獅子舞，飲酒，読書などが日常の盛の娯楽でした。その一方で盛の家には，1924（大正 13）年に蓄音器が入り，盛は英語を学びに行くなど新しい生活世界も見られましたが，29 年に父親と妻と子が相次いで亡くなったため盛の人生は大きく暗転しました。そのなかで盛を楽しませたのが野球で，1930 年の日記から急に野球に関する記述が増えます。そのきっかけは，ラジオが入り，東京の大学野球の実況放送を聴けるようになったことで，試合結果やメンバーを日記に記録し，近くの野球場に試合の見物に行きました。とくに 1930 年は長野県代表の諏訪蚕糸中等学校が甲子園野球大会で活躍し，興奮した様子が日記にも現れ，10 月にはついに上京して神宮球場で大学野球を観戦しました。その一方，1929 年から始まった昭和恐慌の打撃は深刻となり，30 年 8 月 29 日の日記には「不況と，野

球と，それだけが今日のニュースを産み出している」と記されました。それ以外には，活動写真と読書の記述が見られますが，娯楽の多様性はあまり見られません。ただし，息抜きのためか頻繁に「ぶらつく」「ぶらぶらする」「散歩」などの記述は見られ，諏訪地方や松本への外出もしばしば見られます。高畠亀太郎日記のような娯楽の多様性は盛の日記には見られないものの，盛は遊びの時間は適宜とっていたと考えられます。

　そうした傾向は，盛が村議になり村政に関わるようになると再度変化します。野球の記述はほとんどなくなり，浪花節など国威発揚の芸能に関心を向け，凱旋兵の戦争談に耳を傾け，日本の国際連盟脱退を主導した松岡洋右の講演会が飯田町で行われるとそれを聴きに行って感激しています。このように，盛の思想が変化する背景には，経済状況・村のなかの立場・社会全体の風潮があり，ラジオ放送は娯楽の面のみでなく人々の思想にも大きな影響を与えました。そのため，1930年代後半以降の盛の日記に，国策に親和的な記述が見られ始め，娯楽面でも戦争映画に感動し，神社への参拝を勧め，村を挙げて進められた満洲移民についても当初は慎重でしたが次第に積極的になります。その結果，敗戦後に移民した河野村の人々が戻らなかったことへの村長としての責任を感じて盛は1946年に村長を辞職し，同年7月に自ら人生を終えました。その年の5月に『レ・ミゼラブル』と『罪と罰』の本を読んだことが日記に記され，責任感に苛まれていたことがうかがえます。その一方で，同年6月9日には，「敗戦後，物質的な生活の苦しさは益々加ってくるが，其の中に面白さも楽しさも又求められる。決して悪い生活ではない」とも記していました。

おわりに——楽しみなしに人々は生きられるか

　本章では，人々が楽しむためにお金を払って行う活動を経済社会における娯楽と位置づけて，それに伴う支出によってお金を社会に回すことで，経済社会の展開に貢献していることを述べてきました。それでは，楽しむために払うお金の余裕のなかった人々はどのようにして楽しんでいたかに触れてまとめとし

ます。表7-4 を見て下さい。1910 年代～30 年代に日本全国各地で行われた家計調査のなかから娯楽費を示しました。家計調査は，社会階層間・地域間の所得格差などを分析するために行われており，都市の給料生活者，都市の労働者，農村の農業者などの家計を比較できます。それと別に貧困者の生計が維持されているかの家計調査も行われ，貧困者家計と一般家計の比較もできます。表7-4 では，低所得世帯・保護世帯と分類した欄がこうした貧困者層を示しており，確かに都市の給料生活者や労働者と収入でかなりの差があり，生活ぎりぎりの支出額で娯楽費としてはほとんど支出されていないように見えます。ただし，貧困者調査の注記に，貧困者層は飲酒が日常の最もの楽しみであるので通常の世帯よりも飲食費比率が高くなると記されており（多田編［1991］523 頁），彼らの楽しみへの支出は，飲食費に含まれていました。しかも，いくら少額でも貧困者層は娯楽費が 0 円ではなく，支出していたことにも着目すべきです。

　給料生活者世帯は比較的安定して娯楽費を支出していますが，労働者世帯でも 1920 年代後半～30 年代前半は娯楽費支出比率（表7-4 右欄）が上昇しました。戦時色が強まる 1938（昭和 13）年以降は，娯楽費支出比率はやや下がりますが，40～41 年の時期でも給料生活者世帯・労働者世帯ともに家計支出の 3％前後は娯楽費として支出していました。人々の生活のなかで，少しではあれ楽しみは絶対に必要なものであることを示しています。江戸時代ではまだ労働生産性が低く，庶民は長時間働いており，余暇を楽しむ時間はあまりなかったと考えられ，しかも江戸幕府は奢侈を厳しく取り締まっていました。そのため庶民は，表向きは信仰や年中行事という体裁をとりながら，生活にメリハリをつけたり，気分転換を図ったりしてきたといえます。江戸の三大娯楽は，吉原遊郭，歌舞伎芝居，勧進相撲といわれていますが，それらは経済的にゆとりのある武士や商人に限られ，庶民の娯楽は，祭礼，開帳を見物したり，参詣をするなど，宗教的な活動に伴われていました（青木［2006］）。こうした祭礼や開帳は江戸では頻繁に行われ，縁日の参詣に合わせて花見の人だかりができました。このように考えると，長時間働いて余暇を楽しむ時間がないといわれた庶民でもお金をかけずに楽しんでいたことがうかがわれます。おそらく，現代と江戸時代では時間感覚が異なり，定時勤務ではなく時間の融通をつけることが

198　第III部　近代化と生活

表7-4　近代日本の家計調査に見る娯楽費

(円の右側の単位：銭)

調査期間（年・月）	調査対象地域	職種	世帯	平均月収	平均月支出	内	娯楽費	比率（％）
1916・5〜	東京市	職工	20	28円51	30円95	1)	0円36	1.2
1918・11〜	東京市月島	労働者	40	72円50	69円76		0円87	1.2
1919・1〜	東京市・隣接郡部	小学校教員	95	84円40	86円12		1円97	2.3
1921・2	3府5県	職工	1,413	95円89	79円62		0円60	0.8
・3	3府5県	〃	1,377	95円76	85円24		0円83	1.0
・6〜22・5	2府10県	俸給生活者	360	150円18	117円42	2)	4円73	4.0
・6〜22・5	〃	職工	291	109円65	89円76	2)	4円22	4.7
・11	東京市	低所得世帯	497	72円26	63円74	1)	0円06	0.1
1922・11	東京市・隣接郡部	中流階級	1,027	116円57	121円99	1)	1円80	1.5
1923・3〜23・4	名古屋市	常雇労働者	402	121円45	93円48	2)	5円78	6.2
1924・11〜	大阪市	低所得世帯	51	72円09	76円21		0円15	0.2
1925・4〜25・6	札幌・仙台・福岡	炭坑労働者	386	92円89	77円08	1)	0円48	0.6
1926・9〜27・8	全国	給料生活者	1,575	137円17	124円34	3)	6円03	4.8
・9〜27・8	〃	労働者	3,210	102円07	91円38	3)	3円26	3.6
・9〜27・8	〃	農業者	670	96円16	96円39	3)	2円16	2.2
1931・9〜32・8	全国	給料生活者	525	92円23	82円46	4)	3円04	3.7
・9〜32・8	〃	労働者	992	83円43	73円08	4)	2円53	3.5
1932・6〜32・11	東京市・横浜市	低所得世帯	189	35円81	36円16		0円54	1.5
1933・9〜34・8	全国	給料生活者	570	97円48	86円25	4)	3円63	4.2
・9〜34・8	〃	労働者	1,083	86円59	75円05	4)	2円90	3.9
1938・6〜39・5	大阪市	保護世帯	121	36円21	38円19		0円08	0.2
・6〜39・5	〃	軍事扶助世帯	44	61円10	63円61		0円37	0.6
・7〜38・11	東京市	低所得世帯	269	66円16	66円17		0円97	1.5
1940・4〜41・3	全国	工場労働者	898	131円49	111円10	5)	3円42	3.1
・4〜41・3	〃	鉱山労働者	207	119円91	88円75	5)	2円24	2.5
・9〜41・8	〃	給料生活者	544	132円23	110円99	4)	3円35	3.0
・9〜41・8	〃	労働者	1,000	120円99	101円49	4)	2円89	2.8

出所）多田編［1991］第1〜4巻、多田編［1992］第2〜4巻、大正15年9月〜昭和2年8月『家計調査報告』第1〜4巻、内閣統計局、1929年、昭和6年9月〜9年8月および昭和14年9月〜昭和16年8月の『家計調査報告』内閣統計局より作成。

注）1921年2・3月の職工調査地は、東京府・京都府・大阪府・神奈川県・兵庫県・長崎県・愛知県・福岡県。1921年6月〜22年5月の俸給生活者・職工調査地は、東京府・大阪府・秋田県・福島県・神奈川県・静岡県・愛知県・兵庫県・岡山県・広島県・福岡県・長崎県。1925年4〜6月の炭坑労働者調査地は、札幌・仙台・福岡の各鉱山監督局管内の鉱山。1926年9月〜27年8月の調査地を職種別に示すと、給料生活者が札幌市・仙台市・東京市・横浜市・金沢市・名古屋市・京都市・大阪市・神戸市・広島市・長崎市とそれら各市附近、工場労働者が、札幌市・郡山市・東京市・横浜市・金沢市・名古屋市・京都市・大阪市・神戸市・呉市・八幡市・長崎市とそれら各市附近、鉱山労働者が、夕張・磐城・足尾・別子・筑豊の各鉱山、交通労働者の調査地は、東京市・横浜市・名古屋市・京都市・大阪市・神戸市とそれら各市附近、農業者が、山形県・埼玉県・新潟県・長野県・愛知県・兵庫県・広島県・愛媛県・福岡県となる。1930年代および1940年9月〜41年8月の全国の調査地は、札幌市・仙台市・東京市・金沢市・名古屋市・大阪市・広島市・徳島市・八幡市・長崎市。1938年6月〜39年5月の保護世帯・軍事扶助世帯の収入は、生活保護費・軍事扶助費を含む。世帯欄は調査世帯の数を示す。1940年4月〜41年3月の全国の調査地は、東京府・大阪府・神奈川県・愛知県・兵庫県・長崎県・北海道・福島県・茨城県・富山県・静岡県・和歌山県・山口県・愛媛県・岩手県・秋田県・島根県・福岡県・宮崎県。1) 享楽費として。2) 嗜好・娯楽費として。3) 修養・娯楽費として。4) 新聞図書費を除いた修養・娯楽費として。5) 新聞図書費・遊山的旅行費を除いた修養・娯楽費として。

できたからでしょう。

　こうした娯楽は，近代日本の農村社会でも読書や詩吟など，お金を使わずにいかに楽しむかの工夫が見られ，また地域社会の有力層は，庶民を楽しませるための年中行事に多額の寄付をして人々の期待に応えました（二谷［2015］）。胡桃澤盛が苦しい生活のなかにも楽しさを求めたように，そこでは，階層間の違いを超えて地域住民が年中行事を一緒に楽しむ文化が形成されており，1940年でも田舎の娯楽として祭礼や盆踊などが重要な位置を占めていました。そのことを考えると，現代の個人主義的な娯楽を今一度考え直してみる必要があります。個人主義的な娯楽では，金持ちは自分が楽しむための費用しか支出せず，貧困者はお金をあまり払えないがゆえに楽しむ手段をなかなか得られません。それでは，娯楽を通しての十分な消費は行われず，投資と同様に，娯楽消費でも資金の偏在を生んでお金が回りません。「自分も楽しむが，他人も楽しませる」ことを娯楽の主眼と考えることで，娯楽消費は真の意味でお金の回る消費行動となるといえるでしょう。

● 解説 7

大衆消費社会論

　素朴に考えれば，人々が貧困からいかに脱却し，豊かさをどのように享受するようになっていったのかを明らかにすることは，経済史学という学問分野の一つの主題といえますが，豊かさの来歴や内実を消費という視点から問う議論は，必ずしも十分に深められてきませんでした。その学説史的背景としては，伝統的な経済史学が，マルクス主義の影響を強く受けていたことがあげられます。マルクス主義の捉え方は，生産様式の変化に注目する方法をとるために，消費へ目が向きにくい面もあるのですが，それ以上に，資本主義の行き詰まりから社会主義へ移行することを「発展」の必然と見るため，資本主義社会のもとで人々が豊かさを享受するような事態をうまく説明できないという問題を抱えていました。

　現実には，1920年代以降のアメリカ経済において，自動車，ラジオ，蓄音機，電気洗濯機，電気冷蔵庫などの耐久消費財が普及するとともに，デパート，通信販売，チェーンストア，広告宣伝，マーケティング，映画，ラジオ放送といった商業と娯楽に関わる活動が活発となり，人々の旺盛な消費需要が経済のなかで比重を高めていきました（常松［1997］）。同様の状況は，第二次世界大戦後の西欧や日本にも広がり，東西冷戦構造のなかにあって，慢性的なモノ不足に直面していく社会主義諸国とは対照的に，資本主義諸国はますます豊かな消費を実現していくこととなりました。

　こうしたなかで，マルクス主義とは異なる立場から，豊かな社会における消費のありようを主題とする議論が登場します。その代表的な成果の一つが，ロストウ［1961］（原著1960年）です。この著作は，マルクス主義によらない「近代化」の肯定的理解を目指す「近代化論」という議論を背景として，「一つの非共産主義宣言」という副題にある通り，マルクス主義的な発展段階論への対抗を意図して書かれたものです。ロストウは経済成長のプロセスを5段階に区分した上で，その最終段階を「高度大衆消費時代」と規定し，すべての国がいずれはアメリカのような豊かな消費を実現できると説きました。「高度大衆消費時代」の具体的な内容は，1人当たり実質所得の上昇を背景として，主導産業が「大衆消費」に支えられた耐久消費財とサービス部門に移っていくというもので，社会主義諸国の行き詰まりという現実が，ロストウの段階論的な把握に歴史的なリアリティを与えていくこととなります。

　他方，カトーナ［1966］（原著1964年）は，大衆消費社会の本質に正面から迫ろうとする議論を展開しています。カトーナは，「豊かさ」「消費者の力」「消費者心理の重要性」の3点に注目し，多くの人々が生存水準を超えた消費を実現できるだけの購買力（＝自由選択的購買力）を持ち，そうした人々の消費活動が一国経済のありように大きな影響を及ぼすようになった社会を「大衆消費社会」と規定しています。その上で，そうした自由選択的購買力が，実際に消費へとどう結びつくのかという点に議

論の焦点をあてています。さしあたって生きるか死ぬかという次元とは無関係であるがゆえに，購買力が消費に結びつくかどうかは消費者の購買意欲によるところが大きく，もはや消費は所得の従属関数ではないのだ，という見方をとっているわけです。具体的には，将来の所得や資産，景気や政策に対する個々人の見通しが，現在の消費行動にどのような影響を与えるのか，といった問題を実証的に検討しています。

それに対して，そもそも消費者の欲望はどこから生じるのかという問いを立てたのが，ガルブレイス［2006］（原著1958年）です。ガルブレイスは，消費者の欲望は消費者自身からではなく，生産者の働きかけによって生じるのだと説き，広告宣伝やマーケティングによって欲望がかき立てられる作用を「依存効果」と呼んで，現代資本主義のありようを批判的に読み解こうとしました。その立論は，消費需要を満たすために生産が行われているのではなく，生産のために消費需要が生み出されているのだとすれば，生産のための生産にそもそも価値を認めることはできるのか，という根源的な問いに連なっています。

その他，際限なく拡大していくかに見える消費者の欲望をめぐっては，周囲からの羨望のまなざしを浴びて自己顕示欲を満たそうとする「見せびらかしの消費」（ヴェブレン［1961］）（原著1899年）や，製品の品質・性能・機能といった有用性よりも，それに付与された意味の記号性に価値を置く「記号消費」（ボードリヤール［1995］）（原著1970年）といった捉え方が注目されるようになり，消費のありようが現代社会を理解する鍵になるという認識が広がっていきました。

さて，こうした同時代の議論に対して，経済史学として大衆消費社会の成立を説明しうる枠組みを提示したのが，「20世紀システム論」と呼ばれる議論です（東京大学社会科学研究所編［1998］）。この議論は，アメリカ経済の成長を基軸として20世紀の世界システムを把握しようとするもので，耐久消費財部門が中心となる産業構造の変化を踏まえながら，大量生産方式の具体的内実を深く追究しつつ，賃金を媒介とした大量生産と大衆消費との関係を視野に収めています。

そこでの発想のベースになっているのは，アメリカの自動車メーカーであるフォード社の取り組みです。フォード社は1908年から大量生産によるT型自動車という大衆車の生産を開始し，14年に労働者の1日当たり最低賃金を倍増したのですが，結果として，こうした高賃金の付与が従業員にフォード車の購入を可能にし，それによって市場が拡大したために，さらなる大量生産を実現していくという好循環が生まれることとなりました。

このような議論は，同様の視点から「大量生産─大量消費」体制を「フォーディズム」として定式化した，レギュラシオン理論と呼ばれる現代資本主義論に通じるものとなっています（山田［2008］）。そして，20世紀システム論もレギュラシオン理論も，マルクス主義の影響を色濃く受けてきた経済史学の成果と接合可能な形で，経済構造の全体を視野に入れながら大衆消費社会の成立を説きうる点に特長があります。

しかしながら，いずれも消費が賃金の問題として議論されている点に，大衆消費社

会論としての限界を抱えています。消費は所得の従属関数ではないとするカトーナの提起や，消費者の欲望はどこから生じるのかというガルブレイスの問いには，そもそも応えられる枠組みが用意されていません。そこで，消費そのものを正面から対象とした消費史研究が求められることになります。

　消費史というテーマは，社会史研究や文化史研究の興隆とも相まって，近年，ようやく歴史学の関心を集めるに至りました。欧米圏の研究が先行して盛んとなりましたが，すでに日本に関する研究もまとまった形で出始めています。

　たとえば，原山［2011］は，戦後日本の消費者運動をめぐる大文字・小文字のポリティクスに焦点をあてた画期的な研究です。また，ゴードン［2013］は，家庭用ミシンに関するモノグラフとして，近代生活を送る消費者としての価値観がいかに普及・受容されていったのかを検討しています。あるいは，フランクス/ハンター編［2016］には，英語圏の研究者と日本の研究者による国際ワークショップの成果として，家事労働，ドレスメーカー，炊飯器，家計史料，砂糖，繊維産業，和漢薬業，鉄道，郵便，通信販売，ゴルフといった多彩なテーマを扱った論稿が収められています。

　他方，満薗［2014］は，小売業の展開のなかから新しい消費のありようを探ることを試みたものです。具体的には，①近世以来の通俗道徳が説く「倹約」に対して，1920年代には消費を積極的に肯定するような価値観が広がっていたこと，②小売流通のあり方としてはアメリカ的な画一的大量流通に向かうモメントは弱く，消費の多様性に対応した商店街の役割が大きかったこと，の2点を強調して，戦後日本の大衆消費社会に連なるような要素が，両大戦間期に萌芽的に見出せるという理解を示しています。

　これら日本の消費史研究はまだ緒に就いたばかりで，必ずしもまとまった一つの像を結んでいるわけではありませんが，大衆消費社会論としてどのように整序できるのかという問いを立ててみることは，視点や論点を豊富化する意味でも重要だと考えられます。その際には，消費する人々の主体としてのありようを視野に収めつつ，「大衆」の実像に迫ろうとする視角が必要となりますし，そうした視角からは，政治史が関心を寄せる大衆社会論との接点を持つ大衆消費社会論を描ける可能性も広がってくるように思われます（安田編［2013a］）。

テーマⅢ　共同体と近代

1. 共同体とは何か

　「共同体」という言葉を知っていますか。最近は知らない人も多いのではないでしょうか。辞書的には，家族や村落といった地縁や血縁，あるいは精神的結合などによって形成された社会関係であると説明されます。最近の言葉でいえば，地域の昔からある伝統的な掟と絆，というようなものがイメージされるでしょうか。最近は「絆」といえば近代化された現在の日本において失ってしまったものとして2011（平成23）年の東日本大震災後からさかんに使われている言葉です。なので，その流れでいえばこの「共同体」という言葉は肯定的に受け止められそうですね。

　しかし，次の事例はいかがでしょうか。ある場において，〈自分だけが飲んではいけない〉という規範があるとします。みんながアルコールばかりを飲んでいるところで一人だけ缶コーヒーを買って飲もうとしたところ，「自分のだけかい」と冗談交じりとはいえ怒られるのはどうでしょうか。仲間のみんながアルコールを次から次へと飲んでいるのに自分だけが缶コーヒーを買うのはためらわれるでしょうか。そのためらいは同志としての「絆」によるものでしょうか。むしろ同調圧力と受けとられないでしょうか。共同体の評価というのは，かくも一つの事実についてさまざまな解釈を呼び起こす場合さえあります。

2. 近代主義から見た共同体論

　戦後の日本について見る場合，「共同体」は暗くじめじめした冷たいものとして扱われることがありました。その典型的なイメージを示した小説が，深沢七郎の『楢山節考』（1956年）です（深沢［1964］）。信州の棄老伝説を近代的小説にまで昇華したと評されるこの小説は，共同体の貧しさとその冷徹さが描かれています。家族のみならず村全体が貧しいゆえに，息子に新たに嫁が来て子どもが生まれると祝福どころかどう生活をしのぐかが話題になる世界。そこに

おいて，老いた人々は山に棄てられることをやむなしとする。そのような「楢山まいり」という掟と儀式が存在する村の物語です。老いた母のおりんが自発的に棄てられようとする姿に，息子の辰平は村の掟の非情を感じ涙しながらも，自ら母を棄てる任務を完遂する。そこで，この小説は終わります。

こうした共同体の冷酷な側面を批判的に概念化した古典的書物が，西洋経済史家として名高い大塚久雄の『共同体の基礎理論』（1955 年）です（大塚[2000]）。ここでは前期的（＝前近代的）共同体が近代資本主義社会との対比で以下のように捉えられています。

①近代資本主義社会において富は貨幣形態をとり，私的所有が基本である。これに対して共同体において富は土地所有（＝土地占有）の形態をとり，共有が基本である。
②近代資本主義社会では個人が独立して自由な私的生産を行いうる。これに対して共同体では無階級・平等が強制されており，個人は幼弱でその恣意性が抑制される。
③近代資本主義社会は等価交換の法則を軸とした単一の構成をとっており，生産と流通が一体となった再生産構造を成している。これに対して共同体はその内部（生産）と外部（流通）で経済原則が分裂しており，前者では平等が強制され，後者では不等価交換が横行している。したがって，諸共同体からなる社会は単一の構成たりえず，各々の共同体が独立した小宇宙のように連結されたものになる。

一見すると取っつきづらい抽象的な把握ですが，なぜこのような理解になるのでしょうか。大塚によれば，それはいわゆる生産力の低さと関係があります。共同体に基礎を置く経済では人間そのものが大地の一部と化していて自然環境の制約からさほど自立できておらず，近代資本主義社会のように人間が自然環境と対峙してこれをある程度コントロールしうるレベルに達していない。だから，そのような経済においては生活必需品や生産用具の生産で土地の果たす役割が極めて大きく，共同体の所有・管理対象とされる。生産力の低さゆえに土地に関しては，私的所有よりも共同体的所有が優先される，というわけです。

そのことは個人の自由な生産活動の制約にも影響するとされます。大塚は共同体の発展過程を〈アジア的形態→古典古代的形態→ゲルマン的形態〉と捉え、その先に近代資本主義社会が来ると基本的には理解していますが、そこでアジア的形態における土地分配は各家族の能力と必要に応じて与えるという「実質的平等」の原則に基づいていると述べます。彼によれば、このアジア的形態は大家族制が中心であり、各大家族により耕地として取得された土地は共同体の家長会議によって分配し直されたため、大家族が成長して必要量が増えたときには新たな開墾も認められたが、必要以上だと断定されればその部分は取り上げられてしまったといいます。ここには、共同体では私的な経済活動の自由が実質的平等の「経済外的強制」により縛られる、との認識が示されています。

しかし、このような実質的平等の強制は共同体内部において行われるのみで、共同体外部では野放図な利益追求が見られる、とされます。そもそも、大塚にとって共同体の経済は、継続的な大量の商品生産＝流通を前提とした近代資本主義社会と異なり、原則として自給自足的な消費を意識したものであるため、交易（流通）に回されるのはその外部にとっての消費対象（内部にとっては余剰生産物）にすぎません。したがって、共同体内部では生活必需品の分配や共有地の共同管理義務等をめぐって取得や負担などの実質的平等を強制して「共同体意識」を醸成する一方、共同体の外部者については、上記のような規制と保護の対象外として露骨に収奪されるべき「他所者（Fremde）」——場合によっては、潜在的な「敵」——とみなされる、というのです。

3. 倫理の二重構造とその克服

この対内倫理と対外倫理の区別について、大塚はとりわけマックス・ヴェーバーの『経済史』（1922年）における「内部経済」と「外部経済」の区別に依拠して説明しています。そこでは、かつての部族や氏族において、「内部経済」では原始的なかたちでともに厳しく拘束しあうのでいかなる経済的交渉の自由も成員同士の間では考えられないのに対して、「外部経済」では外との商業に拘束がなくまったく思いやりがない、と述べられています。内部に対しては平等と保護の倫理が厳しい一方、外部に対してはそうした倫理が働かず暴利ない

し収奪が平気で行われる，というわけです。これを大塚は「倫理の二重構造」と呼びました（恒木［2013］）。

　大塚はこのことが如実に表れるケースとして「村はちぶ」を想定しています。ある個人が共同体の成員から追放されて文字通りアウトロー（outlaw）となるケースである，と彼は述べますが，『楢山節考』で描かれる雨屋という一家の「村はちぶ」の光景はまさにこれに該当します。

　秋の頃，雨屋の亭主が隣の焼松という人物の家から豆のかますを盗み出したところ，見つかって焼松の家中の者に袋叩きにされる事件が起きます。この村で食べものを盗む者は極悪人とされ，最も重い制裁である「楢山さんに謝る」ということをされるといいます。その制裁内容とは，当該の家の食べものを奪い取りみんなで分け合ってしまう，というものです。分配をもらう人は必ず喧嘩支度で，かつ裸足で駆けつけねばならないとされました。もしその賊が抵抗する場合は戦わねばならないので，一刻も早い加勢が求められたのです。

　実際，雨屋は亭主も家族も祭り場の所に連れていかれて，「家探し」の間そこに座っていることを強いられました。家じゅうを荒らされて食べものという食べものを表に投げ出されたのです。そうしたところ，出てきたのは雨屋の家では本来取りえないような大量の芋の山でした。どこの家でどれだけの芋を作ったか，村人たちはみな知っていました。雨屋ではこの10分の1も取れなかったはずだといいます。この芋の山は，畑にあったときから村じゅうの芋を掘り出したに違いない，と断じられることになりました。

　しかも，雨屋が楢山さんに謝ったのは二代続けてのことでした。先代が「家探し」をされたときに冬をうまく越せたのは，山のどこかに食べものを隠していたからではないか，という噂までありました。そのこともあってか，この「家探し」の3日後の夜に大勢が裏山へと向かいました。おそらく，隠していた食べものも掘り出されたのでしょう。その翌日，雨屋の一家が村からいなくなってしまったことが知らされました。そして，雨屋のことを口にしないという村じゅうの申し合わせがあって，誰も雨屋の噂はしなくなりました。村から完全に消されたのです。

　ここまでくると，雨屋は犯した罪に相当する当然の罰を受けたのだ，という

ことになりそうですが，果たしてそうでしょうか。盗人にも三分の理，という言葉があります。雨屋の家族は12人でした。大家族のなかの大家族です。この一家は食べものが足りず，やむにやまれず盗んでしまったのでしょう。この話を見て主人公の辰平は次のように思案します。

　　この冬はうちでも越せるかどうか？

　雨屋のことは他人ごとではなく，辰平の家でも切実に迫っていることでした。家族は8人でしたが食べ盛りの者が多く，食べものが足りないことは明白でした。しかし，盗みをするわけにはいきません。このことが，母おりんの「山に行く」ことと辰平が正面から向き合わざるをえなくなる伏線にもなっています。辰平が涙したのは，貧しさのなかで食糧危機から家族を救うために棄老の掟に従って母を「楢山まいり」に送らざるをえないという，その冷酷すぎる現実への耐えがたさでした。

　とすれば，大塚の共同体論の観点でいくと，盗みの原因である食糧不足の解消こそが課題とされるべきことになります。そのためには食糧増産の必須条件として私的生産の自由が確保されるべきである，というのが大塚の主張です。そしてその基盤を直接生産者の私的所有地の拡大に求めました。そこで，共同体の解体が近代化の前提とされたのでした。戦前の地主制度が小作農の貧困をもたらした，という認識を持っていた大塚からすれば，小作農の自作農化をおし進めた戦後の農地改革は近代化の重要な一歩だったのです（恒木［2013］）。

4. 合理的な共同体像による近代批判

　しかし，共同体は本当に暗くじめじめした冷たいだけのものだったのでしょうか。それについては，必ずしもそういえないような，場合によっては正反対のことを示す指摘に遭遇します。たとえば，共同体における食べものの窃盗については，いかなる場合でも「村はちぶ」のような冷血な対応に基づいていたのか，というとそうではありません。どちらかといえば穏便にすませようという方向性もあったことが，きだ［1956］のなかで描かれています。

　ある集落で大きな額の盗みが発覚したことがありました。犯人はその集落の

少年でした。この少年の生い立ちや性質を集落の人々はよく知っていました。親方たちは自分たちの集落から警察に捕まる者を出しては集落と親方たちの恥になるという考えにとらわれ，事実をもみ消し金を返済させ，その少年を集落に住むある未亡人の家に預けて今後の様子を見ることにしました。その結果，少年は二度と盗癖を現さず，立派な労働者になったといいます。

　いま一つは，終戦後の食糧危機の春に同じ集落で起きた事例です。Aという人物の馬鈴薯が盗まれました。Aは犯人を見つけ出し盗み返してやろうと決意しましたが，盗んだ犯人がわかりません。そこでAは自分の怒りをしずめるためにともかくもBの馬鈴薯を盗みました。集落内の自分を除く他の人々でできた社会に対して報復したのです。そうすると，馬鈴薯の盗みあいが始まってしまいました。集落の会合が開かれ，そこで〈犯人を見つけしだい駐在に引き渡す〉と申し渡されたのですが，盗みあいは止まりません。夜番の見張りもつけたのですが，これも役に立ちません。結局，〈馬鈴薯盗みを見つけられた者は集落から立ち退いてもらう〉という申し合わせをし，署名もしました。そうすると，この日から馬鈴薯の盗み掘りはやんだのでした。

　この両者の事例から，きだは集落の掟が法の及ばないところを補っている点を指摘します。とくに，少年の例に関しては次のように強く主張します。もし行刑が一つの理想を持つとすれば，過去を知った人間が裁いて同じような罪を犯さないようそれに対応した措置を講ずるに違いない。都会では知らない人間が知らない人間を調べて刑を言い渡し，知らない犯罪者の収容場所に放りこんで，法とその手続きを満足させているだけである，と。ここには，まさに「条文や契約の単なる解釈だけに仕事を限定されて，上から費用といっしょに構成要件を投げ込めば，下から判決理由といっしょに判決が出てくるような法自動販売機の地位に甘んずる」とヴェーバーがいわゆる『法社会学』（1911～13年）のなかで批判した近代法秩序の問題点（横田［2017］）が示されています。犯罪をおかせばすぐに刑務所に入れてしまうような過ぎたる形式主義では対応できない側面を，共同体の掟の側から批判しているわけです。

　きだみのるの名は『気違い部落周游紀行』（1948年）によって有名です。この「気違い部落」という差別表現と見まごうタイトルで彼が伝えたかったのは，

この本を読んで登場人物たちに軽侮の念を抱いたり優越感を味わう人がおかしいこと，むしろ登場人物たちの考え方や行動パターンが「日本人の誰もの心の中に生きている一般的なもの」であることだったといいます（きだ［1981］）。きだは共同体の暗く陰湿な側面もていねいに描いています。しかし，それだけを一方的に強調するものではありません。上記のような共同体が持つプラスの側面やそこに住む人々の合理的な行動も記しているのです。こうした部分を完全に拒否して近代化を是とする立場から共同体のマイナスの側面ばかりを強調するのは，小谷汪之が『共同体と近代』（小谷［1982］）のなかで大塚久雄を批判した通り，「近代追認の共同体論」にすぎません。大塚のような近代主義が欧米を理想化してアジアを貶めるような言説の形をとっていたことも相まって，共同体を近代化のために解体されるべきものとするような議論はヨーロッパ的近代を正当化するオリエンタリズムとして厳しい批判の対象となっています。

5. 近代のオルタナティブとしての共同体論

　上記のような近代主義批判の延長線上に近年は，大塚が定式化したような共同体の否定的イメージは歴史的事実や現在の状況にそぐわない，むしろ共同体の非近代的側面に肯定的側面と未来の可能性を見るべきだ，という指摘のほうが多いようにも思われます。大塚の『共同体の基礎理論』に対する正面からの批判を意図した内山節『共同体の基礎理論』（2010年）はその一例です（内山［2015］，恒木［2010］）。

　同書には群馬県上野村の事例が数多く登場しますが，著者の内山はもともと村の他所者です。大塚の共同体観でいけば排除と収奪の対象でしょう。しかし，実際は互いに顔見知りである村の人称的な世界に溶けこんでいます。著者は「おてんまの会」という村の暮らしの文化を見直しながら地域づくりをする任意団体の一員ですが，この団体は顔見知り同士で行われているからこそ共同体の全体を意識した公的性格を帯びるといいます。もし解散ともなればそのグループに参加していない人たちにも村の将来への失望が広がるので無碍に解散はできない，というのです。つまり，顔見知りの自発性ゆえの「絆」の醸成と維持がそこで論点とされ，近代化された社会における利己的で孤立した個人と対

置されているわけです。

　この上野村は山でシノブ（江戸風鈴などに使う蔦）とイワタケ（漢方薬の原料などになる地衣類の一種）が採れるのですが，その採り方には厳しいルールがあるといいます。大量採取して売ると1日に4万～5万円ほどの大きな収入になるそうですが，いちど採ってしまうと再生に大変な時間がかかる（たとえば，イワタケは3年）ので，自由競争に任せてしまうとなくなってしまう恐れがあるとのことです。なので，この村では生活に困ったり当然の理由でお金が必要になったりしたとき以外はシノブやイワタケを大量採取できないことになっています。資源の保全と共有が生活の救済措置と結びついている好例として，内山は「共同体の精神」を感じたと述べています。上記の自然を利用した緊急支援の例をはじめ，ほとんど「村はちぶ」は発動されなかったという事実の指摘や，共同体における無担保貸付の仕組みである「無尽」ないしは「頼母子講」といった顔見知り同士による人称的な融資制度の紹介などを通して，内山は欧米の近代（資本主義と社会主義）に特徴的な人間中心主義や個人主義を批判して，自然を敬い人間の知性を万能視しないお互いの顔をよく知った人称的な世界の回復を提唱するのです。

　たしかに，現在の匿名的な金融の暴走による地域の破壊や人間の個人化による人間関係の非人称化，さらには人間中心主義のもたらす環境破壊といった問題について，共同体の持つ「絆」——人間と人間の，あるいは人間と自然の——の意義を再確認させるものであるともいえるかもしれません。これらの考え方は近年のコモンズ論，ソーシャル・キャピタル論やアソシエーション論とも触れあう点がありそうです。

6. 倫理の二重構造と現代——共同体論を超えて

　しかし，共同体の施策は基本的にその内部の構成員を保護するために外部の力を借りるやり方になっています。先述の資源共有による生活救済策をよく見ますと，困窮した村人を救うために高級品となる植物の採取を許可しそれを外部に売らせているわけです。内部の困難を外部の利用により解決するというやり方は，実はもろ刃の剣です。場合によっては，内部の厄介事を外部に移出す

る，ないしは内部の得のために外部に困難を強いるようなことにもなりかねません。とすれば，それはまさに大塚の批判した「倫理の二重構造」の問題と表裏の関係にあるとはいえないでしょうか。そのことについては，家族や村落といった規模の共同体を超えたレベルで考察すべき事例に注着します。

　たとえば，石牟礼道子の『苦海浄土――わが水俣病』(1969年) の最後を見てみましょう (石牟礼 [2004])。そうすると，次の一節が出てきます。

> 銭は一銭もいらん。そのかわり，会社のえらか衆の，上から順々に水銀母液ば飲んでもらおう。(〔昭和――引用者注〕四十三年五月にいたり，チッソはアセトアルデヒド生産を中止，それに伴う有機水銀廃液百トンを韓国に輸出しようとして，ドラムカンにつめたところを第一組合にキャッチされ，ストップをかけられた。以後第一組合の監視のもとに，その罪業の象徴として存在しているドラムカンの有機水銀母液を指す) 上から順々に，四十二人死んでもらう。奥さんがたにも飲んでもらう。胎児性の生まれるように。そのあと順々に六十九人，水俣病になってもらう。あと百人ぐらい潜在患者になってもらう。それでよか。

　これは，水俣病により酷薄な差別や迫害を受け死に追いやられつつあった患者の言葉として描かれています。その内容において強烈なのは，真木悠介が『気流の鳴る音』(1977年) で指摘した通り，公害問題が大きく取り上げられるようになった日本をあとに，チッソが有機水銀廃液100トンを韓国に輸出しようとしていたことです (真木 [2003])。

　自分の身の回りの困難を外部に移出して解決しようとする。自分たちさえ得をすれば外部には迷惑をかけてもよい。小堀 [2017] によれば，こうした公害輸出の発想はその前段階があり，そこでは国内の周辺地域に公害の発生源を移転していく開発移出・公害移出というものが見られました。著名な港湾技術者が「公害をおこす工業は，都会に近い東京湾あるいは大阪湾からなるべく遠慮してもらうという方向に」，すなわち「消費地には遠いけれども公害があまりおこらんようなところに――瀬戸内海の田舎だとか，鹿島，苫小牧，新潟とかいうところに――なるべく行ってもらう」という考えを公言できる状況が

あったのです。そして，公害に対して「横浜方式」（解説 4 を参照）という先駆的な対応をとった 1960 年代の飛鳥田市政が公害防止的開発をなしえたのは，横浜が「都会に近い」からであった，と指摘します。まさに構図はチッソと同じです。そして，公害移出が国外に限らず国内においても起きていたという小堀の記述は，3.11 以後の現在にあって原子力政策の問題をも想起させるものになっています。

　真木はチッソの例をマルクスの『経済学批判要綱』(1857～58 年) の言葉である「資本の巨大な文明化作用」あるいは「布教的（文明化的）傾向」の帰結と見ています。おそらく，飛鳥田市政についても同様の評価を下すでしょう。内山であれば，これを欧米的近代の人間中心主義の帰結とみなすでしょう。しかし，こうした公害問題は近代資本主義の帰結だけで説明できるものでしょうか。むしろ，近代化した日本においてもなお残存している「倫理の二重構造」の帰結としても説明できるのではないでしょうか。

7. 新しい共同性の創出に向けて——歴史研究の意義

　冒頭で紹介したアルコールとコーヒーの事例は，労働社会学者の渡辺拓也が飯場（建設労働者のための作業員寮）での日雇い労働について 2003 年にフィールドワークを行ったときのエピソードの一つです（渡辺 [2017]）。本人はアルコールばかりを飲むのがきつくて缶コーヒーに手を伸ばしたのだといいます。そのとき，みんなはアルコールばかりを飲んでいたので，みんなの分の缶コーヒーを買うのに合理性はないと考えたのです。しかし，その際に「自分のだけ」買うことにためらいも感じました。結局，「自分のだけ」買って案の定怒られたわけですが，本人は「どう解釈すればいいのだろうか」と問いかけたままにしています。こうした共同関係を同調圧力として「ブラック企業」にありがちなことと評価するのも，一つの解釈です。渡辺によれば，飯場労働者は仕事を大切にし仲間を大切にする一方で，飯場労働者の間では仲間を排除する振る舞いが見られます。内部における平等の強制とそれを守らない者の排除，という点は大塚の共同体論が妥当しそうにも見えます。しかし，渡辺がこれを根拠に否定的な評価を下すことをためらったのは，この飯場の背景となる寄せ場

（慣習的に路上求人が行われている場所）をめぐる事情もあると思われます。

　渡辺の調査対象とした飯場の数々は，大阪最大の寄せ場である「釜ヶ崎」（あいりん地区）から労働力として調達されてきた人々の働く場所でもありました。どこの現場に行っても，おたがい釜ヶ崎に戻って仕事探しをする仲間であり，どこかの現場でまた一緒になるかもしれないという意識が共有されているというのです。釜ヶ崎という寄せ場は，現場労働の成立をギリギリで支える共同性の原資が涵養される場であった，と渡辺は述べています。忘れてはならないのは，釜ヶ崎が「隠蔽された外部」として機能したという指摘です。高度成長期からバブル期までは日雇い労働者の供給源として，バブル崩壊後は何らかの事情で身寄りのない状態に陥った人々の集まる場所として，釜ヶ崎は存在してきています。それは同時に戦後の都市社会が自身の豊かさとその優位性を確認するための「鏡」として，自分たちとは無関係の他所(よそ)の土地のように扱われてきた，という極めて厳しい批判もあります（原口［2016］，白波瀬［2017］）。自分たちの内部と外部で倫理を使い分ける「倫理の二重構造」が問題視されるべきなのは，元来の共同体を超えて戦後日本の全体なのかもしれません。

　同時に，こうした共同性の涵養の場となった釜ヶ崎は，もともとの地縁も血縁も剥離されている身寄りのない人々の縁(よすが)となる場所でもあるのです。現在の個人化する社会において「絆」の再生をいうのなら，狭義の共同体を超えた共同性のあり方について考えねばなりません。先述のコモンズ論，ソーシャル・キャピタル論やアソシエーション論はこうした問題をも包含するものでなければならないでしょう。

　共同体は，現在あまり聞かれなくなった言葉です。しかし，この言葉の周辺をめぐる議論を整理し，それが対象としてきたものの歴史に学術書だけでなくフィクションやノンフィクションの世界から接近することで，歴史を学ぶ姿勢のみならずその現代とのつながりを実感することができるはずです。このテーマを通じて，一つの事実について複数の解釈がありうるということ，そしてその上でどの立場を選びとるかは自分たちの身の回りの現在と大きな関わりがあることを，しっかりと意識する機会にしてもらいたいと思います。

第 IV 部

社会環境と生活

「鮫ヶ橋　貧家ノ夕」(『風俗画報』第277号，1903年，挿画)
明治期に東京最大の「貧民窟」とされた四谷鮫ヶ橋には，1898（明治31）年の調査によると，当時1,365戸4,964人が住んでいました（横山［1949］28頁）。

第8章
教育と労働

はじめに――「学び」と「働き」の制度化

　「教育」と「労働」は実は近代以降に生まれた比較的新しい概念で，近代以前，つまり近世の日本では「学び」や「手習い」，「働き」がそれに代わる概念でした。日本ではもともと家や村という共同体のなかで，一人の人間が誕生から死を迎えるまでの間に，日々の生業や遊び，さまざまな行事や祭りでの役割といった生活と生産全般にわたる活動，すなわち「働き」を通して絶え間なく「学び」を体験する場が存在し，広い意味での人間形成がなされていました。商工業の技能を見習う徒弟制度のなかでは，徒弟は年季奉公として親方と生活をともにしながら一人前になりました（木村編著［2013］）。また，子どもは「家の子ども」というだけでなく，「村の子ども」でもあり，名付け親，拾い親，烏帽子親，筆親など，血のつながった両親以外の親たちからも「一人前」になっていく過程を見守られ，さまざまなことを学びました。ここでいう「一人前」とは，単なる知識や技術の修得だけでなく，農民，職人，商人など，それぞれの世界に生きる人間としての成熟を意味しています。

　近代の学校教育はこの「学び」を「教え」に変え，工場や機械の誕生と産業社会の到来は生活と生産を区別して，生産に関わる活動を「労働」として特化させました。こうして「教育」と「労働」が国民国家，産業社会を形成する基盤として制度化されていくのが近代という時代であったといえます。とりわけ近代は産業革命を支える企業家や技術者，そして多くの労働者の育成が求めら

れ，それに応えるための「産業教育」が盛んになった時代でもありました。学校教育が就労へとつながり，学校で教育を受け雇われて労働者になるという経路が広範に定着するなかで，「雇用社会」が成立していくことになったのです（木村編著［2013］）。それは具体的にはどのようなシステムであり，また，それは現代社会にどのようにつながっているのでしょうか。そこで本章では，「産業教育」を補助線として，近世から近代への移行期に生じたこの大きな変化に着目しながら「教育」と「労働」の関係史を描いてみることにします。なお，ここでの「産業教育」とは，「職業教育」や「実業教育」を含み（長谷川［1956］），農業，工業，商業全般に関わる教育と定義しておきます。

　教育や労働という視点でいえば，私たちが生きる現代の多くの部分は，近代に整えられたシステムの上に成り立っています。そのため，近世，近代，現代へとつながる教育と労働の歴史を考えることは，義務教育はどのように生まれたのか，学歴社会はいつから始まったのか，学校教育とは何か，何のために学ぶのか，なぜ新規学卒就職が一般的になったのか，働くとはどういうことか，という現代を生きる私たちを取り巻くさまざまな問いに対する答えを考えることにもつながります。

1　「学び」から「教育」へ

1）近世の手習い塾の展開とその社会経済的背景

　日本の識字率は近世から非常に高かったことはよく知られています。近世は「教育爆発」あるいは「教育の大衆化」の時代ともいわれるように，学ぶ行為が広く庶民にも普及した時代でした（入江［1984］）。

　近世の手習い塾は，商品経済の発展に伴い，庶民の生活に「読み・書き」能力が欠かせなくなってきたときに，民衆のなかから自然発生的に開設されるようになったと考えられています（沖田［2017］）。農業技術の改良や新田開発などによって生産性が高まり，商品作物の栽培が始まると，新しい知識の習得が求められ，元禄期には多くの「農書」が刊行されました。また，商品経済が浸

透すると，契約書，送り状，金銭出納帳，勘定帳などの書類作成が必要になります。こうして，それまでの「聞き学び」から「文字学び」へと移行し，いわゆる文書社会，公論社会が成立しました。それを支えたのは，4万から5万軒もあったといわれる手習い塾（寺子屋）であったといわれています（大戸・八鍬編［2014］）。これに加えて蘭学や医学，国学などの専門学を教える私塾が各地に展開し，それらは多彩な思想家たちの活躍によって支えられていました。

手習い塾では主に読み・書き・算盤が教えられていましたが，それは具体的にはどのような様子だったのでしょうか。また，近代になると，それはどのように変わったのでしょうか。次に並べる2枚の絵からそれを考えてみたいと思います。図8-1は近世の手習い塾（寺子屋）の様子，図8-2は明治時代の小学校の様子が描かれたものです。

図8-1では，子どもたちは思い思いの方向を向き，先生が個別に教えているように見えます。取り組んでいることもさまざまで，本を読んでいる子もいれば，文字を書いている子もいて，何かを考えている子もいます。表情も多様です。近世の手習い塾ではさまざまな学習進度にある子どもたちが，個別に教えられていました（江森［1990］）。近世の手習い塾で使われた教科書は「往来物」と呼ばれ，『百姓往来』，『商売往来』など，職業別のテーマで刊行されており，その内容には地域の特徴が盛り込まれることもありました（梶井［2016］）。つまり，子どもたちが学ぶ内容は，身分や家業，地域によって異なっていたのです。近世において人々は身分，職分，性，地域などによって異なった生き方をしており，それぞれの規範のなかに生きていました。手習い塾での学びは，これら異なった生き方や規範を肯定し，再生産するためのものであったといえます（木村［2006］）。このように手習い塾は地域の特徴や歴史と深く関わってきたために，地域社会史を描く恰好の素材ともなってきました（石山［2015］）。

また，手習い塾に行くことは義務ではありませんでした。家業に励むことを第一とし，もし余力があったら行けばよいという位置づけだったのです。人々は家業に励むための具体的な技能や暗黙知を手習い塾というよりもむしろ，日々の暮らしのなかで身につけました。家や社会の決まりごとを明文化した「家訓」などが指針や手本になることもありました。そもそも近代以前は「子

第 8 章 教育と労働　219

図 8-1　近世の手習い塾

出所）「文学万代の宝（始の巻・末の巻）」（東京都立中央図書館特別文庫室所蔵）。

図 8-2　近代の学校教育

出所）「小学入門教授図解　第七」（国立教育政策研究所教育図書館所蔵）。

ども」という特別な存在はなく，手伝いや子守ができるようになると，彼らは家業の担い手の一人として位置づけられました。ヨーロッパにおいても子どもは「小さな大人」として認知され，共同体の一員としての役割を担っていたことが知られています（アリエス［1980］）。

2）近代学校教育のはじまり――「立身出世」という価値観

　現代に近いのは図 8-2，つまり，先生が前に立ち，子どもたちが同じ方向を向いて同じ内容を学んでいる一斉教授の風景です。文部省が刊行する「教科書」が誕生し，それが用いられるようになると，同じ内容を同じ進捗で一斉に教えるシステムが浸透し始めました。手習い塾のように，自由な姿勢で，色々な表情を見せながら学ぶ風景は見られなくなり，掛図や黒板と教師，それに対峙する机や椅子という配置が統一され，教室では同じ姿勢，同じ表情で全員が前を向いています。1868（明治元）年に発足した明治政府は，「国民国家」の「富国強兵」を実現するために，教育，軍隊，税の制度改革を基盤に据えました。1871 年の文部省設置，国民皆学を理念とした 72 年の学制発布により，国民国家を形成するための教育制度が始まったのです。

　その背景には明治初期の制度上のさまざまな変化がありました。諸道の関門が廃止されると人々は自由に移動できるようになり，田畑勝手作の許可や土地永代売買の解禁，村請制や五人組制度の廃止などによって共同体の秩序は緩み，職業の自由が認められるようになりました。こうして近世と比べて共同体との関係が希薄化する一方で，1871 年の戸籍法制定によって，家族は国家から直接に把握される存在，つまり国家の基礎単位となりました（小山［2002］46-47 頁）。このような制度上の変化のなかで，急激ではないにせよ，確実に子どもたちは「地域」で学ぶというよりも「家族」と「国家」によって教育される存在となっていったのです。明治政府はフランスの中央集権的な学区制にならって全国を 8 大学区，大学区を 32 中学区，中学区を 210 の小学区に分けるという「学区制」を導入し，6 歳以上を学齢期と定め，8 年の教育をすべての国民が受けることを求めました。大学は 8 校，中学校は 256 校，小学校は 53,760 校設置されるというこの計画には，近世以来の村の行政区を解体し，学区を中

心にした新しい行政区へと編成する意図も含まれていました。こうして，地域の手習い塾や日々の暮らしのなかでの「学び」とは違う，極めて公的な行為としての「教育」が誕生し，それが制度化されることになりました。近世以来存在していた藩校，郷校，郷学，私塾，手習い塾などは近代的な学校制度に取り込まれ，国民教育の統合が図られました。1900年の小学校令改正を経て，日本では4年間の無償義務教育制度を実現し，07年にはそれが6年に拡大されました。そして，20世紀に入ると小学校の就学率は90％を超え，学齢期に達した子どもたちのほとんどは，小学校での教育を受けるようになったといわれています。

では，小学校の就学率の上昇にはどのような背景があったのでしょうか。学制が頒布される前日には，国民に対して新しい学校教育を受ける必要性を説いた「学事奨励に関する被仰出書(おおせいだされしょ)」が出されています。そこには，「自今以後一般の人民，華士族卒農工商及婦子女，必す邑(むら)に不学の戸なく家に不学の人なからしめんことを期す」と示されました。これからの社会で有用な人間になるためには学問が必要であり，これからは学問を通して「立身出世」が可能になると述べられています。つまり，政府は「立身出世」という価値を全面的に押し出すことによって教育の普及を図ろうとしました。これが国民の教育熱をあおり，貧困の原因を「学ぶと学ばざるとによる」と自己責任に求め，いわば強制就学の方針がとられるようになったのです（沖田［2017］）。

高等教育においては，1877年の東京大学（のちに帝国大学，東京帝国大学と改称）の創設以来，優秀な人材を国家が管理し教育するシステムの構築が進められました。これに対して福澤諭吉（慶應義塾大学）や新島襄（同志社大学）らは，民間にも優れた人材を置くことによって官と民のバランスをとる意義を説き，私学の創設も相次ぎました。『学問のすゝめ』の著者である福澤は，教育を「身を立るの財本」と説明しています。その点で，私学の教育の目的に対する意義づけは明治政府が目指したものと，大筋では共通していました。『学問のすゝめ』は当時のベストセラーであったことを踏まえると，「立身出世」，「身を立るの財本」を得るための教育，という考え方が広く普及し始めていたといってもよいでしょう。立身出世の道を学校教育に求めたのは主に士族の子弟で

あったといわれていますが（桜井［1984］184頁），1920年代にはより広く，都市と農村双方でも教育熱が高まっていきました（大門［2000］）。

2　産業社会・労働の誕生と教育

1）複線型教育システムと産業社会──「実業」の重視と産業教育

　すでに述べたように，近代学校教育はそれのみで変化したわけではなく，時代の社会経済的要請によって「学び」から「教育」への転換を迫られていました。ここではとくに，小学校卒業後の進路，つまり高等教育の展開を視野に入れて，「産業社会」が形成される過程と教育との関わりを見てみたいと思います。

　経済成長や産業発展を説明する上で，「教育」は不可欠の要素であるといわれてきましたが（パッシン［1969］，天野［1997］，梁［1999］，サンダーソン［2010］），経済史や経営史におけるこれまでの研究では「教育」を正面から取り上げたものはそれほど多くありません。ただし，工業に関しては近代日本の工業立国化と国民形成を論じた大淀［2009］，近代大阪の工業教育を研究した沢井［2012］，近代産業社会における女性の役割を論じた三好［2000］，また，海外ではイギリスの教育と科学と産業について論じたサンダーソン［2010］，教育史の分野から製糸女工の教育史を描いた花井［1999］らによって，教育との関わりが論じられています。これらいわゆる「工業」分野に着目した研究が多いなかで，三好［1979, 1982, 1985］が唯一「農業」や「商業」を含めた産業全体と教育との関わりを明らかにしていることに示唆を受け，以下では，「工業」と合わせて「農業」と「商業」を含め，産業全体に目を向けてみることにします。

　そのためにはまず，近代の教育システム全体を見渡しておく必要があります。明治政府は西洋方式の学校教育を採用したとき，産業系の学校をそのなかに組み込みました。学制では，中学校の一種として農業学校，工業学校，商業学校を位置づけ，翌年には諸芸学校，鉱山学校，農業学校，工業学校，商業学校を

専門学校としました。また，明治初期には「人材の教育は，それを必要とする省庁が設置し管理する」という主務省管理の原則によって農業，工業，商業の近代化を進めていましたが，1886（明治19）年創立の帝国大学において，それまで工部省の所轄であった工部大学校を工科大学とし，4年後には農商務省所轄の山林学校を農科大学とし，文部省の一元管理下に置くことになりました（三好［2016］9頁）。図8-3は高等教育機関を含めて，教育制度の整備がほぼ完了したといわれる1919（大正8）年の学校系統図です。現代は小学校を卒業した後に中学校，高等学校，大学へというかなり単純な系統構造となっていますが，近代には，小学校を卒業した後にはかなり複雑で多様な進路が用意されていました。学校系統は，現代では「単線型」であるのに対し，近代は「複線型」といわれています（文部省編［1972］）。尋常小学校卒業後，男子，女子ともに四つの選択肢がありました。第1にほとんどの人々は尋常小学校卒業後に働き始め，高等小学校に進学できたとしても，さらなる進学をすることはありませんでした。進学できた人々は，第2のルートとして中学校を経てから，①高等学校，大学，②専門学校，③高等師範学校へ進むルートがありました。女子の場合は中学校ではなく高等女学校を経て女子高等師範学校へと進むルートに限られていました。第3のルートとして高等小学校を経てから，①師範学校，②実業学校へ進むルート，そして第4のルートとして尋常小学校卒業後に①実業学校，②実業補習学校に進むルートがありました。文部省の管轄外であった陸軍士官学校や海軍兵学校なども含めると，進路選択の幅はさらに広くなります。さらに，学校教育とは異なる次元で，企業内での人間形成・訓練の組織化を目的とした企業内教育システムも形成され始めていました。

　このような複線型の学校系統は，近代産業を支える人材（労働者，技術者，事務職員，経営者）を養成する，いわば装置としての役割を果たしました。盛岡中学校で代用教員をしていた石川啄木は，教育者を「上級の学校に入り，もしくは或職業につくために資格を与えうる一種の機械」とも表現しています（桜井［1984］183頁）。戦前日本の会社や工場で働く人々を例にすると，労働者と事務職員の一部は義務教育修了者から供給され，技術者や幹部職員候補者は中等教育以上の教育を修めた者でした。義務教育（高等小学校を含む）終了後

224　第Ⅳ部　社会環境と生活

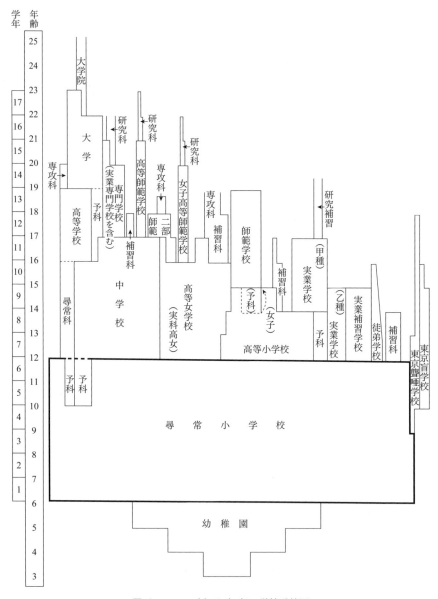

図 8-3　1919（大正 8）年の学校系統図

出所）文部科学省ホームページ「学校系統図」。

に工場に勤務した労働者の多くは職場で腕を磨いた後，一人前とみなされました。技術者は徒弟学校や工業学校，夜間課程が主体の工業各種学校で教育され，それ以上の職位につく者は高等工業学校と大学工学部で教育されました。つまり，学歴別の位階秩序が明確に形成されており，多様な技術者を供給する教育機関の側もそれに対応するように階層的に編成されていたのです（沢井［2012］1頁）。

　この時代の学校体系を特徴づけるのは，「実業」という概念です。福澤諭吉の『実業論』や渋沢栄一の「実業」思想，武藤山治の『実業読本』などが知られていますが，いわゆる日本資本主義の確立期には「実業」という言葉が盛んに用いられるようになりました（長沼［2008］）。ただし，この時期の「実業」には，文学や歴史学なども含まれ，今日と比べてより広い学問領域が包括されていたことにも留意しておきたいと思います。学校教育の場では1890年公布の小学校令によって，小学校や高等小学校に「実業補習学校」が付設されました。この実業補習学校は，小学校の補習機関であると同時に，実業に関する知識と技能を教授することを目的としていました。1899年に「実業学校令」が交付され，実業補習学校が実業学校の一種となると，その設置は進みました。具体的には「農業補習学校」，「工業補習学校」，「商業補習学校」，「水産補習学校」，「商船補習学校」などがあり，とりわけ農業補習学校の増加は顕著でした。このように，「実業」を重視した「産業教育」としての意味合いを内包していたところに日本の近代学校教育の大きな特徴があるといえます。

2）「労働」の誕生と産業教育の展開

　ここからは，農業，工業，商業それぞれにおける具体的な産業教育の展開を見ていきたいと思います。近世以来，商業に特化した商家が存在したにせよ，田畑を耕し，魚を獲り，農閑期には機を織り，紙を漉き，酒造りの出稼ぎに行くなど，百姓の暮らしは文字通り，さまざまな生業を組み合わせた複合生業が一般的でした。しかし，近代になると，都市や都市近郊農村を中心として複合生業は徐々に解体し，農業，工業，商業へと専門分化し，それぞれの業種は新しい論理と担い手に支えられるようになりました（湯澤［2016］）。この新しい

表 8-1　近代日本の人口の推移

(単位：万人)

年代		a) 1920 年	b) 1930 年	a) を 100 と した時の b)
総人口		5,596.0	6,445.0	115
業種別人口	農林業	1,500.0	1,500.0	100
	製造業	500.0	600.0	120
	商・サービス業	700.0	880.0	126
都市労働者		466.0	857.0	184
都市新中間層（医者・教員・俸給労働者）		79.7	88.9	112
六大都市人口（東京・大阪・京都・神戸・名古屋・横浜）		763.0	1,094.0	143

出所）小山〔2008〕105-121 頁より作成。

担い手というのは主に農村の次・三男や娘たちであり，彼らは機械や工場の登場とともに必要不可欠となった「労働」を「賃金」と引き換えに提供する主体となりました。物も労働も賃金に換算することが可能な社会になると，彼らは「(賃金) 労働者」と呼ばれるようになり，「労働者階級」が形成されました。これは日本に限らず，産業革命を迎えたほとんどの社会が経験する大転換であったといえます（ポラニー〔2009〕，トムスン〔2003〕）。

人口データから近代日本におけるこの変化を確認してみましょう。表 8-1 に 1920（大正 9）年と 30（昭和 5）年を比較して人口推移を示しました。まず，全体として総人口が増加し，都市への人口集中が生じていることがわかります。次に業種別人口で見ると，農業人口には増減がありませんが，工業と商業の約 2～3 倍の従事者数であり，最も多くの人々が従事していた業種であるという位置づけは維持されていました。一方，製造業は 100 万人，商業は 180 万人増加し，近代産業の勃興によって産業構造は大きく変わりつつあったと見ることができます。

この産業発展を安定的かつ持続的に進めるためには，機械や工場制度の導入といったハード面の革新だけでなく，それを支える労働者，技術者，経営者の質と量というソフト面の充実が不可欠でした。そのため，組織的・体系的な学校教育の場をさらに制度化することが求められ，学校教育による産業人材養成

がますます重視されるようになったのです（梁［1999］199頁）。労働者や技術者に関していえば、その教育は①普通学校の実業科目、②各種学校の実業学科、③実業学校の三つの教育系統で実践される一方、大正後期になると工業分野での熟練労働者不足が問題となり、企業は相次いで自前の教育施設を整備し、企業内教育制度が成立することになりました。

　すでに述べたように、産業教育は「実業」を重視した複線的な学校系統によって推進されましたが、より広い意味で「教育」を捉えると、外国から招聘された技術指導者や留学から戻った官僚たちによる科学技術文化の啓蒙、翻訳書による産業化の啓蒙、欧米産業の移植・導入と勧業払下げ政策、万国博覧会賛同事業による産業振興など、産業に関わる政策も、その一翼を担っていたことにも留意する必要があります（梁［1999］202-211頁）。以下では、官民双方に目配りをしながら全国的な教育制度を把握し、その具体的地域実践として愛知県に着目して、農業教育、工業教育、商業教育それぞれの展開を追っていくことにします。

3）百姓から農家へ——農業と教育

　近世には農業の技術や心得などについて記した多くの農書が出版されたことは前述しましたが、農業が学校教育に組み入れられたのは近代以降でした。1871（明治4）年の民部省建策で農業学校の設立が言及されたもののすぐには実現せず、その後、76年に札幌農学校（東北帝国大学農科大学を経て、北海道帝国大学農学部）、翌77年に駒場農学校（東京農林学校、帝国大学農科大学を経て、東京帝国大学農学部）が設立されたことを皮切りに、まず高等学校における農業教育が始まりました。両校の卒業生はそれぞれ官吏や教師となって近代農業の指針を決め、各地で担い手を育てていきました。

　また、農業教育では官立学校だけでなく私立と公立学校がいち早く創立されました。私立学校としては1875年に津田仙によって設立された学農社や、駒場農学校の第2期生であった横井時敬が深く関わった東京農業大学があります。公立学校としては京都府の取り組みが早く、1874年から府民に開放する農学講義が始まり、それは農牧学校へと発展しました。石川県では1877年に農事

講習所（のちの石川県立松任農学校），岩手県では 79 年に獣医学舎（のちの岩手県立盛岡農学校），宮城県では 81 年に農事講習所（のちの宮城県農学校）が設立されました（三好［2016］）。中等農業教育に対しては，地域からの要望が強かったため，農業学校は工業学校よりも時期的に早く，多く設置されました。農業教育では高等教育，中等教育いずれにおいても，米作と畑作の違い，養蚕の振興（大沢［1993］）や園芸・畜産の導入，林業や水産業との関わりなど，地域の特徴に対応した教育実践が求められ，地域的特色を持った実践が展開することになりました。

具体的な地域での教育実践として，筆者が現在調査対象地域としている愛知県に着目してみましょう。同県は産業立県の基盤としての教育の整備に力を入れた代表的府県といわれています（三好［2016］303 頁）。農業教育に関しては，1901 年に県立農林学校として設立され，大正期に愛知県安城農林学校となった中等農業学校が安城村の近代化に関わりました。安城村は耕種農業と畜産業を組み合わせた先進的な農業体系を実践し，日本のデンマークと呼ばれ，全国にその名を知られるようになりました。駒場農学校に系譜を持つ山崎延吉が福島県蚕業学校と大阪府立農学校を経て，同校の初代校長となりました。彼は同時に農村更生運動を推進する指導者でもありました。第一次世界大戦期以降，愛知県の農村地域では名古屋の都市化と人口増加を背景として，綿織物や畳織，紙漉き，林業などと農業を組み合わせた複合的な生業構造が減少する一方，商業的農業の専業が増えました。それは百姓から「農家」への転換の始まりといってもよく（湯澤［2016］），新しい農業を支える「農家」の農業技術や経営手法はまさに，近代農業教育によって啓蒙され，実践されることによって普及したものだったのです。

4）職人から職工・技術者へ——工業と教育

近代以前の工業的生産活動を担ったのは，主に鋳物，鍛冶などの金属加工業，船大工，車大工などの輸送手段製作業，建具，桶，笊などの木材加工業，酒や醬油などの醸造業，窯業および陶業などに携わる「職人」たちでした。また，衣類や食品加工品，履物などは百姓の農閑余業として生産され，彼らは自分自

身で生産手段を持っていました。近代にはそのような生産活動とは方法も規模も異なる，機械と工場による大規模な工業的生産活動が始まりました。技術導入の初期には職人たちが大きな役割を果たしたといわれていますが，次第に職人は「職工」や「技術者」に取って代わられました（尾高［1993］）。彼らは生産手段を持つ工場主や経営者に雇われるいわゆる「（賃金）労働者」でした。新しい工業に必要な，工学的原理に対する体系的修練には軍工廠での雇用，欧米人技師や職人あがりの技術者から伝習するなど，さまざまな教育機会がありましたが，主軸となったのは，新たに設立された官立の工業学校でした。日本の場合，学校教育による技術・技能訓練の早期的制度化が必要とされ，それによって明治末から近代企業部門で起こった直接的労務管理への急速な移行も可能となったといわれています（斎藤［2015］）。

　工業教育は東京における官立の上層学校の整備から始まり，それが地方へと拡張し，昭和戦前期には，7帝国大学すべてに工学部が設置されました。農業教育では公立学校，商業教育では私立学校が多く設立されたのに比べると，工業教育では官立の学校が圧倒的に多いのが特徴です。まさに近代日本の工業立国化を進めるために，中等教育では染色系の講習所などに代表されるような地域産業界からの要請を受けた学校が多く設立され，出資や経営方法にも多様性が見られました。女子の技芸系学校も含まれる徒弟学校が比較的多いこともこの時期の特徴です。また，戦時下では科学技術動員のために工業教育の大幅な拡張が見られました（沢井［2012］，三好［2016］）。

　1926（昭和元）年時点の都道府県別工業学校数（甲種・乙種）と生徒数を指標にすると，学校数では東京府と大阪府が9校と最多ですが，生徒数で見ると1,776人の東京府に対して，大阪府は4,080人と圧倒的に多いことがわかります（沢井［2012］）。大阪では夜間工業教育も含めて中等・高等工業教育がきめ細かく編成され，多様な工業教育需要に対応し，住友をはじめとした企業や各種工場の職工，技術者，中間管理者，経営者を輩出し，新たな工業の担い手を重層的にネットワーク化させていきました。

　学校数，生徒数は東京や大阪には及ばないものの，多様な産業が立地する近代の愛知県では，特徴ある工業教育が展開しました。それはまず瀬戸地方の窯

業教育に始まり，1895（明治 28）年には瀬戸陶器学校の創設を見ました。同校は 1911 年には県立に移管され，徒弟学校としての県立陶器学校となり，20（大正 9）年には工業学校としての愛知県立窯業学校へと続いています。また，1883 年に常滑で美術研究所が設けられ，96 年には常滑工業補習学校が設けられ，1900 年には町立の常滑陶器学校となりました（三好［2016］）。安城に県立農林学校が設立された 1901 年，名古屋には県立工業学校が設立されました。初代校長には東京高等工業学校教授染織科長の柴田才一郎を迎え，愛知県の織物業の革新が目指されました。さらに，1905 年には，土木科，建築科，機械科のほかに，地域の要請に応えて機織科と色染科を加えて名古屋高等工業学校が設立されました。このように，まさに地域の産業化に応え，それを支えるために産業教育は展開していたといえます。

5）奉公人から店員へ——商業と教育

　工業教育は工部省，農業教育は内務省と開拓使による主務省管理のもとに始まったのに対し，1874（明治 7）年の大蔵省紙幣寮銀行学局の設立を除けば（田中［1974，1976］），商業教育は官立校としては認められず，民間人によって始められました（三好［2016］229 頁）。その代表例として，外交官としてアメリカやイギリスに滞在し，ビジネススクールの必要性を実感した森有礼の私塾として 1875 年に発足し，のちに東京会議所の渋沢栄一がその運営に関わった東京商法講習所があげられます。所長には森有礼に見出されて外交官となった矢野二郎が就任しました。同所は 1884 年に高等商業学校に，さらに 1920（大正 9）年に東京商科大学（現一橋大学）に昇格しました。東京商法講習所が設立されたのち，福澤諭吉とその門下生によって神戸，大阪，岡山，横浜などにも商業（法）講習所が次々と創設されました。

　商業の高等教育においては私立学校の果たした役割が大きいのが特徴です。中等教育においては農業や工業と比べて学校数，生徒数とも著しく増加しました。工業学校が男子のみであったことに対し商業学校では女子も入学できたこと，道府県立よりも市民の要望や寄付金などの支援に支持された市立校や私立校が多かったことがその要因でした（三好［2016］243-244 頁）。戦時下で工業

教育が拡張されたことはすでに述べましたが，それとは逆に商業教育は国の方針で縮小されました。それは工業学校，農業学校，農工学校への転換，あるいは男子商業学校の女子商業学校への転換によって進められました。

　愛知県では地域から「商工連携」の要望が強く，1883 年には有志の寄付による名古屋区立商工学校の設置が図られました。それは翌年，県立商業学校としてスタートし，のちには市立商業学校となっています。名古屋市ではその後も二つの商業学校を設置しました。1893 年に東京商法講習所の所長であった矢野に学んだ市邨茂樹が赴任し，4 年後には校長となりました。市邨によって市立名古屋女子商業学校，名古屋第二女子商業学校が設立されました。これらは日本最初の女子商業学校に位置づけられます（三好［2016］303-304 頁）。また，愛知県で注目すべき教育実践として，松坂屋百貨店など民間企業による店員教育があります。百貨店は両大戦間期の大衆消費社会の萌芽的形成に伴って規模を拡大し，販売商品を多様化しました（中西［2012］）。それに対応するように，百貨店では店員教育に力が入れられるようになっていきます（江口［2011，2015］）。松坂屋では明治末期まで「小供(こども)」と呼ばれる見習い店員に対して寺子屋式に学ばせていましたが，1910 年には住み込みをやめて舎宅を備え，そこで組織的に教育を受けさせるようになりました。1920 年代以降，西洋の商品や科学の発達を受けて登場した新しい商品が増えると，店員たちにはそれらを理解するために，商業そのものだけではなく，英語やさまざまな教養を身につける必要が生じてきたからです（江口［2015］）。店員の教育改革の背景には，国の勤労青年教育政策があったことも見逃せません。つまり，文部省が管轄する学校教育以外にも，組織的な教育の場が設けられ，さまざまな教育機会が相互に補い合いながら，総じて近代日本の産業教育が推進されていったと見ることができます。

3　子どもと女性から見た「教育」と「労働」

1 ）義務教育制度と工場法

　ここまで「産業教育」に着目し，新しい産業の担い手が養成されるシステムを見てきました。しかし，「教育」と「労働」の関係史を描く上ではもう一つ，「子ども」と「女性」から見た教育と労働の関係史に目を向ける必要があります。産業革命は多くの児童労働と女性労働に支えられていたことは日本に限らず世界的に共通した傾向であり，近代の義務教育の拡大や工場内での教育機会の創出は，児童労働と女性労働の質と量に深く関係する重要事項であるからです。

　産業資本主義の成立と近代義務教育制度の成立とは密接な関わりがあり，イギリスでは子どもたちを労働から隔離するために義務教育制度を整えたといわれています。それに対して日本では，欧米の科学技術や文化を取り入れるなかで国民教育が同時に普及したため，イギリスのような認識は薄く，むしろその両者が競合する状況となりました（花井［1999］）。具体的には紡織産業や軽工業は安価な労働力が必要となり，義務教育未修了の年少者が多く雇用されました。

　労働と教育とが対峙するこの状況のなかで，その解決策として1911（明治44）年に公布されたのが，労働保護立法，いわゆる「工場法」でした（第9章第1節を参照）。つまり，制度として義務教育の機会が整えられたとはいっても，実態としては労働のために未修了であった児童も多く，日本では工場内教育や特別学級によってそれを補うという状況が見られました。工場法に先立って1900年の小学校令には「尋常小学校ノ教科ヲ修了セサル学齢児童ヲ雇傭スル者ハ，其ノ雇傭ニ依リテ児童ノ就学ヲ妨クルヲ得ス」（第35条）と定められました（花井［1999］48頁，『法令全書』33-34, 420頁）。義務教育を受けさせる保護者のなかには「雇主」も含まれていたことが重要です。たとえば長野県では子守や製糸工場で労働に従事している不就学学齢児童に対する特別学級の設置を，他府県に先立ち，1899年に文部省に稟申しています（花井［1999］50頁）。

そして，尋常小学校や尋常高等小学校には特別学級が設けられ，工場内では特別教授が実施される事例などが見られました。

2) 女性と産業教育

次に「女性」という視点で見ると，女工や女性店員を産業の担い手として教育したというだけでなく，産業社会の基盤としての社会システム，いわゆる家父長制を支えた「良妻賢母」教育にも言及しなければなりません。女子産業教育史という新しい分野を切り拓いた三好[2000]もそれを主張しています。

農業，工業，商業における産業教育では女性の位置づけには相違点があります。工業では女性教育の機会は皆無であり，農業では専門学校での蚕糸部門や中等農業学校での女子部，女子農業学校が設けられました。商業教育は女性へ門戸を開いていましたが，国家の関与はほとんどなかったことは，これまで見てきた通りです。一方，いずれにも共通しているのは，上層部の高等教育に女性は受け入れられていなかったということです。それはなぜでしょうか。

近世は武家を別にすれば，農村社会，職人社会，商人社会のいずれにおいても「家族総出」で働き，女性たちが果たす役割は生活と生産両面において重要でした。ところが，近代になると，女性たちの役割は産業革命を支える安価な労働力を提供する「女性労働」に特化して価値づけられるようになりました。一方で，生産労働の場から退いた女性たちは，産業社会へ安定的に労働力を送り出し，メンテナンスする装置となる家族を無償で支える「良妻賢母」としての役割を期待されました（上野[1990]）。工場内教育としての裁縫や生け花などのいわゆる花嫁修業は，良妻賢母を期待する社会の要請とも深く関わって実践された側面もあったといえます。学校教育のなかで，高等教育に女性が受け入れられなかった背景には，教育体系を通して労働の性的分業を定着させ，それが産業社会を支えるシステムとして機能することを期待する国の政策的意図があったと見ることができます。「家族総出」の暮らしが解体し，世帯主の「賃金」で生活する産業社会への転換によって女性の位置づけが大きく変化したことは，日本に限ったことではありませんでした（ロバーツ[1990]，姫岡[2004]）。

おわりに――戦後教育政策と新学歴社会の到来

　以上のような日本の教育体制は第二次世界大戦後，GHQ（連合国軍最高司令官総司令部）の教育改革のもとで解体され，再編されました。1945（昭和20）年9月15日に文部省は「新日本建設の教育方針」を公表しています。翌年にはアメリカ教育使節団が訪問し，男女共学や教育における地方分権化など，戦後の教育改革の骨格となる報告書がGHQに提出されました。そのなかでも戦前の「複線型学校体系」の解体と，「単線型学校体系」，すなわち6・3・3制度への再編は，アメリカの教育モデルを導入したものでした（沖田［2017］201頁）。1947年には教育基本法，学校教育法，教育委員会法，社会教育法など，新しい教育制度が整えられました。その結果，義務教育は小学校と中学校の9年間に延長され，男女共学を原則とし，教員養成は大学で行うことになりました。そして，戦前期の実業学校および実業専門学校は単線化された学校体系のなかに組み込まれ，産業教育機関としての目的は後退することになりました。同時期に戦前期の工場法は廃止され，それに代わって労働基準法が施行されています。

　戦後復興期には，中学校卒業後に就職する経路が定着し，地方から都市へと労働者が大量に流入する集団就職が始まり，彼らは「金の卵」と呼ばれました（解説8を参照）。高度経済成長期には高等学校への進学率が9割を超え，高等学校を卒業して企業へ就職する「新規学卒就職」システムが確立し，さらには大学へ進学して卒業後に企業に就職する人々も急速に増えていきました（木村編著［2013］）。単線的な学校体系のなかでは，義務教育以降の多様な進路は失われ，職業選択の幅が狭まる一方，新たな学歴社会が構築されました（天野［1992］）。こうして学校から企業へ就職する安定的な経路が確立すると，それはその後，四半世紀以上維持されました。

　こうした新たな学歴社会のなかで，子どもたちは「地域」や「国」ではなく，「家族」の期待と価値体系に深く影響を受けながら，学校で教育される存在になりました。制度化された学校の価値のもとに，子どもたちやその学びを依存

させた「学校化社会」(イリッチ［1977］)が到来したのです。このなかで，教育を受けさせる義務を負う責任は主に家族に求められるようになりました。

　最後に，戦後日本の学校教育の最も大きな変化の一つとして学校体系のすべてに「男女共学」が謳われ，女性への門戸が開かれたことをあげておきたいと思います。高度経済成長期には男性ほど急激ではなかったにせよ，女性の進学率は高等学校へ，続いて大学へと着実に上昇し，高学歴化が進みました。この動きと連動して，1985年には男女雇用機会均等法が施行され，労働の場においても男女の格差是正が目指されるようになりました。つまり，学校から企業へ就職する経路が女性にも広く定着したといえます。

　しかし，1990年代以降，雇用状況は不安定になり，男女を問わず，学校を卒業しても定職に就けない若者が増加するようになりました。つまり，今日に至って教育と労働の関係史は新たな局面を迎えているといえるでしょう。こうした変化のなかで，あらためて教育とは何か，労働とは何かが問い直され始めています（宇沢［1998］，武田［2008］)。歴史的に見ると，長く続いた学校と職業の接続が不確定になったことを背景として，近代以降普及した受動的な教育，第二次世界大戦後に定着した単線的な進路選択の限界が認識され，それ以外の多様な道を模索する動きが今まさに始まろうとしているのです。

● 解説 8

集団就職

　1955（昭和30）年から72年まで続いた日本の高度経済成長期のなかで，農村を中心にした地方の新規の中高校卒業生が大都市の工場や商店に集団で就職し，集団就職と呼ばれました。最も象徴的なものは，高度成長前半期に，学生服やセーラー服を着た15歳の中学校卒業生が集団就職列車に乗り，たとえば東京では上野駅で零細商工業の店主や社長たちがのぼりを立てて待ち受ける光景です。集団就職生は「金の卵」と呼ばれるほど需要が多くありました。高度成長後半期になると，集団就職が中学校卒から高校卒にひろがり，私服姿で，個々人で勤務地に赴任する姿が見られるようになります。集団就職を中心とした若年労働力の移動は，高度成長期の大きな特徴であり，その背景には，教育水準の上昇と学歴格差，労働力需要，農村で就業機会に恵まれない次・三男問題がありました。ここでは，集団就職をめぐる経済的社会的背景を概観した上で，集団就職を理解するのに重要な二つの考え方を紹介し，集団就職をめぐって考えるべき論点を整理します。

　高度成長を通して高等教育への進学率は大きく進展しましたが，その様相は高度成長の前半期と後半期で異なっていました。高度成長開始時の1955年の高校進学率は52％であり，大学・短大進学者は10％でした。つまり当時の生徒の約半数は中卒，4割が高卒，1割が大学・短大卒でした。高度成長後半期に入ると，高校進学熱などに促された高校増設も手伝って高校進学率はめざましく上昇し，1970年には82％に，76年には93％に達します。同じ時期の大学・短大への進学率は24％，39％でした。1960・70年代に高等教育への進学がめざましく上昇し，高度成長が終わる頃には，中卒1割，高卒6割，大学・短大卒3割になりました。高等教育のなかで授業料の安い国立大学では出身階層間の格差がほとんどない進学が実現されており，このことも高等教育への進学率を上昇させる有力な要因でした。

　この間，男女の進学率の差も縮小し，高度成長の出発点の頃に男女で7，8％程度あった高校進学率の差は，1960年代末にはほとんどなくなり，69年以降は女子の進学率のほうが男子よりも高くなりました。同様に，高度成長開始当初の大学・短大進学率の差は男女で3対1でしたが，高度成長終了期にはその差が4対3にまで縮小しました。

　高度成長の時代には，出身階層による高等教育への進学格差が残りつつも，高等教育機会の拡大が進学率上昇を促したことを確認する必要があります。

　他方で，高度成長による産業構造の高度化により，労働過程の合理化と大型機械化が進行し，そのもとで工場内の労働は旧型の熟練労働が解体されて，機械の工程管理や運転管理の労働，単純労働などに変貌しました。労働集約的な繊維産業や電器産業，都市化に伴って人口が増大した都市の商店でも労働力需要がありました。低賃金でこ

れらの労働に適した労働力として，戦後に9年間の義務教育を終えた中卒への需要が高まります。その一方で，戦後の農村では，就業機会に恵まれない次・三男問題が深刻であり，1960年代以降になると農業機械化の進展に伴い，農村の労働力は過剰になりました。

こうした状況のもとで，高い経済成長率により，重化学工業中心の第二次産業と商業・サービス業を中核にした第三次産業で労働力需要が強く喚起され，1960年から70年にかけて，就業人口は4400万人から5200万人へと2割増加し，第一次産業（33％→19％），第二次産業（29％→34％），第三次産業（38％→47％）というように，第二次産業・第三次産業中心の就業構造に急速に変貌します。その過程は同時に，農村から都市に向けた巨大な人口移動を伴うものであり，その中核に農村の新規中卒生がいました。それでは，集団就職に象徴されるような，農村から都市に向けた労働力移動はどのようにつくりだされたのでしょうか。

この点をめぐり，大まかにいって二つの考え方があります。一つは，都市における労働力需要と農村における労働力供給を媒介した職業安定所・学校（進路指導教員）・企業の連携を高く評価するものであり，苅谷・菅山・石田編［2000］に代表されます。コンピュータなどない時代において，都市において膨大に発生する労働力需要と農村に膨大に存在する新規中等教育卒業生は，どのように結びつけられたのでしょうか。この点で，とくに企業と進路指導教員を媒介した職業安定所が果たした役割は大きく，職業安定所とそれを指導した厚生省は，求人・求職の全国的な把握や調整，個別の職業安定所における個別の求人と新規中等教育卒業生個々のマッチングを行い，3月下旬になると地方の中卒生が集団就職で三大都市圏に向かい，4月から一斉に就業する労働力の移動と定着の流れが形成されました。日本における新規若年労働力の就職斡旋制度は，戦前以来の取り組みがあり，高度成長期の労働市場は，これらを前提にした職業安定所という制度を媒介にして労働力を安定的に移動させ，経済成長の持続的な展開を可能にした，というのがここでの理解です。

それに対して，もう一つの理解は，実際の労働力の移動にあたっては，家族の意向と内部労働市場による制約があったことを念頭に置くものであり，主に，加瀬［1997］によって議論されているものです。この時期には，本人が育った家庭の生業や階層，本人の続柄や性別などによって，本人（個人）の選択と家族の意向の間で世代間の衝突や新旧価値観の対立が生まれ，選択に大きな葛藤が生じていました。農家でいえば高校進学や就職をして定時制進学を希望する本人と，実家の農業継承や仕送りを求める家族の間の葛藤です。高度成長前半期までは，農家の側に家の意識や農業経営の発展志向が強く残っており，長子は農家を継承する傾向が強く，次・三男や次・三女が都市に移動することになりました。階層間の学歴格差は残りつつも進学率が上昇した背景には，都市に出た次・三男や次・三女が定時制進学を希望した例があったように，高度成長期の子ども本人が学校や進学への関心を高めたことがありました。

ところで，日本経済には戦前以来，大企業と中小企業との間で雇用や賃金をめぐる労働条件の相違が大きく，産業構造の二重構造といわれる事態を抱えていました。産業構造の二重構造は，高度成長を通じても解消せず，労働市場は大企業と中小企業の内部にそれぞれ封鎖される傾向があり，高度成長期の若年労働力の移動にも影響を与えていました。内部労働市場による制約です。

　具体的にいえば，労働条件の良い重化学工業の大企業では，寄宿舎をつくらず，「不良化防止」の観点から，大都市の工場周辺で父親のいる家庭（自宅）から労働力を調達しました。大企業の側では，「母子家庭・貧困家庭」を「問題家庭」として嫌い，自宅生には父親を身元保証人にし，就職後の女子には結婚退職制を慣行とすることで，大企業にとって都合の良い労働力を調達しようとしました。これに対して労働条件の劣る中小の商工業の場合には，遠方の農村・地方からの供給に頼ることが多く，そのため住み込みや寄宿舎（女子）を伴うことが多かったのです。以上のように，若年労働力の実際の移動には，市場と制度（職業安定所）の関係だけでなく，家族と企業の意向を考慮に入れる必要があるといえます。

　以上のような高度成長期における教育・労働・移動をめぐる関係については，さらに所得と消費の動向，家族のあり方を加えて理解すべきことを指摘しているのが大門［2015］です。高度成長期には，所得間の格差が縮小し（ジニ係数による南［1996］），高等教育機会の拡大と国立大学での階層間平等度が極めて高かったことにより，教育への関心を強めます。教育の機会均等（平等化）が競争（受験競争）を促し，平等化と競争が螺旋状（スパイラル）のように進学を高めることになりました。

　所得間格差の縮小は，消費の連鎖もつくりだしました。大量生産の進展とテレビの普及による商品広告などによって消費が強く刺激され，耐久消費財を連鎖的に購入する消費の連鎖が現れました。消費の連鎖は，たとえば，所得階層の高い層から低い層にかけて白黒テレビが普及すると（消費の均質化），新たにカラーテレビが登場して所得階層の高い層のみがまず購入し（消費の差異化），しだいに所得階層の低い層にも普及して消費の均質化がつくりだされるというように，消費の差異化と均質化がスパイラルのように繰り返される状態をいいます。

　高度成長期には，都市を中心にして核家族化，少子化が進行しました。この家族こそ，教育をめぐる競争と平等化を受け止めて，さらに消費をめぐる差異化と均質化を推進する受け皿にほかなりませんでした。教育欲求をたずさえて農村から都市へと移動した人々も核家族化の担い手でした。以上のように見れば，高度成長期には，教育・労働・移動・消費が連動した大きな動態的変化がつくりだされていたことがわかります。

　集団就職は，高度成長期における教育と労働の関係を理解する上で欠かせないテーマであるとともに，高度成長による動態的変化を導いた要因の一つでもあります。集団就職は，高度成長による大きな変動と関わらせて理解する必要があります。

第9章
法と福祉

はじめに

　社会福祉は，人々の生活を保障するため，医療，住宅，教育，職業などの福祉を増大させる幅広い取り組みを指します。ここではとくに，生活困窮者，身寄りのない老人・子ども，障害者など社会的弱者に対して生活を保障する取り組みに焦点をあてましょう。これらは，近代日本において慈善事業や社会事業と呼ばれ，その担い手もさまざまでしたが，第二次世界大戦後の日本国憲法で国が行うべき施策として明記され，福祉という用語も広く使われるようになりました。

　ところで，国民の生存権を保障し，その福祉の増進を図る国家を福祉国家といいます。それは，資本主義経済のもと，働く意思と能力を有する者がすべて雇用される完全雇用を目指す完全雇用政策と社会保障政策とによってすべての国民に最低生活の保障を図ることを目指す国家体制です。働ける人には仕事を，働けない人には保障を国家が用意することで，誰もが人間らしい生存を全うし，安心して暮らせる社会を実現しようとするものです。このような福祉国家論のなかでは，社会福祉は広範な領域を含む国家の社会政策の総称として使われることが多く，第二次世界大戦後の日本もこうした「広義の社会福祉」を模索してきました。その具体的な施策は国によって大きく異なっていましたが，近年，雇用政策や福祉政策のあり方が見直しを迫られている点は先進国に共通していえることです。

国家の政策は，法に基づいて実施されます。したがって人々の生活をめぐる法整備がどのように進展していったのか，がここでの関心事となります。現在，福祉に関わる法律として，社会福祉六法と呼ばれるものがあります[1]。これは「狭義の社会福祉」を指しますが，さらに年金や社会保険といった制度や低所得者支援政策など多様な政策が交錯して人々の生活を守るセーフティネットとなっています。こうした政策や法整備がどのように展開してきたのかを知るため，社会的弱者に対する施策が慈善事業として営まれていた時代，社会事業と名称を変えて取り組まれていた時代，そして社会福祉が公的責任によって追求されてきた時代に分けて考察し，現在の問題を確認しましょう。

1　慈善事業の時代

1）恤救規則と感化救済事業

　困窮した人々を救うための救済制度としては，飢饉などに備えて米穀を蓄える制度がありました。中国から伝わったこの制度は古代の律令に規定され，国衙の倉に粟を蓄える義倉が普及しました。また，近世においても幕府や諸藩の課徴や富裕者の義捐によって備荒貯穀がなされました。このように義倉が支配階層の主導によって整備されたのに対し，地域が主体となって社倉も整備されました。地域の農民が分担して米穀を納めて貯蔵しておくものです。
　ところで，幕藩体制期の公的救済制度は，非常事態に慈善として提供されるものでした。飢饉や災害などによる食糧不足が発生すると領主が御救小屋を設け，備蓄していた米を配り，領民を救済しました（第2章を参照）。一方，富を得た豪商のなかには独自に救貧活動を行うものもいましたが，その私的救済は「陰徳」として人に知られないように行うべきと考えられていました。いずれにせよ人々の日常生活は，年貢の村請制を基盤とする相互扶助機能に依拠しており，それでは対処できない非常事態にのみ慈善としての救済制度が必要とさ

---

[1] 生活保護法，児童福祉法，身体障害者福祉法，知的障害者福祉法，老人福祉法，母子及び父子並びに寡婦福祉法を指します。

れました。こうした考え方は、明治政府にも引き継がれ、明治政府は、まず、身寄りのない子どもを対象に「棄児養育米給与方」(1871〔明治4〕年)を定め、15歳になるまで毎年米七斗(1日当たり2合弱)を給与することにしました。さらに、代表的な救貧法制として、恤救(じゅっきゅう)規則を1874年に制定しました。これは、「人民相互ノ情誼」を前提とする施策で、「極貧ノ者独身ニテ疾病ニ罹リ産業ヲ営ム能ハザル者」など頼るべき家族のない者に対し、米代を支給して救済するもので、対象となるのは、病気で働けない者、70歳以上で働けない者、13歳以下の者などに限定されました。このような慈善救済観に基づく救貧制度は、1929(昭和4)年制定の救護法の時代まで続きました。

　この間、生活困窮者を応急的に収容する施設が作られましたが、それは治安対策の要素が強いものでした。たとえば、東京養育院は、市中の困窮者、病者、孤児、老人、障害者を収容する保護施設として1872年に設立されました[2]。1890年に東京市営となり、養育院長に就任した渋沢栄一は、以来約50年間院長を続け、分院・専門施設を開設して事業を拡大しました。これは、現在、東京都健康長寿医療センターとなっています。また、1911年には明治天皇が下賜した150万円で「恩賜財団済生会」がつくられ、医療による生活困窮者支援が行われました。第二次世界大戦後にいったん解散して社会福祉法人となり、現在も日本最大の社会福祉法人として活動しています。もっとも、公的な困窮者支援はかなり限定されたものでしたから、明治期には民間の慈善事業として、各地でさまざまな養育・養老事業が展開されました。当初は東京養育院のように収容する対象を児童や高齢者などと限定しない混合収容形態の施設が多くありましたが、明治中期には、高齢者を収容する養老院や、子どもを対象とする孤児院などが宗教関係者によって運営されるようになりました(解説9を参照)。

　とくに、非行に走る子どもたちを保護・教育し、矯正しようとする試みは、明治中期に民間篤志家が始めた感化事業に端を発します。1900年に制定された感化法は、府県に「感化院」の設置を義務付け、そこに子どもたちを収容し

---

[2] この原資は、寛政の改革(1787〜93年)の際、災害時の江戸に住む人々の救済のために七分積立を行って運用していた資金で、維新後、明治政府・東京府に引き継がれ、この資金の管理を担当していたのが渋沢栄一でした。

て教化しようとしました。とはいえ，最初は予算措置もなく，感化院を設けた府県は限られていました。注目されるのは，1899年に留岡幸助が東京府北豊島郡巣鴨村に設立した家庭学校です。キリスト教徒の留岡は，キリスト教主義を掲げ，家族制度に基づく感化教育の重要性を実践して見せたのです。その後，感化院建設・運営費の一部国庫負担が実現し，全国に感化院が設置されることになりました[3]。こうした施策は，国が実施することが求められたといえます。

　日露戦後から第一次世界大戦に至るこの時期，救済事業は内務省地方局の管轄で「感化救済事業」と呼ばれ，救貧ではなく防貧的事業を主流とする方針がありました。そこでは，イギリスの救貧法が救済の権利を認めたために権利の濫用を招き，失敗したと認識されていました。したがって，救済は単に個人を救うのではなく，困窮者を独立自営の「有用の人間」に導くことによって「国家・社会」の利益を増進するものであるべきと考えられました。救済の方法も，物質的救済より精神的救済が優先されるべきであり，救済は個人の内面の教化善導を通じてなされるべきものでした（冨江［2007］）。貧困や十分な教育を受けられずに非行に走る子どもたちを対象にした感化院は，まさに，この時期の救済事業を特徴づけるものといえるでしょう。

2）公的扶助義務と社会保険の導入

　第一次世界大戦後，生活困窮を条件に国が国民を保護する公的扶助が，義務として認識されるようになりました。それはまず，軍人やその家族を対象に明記されました。それまでの軍人援護制度では，救護事業の主たる担い手は民間団体でしたが，日露戦後になると，傷病兵や軍人遺家族の救護を国家が責任をもって拡充すべきという主張が民間から提起されるようになったのです。傷病兵や軍人遺家族に対する特別救貧法として，日本で最初に公的扶助義務を規定したのは1917（大正6）年の軍事救護法であったといわれます。国家の責任は，国家への奉仕を引き出す徴兵制を補完するものとして，明記されたのです。

　ところで，日本で初めての労働者保護立法として1911（明治44）年に制定

3）感化院は，1933年の少年教護法で「少年教護院」となり，1947年の児童福祉法で「教護院」，1998年の同法の一部改正で「児童自立支援施設」となり，現在に至っています。

された工場法は，16年にようやく施行されましたが，これは児童労働保護や労災と障害者保護の規定を含んでいました。国家が労働力の保護に取り組む工場法の施行は，経済発展を目的としていたとはいえ，労資関係に国家の介入が実現したことを意味する重要な施策でした。加えて，1919年に設立された国際労働機関（International Labour Organization, ILO）への加盟は，日本に国際基準の実現を要求しました。たとえば，ILOは創設と同時に，労働時間を1日8時間週48時間に制限する条約を締結しましたが，日本の工場法は16歳未満および女子にのみ1日12時間の労働時間規制を設けるものでしたから，とても批准できる状況にはありませんでした。したがって，国際条約の批准を意識した法改正が進められ，1923年に改正工場法が成立し，その他労働法制が整備されていきました。

　1923年には工業労働者最低年齢法が公布され，26（昭和元）年に施行されましたが，これは工場労働者の最低年齢を14歳以上とするものです。先述の工場法は，工業に使用しうる最低年齢を12歳以上としていましたが，実際には，法施行時に10歳以上で引き続き雇用されているものは例外となり，許可を得て10歳から働くことも可能でした。しかし，第1回国際労働会議で採択された「工業ニ使用シ得ル児童ノ最低年齢ヲ定ムル条約」は，最低年齢を14歳以上とし，工業化の途上にあると認められた日本とインドには，12歳以上で尋常小学校修了者や就業中の12歳以上の14歳未満の使用を例外的に認めるというものでしたから，10歳以上の就労を許可する日本の工場法との間に齟齬が生じていました。工業労働者最低年齢法の施行により，1926年8月7日に日本は上記条約を批准し，さらに37年の改正で最低年齢が15歳以上に引き上げられ，現在に至っています。このような工業労働者の最低年齢の規制は，一方で義務教育の修了を促すものとなりました（第8章を参照）。

　1922年には，日本で最初の社会保険立法となる健康保険法が成立しました。関東大震災のため全面実施は1927年に延期されましたが，工場法適用工場の労働者を対象とし，保険料は被保険者と事業主とが折半で負担して労働者の疾病に対して一定の給付を行うものです。これは，ドイツで制定された1883年の疾病保険法を機にヨーロッパで普及した相互扶助の仕組みを取り入れたもの

でした。ドイツの疾病保険法は伝統的な互助集団擁護志向が反映され，個別の社会的連帯の枠組みを国民的なレベルに引き上げる一方，国家制度が既存の共済や扶助金庫などの枠組みを受容して成立したものでした（福澤［2012］）。イギリスでは1911年に健康保険と失業保険からなる国民保険法が成立し，失業保険の仕組みができました。労働者が病気やけがで働けなくなったときや失業したときに，労働者の生活を保障する仕組みは，相互扶助の考え方に基づいて整備されており，日本にも同様の施策が導入されたのです。

2 社会事業の時代

1）米騒動と社会事業

　1918（大正7）年，米価暴騰のため生活難に陥った人々が米の廉売を求めて米屋・富豪などを襲撃する米騒動は，全国に波及して暴動に発展し，鎮圧のため軍隊が出動する事態となりました。労働者や農民など民衆の生活難が大きな社会問題として認識され，それまで篤志家たちが行っていた私的な慈善事業を，社会事業として実施するきっかけになりました。米騒動の影響もあり，1918年に大阪府で創設されたのが方面委員制度です。当時，大阪府の嘱託であった小河滋次郎が立案したもので，民間の篤志家に委員を委嘱して，担当地域の要救護者の調査や公私救護の補助にあたらせました。その萌芽は，岡山県で1917年に創設された済世顧問制度にあり，済世顧問が貧民の相談相手，指導者として県下市町村の防貧活動にあたるものでした。実は，岡山県の倉敷紡績社長大原孫三郎が出資し，小河も関わって1919年に大阪で民間の研究所（大原社会問題研究所）を設立するなど，この時期の社会問題に対する地方の取り組みは目を見張るものがあります。同時期，東京でも東京府慈善協会により救済委員制度が作られ，各地で始まった救済委員制度は，全国にひろまり，1928（昭和3）年にはすべての府県に設置されるに至りました（玉井［1992］）。

　中央では，1917年に内務省地方局に設置した救護課を，1919年に社会課と改称し，翌年には社会局として独立させ，「慈善事業」や「感化救済事業」は

「社会事業」と呼ばれるようになりました。たとえば，先述の大原社会問題研究所は，1920年に『日本社会事業年鑑』を創刊していますから「社会事業」という言葉の流行がうかがえます。日本の社会事業草創期にあたる1920年代は，資本主義経済の発展に伴い貧富の格差が拡大する一方，第一次世界大戦後のデモクラシー思想の高揚と労働運動の台頭が見られた時代でした。労働者に対する健康保険法の成立は，こうした時代に要請されたものでした。

ところで，これまで法を制定する帝国議会の議員選挙は，選挙権を一定の条件を満たす者に限る制限選挙でした。1925年に制定された普通選挙法は，「帝国臣民タル男子」で25歳以上の者に選挙権を，同30歳以上の者に被選挙権を与え，男子の普通選挙を実現しましたが，「貧困ニ因リ生活ノ為公私ノ救助ヲ受ケ又ハ扶助ヲ受クル者」「一定ノ住居ヲ有セサル者」などの最下層の人々を除外する欠格条項を持ち，また女性や植民地の人たちにも選挙権は与えられませんでした。このことは，婦人参政権や生存権の確立に向けた動きを引き起こし，加えて，第一次世界大戦後の日本では，住宅不足が大きな社会問題となりました。多くの人が借地・借家人として暮らしていましたが，住宅不足は高い敷金や家賃の値上げ，無理な立ち退きを生じさせました。1922年に弁護士の布施辰治らにより東京で借家人同盟が結成され，人々は住宅難に際し，家賃の値下げ等を要求し，生活の維持を図る運動を展開したのです[4]（図9-1）。

図9-1 ポスター「住居難の人は加入せよ　日本借家人組合へ！」

出所）法政大学大原社会問題研究所所蔵。

---

4) 1927年には全国組織として日本借家人同盟が結成され，翌28年1月には他の団体と合同して借家人組合全国同盟となりました。また，同年8月に社会民衆党系の日本借家人

2）救護法

　関東大震災に続く昭和恐慌により膨大な困窮者層が形成されると，行政当局は対応を迫られました。都市部においては，公園や路上で夜を過ごす「浮浪者」の存在が注目され，それが怠惰によるものではなく，失業からやむをえず浮浪化していったのだとする見方が強まり，「ルンペン」という用語が盛んに使われました。この時期，スラムなどの伝統的な集住状態から抜け出し，家族を形成して都市に定着する貧困層に対し，資本主義社会の最下層に位置するルンペン・プロレタリアートは，文字通りのホームレス状態で路上に出現し，人々の関心を集めました（岩田［1995］）。

　1929（昭和4）年に制定された救護法は，日本で初めて一般救貧制度として公的扶助義務を定めた法律です[5]。その対象は，原則として生活に困窮しているとみなされ，労働能力がなく，扶養義務者からの扶養を受けられない者に限定されました。労働能力がない者とは，「65歳以上の老衰者」「13歳以下の幼者」「妊産婦」「不具廃疾，傷痍その他の精神又は身体の障碍により労務を行うに支障ある者」を指します[6]。救護執行機関は，原則として要救護者の居住地の市町村長で，市町村長は救護事務の補助機関として名誉職の委員を設置できることになっていました。実際には，先述の方面委員がこれを担当しましたから，1937年に救護法が改正される際には，方面委員をあてることが規定されました。救護の種類としては，生活扶助，医療，助産，生業扶助の四つをあげ，金銭の給付を主とした居宅救護を原則とし，例外として養老院，孤児院，病院等への収容救護を規定しました。

　もっとも，この救護法が国家の救済義務を規定しつつも，救済に対する個人の権利を否定するものであったということは，確認しておかなくてはなりません。戦前日本における救貧をめぐる議論には，「救済とは，人格の完成によって，一体としての〈全体〉への貢献を果たすことを可能ならしめることに他な

　　組合が結成され，9月には借家人同盟・借家人組合全国同盟などが結集して借家人組合総連盟が創立されました。
5）1931年の救護法施行に際し，慈善的救済観に基づく恤救規則は廃止されました。
6）貧困児童の救護について，乳児を哺育する母親についてはあわせて救護することを認め，この場合，母親の救護期間はその子が満1歳以下の間としました。

らない」という救済理念が横たわっていたのです（冨江 [2007]）。

3）戦時体制と厚生事業

　近年，戦時体制を「近代的」「現代的」「合理的」な総力戦体制と見る見解が広まってきました。福祉国家研究の進展により，日本の社会保障の原型が戦時期に形成されたことに注目が集まったからです。実際のところ，現在の社会福祉につながるいくつかの政策が，総力戦体制のなかで実現しました。日中戦争開戦と同じ 1937（昭和 12）年に成立した母子保護法は，19（大正 8）年以来数回にわたって提案されながら実現できなかった貧困母子救済制度で，子どもの養育は母の手によって行われるべきであるという前提に立って，貧困の母子を「母子一体」として救護する制度でした。これは，労働能力のある母も救護の対象とすることで，婦人参政権の獲得を目指す婦人運動が強く求めた母子扶助法の実現を意味しました（図 9-2）。

　また，1938 年に制定された社会事業法は，社会事業を法的に規定しました。社会事業の主要な部分として，「一，養老院，救護所其ノ他生活扶助ヲ為ス事業，二，育児院，託児所其ノ他児童保護ヲ為ス事業，三，施療所，産院其ノ他施薬，救療又ハ助産保護ヲ為ス事業，四，授産所，宿泊所其ノ他経済保護ヲ為ス事業，五，其ノ他勅令ヲ以テ指定スル事業，六，前各号ニ掲ゲル事業ニ関スル指導，連絡又ハ助成ヲ為ス事業」をあげました。そして，これら私設社会事業に対する公的な補助が制度化されましたが，その実施責任が政府にあるわけではありませんでした。政府はあくまでも，民間の社会事業を支援し，管理・統制する役割を担っていたのです。

　1938 年の厚生省設置は，必ずしも日中戦争下の戦時業務を想定したものではありませんでしたが，同年には国家総動員法が公布され，総力戦体制の形成が推進されるようになりました。したがって，厚生省がまず取り組んだのは，軍事援護事業でした。しかし，1940 年以後，総力戦体制の一環としてさまざまな施策が展開され，それらは「厚生事業」と呼ばれました。重要視されたのは労働力の動員でしたから，主に労働政策の領域で重要な施策が展開されました。当時，政策形成に大きな影響力を持っていたのは大河内一男の戦時社会政

図9-2　ポスター「婦人生活擁護大演説会」
出所）法政大学大原社会問題研究所所蔵。

策論です。大河内は，社会政策を労働問題の解決ではなく，国民経済発展に不可欠な労働力の保全手段と捉え，工場法，労働災害補償法，社会保険などの政策を正当化しました。実際，日中戦争の拡大は，軍需産業を中心とする重化学工業化を促進し，それに従事する労働者の増大をもたらしました。しかも，その労働者は男子で一生工場労働に従事することが想定され，それまでの繊維産業など軽工業に従事する女子労働者が一時的に工場労働に従事していたのとは異なる存在と捉えられました。しかし，戦時工業化の進展は，こうした労働力需要を充足する労働者＝人的資源の供給不足を引き起こし，生産力拡充に向けた国家的対応が要請されることになったのです。

　ところで，1929年の救護法は，労働能力のある失業者を排除し，居住地を持たない人々を把握するすべもありませんでしたから，先述の「ルンペン」問題の解決にはあまり役に立ちませんでした。しかし，軍需産業の拡大のなかで失業が「解消」し，「ルンペン」対策が必要なくなっていきました。彼らへの対策は，戦時労務動員計画のなかに吸収されていったのです。さらに，1939年には国民一般の健康に配慮するため国民健康保険法が公布されました。先述の健康保険法の対象となったのは，一部の企業で働く労働者のみでしたが，当時の日本には都市の工場で働く人々は少数で，多くの人々は農村で農業などに従事していましたから，これらの人々にも保険を導入することが求められたのです。また，1941年には労働者年金保険法（44年に厚生年金保険法に改正）が公布されました。ただし，国民健康保険法は任意加入にとどまっていましたし，

労働者年金保険法も従業員 10 名以上（1944 年以降は 5 名以上）の事業所に限定されるなど，国民すべてを対象とするものではありませんでした。とはいえ，戦時体制の下で実現を見た厚生省や国民健康保険，厚生年金保険といった制度は，戦後へと引き継がれていき，人々の生活を支えたのです。

3　社会福祉の時代——第二次世界大戦後における生活をめぐる法整備

1）「日本国憲法」(1946 年) の制定と生活保護

　1946（昭和 21）年に制定された日本国憲法は，生存権を基本的人権として明確に示しました。第 25 条は，「すべて国民は，健康で文化的な最低限度の生活を営む権利を有する。国は，すべての生活部面について，社会福祉，社会保障及び公衆衛生の向上及び増進に努めなければならない」と規定しています。「社会福祉」という用語が登場し，社会保障，公衆衛生とともに国が推進すべき施策として明記されたのです。1945 年 12 月，政府は生活困窮者緊急生活援護要綱を閣議決定し，軍用物資の民生転換を資源とした生活必需品，食糧等の現物給付を行いました。対象者は，失業者，戦災者，海外引揚者，在外者留守家族，傷痍軍人およびその家族並びに軍人の遺族でした。しかし，敗戦直後の混乱と窮乏にあえぐ生活困窮者に対し，この緊急対策では不十分であり，GHQ（連合国軍最高司令官総司令部）は「社会救済」として救済原則を指令します（菅沼［2005］）。ここで示された無差別平等，国家責任，必要充足，公私分離の原則に従い，恒久的な救済制度として 1946 年に制定されたのが旧生活保護法です。これにより，救護法，軍事扶助法，母子保護法，医療保護法，戦時災害保護法が廃止され，生活困窮者への対策は生活保護法に一本化されました（図 9-3）。もっとも，戦前の救済理念からの転換は，実際の運用に困難をもたらし，さらなる法改正を必要としました。

　1950 年に制定された新生活保護法は，憲法第 25 条の理念に基づき，「国が生活に困窮するすべての国民に対し，その困窮の程度に応じ，必要な保護を行い，その最低限度の生活を保障するとともに，その自立を助長することを目的

図 9-3　生活困窮者をめぐる法整備

注）筆者作成。

とする」という理念を明確に示し、「素行不良な者」などを除外する欠格条項をなくしました。また、それを裏付ける不服申立制度を確立し、教育扶助や住宅扶助を新しく加えて保護の種類も充実させ、法の施行に関しては補助機関として社会福祉主事をあてました。もっとも、保護基準の設定が行政にゆだねられている点は変わらず、憲法で定める「健康で文化的な最低限度の生活を営む」ために要する費用を「最低生活費」とし、保護を申請する人の世帯収入がそれに満たない場合を「困窮」(「要保護」)とみなして、保護の対象とします。その実施体制は、行政裁量に大きく依存していました（岩永［2011］）。

1951年には生活保護の実施体制整備を主目的として社会福祉事業法が制定され、社会事業法が廃止されました。これにより、生活保護の実施機関は市町村から都道府県知事、市長または福祉事務所を管轄する町村長へ移され、福祉事務所を第一線機関とする実施体制が築かれました。さらに、制度の名称としての社会事業は社会福祉事業と呼ばれるようになりました[7]。

---

7) なお、社会福祉事業法は改正を重ね、2000年の改正では社会福祉法と改称されました。

2）社会福祉事業と各種法整備

　1950（昭和25）年10月，社会保障審議会が出した「社会保障制度に関する勧告」は，日本の社会保障の中心に社会保険制度を置き，これを補完するものとして公的扶助，社会福祉，公衆衛生，および医療を位置づけました[8]。しかし，こうした構想にもかかわらず，敗戦後の日本でまず充実が図られたのは，公的扶助制度である生活保護でした。同時期，労働保護立法や失業保険制度など，民主的な社会立法が次々に整備されていきました。労働者の権利として団結権，団体交渉権，争議権が日本国憲法で保障され，1945年の労働組合法で具体化されました。また，1946年には労働争議の予防・解決を目的に労働関係調整法が制定され，斡旋・調停・仲裁・緊急調整の調整方法を定めました。1947年には労働基準法が制定され，工場法，工業労働者最低年齢法，労働者災害扶助法等が廃止されました。これらは，労働関係を規制する基本法として労働三法と呼ばれています。また，1947年に公布された職業安定法は，公共の職業紹介による労働力需給の調整と労働力取引の公正化を図り，失業保険法（74年に雇用保険法に改正）は失業中の生活保障を行うと同時に政府みずからが公共事業を行って雇用を創出する緊急失業対策法も49年に公布されました。戦前にはなかった労働組合法をはじめ，労働者の権利を守ることによって，その生活を保障する制度が整えられたといえます。合法化された労働組合の運動が興隆したことはいうまでもありません。

　戦後まもなく，先述の生活保護法のほか児童福祉法（1947年），身体障害者福祉法（49年）が制定されて福祉三法と呼ばれたのに対し，1960年代には，精神薄弱者法（60年），老人福祉法（63年），母子福祉法（64年）が制定され，いわゆる福祉六法が出そろいました。高度経済成長期には，国民の生活水準が向上するなか，公害や社会保障水準の低さが問題となり，その改善が求められました。貧困層や低所得者層の生活改善にも目が向けられ，生活保護基準を大

---

8) いわゆる社会保障制度とは，「疾病，負傷，分娩，廃疾，死亡，老齢，失業，多子その他困窮の原因に対し，保険的方法又は直接公の負担において経済保障の途を講じ，生活困窮に陥った者に対しては，国家扶助によって最低限度の生活を保障するとともに，公衆衛生及び社会福祉の向上を図り，もってすべての国民が文化的社会の成員たるに値する生活を営むことができるようにすることをいう」と規定しました。

幅に引き上げることも可能となりました。

　この時期，日本の社会保障制度の中心に位置づけられていた国民皆保険・皆年金制度が確立したことは，特筆すべきでしょう。1958年の国民健康保険法と59年の国民年金法は，これまで任意設置，任意加入などによって制度から排除されていた人々を包含するという意味で画期的なものでした。保険事業が開始され，拠出制国民年金の拠出が開始された1961年は，日本の社会保障制度の画期と位置づけられています。もっとも，既存の被用者保険制度がすでに分立していたため，制度分立型の皆保険・皆年金体制とならざるをえず，拠出・給付の内容も，財政収支のありようも異なっていましたから，制度間の格差是正が重要なテーマとなり，一元化問題の議論が続くことになりました。

3）「福祉元年」（1973年）と生活保障

　社会保障制度においては，1971（昭和46）年に児童手当法が制定され，73年は医療保険や年金保険の給付率引き上げ，老人医療費支給制度の創設等が実現しました。そのため，1973年は「福祉元年」と呼ばれました。しかし，石油危機を経て，経済が高度成長から低成長へ変化し，まもなく福祉の見直しが求められるようになります。ただし，厚生白書の分析によれば，1970年から81年にかけて，「社会福祉」事業集合の構成は「1．児童と家庭の福祉，2．心身障碍者の福祉，3．老人福祉，4．社会福祉施設と社会福祉サービス，5．戦没者・戦傷者の援護」となっていますから，この間，社会福祉事業が一定の構成で安定していたことがわかります（岩田［2016］）。

　労資関係と政治制度によって福祉国家の比較を行う福祉レジーム論では，1970年代に確立する日本型レジームの特徴を次のようにまとめています。①小さな公的福祉，社会保障はあくまで経済成長を補完する手段として位置づけられ，その水準は先進国で最低にとどめられました。②地方と中小企業への保護・規制，そして③企業別労資協調に基づく日本型雇用です。このように日本では公的福祉が低水準となる一方，民間企業に勤める労働者とその家族は企業福祉の恩恵を受け，地方と中小企業は公共事業や保護規制によって雇用を保証されるという形で，職種，ジェンダー，住む場所によってまったく異なる生活

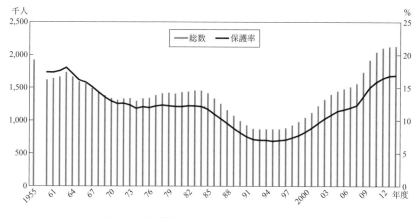

図 9-4　被保護実人員および保護率（人口千対）

出所）厚生労働省「被保護者調査」（政府統計ホームページ）より作成。
注）保護率出は、1カ月平均の被保護実人員を総務省統計局発表「10月1日現在推計人口（昭和30, 35, 40, 45, 50, 55, 60, 平成2, 7, 12, 17, 22年度は国勢調査人口）」で除したもの。

保障の仕組みが整備されていったのです（田中［2017］）。これは、「仕切られた生活保障」とも呼ばれています（宮本［2008］）。

ところで、1979年8月に閣議決定された「新経済社会7ヵ年戦略」は、「日本型福祉社会」論を展開し、個人の自助努力と家庭や近隣・地域社会等の連帯を基礎とする日本独自の福祉社会を目指しました。加えて、行財政改革の一環としての社会保障改革が1980年代に実施されました。国民年金は、1985年改正による基礎年金の導入と2階建て年金への再編成により、86年4月から全国民を対象とする年金制度となり、2階建て年金の1階部分（基礎年金）の役割を担うことになり、その後も改正を続けています（玉井［2007］）。

この間、生活保護の保護率は、図9-4のように1984年の12.2％から95（平成7）年の7.0％へと80年代後半から95年にかけて急激に低下していきました。一方、1990年代になると路上生活者と呼ばれる人々の極貧状態が「ホームレス」問題として注目され始め、再び保護率が上昇していきました。

4）福祉の「市場化」とケア

　1980年代以降，先進国を中心に福祉国家の見直しが議論されるようになりました。福祉国家は完全雇用を目指し，働けない者に対してのみ生活保障を用意するものでしたが，若者の失業という新たな失業問題によって完全雇用の前提が崩れ，社会保障の財政負担が年々大きくなっていったからです。そこでは，「福祉から就労へ（Welfare to Work）」の視点に立ち，所得保障給付を主とした救済的・救貧的な福祉を一定の水準で維持しつつも，受給者を労働市場に参加させる積極的な労働政策が実施されるようになりました。就労を条件に給付を行うワークフェアは，その代表的な施策です。しかし，日本ではヨーロッパほど社会保障の財政支出が大きくありませんでしたし，失業はまだそれほど深刻な社会問題ではありませんでした。バブル崩壊後の1990年代になって，80年代のヨーロッパが経験した若者の失業を含む失業問題に直面し，少子高齢化や非婚化が進むなかで社会保障財政の危機が強く認識されるようになったのです。1990年代後半から社会福祉基礎構造改革が進められましたが，行政改革の一環として中央省庁の再編が進むなか，2001（平成13）年に厚生省と労働省が合併して誕生した厚生労働省が，こうした政策を推進しました。

　社会福祉基礎構造改革をめぐる議論は，措置制度に対する問題を強調する一方で，サービスの多様化による効率的なサービス供給や利用者のサービス選択を実現する福祉の「市場化」を提言しました。その第一歩となったのは，1997年に制定され，2000年に施行された介護保険法でした。従来，高齢者介護は主に家族が担い，老人福祉と老人保健医療が公的にそれを支えていました。しかし，老人福祉については，行政がサービスの種類や提供機関を決めるため利用者がサービスを選択できないという問題があり，また保険医療サービスについては，一般病院への長期入院が医療資源の非効率な利用を助長するなどの問題が指摘されていました。そのため，両制度を再編成し，給付と負担の関係が明確な社会保険方式により，社会全体で介護を支える仕組みを整え，保健・医療・福祉にわたる介護サービスが利用者の選択に基づいて利用できる体制が作られたのです。この介護保険制度では，契約方式の導入や居宅介護サービス分野への営利企業の参入など，日本の社会保障・社会福祉政策を大きく転換させ

る政策が実施されました。介護保険制度は導入後も改正を重ね，さらにその仕組みを変更し続けていますが，それは，公的責任を縮小していく過程にほかなりませんでした。

　高齢者の介護とともに現在，重要な問題となっているのは子どもの保育をめぐる問題です。労働力不足から政府が女性の労働市場参加を促す一方，待機児童問題の深刻化により，保育所のあり方に注目が集まっています。この保育所は，児童福祉であると同時に労働力政策ともなっています。児童福祉法第24条は「保護者の労働又は疾病等その他の事由により，その監護すべき乳児，幼児その他の児童について保育を必要とする場合」に保育所が利用できるとしています。実際には，フルタイムで働く保護者の子どもは優先的に入所でき，保護者の不在，入院，障害1〜2級の場合など労働市場から明確に脱落したとみなされる保護者の子どもへの支援も重要視されています。たとえば，パートタイムで働く人や求職中の人，学生など両極端の間にある人々は，入所順位が下がってしまうのです。このように見ると，社会福祉は一方で労働市場をより円滑にしていくような労働力政策の一端を担いながら，他方で労働市場から「脱落した」人々のみを救済することで，労働市場への干渉を行わないように配慮されていることがわかります。そのため，働く能力があるとみなされる貧困者への所得補償の拡大には慎重で，その線引きは可変的なものとなり，必ずしもすべての人々を包摂するものとはなりえていないといえるでしょう。

　この問題は，日本の子どもの貧困率の高さとなって表れています。2008年頃から，他の先進国と比較して日本の子どもの貧困率が高いという事実に注目が集まるようになりました（阿部［2008］）。2013年には，子どもの貧困対策の推進に関する法律が制定され，相対的貧困という貧困概念の拡大とともに，子ども食堂や学習支援の活動が広がりを見せています（厲［2017］）。しかし，同年生活保護法改正による生活保護基準の引き下げが実施されたことからもわかる通り，根本にある経済的貧困の解決には至っていません。子どもと育児をめぐる問題は，政策の焦点となりつつありますが，容易に解決することができないでいます（解説9を参照）。

おわりに

　人々の生活は，さまざまな法制度によって守られています。具体的な救済制度のあり方は，諸外国に学び，古くは中国から，近年ではヨーロッパから先進的な取り組みを取り入れ，日本の政策制度ができてきました。歴史的な過程を概観すると，慈善的な私的救済が国家の責任として追求されるようになってきたことがわかります。資本主義経済の発展に伴う労働者の出現に対し，労働者保護立法が労働者の生活を保障する一方，労働市場に参加できない人々に対しては国家の救済制度が用意されました。市場経済の外に社会福祉の領域が確立される過程では，労働運動のみならず，具体的な施策を求めるさまざまな社会運動が興隆したことも，忘れてはならないでしょう。

　しかし，国家の公的扶助義務は，第二次世界大戦前の時期にはかなり限定的なもので，さまざまな社会事業が民間で実施されていました。また，相互扶助による社会保険の導入は，権力を持つ国家と，基本的に自由な経済社会が，市場経済社会のなかで，どのような関係を取り結ぶのかを如実に示すものでした。戦後，日本国憲法に明記された社会福祉は社会保障，公衆衛生とともに国がなすべき施策となり，法整備が進みましたが，実際の生活保障は企業福祉やその他の施策が担う部分も大きかったといえます。

　歴史的に見れば，福祉の担い手は多様であり，公的セクターが中心的に福祉を担う時代はそれほど長くありませんでした。現在，社会福祉のあり方は再び大きく変容し，「市場化」が進められています。しかし，市場経済の競争原理とは異なる領域として，社会福祉に公的責任が求められてきた事実を重く受け止めるならば，「市場化」の限界も理解できるでしょう。近年，社会的企業などへの期待も高まっていますが，問題はどのセクターが福祉を担うべきかに尽きるものではありません。人々が安心して生活できる社会を実現するために，どのような施策が望ましいのかを追究し続ける必要があるでしょう。その際には，法と福祉が，経済社会のあり方を示す重要な要素であることに留意しなければなりません。

● 解説 9

育児と経済

　「親はなくとも子は育つ」とはいいますが，生まれたての子は誰かが世話をしなければ育ちません。乳幼児には母親の愛情に基づく世話が不可欠であるとの考えは依然として根強いのではないでしょうか。しかし，これは近代家族に特有の「育児」のあり方です（第 1 章を参照）。子どもを誰がどのように育てるかという問題は，社会や経済のあり方と密接に関わって変化してきたのです。

　そもそも，生まれてくる子どもの数はどのように決まるのでしょうか。江戸後期の夫婦の子どもの数は 2～3 人でしたが，大正期には 5 人強となり，農村では 6 人以上の子どもがいることも珍しくありませんでした。一般には，経済成長によって多くの子どもを育てることが可能になったといえます。そこでは，子どもはいわば自然に育ち，一定の年齢に達すると貴重な労働力となりました。「子育て」は家族のなかで行われましたが，母親も労働に従事していましたから，誰かが世話をしなければなりません。年寄りが世話をすることもありましたが，乳幼児の子守を少し大きな子どもが担うことも一般的で，子守をしながら授業を受ける子守学校も明治初期から戦前期を通して見られました。

　問題となるのは，捨て子など保護する者のいない子どもです。明治期，育児施設の多くは宗教関係者による慈善事業として運営され，1910 年代には 130～140 もの施設がありました。たとえば，東京では，渋沢栄一が院長となる東京府養育院（のちに東京市養育院）が 1873（明治 6）年に設立され，多くの子どもが収容されました。1913（大正 2）年末の収容者 2,300 人のうち 15 歳未満は 1,203 人であったといいます。キリスト教徒の石井十次による岡山孤児院は，1887 年に「孤児教育会」を設立したことに始まりました。1891 年の濃尾地震や 1906 年の東北大凶作で罹災した子どもを保護し，1906 年の収容人員は 1,195 人に達したといいます。もっとも，こうした育児施設は，保護を要する子どもを施設に収容する弊害が問題視されたこともあり，1910年代をピークに減少していきました。子どもは施設ではなく家庭的な環境のなかで育てられるべきだと考えられたからです。

　この時期，一部の新中間層において，学校教育の下請けとして「家庭教育」という概念が普及するとともに，「育児」を母親のすることとし，子どもの教育から父親を排除する動きが見られました。妊娠，授乳による母と子の結びつきという点で男性は母性愛を持つ女性にはかなわないと強調されました（沢山［2013］）。1910 年代以降，都市では，夫の月給で暮らす家族が増加し，その多くが女中を雇用して家事を行っていました。都市と地方農村との経済格差の大きさゆえに，比較的安価に家事労働力を調達することができたともいえます。都市で安定した仕事に就くには一定の学歴が必要ですから，そうした家族は子どもの教育に力を入れることになり，少産化志向が高

まってきたのです。労働者家族においても同様に，子どもの養育にかかる費用を家計で賄える範囲におさえ生活の安定を図るため，産児制限運動が展開されていき，それは都市近郊農村にも普及しました。

一方，戦間期に急速に増大したのは託児所等の保育施設です。保育施設には，都市部の貧困児童対策として実施された施設，工場労働者のために工場に付設された施設，農村部の農繁期に幼児を預かる施設などがありました。大正後期になると，託児所あるいは乳幼児預所と呼ばれていたものが保育所となり，公設保育所も多数設置されました。1926（昭和元）年には幼稚園令が制定され，20年代以降，保育施設は大幅に数を増やしました。また，企業が設ける保育施設が，福利施設の一つとして普及したことも特筆すべきでしょう。戦前期の日本は繊維産業が盛んで，多くの女性労働者が工場労働に従事していましたが，紡績工場では託児施設を設けるところが少なくありませんでした。こうした施設が企業の必要に応じて設置されていたのに対し，法的に初めて福利施設を規定した1940年の「経理統制令」は，「保健衛生施設」を列挙してその規模および経費を定める際に「保育所」も例示しています。そこでは，収容する乳幼児数に応じた経費が定められ，それ以上の支出は認められなくなったのですが，規制の対象となるほどに保育所が一般的な福利施設として普及していたことがわかります。これは，男女がともに働く生活のなかで子どもを育てる近世以来の営みが，近代的な工場制度において福利施設として展開していたと見ることができます。

ところで，1920年代半ば以降，都市や都市近郊農村で緩やかに合計出生率が低下するなか，37年の日中戦争開始で有配偶若年男性層を兵士として動員したことにより，出生率は急激に減少しました。出生児数でいえば，1935年の210万704人から，39年の190万1573人に減少し，合計出生率推定値によると35年の4.61から39年の3.88へと減少したことになります（石崎［2016］）。危機感を抱いた政府は，人口増加をはかるべく結婚や出産の奨励を始めましたが，その効果はあまり大きくなかったと考えられています。戦後のベビーブームを除くと，緩やかに出生率は低下しました（解説5を参照）。

敗戦後の混乱を経て，1950年代になると，一般に家族が子どもの数を主体的に決めることができるようになりました。1948年に公布された優生保護法が医療機関での人工妊娠中絶を広く可能としたことによります。翌49年には経済的理由による妊娠中絶も合法化されました。農村を含むあらゆる地域で，夫婦が生活設計に基づき，いつ何人産むかを調整する「家族計画」が浸透し，一般化していきました。1960年の合計出生率は2.01で，2人か3人の子どもを持つことが定着したのです。

この時期流布した「3歳児神話」は，「3歳までは母親が子育てに専念すべき」と説き，母親の育児責任を強調しました。それは，子どもの成長にとって3歳までが非常に大切な時期であり，この時期は母親が養育に専念しなければならず，就労等で母親が育児に専念しないと子どもの健全な成長は阻害されるという考え方です。「神話」と呼ばれるように，必ずしも科学的なデータに裏付けられたものではありませんが，

その影響力は大きく，女性が出産を機に労働市場から撤退することは当然視されてきました。同時期，働く母親が育児に専念する制度として，「育休」が誕生したことは特筆すべきでしょう。いわゆる戦後民主主義によって花開いた「男女平等」理念と高度成長期に浸透していった「主婦化」規範とのせめぎあいの過程で模索されたのが，育児休職という制度でした（萩原［2008］）。日本で最初のものとして影響力を持ったのは，全電通（全国電気通信労働組合）が 1961 年に提起し，65 年に日本電信電話公社と締結したものです。その後，1972 年の勤労婦人福祉法，75 年の女子教員および看護婦，保母などに関する法律で規定され，対象を母親に限定してきましたが，91（平成 3）年の育児休業法では，対象者が「子を養育する男女労働者」になりました。

興味深いことに，1970 年代半ば以降，「育児」の語は「子育て」の語に取って代わられ，「育児」には育児ノイローゼ，育児ストレス，育児不安といった否定的意味が付与され始めたといいます（沢山［2013］）。性別役割分担を前提に閉鎖的な家庭のなかでの育児が，母親自身の不安やストレスなどを引き起こし，子どもに与える悪影響が問題化しました。現在では，育児は必ずしも母親のみの役割ではなく，男性の育児参加が推奨されています。加えて，2006 年の教育基本法の改正において新設された「家庭教育」に関する条項（第 10 条）は，「父母その他の保護者は，子の教育について第一義的責任を有する」と規定し，家庭教育の重要性を法的に強調しています。しかし，雇用労働に従事する親の賃金は下がり，育児時間を確保するための労働時間規制は十分でなく，責任を担うべき家庭のあり方自体が揺らいでいるのが現状です。

1975 年以降，日本の合計出生率は 2.00 を切り，2005 年には 1.26 にまで下がりました。少子化は大きな社会問題となっていますが，実は，結婚した女性が生む子どもの数はあまり変わっていません。問題は，晩婚化・晩産化とともに非婚化にあるといえます。ではなぜ，結婚しない人が増えたのでしょうか。従来，子どもを持たない，結婚をしないというのは個人の選択の結果だと考えられていましたが，近年では結婚できない経済状況が問題視されています。非正規雇用で働く男女は，将来の生活設計がたてられず，結婚そのものが困難になっているというのです。一方，政府は労働力不足に対する懸念から女性の労働市場への参加を促しています。しかし，実際に子どもを預けて働こうと希望しても保育所に入れない待機児童の増加が社会問題化し，出産・育児をめぐる環境はとても厳しい状況にあります。財政支出を伴う子育て支援を行うことで，これらの問題が解決できるという提案もありますが，その実現は有権者の選択にかかっています（柴田［2016］）。

子どもを何人産むのか，どのように育てるのかは家族や個人の選択にゆだねられています。しかし，その選択に大きな影響を与えているのは，経済的な要因です。国家の政策が出産を制限したり，奨励したりしてきましたが，人々は自身の生活に根差した選択をしてきました。育児のあり方を歴史的に見てみると，これが経済成長や労働市場など経済社会の歴史に深く関わっていることがよくわかります。

第10章
帝国と植民地経済

はじめに——日本「帝国」史として考える

　現代社会でも，ある分野や集団のなかで圧倒的に力を持ち中心的存在となるものの名前を冠して「○○帝国」と表現することがあります。この表現は，歴史上存在した数多くの「帝国」になぞらえての比喩であることはいうまでもありません。ではそもそも「帝国」とはどのような存在なのでしょうか。その起源をさかのぼれば，ローマ帝国など古代にまで行きついてしまい，それらを通観して定義を与えることは難しいのですが，イギリス史家・木畑洋一はさしあたり次のように説明しています。

　帝国とは，広大な支配領域の中に多様な民族集団を含み，しばしばその支配圏を拡大しようとする政治体である。このような帝国は，古代から現代に至るまで世界史上のさまざまな時期に興亡を繰り返してきた。帝国は民族面，文化面などで内部に多様性をもつが，それを構成する各部分は，互いに平等な関係で結び付いているわけではなく，帝国の「中心」に位置する部分は他の部分に対して支配的な立場に立つ。こうした「中心」—「周縁」の存在とその間の支配—被支配関係が帝国の基本構造をなし……「中心」の支配力は「周縁」の内部にまで及び，「周縁」の内外政策全般を左右する。（木畑[2003]）

　「帝国」研究は2000（平成12）年前後あたりから盛んに行われるようになり

ました（山本編［2003］）。そこには，東西冷戦の終結とそれに伴うグローバル化，しかし裏腹に進む世界政治・軍事・経済へのアメリカ合衆国の圧倒的影響力の強まり，「同時多発テロ」の発生とそれに対するアフガニスタン侵攻（2001年）などの時代的背景がありました。つまり，当時のアメリカという圧倒的な力を持つ「中心」とその「周縁」の関係のあり方が問われるなかで，帝国という歴史的存在の特質を研究することを通じて，国民国家の枠組みでは見えてこない帝国の「周縁」（国民国家ではない地域）の歴史や，「周縁」にとっての帝国という存在の意義，また逆に「周縁」の存在が「中心」に与える影響や「周縁」同士の関係などを可視化しようという狙いがあったといえます。その後，中国を中心とするアジア経済の台頭やリーマンショックなどの影響により，世界経済のなかのアメリカ合衆国の立ち位置は若干変化しているようにも見えますが，中東情勢などを見ると，世界の対立構造は現在も続いており，今もなお「帝国とは何か」を問うことの意味はあるように思います。

　そして，戦前期の日本も近代帝国の一つでした。それは，一つには，戦前期日本の憲法が「大日本帝国憲法」となっていたことからもわかるように，当時自ら「帝国」と称していたという意味もありますが，もう一つには，多くの植民地（上記の定義でいう「周縁」）を抱えた「植民地帝国」であったという意味もあります。本書のテーマの一つである「生活」という基準で見るならば，戦前「日本帝国」の生活は必ずしも「日本」のなかの生活だけではなく，日本帝国に組み込まれた「植民地」の生活も含んでいるということになります。これは現代日本社会（植民地を持たない社会）から歴史を捉えようとすることで逆に見落とされてしまいがちになることです。そこで本章では，戦前日本が植民地帝国であったことを踏まえ，朝鮮を事例としながら，日本と植民地あるいは植民地同士の関係，そこから見える植民地の生活の変化と，それをめぐる「評価」の問題について概説してみたいと思います。

　ところで，植民地とはどのような存在なのでしょうか。また近代国家はなぜ植民地を必要としたのでしょうか。これも帝国と同様，一般化しにくいその時代時代の事情，つまり歴史的経緯を含む場合がほとんどですので，明確な定義を与えることは容易ではありません。本章では日本の植民地について言及する

ので，さしあたり次のようにしておきます。日本の植民地とは，大日本帝国憲法制定以後にあらたに日本の統治権が強く及んだ地域の総称として使用します。まわりくどい言い方ですが，これまでの研究のなかで日本の植民地として扱われてきた地域は，必ずしも「日本の外にあった領土」というわけではなく，たとえば関東州や南洋群島のような委任統治領（正確には「領土」とはいえません）も含めてきましたし，また南樺太は 1943（昭和 18）年には日本内地に編入されていますが，やはり植民地研究の対象として扱われてきました[1]。

　近代帝国にとっての植民地の必要性についても，やはり一概にはいえない問題であるということは前提の上で，経済的には次のようなことがいえるだろうと思います。まず帝国本国[2]は，多くの場合，植民地よりも経済的に優位な状況，とくに工業化が進んでいます。そうすると，植民地に対する経済的期待は，本国の工業化や経済発展を補完するような役割，たとえば食糧や工業製品の原材料となりうる資源（これらを総称して一次産品といいます）を本国に供給する役割ということになります。また他方で，本国で生産された工業製品の販売市場としての役割期待も求められます。近年の研究でも，イギリスの産業革命（ヨーロッパの近代的経済成長）に果たした植民地の役割の大きさを再評価するものがあります（ポメランツ［2015］）。ただし，植民地獲得の「動機」がこのような経済的期待にあった，ということは必ずしもいえません。むしろ戦争を通じて植民地を獲得した結果として，そのような役割を植民地に期待するようになったというほうがよいような場合もあります（日本経済と戦争については，解説 10B を参照）。そして日本の植民地の場合には，一次産品経済というだけでは捉えきれない側面があったこと（植民地工業化）も以下の議論の重要な要素となってきます。

---

1) ただし，こうした定義は，大日本帝国憲法以前に領土に編入された「外」の地域，たとえば北海道や沖縄などの問題を見落としてしまう危険があることは承知しておく必要があります。こうした地域の研究は「国内（内国）植民地」として扱われることもあります。

2) これを本国といったり宗主国といったり，日本の場合は内地（植民地を「外地」）といったりしますが，本章では「本国」で統一します。

1　戦争と日本帝国の拡張

　まずは近代日本が戦争を経験するたびに帝国の版図を広げていく過程を概観しておきます。日清戦争（1894〔明治27〕〜95年）の結果，初めてとなる植民地・台湾を獲得することになりました。その後，日露戦争（1904〜05年）で南樺太を獲得するとともに，関東州および南満洲鉄道（満鉄）附属地の租借権を獲得し，またその過程で朝鮮（大韓帝国）の財政・外交・軍事に関与するようになり，ついに1910年に併合条約により植民地としました。第一次世界大戦（1914〔大正3〕〜18年）には，イギリスの同盟国として連合国側で参戦し，交戦国ドイツが権益を持つ中国の膠州湾租借地（山東省）と，南洋群島を占領しました。終戦後，大戦の被害の大きさに対する反省から国際平和への世論が高まり，パリ講和会議では，国際紛争を平和的に解決するための国際機関として国際連盟が創設されることになりました。日本は大戦中に占領したドイツが権益を持つ領域について，この国際連盟から委任統治領として獲得することになります（その後，膠州湾租借地権益は中国に返還）。

　以上がいわゆる植民地とされた地域ですが，日本帝国の実質的な版図拡張はさらに続いていきます。1931（昭和6）年柳条湖事件をきっかけに中国東北地方を軍事制圧し（満洲事変），翌32年にはそこに「満洲国」を建国します。満洲国は，清朝最後の皇帝・溥儀を執政とする，名目的には独立した国家でしたが，外交・軍事など国家として重要な権限を日本の官吏・軍人が握っており，実質的には日本帝国の一部として組み込んだといえます。これにより，日本は中国東北に対する支配を，すでに獲得していた関東州・満鉄附属地という「点と線の支配」から中国東北地方全体という「面の支配」へと変えていきます。こうした日本の行動は，第一次世界大戦以降の軍縮や領土不拡大という国際的な流れに反するものであり，満洲国の建国は国際的承認を得られませんでした（リットン調査団による報告書）。これをきっかけに日本は国際連盟を脱退することになります。1929年に発生した世界恐慌の影響により，世界全体がブロック経済化に進んでいく流れとも相まって，この頃から，近代日本は世界経済全

表 10-1　日本帝国の版図
（単位：千平方キロメートル，千人）

		面積	人口		
		1940年	1920年	1930年	1940年
日 本 本 土		383	55,963	64,450	71,420
植民地	南 樺 太	36	106	295	415
	台 湾	36	3,655	4,593	5,872
	朝 鮮	220	17,264	21,058	24,326
	南洋群島	2	52	70	131
	関 東 州	3	920	1,328	1,367
	小計	297	21,997	27,344	32,111
日 本 帝 国 計		680	77,960	91,794	103,531
満 洲 国		1,303	—	—	43,297
総 計		1,983	—	—	146,828

出所）山本［1992］116頁。

体との関係を希薄化させていくと同時に，帝国内での結びつきを一層強めていくことになります。しかし，満洲国を組み入れてもなお帝国で完結するような経済構造は確立できず，その後も主要な資源を求めて中国大陸への進出を続けていくことになります。

　日本が帝国として組み込んだ土地面積・人口は表 10-1 のようになります（ただし，満洲国以後の「占領地」は除く）。研究史上「公式植民地」とされる地域だけでも，日本帝国全体の面積で 44％，人口（1940年）で 31％となります。満洲国は，面積ではそれ単独で日本帝国より大きく，人口（同年）でも 29％を占めるほどの存在でした。こうした基本的指標を見るだけでも，なぜ戦前日本を帝国という範疇で考えなければならないかがよくわかります。また，日本帝国の領域拡張の過程を見てくると，多くの場合，中国との間の領域問題であることにも気がつきます。台湾は日清戦争という中国との直接の戦争の結果により獲得したものですし，その日清戦争はそもそも朝鮮半島の中国に対する宗属問題を契機に行われたものでした。また関東州・満鉄附属地，満洲国については，中国大陸そのものから「切り取った」領域です。満洲国建国以後の大陸進出もまたそうした過程の延長上にあるといえます。日本の近代帝国としての

拡張過程は，前近代に東アジアの「秩序」であった中華帝国との間の「領域」をめぐるせめぎ合いの過程でもあったといえます（山本［2003］）。

2　日本貿易の特徴

　では日本と植民地はどのような経済関係を結んでいたのでしょうか。そのことを考える基礎的な素材（資料）は貿易です。両地域を行き交う商品の量や質を検討すれば，基本的な経済関係を知ることができます。ただし，その前に当時の日本経済と貿易の関係，および対植民地貿易も含んだ全般的な貿易の動向を簡単に押さえておく必要があります。

　近代日本貿易の特徴は，「後進国型貿易構造」から「先進国型貿易構造」への転換として把握することができます。つまり，初期には一次産品を輸出し，工業製品（とくに繊維製品）を輸入するという貿易構造であったものが，逆に工業製品を輸出し，一次産品を輸入する構造へと徐々に変化していったということです（図10-1）。これは日本本国の産業構造の高度化，すなわち工業化を反映した変化です。また輸出する工業製品の内容も，初期には繊維製品を代表とする軽工業品の輸出であったものが，後半には重化学工業製品（資本財）も輸出し始めるようになっていきます（杉山［2012］）。

　貿易相手国については時代が下るにつれ，徐々に植民地の比率が高まっていく点に特徴があります。日本全体の貿易額に占める対植民地貿易の比率は，1920年代まで輸出入とも20％前後でしたが，30年代頃から急激に高まり，40（昭和15）年には輸出で50％を超え，輸入でも40％前後となっていきました。これは帝国の版図が広がっていったことの反映でもありますが，他方では植民地地域を自国経済圏のなかに取り込み，帝国としての経済構造を作っていったということでもあります。日本の対植民地貿易比率の高さは，同時代に存在したイギリス帝国やフランス帝国と比較してみても大きかったといわれています。

　こうした帝国内の経済的結びつきの強さは，植民地の側から見たときにより一層際立ちます。図10-2からわかるように，植民地の貿易全体に占める対日

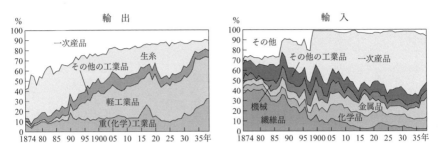

図 10-1　日本貿易の商品類別比率　1874〜1939年（当年価格）

出所）杉山［2012］155頁。

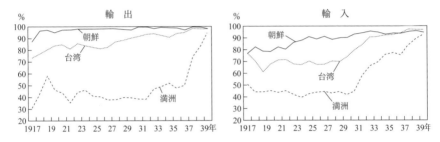

図 10-2　各植民地貿易中の日本帝国の比率

出所）堀［2004］15頁（一部改変したところがある）。

本帝国圏の比率は，1910年代後半には台湾の輸出で70％以上，朝鮮では90％を超えていました（輸入ではそれぞれ10％ずつ低いですが，それでも十分に高いといえます）。満洲地域も，満洲国建国以後に対日本帝国圏の比率が上昇し，1930年代後半には輸出入とも90％を超えていきます。つまり植民地は，帝国以外の地域とはほとんど経済関係を持たず，その経済構造は，日本本国よりもさらに帝国に依存する形で形成されていたということになります（堀［2004］）。

3 帝国内貿易の構造と植民地の生活

1）1920年代以前の動向

　ではここからは具体的な商品にも触れながら，日本帝国内貿易の構造と変化およびその背景について詳しく見ていきます。まず注意してほしいのは「日本帝国内貿易」という場合，日本―植民地間の貿易以外にも，植民地―植民地間の貿易も含まれているということです。各植民地を逐一取り上げていては話が複雑になるので，ここからは朝鮮を事例として考えていきます。

　まず1920年代頃までの日本本国と朝鮮との間の貿易関係について見てみましょう。朝鮮は開港（1876〔明治9〕年）以来，対日貿易の比率が高かったのですが，植民地化以降はさらにその傾向が強まります。すでに見たように，1910年代にはすでに朝鮮の輸出は対帝国圏だけで90％以上を占めるようになっていましたが，その代表的な商品は米でした。1920年代頃からとくにその輸出量は増えていきますが，その背景には次のような事情があります。

　第一次世界大戦時より，日本経済は好景気となり，インフレ傾向が続いていました。そのなかで米価も上昇し続けていたのですが，1918（大正7）年にはシベリア出兵（前年のロシア革命に対する列強の軍事行動）を見込んだ商人たちの米の買い占めや売り惜しみが発生し，ますます米価は高騰しました。そうした噂を聞きつけた富山県の主婦たちを中心に，米価値上がり阻止運動が開始され，その動きは全国に広がりました（米騒動）。こうした日本本国の食糧事情に対する危機感から，政府は植民地で米を増産させることで本国の米不足を補完しようと考え，産米増殖計画（第一期：1920〜25年，更新計画：1926〔昭和元〕〜34年）を実施します。その内容は多岐にわたりますが，日本本国の大蔵省預金部から低利資金を導入して地主（とくに朝鮮人地主）に融資すること，水利事業を中心とする土地改良事業や耕種法の改善（日本本国の嗜好にあうような品種の導入など）などがあげられます。これは嗜好の異なる外国（東南アジア）米輸入を増やす場合より，国際収支を悪化させずにすむ（日本本国と植民地は同一通貨圏であるため外貨決済が不要）というメリットもありました（河合

［1986］)。

　このようにして，朝鮮米はそれ以前よりさらに対日輸出量が増えていきました。しかしその輸出量の増加の早さは，増産のペースを上回っており，多いときには生産量の50％弱が輸出されるような年もありました。その結果，朝鮮では米の生産量が増加しているにもかかわらず，1人当たりの米消費量は減少するという「飢餓輸出」という事態が発生します。

　こうして輸出された朝鮮米は，日本本国市場でどう需要されていたのでしょうか。やや時期はさかのぼりますが，併合前の日朝貿易を分析した村上勝彦によれば，日本米より価格の低かった朝鮮米は，当時産業革命真っただ中の大阪の繊維工場の労働者たちの食糧として需要されたということです。つまり，低価格の朝鮮米が，低廉な日本本国の労働力をつくり出し，その低廉な労働力が安い繊維製品（綿布）となって，諸外国あるいは植民地に輸出されていくという循環（「綿米交換体制」）があったということです（村上［1975］)。1920年代には朝鮮米の需要は大阪だけでなく，東京にも広がり，広く日本の食糧事情を支えるようになっていました（李［2015］)。植民地経済が日本本国の経済構造のなかに深く組み込まれており，またその存在が日本本国の経済成長（工業化）を支えていた部分があるということが読み取れます。こうして1920年代までは，一次産品と工業製品を互いに取引しあう典型的な本国―植民地間の貿易構造を築いていきました。

　一方，「飢餓輸出」によって米の消費量が減少した朝鮮ではどのように日々の食糧を補っていたのでしょうか。図10-3によれば，1920年代後半頃まで，米の輸出が増加する一方で，同じ穀物である粟の輸入が増えていることがわかります。これは満洲地域から輸入されたもので，満洲粟は朝鮮米に比べてさらに低価格であり（同一量の米と比べると5〜6割程度），他方で，粟を炊いた際の膨らみは米の3倍ほどになるともいわれ，「腹持ち」のレベルでいえば，一応米の代替食糧となりえたわけです（摂取カロリーが米と同じという意味ではありません）。このように日本帝国圏内から食糧が「補完」されることによって，朝鮮米の対日輸出は実現していたということです（竹内［2009］)。

　またそれだけでありません。朝鮮は満洲から大量の大豆粕も輸入していまし

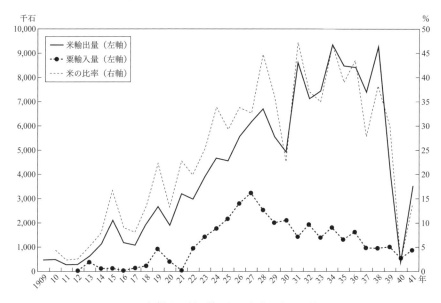

図10-3　朝鮮米の対日輸出量・生産比率，粟輸入量

出所）堀［2009］53頁。

た。大豆粕は，大豆から油を搾った残りカスのことで，とくに満洲の大豆は，肥料の三大要素である窒素が豊富なために，農業用肥料として朝鮮のみならず帝国圏内に広く流通していました（竹内［2008］）。すなわち，朝鮮農業は代替食糧としてもまた農業に必要な中間財の次元でも，同じ帝国圏内の満洲に支えられていたということになります。このように，典型的な本国—植民地間貿易構造を支えるのに，植民地同士の関係が不可欠な存在として組み込まれ，全体としての帝国内貿易構造が形成されていったのです。

2）1930年代の動向

すでに述べたように1930年代の日本本国はさらなる産業構造の高度化が進展し，重化学工業化（機械工業の発達）が本格的に進行していきます。そうしたなかで，日本帝国内貿易はどのように変化していったのでしょうか。まずこの時期の大きな特徴の一つとして，朝鮮の工業化があげられます（堀［1995］）。

植民地の工業化という現象は、他の帝国にはあまり見られない日本帝国の特徴だといわれていますが、その背景には、次のようなことがあげられます。第1に、朝鮮には日本からの繊維製品を中心として工業製品が多く輸入されており、工業製品市場がすでに形成されていたということです。第2に、日本本国での機械工業の発達により、朝鮮でも工業化に必要な機械製品が比較的に安価に調達できるようになったことです。第3に、この頃、日本本国では産業合理化が進展しており、カルテル形成の助長など、自由な企業活動に一定の制限が加えられるようになっていたため、そうした統制外にある植民地に日本企業が進出し始めるようになったことです。加えて、1920年代頃から朝鮮では大規模な水力発電の建設が進められており、そうした大容量電源の存在も日本企業の進出の動機となっていました。第4に、1932（昭和7）年に満洲国が建国されたことに伴って、日本帝国内により大きな市場（前掲表10-1の満洲国人口を参照）が生まれるという期待も、こうした企業進出に拍車をかけました。さらに第5に、こうした日本企業の進出に並行して朝鮮人企業も多く誕生していたことです。

朝鮮で成長した代表的な工業としては、化学（肥料）工業と繊維業をあげることができます。化学工業の発達は、日本の新興財閥として有名な野口遵の日本窒素肥料が、朝鮮東北地域（咸鏡南道・興南）に工場を作り、朝鮮窒素として操業を始めたことに伴うものでした。化学工業には大規模な電力が必要となるため、野口はその基盤を1920年代に準備していました（赴戦江発電所の建設）。それを利用して操業を始めた朝鮮窒素は、硫酸アンモニア（硫安）の生産を開始しました。この硫安の生産により朝鮮内の肥料需要を満たすだけでなく、内地を含む帝国圏内にも輸出され、各地域の農業生産を支えるようになっていきます。またその結果、1920年代には満洲から輸入していた大豆粕は、30年代には急激に減っていくようになります。

繊維業は先述の通り、1920年代まで代表的な日本からの輸入品でしたが、やはり30年代頃から日本企業の進出が相次ぎます。1919（大正8）年に先行して進出していた朝鮮紡織に加え、東洋紡が京城（ソウル）に工場を設置し、また鐘紡も京城および光州に工場を設置、稼働させました。さらに朝鮮人企業で

ある京城紡織も紡績部門に進出し，生産量を伸ばしていきます。こうした結果，1930年代後半から急激に朝鮮の繊維製品（綿織物）生産は増加していき，37年には輸入量を凌駕，40年にはほぼ自給化を達成することになります（輸入代替工業化）。さらに朝鮮産繊維製品は，硫安と同様に，帝国圏内，とくに満洲市場に輸出されるようになっていきます（竹内 [2010]）。

　このような朝鮮の工業化に伴い，日本と植民地（朝鮮）あるいは植民地同士の関係が変化するなかで，朝鮮の生活はどう変わっていったのでしょうか。たとえば，前掲図10-3によれば，朝鮮工業化が展開した1930年代でも，相変わらず朝鮮米の対日輸出は続いています。しかし同時に，その代替食糧とされていた満洲粟の輸入は減少していることもわかります。粟輸入が減少したのは，日本内地が農村恐慌に見舞われ米価が下落したことで，粟の米に対する相対価格が上昇（同一量の米と比べると6～7割程度）したためです。

　ただし，穀物間の相対価格の変化の影響は朝鮮内でも地域差があり，米の主産地である南部のほうがより影響が大きく，米の生産がほとんど行われない朝鮮東北部では比較的影響が小さかったようです。実際，満洲粟の朝鮮内需要地域を，鉄道による到着駅の分布によって調べてみると，1920年代には朝鮮米の主産地である朝鮮南部を中心に多くの粟が到着したのに対し，30年代には朝鮮南部への到着量は減少する一方，朝鮮東北部では多くの粟が到着するようになっていました。すなわち，1920年代以前は朝鮮米生産者の代替食糧であった満洲粟は，工業化とともに朝鮮北部の労働者の基礎食糧として需要されるように変化していったということです。かつて朝鮮米が日本の工業化を支えていたのと同じように，低廉な食糧が朝鮮工業化を支える基礎資財となっていたのです。また，1930年代には朝鮮北部に多くの綿布（朝鮮南部で生産）も流通するようになります。このように朝鮮北部の工業化は，生活の基礎資財を中心とする新たな市場を生み出したと考えられます。

　では他方で，米の生産・輸出を担った朝鮮南部ではどのように対応していたのでしょうか。1920年代～30年代にかけて米の生産が増加するのと同時に麦類（大麦）の生産も増加していました。麦類は米に比べると商品化（販売）の比率が低いことから，麦類を自給自足することによって輸出に伴う米消費の減

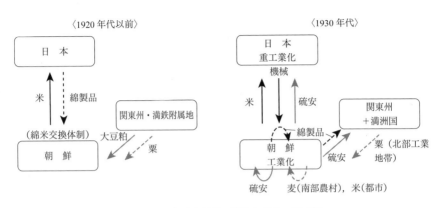

図 10-4　帝国内貿易の構造と変容の模式図

出所）筆者作成。

少に対応していたと考えられます。これには産米増殖計画に伴い，水利施設などの整備が進んだことによる副次的成果として，麦類の生産性も上がったことが関係しています（竹内［2009］）。

　こうした南北差以外にも，1930年代には都市化の進展に伴う都市と非都市という生活の地域差もあらわれます。先述した朝鮮の工業化は，農村から都市への人口流出という事態をもたらし，朝鮮の都市（府）人口比率は，1920年の3％（58万人）から，40年には12％（282万人）になりました。この値自体は日本本国と比べるとさほど大きくはありませんが，その変化の早さには特筆すべきものがあります。京城の人口は1940年には90万人を超え（42年には100万人超），朝鮮のみならず日本帝国全体のなかでも有数の大都市となり，他にも，平壌（29万人），釜山（25万人），清津（20万人），大邱（18万人），仁川（17万人）などの10万人超の都市が誕生するようになりました。こうした植民地の都市には，百貨店が建設されたり，さまざまな文化・娯楽施設が建設されたりと，新たな商品・サービスの消費機会が広がり，日本本国と比較してもそう変わりない生活の近代化が進んでいきました。こうした消費機会の拡大・生活の近代化は，都市住民の所得水準・生活水準の向上を反映したものと考えられます。たとえば穀物消費に関しても，朝鮮全体で見れば米消費量は減少し続

けましたが，都市に限定してみると，1930年代の米消費量は徐々に増えていったと考えられます。このように，1930年代の植民地朝鮮の生活は，北部と南部，都市と非都市などの地域差を伴いながら大きく変化していきました（図10-4）。

3）植民地の生活変化に対する「評価」

　最後に，前項までに見てきた植民地朝鮮の地域別の生活の変化はどのように「評価」できるかを考えてみます。たとえば，朝鮮南部の米生産者が，米を販売し，自らの食生活ではより低価格な粟を購入，あるいは麦類で自給自足するという現象は，経済学的に見れば，消費を切り詰めてでもより高く売れる商品を市場に出し，他に必要なモノを購入する行為として経済合理的だと捉えることができます（金［2002］）。そうすることによって肥料を購入してさらなる米の生産を行えるように備えたり，綿布を購入したり（農家で自給するよりも時間を節約できます），といったことが可能になるからです。

　しかし他方では次のようにも評価できます。すなわち，米を生産・販売する一方で，低価格の粟を購入したり，自給自足したりするようになったということは，米の1人当たり消費量の減少ということともあわせて，植民地期を通じて朝鮮の食生活は悪化した，という評価です。米の増産と対日輸出が，日本本国の食糧事情の解決のために企図された産米増殖計画という政策に主導されたこともあり，こうした食生活の変化はむしろ典型的な「植民地的」現象として捉えられています。

　都市化の評価も同様です。都市の人口増加という現象そのものは確認できても，当時の都市にはその増加分を十分に吸収できるほどの就業機会はなく，その多くは都市周辺部に土幕もしくは不良住宅を設けて，日雇いなど雑業に従事していたとされます。それは近代的な都市の姿とは異なる「植民地都市」の特徴だという評価です（橋谷［1990］）。他にも，生活に関わるものを含む多くの経済的現象についての変化，とくに「豊かさ」や「成長」というキーワードと結びつく論点については，それが近代化されたものか否かの評価をめぐって，激しい論争が行われてきました（金［2008］）。

このような「評価」の問題を最後に取り上げるのは，それが植民地研究を行う上で重要な課題となるからです。植民地は日本帝国の版図であるため，それは日本社会の歴史の一部であると同時に，やはり現代の視点から見れば外国の歴史でもあるため，日本帝国時代に当該地域がどのような変化を遂げたのかに対する評価は，日本の植民地支配そのものに対する評価と結びついてしまうという問題をはらんでいます。つまり，「豊かさ」や「成長」を積極的に評価することは，植民地支配そのものを肯定することと理解されてしまう可能性もあるということです。とくに経済史研究は，こうしたキーワードを評価軸として分析することに長けているため，その評価には慎重な意見が見られるのも当然といえます。植民地社会をどのような視点で見ていくかは，いつも植民地研究で問われ続ける課題といえます（解説 10A を参照）。

おわりに──「戦後／現代」と「帝国／植民地」

歴史研究は現代社会の問題との接点を持たなければならない，とは思います。しかし現代日本社会の姿をそのまま歴史に投影しようとすると，逆に見えにくくなるものがあることも事実です。本章で扱った「植民地」とはまさにそうしたものの一つだといえます。本章の最後では，この植民地の問題を戦後／現代日本社会と関係させるための三つの論点を提示しておきたいと思います。

第 1 に，戦後日本社会の出発点と植民地の喪失という問題です。図 10-5 を見ると，本章で触れた人口や米以外でも，いかに戦前日本が基礎的資源を植民地に依存した構造になっていたか，すなわち「日本」ではなく「日本帝国」であったかということがよくわかります。現代日本は「資源小国」といわれますが，そこには戦後日本が植民地を喪失したところから出発したということでもあるのです。少なくとも戦後間もない頃の日本はそのような認識を持っていました。戦後日本社会を考えるとき，あるいは戦後の視点から戦前「日本」社会を考えるとき，この問題を見落とすことはできないはずです。

第 2 に，植民地社会の戦後，という問題です。このような視点は，植民地が

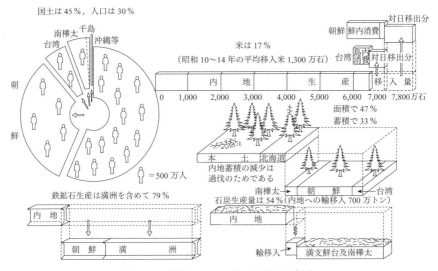

図 10-5　敗戦によって失った国土と資源

出所）総理府資源調査会事務局編［1953］表紙。
注）満洲の表記は本文に合わせた。

　一つの国民国家として独立を果たした後にも当該社会に残る「帝国の負の遺産」を検証するポストコロニアリズム研究がよく知られていますが（解説10Aを参照），経済史研究の立場からは，東アジアが戦後高度経済成長を経験したことにより，その歴史的起源という形で植民地経済の成果を捉えようとする発想もあります（堀編［2016］）。先述した通り，成長や豊かさの問題を論じることは植民地社会を捉える視点としては批判も多いですが，それは戦後社会を見る場合にも同様です。しかし，ポストコロニアリズムと同様に，「帝国」の戦後という観点が強く意識されている研究である点では変わりはありません。旧植民地社会の「いま」は日本帝国の歴史のその後でもある，と捉えることは，植民地の問題を現代日本社会と関わらせる大事な視点になりうると思います。

　第3に，本章で中心的に紹介したのはあくまで植民地の生活（の一部）であって，植民地「人」の生活の場は他にも存在していたという問題です。朝鮮を事例に表現するならば，代表的な存在は，朝鮮に渡った日本人，あるいは日本本国に渡った朝鮮人の生活です。とくに後者は，戦後／現代の在日朝鮮人問題

と関わって数多くの研究があり，また通史的に論じられている成果もあります（水野・文［2015］）。経済史分野でも，在日朝鮮人たちの戦後日本社会における経済活動を明らかにした研究成果も出ています（韓［2010］，本書第1章を参照）。その他にも，たとえば満洲など他の帝国内諸地域に渡った朝鮮人，さらには帝国外に渡った朝鮮人もいます。帝国内には「中心」とは区別される幾重もの「境界」が設定され，さまざまな立場（その代表として民族）の人々が越境し，そしてそれぞれが生活する地域で「戦後」を経験することになります（安田編［2013b］）。その経験は日本人が日本で経験した「戦後」とはまったく異なるものでした。こうした存在の一つひとつはマイノリティであって，なかなか目に留まりにくい部分もあります。しかしそうしたマイノリティが「複数の民族×複数の地域」だけ存在したということを想像すれば，その経験を総じてみることは，戦後日本社会および日本帝国の戦後を考えるための貴重な素材となりうるのではないでしょうか。

● — 解説 10A

植民地の近代をどう見るか

　第10章で中心的に述べてきたことは，貿易（と生産）という側面から見た，植民地（朝鮮）のマクロ経済の変化です。マクロ経済上の変化は，あらゆる経済主体の活動の総体としての変化にすぎず，そのなかにはさまざまな経済主体の活動が含まれています。なかでも植民地研究で重要とされてきた経済主体の属性は「民族」です。つまり植民地期に「朝鮮人」がどのような経済状態に置かれ，どのような経済行為を行っていたのか，それらが「日本人」とはいかに異なっていたか，という「民族」差に「植民地性」を見出すということが重要な研究視角とされてきました。

　しかし同じ民族（朝鮮人）でも，さらにそのなかに階級，職種，性別，年齢，生活する地域の違いなどが存在します。また第10章では「豊かさ」や「成長」という評価軸でもって植民地の「近代」化を論じること（「植民地近代化」論）には批判があることを紹介しましたが，近代化したか否かという議論自体はいずれの立場も近代を到達点とみなし，肯定的に捉えている点には変わりはないという評価も存在します。こうした論点を踏まえ，むしろ近年の研究では，植民地における「近代」とは肯定的なものではないという前提に立ち，文化的な面あるいは意識の次元で植民地の人々が「近代」をどう受容したか，という視点から考察されるようになっています。こうした研究潮流は，「植民地近代」論（「植民地近代性」論）と呼ばれます。「植民地近代化」論と，非常によく似た名前がつけられているため混乱しやすいですが，以下のように捉える視点は異なります。

　この議論のなかではミシェル・フーコーの「規律権力論」が援用され，「近代」とは規律を求めるものとされます。「近代」は，それを強制したり統制したりする権力が存在する一方，それを受容しようとする近代主体が存在することによって浸透していきます。そうした近代主体を創出するために，権力は学校・工場・病院・軍隊などあらゆる「近代的機関」を通じて大衆の日常生活にまで働きかけを行い，「近代」の維持・再生産をはかろうとします。また，西洋由来の「近代的文化」，たとえば近代的商品・メディア（ラジオや映画など）・文芸などが大衆に「近代」なるものを働きかけると同時に，そうした文化を一種の「憧れ」をもって受容する主体も「近代」の維持・再生産に貢献することになります（文化的ヘゲモニー）。しかし植民地の「近代」は，「日本」という「敵対する」支配者を通じて働きかけられるものであり，「文化」もまた日本の文化的ヘゲモニーを強化する役割を果たすため，それを受容して近代主体になることは，ある意味で植民地支配に加担（対日協力）することにもつながります。つまり植民地の近代主体は，支配者（日本）に対する抵抗と協力という両面性を持ち，そこに「植民地近代」の複雑さが見えてきます（松本［2004］，三ツ井［2008］）。

ただし、このような近代主体は、植民地においてそう多く存在するわけではないと考えられています。なぜなら、権力が設置する近代的機関や文化といった「近代」を受容できる主体が、一部のエリートや知識人に限られていたからです（そのため植民地〔朝鮮〕社会を総体として捉えられないという批判もあります）。ただし、容易に「近代」に接触できないからこそ、一層それへの「憧れ」と「挫折」は強まる側面もあったと想像されます。そうしたことも含め、近代主体の行動や言説を通じて支配者と被支配者の関係、すなわち植民地性を発見しようというのが「植民地近代」論です。こうした視点が登場した背景には、第二次世界大戦後に政治的・軍事的には植民地支配から解放されても文化・意識の面で植民地期の「遺産」が継承されているとするポストコロニアリズムという研究潮流があります。

「植民地近代」論の提示する論点は、数字に現れる現象を捉える経済史の手法では接近しにくい面もあります。しかし植民地という社会が置かれた状況とそのなかで生み出される行動のありようの関係を考える、というのであれば、経済史研究の成果を「植民地近代」論の枠組みで捉え直すことも可能なのではないかと思います。

たとえば第10章の事例を用いて、「消費を切り詰めてでもより高く売れる商品（米）を市場に出す」という行為について考えてみます。これが経済合理的行動だとしても、植民地（朝鮮）という社会で、それが本当に能動的・積極的な選択として行われたものかどうかはまた別の検討課題です。すでに見たように、朝鮮の対外関係は対帝国圏にほぼ限定されていたので、経済活動を行う上では政府（総督府）や日本企業、日本社会と「良好な」関係を結ぶ（あるいは利用する）ほうが「合理的」ではあったはずです。そのためには、たとえば日本語の読み書きができたほうが有利であったと考えられますし、日本本国の需要にあわせた生産・販売行動をとることもまた当然であったといえます。つまり上記のような経済合理的行動は、日本帝国のルール・規範を「受け入れざるをえなかった」植民地という社会のもとでの「合理性」であり、そうした環境下で生まれた「対日協力」的な行動とみなせます。

上記のような行動を経済合理的とみなすのは、集計された世界（マクロ経済）で見えた結果に対する「評価」であって、個々の農民の行動を意識の次元までおりてそれを実証することは大変難しい課題です。しかし、ここに多くの農民（大衆）の行動を誘導できる存在として、地主や米穀商人を想定し、彼らの活動や言説を分析すれば、もう少し具体的に経済合理的あるいは「対日協力」的行動を、「植民地近代」論の文脈で「評価」することも可能なように思います。実際、植民地朝鮮において大多数を占めた農民層がいかに統治されたか、という問題意識のもと、地域における「農村エリート」が近代主体として植民地権力と大多数の農民の間に立って、農民あるいは地域を統治する役割を果たしたという研究も登場しています（松本［2005］）。

先述の通り、経済史研究の手法は数字に現れる現象とその変化を捉えることに長けており、またそうした手法ゆえに、経済史研究において「近代」化は、「豊かさ」や「成長」の問題と結びつきやすい面があります。それを論じることは必ずしも「近代」

を肯定していることと同じ意味ではない（まして植民地支配を肯定するような意味ではない）はずですが，植民地研究のなかでは批判的に捉えられがちです。それは，経済史研究の手法・成果が植民地性を論じることとうまくかみ合わないからだと考えられます。

経済史研究が十分に取り組めていない植民地研究の枠組みは他にもあり，近年盛んに議論されている「植民地責任」論もその一つです。「植民地責任」論とは，1990年代以降，アフリカ各地からヨーロッパに対して出された，前近代の奴隷制・奴隷貿易などまでさかのぼった植民地期における暴力被害に関する謝罪や補償の要求が相次いだというところから端を発したもので，「戦争責任」よりも長期の問題として，また「植民地支配」という制度的暴力とその罪だけでなく，「植民地」における日常的な暴力的事態を全体として把握し，その責任と応答を考えるというものです（永原編［2009］）。

日本の植民地に対する「戦争責任」「戦争犯罪」といえば，強制連行や慰安婦の問題が想起され，これらについては，十分とはいえないまでも，少なくない議論の蓄積があります。しかし，戦争それ自体は非日常的な事象・空間であり，「植民地期」と必ずしも重なるわけではありません。たとえば朝鮮の植民地期に，本格的な戦争状態であったのは後半の15年，第一次世界大戦期を加えても20年ですから，半分近い期間は非戦争状態，つまり「日常」であったわけです。しかし植民地の「日常」は日本本国とは異なり「非日常＝植民地支配」のもとでの「日常」であったはずです。日常のなかには経済活動が欠かせない領域として存在しているのですから，経済史研究の成果を「植民地責任」論と結びつけて理解し，経済史研究として「植民地責任」論に応答することもできるはずです。

本書の各章で示されているように，生活を捉える視点はさまざまに設定できるので，植民地の生活についても多様な視角から分析可能です。ただし，植民地研究と称する以上は，日本本国を捉えるのと同じ視角で分析するだけでは十分ではなく，分析枠組みはどうあれ，研究対象とする事象のなかに「植民地性」をいかに見出すかということが問われ続けることになるのだろうと思います。

●── 解説 10B

経済競争と国際紛争

　現代は，各国の政権がなりふり構わず自国の経済パフォーマンスを上げようとし，それによって政権の正統性をアピールする時代です。かつて1962（昭和37）年，フランスを訪問した池田勇人首相はドゴール大統領に国産のトランジスタラジオを贈り，「トランジスタラジオのセールスマン」と揶揄されました。このエピソードを，第二次政権発足後半年足らずの安倍晋三首相は「経済大国」への誇らしい歴史の一頁として再解釈し，自らのロシア・中東への外遊を，長期デフレと世界での「連戦連敗」から「日本を取り戻す」第一歩として自賛しました。そして，「『行動』なくして，『成長』なし。今後とも，時間の許す限り，世界中のどこへでも出かけ，トップセールスを進めていきたいと思います」とアベノミクス推進の決意を謳い上げています（安倍首相「成長戦略第二弾スピーチ」，2013〔平成25〕年5月17日）。ロシアのプーチン然り，アメリカのトランプ然り，中国の習近平然り。国のトップが外遊の度に，大型経済使節団を引き連れて大商談会を開くのは，通常の光景となりました。

　しかし先進各国が自国の貿易黒字や雇用，海外プロジェクトなどの経済的業績を最優先し競うようになると，国家間の緊張が高まったり，国民間の競争意識が熾烈な対抗意識へと変わったりして，国際紛争に発展するようなことはないのでしょうか。経済と政治との間には，どのような因果関係があるのでしょうか。あるいは，そのようなものはないのでしょうか。

　かつてロシアの革命家 V・レーニンが『帝国主義論』（原著 1917 年）（レーニン [2006]）において，資本主義が自由競争から集中へと進み独占が進行すると，資本の輸出先をめぐって世界分割が行われ，帝国主義戦争が必然的に起こると分析したことは，よく知られています。第二次世界大戦後，アメリカ占領軍もまた，日本が侵略戦争を起こした一つの原因は，軍国主義の経済的基盤となった財閥にあると考え，財閥解体を占領政策の一つの柱としました。いずれも今から思えば，単純な経済決定論に見えます。

　国際政治経済論においても，たとえば1973年に刊行された有名なキンドルバーガー [2009] は，第一次世界大戦後の世界が第二次世界大戦に至ったプロセスを分析しました。そして，圧倒的な経済大国による覇権構造が存在すれば国際システムは安定するが，新たな覇権国となったアメリカにそれを担う意思がなかったために，世界大恐慌が収拾されず悲劇が訪れたと考えました。1944年に刊行され，その後も読み直され続けているポラニー [2009] は，「長期の19世紀の平和」を支えたとされるバランス・オブ・パワー，国際的金本位制，自由主義国家の諸制度や，その基盤となっていた自己調整的市場を軸とするユートピア的擬制のなかに，本質的な矛盾が含まれていたことを指摘しました。そして，その破綻を回避するための改革の結果，自らの崩

壊を招いたと述べ，第一次世界大戦後について説得力ある分析を加えました。平和や安定といった概念自体，擬制的で相対的なものです。安定は，経済の構造や条件が整えば実現するというよりは，安定というフィクションを築き維持しようとする正統化の力と，批判し打破しようとする挑戦者との政治プロジェクトのせめぎ合いによって決まるのではないでしょうか。

　日本近代史の分野では，長いこと政治史と経済史が分断され，経済構造分析を論証なしにそのまま政治現象の解説に直結させるのが当たり前でした。一方で，時間軸のなかでの位置づけや同時代における全体像に関心のない，細かい実証研究が多いという批判もなされてきました。しかしその後，グローバルな視野の下で政治経済問題を扱う研究や，隠された時代の構造や政治経済史のダイナミズムを明らかにする研究も少しずつ蓄積され，研究の広がりと水準がにわかに高まってきたように思います。たとえば，松沢［2016］は，政治現象として語られてきた自由民権運動の経済的・社会的背景を歴史的・同時代的な奥行きのなかで明らかにし，話題となりました。

　日本近代史の重要な課題である大陸への侵略（膨張）をめぐっては，石井［2012］と梶谷［2016］という二つの研究が，この課題をめぐる状況を正面から整理し，新たな段階の政治経済史研究への議論を提起して反響を呼んでいます。石井は日本経済史の第一人者として多くの分野を開拓してきた重鎮ですが，かつての学界の構造分析偏重を反省し，「日本ブルジョアジー」は「アジア太平洋戦争」をなぜ阻止できなかったのか，本来「国家的（政治的）立場」を批判し抑止できるはずの「経済的論理」の力はなぜ失われたのかを，政治史的にも追究しました。経済構造は運命ではなく，政治的決定は選び取れるものだとし，「総資本」ではなく個別資本の動向に目配りして，内地・植民地をまたぐ多様な人間・組織・業界についての政治経済史分析を展開したのです。

　石井著は，第一次世界大戦後の日本の対外膨張の方向性として，軽工業中心の「在華紡路線」，重工業中心の「満鉄路線」（資源帝国主義論）の二つを掲げています。そして，いわゆる「綿業帝国主義論」を，在華紡と中国民族紡績との経済対立を軍事対立へと結びつける構造決定論だと批判し，「在華紡路線」は，現地労働者を雇用するとともに民族紡に一種の技術移転を行うなど，侵略だけでなく分業や共生の契機も持ったと強調しています。その一方で，関東軍が主導する満鉄投資の「満鉄路線」を，「在華紡路線」とは明確に異なる領土拡張・侵略の路線で日中軍事衝突を必然化したものとして位置づけました。そして，満洲事変後，平和解決論が主流であった「在華紡路線」が事変支持へと転回した理由を，上海の日本居留民のうち慎重論をとっていた「会社派」が排日貨運動などで打撃を受けて「土着派」の強硬論に屈するようになったこと，大阪財界内部の関東軍批判を危惧した軍部が圧力をかけたことなどとして説明しています。日本経済史の泰斗がこうした問題を提起し，実際にその政治過程を分析してみせたことは，各分野に大きなインパクトを与え，その議論は梶谷著のなかでも詳しく紹介されています。

政治経済史を見る枠組みとして石井著は，業界利益を抽出した「在華紡路線」と「満鉄路線」という二分法を提起しました。一方，梶谷著は，近代以降の日本の対中観として，「脱亜論」的中国批判，実利的日中友好論，「新中国」との連帯論という三つのパターンを析出し，現在に至る日中関係の変遷を鮮やかに整理しました。学界には鮎川義介の満洲重工業開発株式会社による外資導入案を「経済国際主義」と見る見解もありますが（たとえば，井口［2012］），これは石井著でも梶谷著でも否定されています。筆者は石井著の二分法に，国際協調と均衡財政を指向する「金融路線」を加えたら良いのではないかと考えていますが，重要なのは，個々の業界利益によって，必ずしも一義的に各企業や経済人の政治的態度が決まるわけではないということです。

　たしかに金融業界には，国際金融資本（国際金融マフィア）の間のネットワークや倫理を重んじ，安定や均衡財政を指向する傾向があります。渋沢栄一，高橋是清，池田成彬ら銀行家出身者が軍拡や戦争に抵抗したのは，その例です（松浦［1995, 2002］）。三谷太一郎が明らかにしたように，日本で「ワシントン体制」を支えたのは英米の国際金融資本家らとの信頼関係に結ばれた井上準之助らで，金解禁もこの文脈で政治的に決断されました（三谷［2009］）。ひるがえって重工業部門は，国家によるプロジェクトや統制，戦争などと親和性を持ちやすいのですが，その政治との関係には見えにくい部分があります。細かいことをいえば，石井著のいう「満鉄路線」でも，経済的アプローチをとる満鉄と軍事行使へと走る関東軍との間には違いがありました。また，川崎造船所社長，日本製鉄会長や，大日本報国会会長，鉄鋼統制会会長などを務めた平生釟三郎は，もともと東京海上保険出身の自由通商論者でしたが，満洲事変後領土拡張主義へと転換したといわれます（松浦［1995］）。一方で中島飛行機社長から立憲政友会の領袖となった中島知久平は軍部から，軍需で得た金を政党政治につぎ込んだ自由主義者として攻撃されました。また，軍需工業を多く擁する三菱財閥総帥の岩崎小弥太は政治には関与せず，戦後の財閥解体に際し，自分たちは国策に従い国民としての義務を果たしただけだとして抵抗しています。

　一方，輸出産業や，在華紡など大陸に進出した軽工業資本，商社，海運会社などの業界は，近代以降，中国ナショナリズムや民族資本，イギリスなどの先発資本とどう付き合うかをめぐり，常に強硬論と協調論に分かれていたといえそうです。海外でイギリスとの熾烈な経済競争を勝ち抜いた鐘紡や大阪商船は，社長の津田信吾，村田省蔵が大亜細亜協会の役員として反英運動という政治プロジェクトの先頭に立ち，中国のナショナリズムとも対立しました（松浦［2010, 2017］）。やはり海外での競争の最先端にいた三井物産出身の政治家森恪は軍部と提携し，山東出兵や満洲事変処理などにおいて，対中強硬を推進しました。いずれも，彼らの実業経験が政治性と深く結びついていました（松浦［2017］）。鐘紡などの企業は狭義の軍需産業ではなかったために「平和産業」と呼ばれることもありましたが，自ら関与した日中戦争や「大東亜戦争」の結果，平和な通商活動が細るなかで外貨や物資の割り当てを制限され，自分の首を絞める皮肉な結果を招きました（松浦［1995, 2010］）。しかし一方で，在華紡の

多くは満洲事変での拡張策に批判的であり，在華紡績同業会総務理事の船津辰一郎のように日中和平工作を担った人物もいました（松浦［2002］）。ひるがえって中国の「抗日」プロジェクトの側では，在華紡との共存可能性を否定し，侵略と戦い国を守るというナショナリズムの論理を浸透させ，「帝国主義の手先」在華紡に対するストライキや日貨排斥を発動しました。

　通商など経済活動に競争はつきものです。競争は緊張をもたらし，紛争を引き起こすこともあります。しかし，ビジネスのやり方，現場担当者やリーダーの思想や哲学や日常の行動，現地で日頃築いている人間関係などのあり方が緊張を和らげ，競争が紛争へと直接結びつかないこともあるのです。さらに重要なのが，国家や「国民」による政治的プロジェクトの果たす役割です。競争による対抗心を国内の政治統合や支持調達，動員に利用したり，民族・人種・移民などへの差別や憎しみを煽る方向に関与したりすることで，紛争や戦争が拡大した事例は数多くあります。リーダーが，内にも外にも，日々の「暮らし」や家族を大事にする人々がいることを実感し，経済・社会・文化を通じた理解や信頼関係を構築して，ナショナリズムと経済競争の切り分けを行っていくことで，共存共栄が初めて維持できるのです。

テーマ IV　システムという発想

1. システムという観点

　みなさんは，学校は行くべきところだと考えていますか。6歳を過ぎると毎朝かならず7時頃に起きて，ご飯を食べてランドセルを背負って通う場所だと思っていますか。これは一見すると主体（subject）の独立した判断で行われている正しいことのように見えます。しかし，冷静に考えてみると，これは学校という制度ができていて，かつそれが社会生活のなかで大きな一部として認められていることによって成立している行為です。つまり，制度という前提によって主体の行為が構成されている，という見方になります。にもかかわらず私たちは，学校を「行くべきところだ」と主体自身の独立した見識によって判断しているように思いがちです。

　すでにできあがっている制度によって主体の行為は構成されている。こうした見方を典型的に示すのがシステムという発想です。本来，「システム（system）」は辞書的にいうと，多数の構成要素が集まって有機的に秩序ある関係をたもち，一つの目的を果たす組織体のことを指します。たとえば，官庁や企業などは各種部課を構成要素として相互に連携させることで行政や企業の目的を遂行していますが，こうした「システム」はこれら以外にも存在します。学校もその一つに数えられるでしょう。学校は制度でありつつシステムとしても機能しています。ポイントは，主体の行為が当該のシステムの持つ本来の目的を知らないままにそのシステムによって構成されてしまっていることも多々あるということです。

　学校教育の事例に戻ると，その目的について人格形成・学力向上のいずれに重きがあるのか，あるいはその価値の中心が個人の尊重と公共精神のいずれに置かれているのか，といった理念的なことを，私たちの大多数は幼い時から意識することなく学校に通っていたのではないでしょうか。つまり，とくに何か強制された覚えもなく学校に行って，知らずしらずのうちにその目的にかなう

ように教育されている。そして，いつの間にか学校に行くことを当然視する主体ができあがっていく，ということがあるのです。

　しかし，こうした学校教育の目的にかなう主体へと無意識にすべての人々が適応できるわけではありません。いじめや差別，体罰や教育内容・方法との不適合などが原因となって学校になじめず退出を希望したり拒絶反応を起こしたりするケースも出てきます。システムの発想では，そうした人々をも包摂しうるようにシステム自体が対応すると考えます。つまり，学校というシステムの目的に沿う限りで本人の居場所を作るのです。そして，その目的と一致するように本人に学校に来る目的の設定をさせ，それに向かって自発的に邁進できるように動機づける，という場合でも，この居場所は必ずしも本人の望み通りとは限りません。退出希望や拒絶反応の原因が取り除かれることなく，その原因による苦しみの受忍を強いられることもありえます。いわば，学校というシステムの機能的因子そのものとなることを望まれるわけです。大多数の生徒が意識的であれ無意識であれその望みを受け入れることで現在の学校というシステムは成立している，とシステムの発想では考えます。ですが，システム内にとどまる選択をしたとしても，その生徒が幸せになれるわけではありません。原因が取り除かれていない以上，学校というシステムの周辺に位置づけられて，度重なるいじめや差別，体罰や教育内容・方法との不適合といったものに恒常的に自力で対応することを強いられます。

　こうした事態を根本的に変えるためには，いじめや差別，体罰や教育内容・方法との不適合といったものが生じる原因――権威主義・ナショナリズム・学歴主義など――を根本的に取り除く必要があります。しかし，その原因が現行の学校というシステムの背後において重要な役割を果たしている場合，これを取り除こうとすると現行システムに対する反逆者として排除されてしまいます。そうなると，システムのなかからの究極的な変革は不可能で，常にシステムのなかで承認を得られるような弥縫的な改革案しか通らないことになります。つまり，一見ラディカルに見えるような批判も結局のところは現行のシステムに承認されなければその改革に寄与することはできません。もしそれを拒否するのであれば，根本的にそのシステムを廃絶し別のシステムに取り替える

以外にありません。こうした考え方が，システムの発想から論理的に帰結する社会改革観と思われます。

　以上，学校教育を事例にとりましたが，簡単にいえばシステムの発想では「システム」先にありきです。主体はシステムに従属するものとして把握されます。マックス・ヴェーバーが「理解社会学のカテゴリー」(1913 年)で示したように，システムに不満を持つ者もそこで敷かれているルールや法則に反逆したときにこうむるかもしれない悪しき結果を予期して面従腹背の態度をとらざるをえない，と考えるのです。こうした社会秩序観は極めて閉鎖的です。そのため，もし当該のシステムの病弊が極まってこれを根本的に改革しようとするなら，その駆動する原理や法則の根本から異なる別のシステムを構想せざるをえなくなる，という社会改革観が導かれます。現行システムに取って代わる別のシステムを作ろうということになります(恒木 [2017]，山之内 [2015]，中野 [1993])。こうしたシステムの発想で国家規模どころか世界規模にまで広げて歴史を通観する見方があります。ここでは日本の経済史学との関連で重要な議論のいくつかを紹介します。

2. 発展段階論と純粋資本主義論

　〈システムが主体を作る〉という発想については，すでに G・W・F・ヘーゲルが『法の哲学』(1821 年)においてその雛形を提供していたとされます。すなわち，家族という自然のままの倫理的紐帯が市民社会(＝資本主義社会)においてはバラバラにされ利己主義的な個人に分裂してしまうので，その紐帯をより高次のかたちで再建する公共的実体として国家が市民社会に先んずる必要がある，という理解です。いわば，〈家族→市民社会→国家〉という垂直的運動を軸とした社会的有機体的な認識です。ここでは，家族と国家がバラバラになった個人を統制する役割を担っていることになります(山之内 [2015])。

　この発想はカール・マルクスを経てフリードリヒ・エンゲルス『家族・私有財産・国家の起源』(1884 年)へと受け継がれていくものですが，マルクスとエンゲルスがヘーゲルと異なっている点があります。それは，国家を実質的に意味のある普遍性を備えた存在とみなすのではなく，あくまで生産力・生産関

係という土台（＝経済構造）なしに成り立たない上部構造の一つとして扱ったことです。つまり，経済構造にそぐわない国家システムは改廃されて新しい経済構造に相応した国家システムへと作り変えられる，というのです。そこから，〈アジア的貢納制→古典古代的奴隷制→封建的農奴制→近代市民的資本主義社会〉といった発展段階が人類史の普遍的コースとして設定され，共産主義社会が来るべき新しいシステムとして提示されることになりました。そして，現今の資本主義社会は，資本家の労働者に対する搾取が両者の対立を深刻化させる一方，諸資本の競争の激化や資本の集積と集中による大規模化がもはや資本家の手に負えないレベルに達してしまうことで恒常的に恐慌や戦争の危機を抱えるため，直接生産者中心の社会的所有による資本管理・経営に移行せざるをえないと判断されたのです（相田［1999］，長岡・石坂編著［1983］）。

このように，マルクスとエンゲルスにおいては経済構造の歴史的発展法則が主体の行為を規制するシステムとして認識されたのでした。そこには現状の資本主義社会を歴史的に相対化し，これと異なる新しいシステムの創出が展望されていたのです。この発展段階論が日本の経済史学では大いに受け入れられ，戦前の日本ではどの段階にいるのかが問題となりました。それが日本資本主義論争（1927〜38〔昭和2〜13〕年）と呼ばれるものです。そのなかで日本の現段階をその特殊に封建的な要素によって支えられている資本主義として規定したので有名なのが，山田盛太郎『日本資本主義分析』（山田［1934］）です。同書は，①高小作料によって貧窮にあえぐ農民が家計補充のために都市の労働者としても過度に低い賃金で働かざるをえなかったこと，②農民と労働者の反抗を抑止し労働者の雇用吸収を図るために軍事機構（警察を含む）の強化とそれに関連する重化学工業の発展がなされたこと，③その結果日本は天皇制という前近代的な政治制度を残したまま産業革命から軍事大国への道を突き進んだこと，以上の構造を，マルクス『資本論』の方法的援用を通じて日本資本主義というシステムの型として示してみせました（大塚［1986］）。

しかし，これは日本資本主義の構造を永久不変の固定的な型としてその特殊性をいい募る「講座派」認識の典型として批判されてきました。山田自身が高率小作料による地主支配が鎌倉時代以来700年にわたり変化していないかのよ

うな主張を『日本資本主義分析』においてしていたからです。対して，山田を厳しく批判してきた労農派と呼ばれた人々は，封建的な要素がたとえ残存していても普遍的な資本の原理によって一掃されるという主張をしていました。これは，資本の原理（商業化）という総体的傾向にすべては還元されるというもので，地域的特殊性などはあまり重視されていませんでした。イギリスを先頭とする資本主義先進国の圧倒的な経済力と軍事力を背景とした帝国主義的侵略を——マックス・ヴェーバー『宗教社会学論集』「序言」（1920年）の発言になぞらえていえば，西欧近代に特殊に成立したものであったにもかかわらず——「資本の巨大な文明化作用」（マルクス）として普遍視する傾向があったのです。つまり，西欧（とりわけイギリス）の資本主義を典型化するマルクス『資本論』の見方を，両者ともそのまま受け入れたのです。

　こうした両者の傾向に対する批判者として登場したのが宇野弘蔵であったといわれます。宇野は1935年に発表した「資本主義の成立と農村分解の過程」（宇野［1974］）において，日本資本主義を後進資本主義国一般に見られる発展経路の「典型」の一つとみなして理論的な解明の糸口をつかんだとされます。大黒［2016］によれば宇野は，先進国の機械制大工業は長い期間を経て成立したものであるが，「後進国」の資本主義化はこの機械制大工業の短時日での「移植」により実現されるのだから，その工程が先進国のそれと異なるのは当然であると理解したそうです。高額の現物小作料にせよ封建制の要素を受け継いでいると山田が考えた近代天皇制にせよ，これらは日本資本主義を特徴づける純内在的諸要因ではなかった，むしろ，ウェスタン・インパクトの反作用として他律的な要因から日本に根付いたものだとしたのです。

　宇野の主張で重要な点は，日本資本主義を孤立した一国史的発展過程とみなすことを回避して，帝国主義段階の世界史的文脈のなかに位置づけて「世界資本主義の共時的構造に即して把握する」（傍点大黒）という視角を築いたところにあります。同時に，宇野は西欧的な資本主義を普遍ないし典型とみなす態度も見直し，西欧「先進国」と「後進国」日本のそれぞれの帝国主義の特殊性をあぶり出すような分析の必要を痛感したともいわれます。それが，いわゆる「宇野三段階論」（原理論—段階論—現状分析）の構想につながっていきます。そ

こでは，「先進国」「後進国」を問わず原理的に貫かれている純粋資本主義という認識対象の原理論的再構成と，この両者の特殊性を抽出して歴史的に再構成する段階論が区別されるのです。

その場合，宇野はシステムの移行という論点に重きを置いていなかったと思われ，むしろマルクスとエンゲルスが考えたような資本主義の矛盾の深刻化にもかかわらず資本主義というシステムが生きながらえていることに強い関心を持っていました。そのため，宇野にとってまず解明するべきは永遠性を持つかに見える資本主義の「循環の弁証法」の病理でした。たとえば，不安定な景気の悪循環を相対的過剰人口（＝失業者）の創出による労働力供給の調整によって公然と維持する資本主義の構造の「完全な認識」を目指したのです。それであれば，そこにいる主体は現存する資本主義システムが無限に続くものと認識し，それに従属しつつ現実的な解決と対応（ここでは恐慌の周期的運動）にさらされざるをえなくなると考えがちです。

しかし，宇野にとってはこの「完全な認識」こそが，資本主義を支える経済法則の「全面的除去」を通じて社会主義への道をかえってひらくものだったというのです。つまり，資本主義システムの枠内でのいかなる現実的な対応もそのなかにいる主体の苦しみを根本的に解くものとはなりえない以上，その完全な除去に向けた合理的な解決システムを「循環の弁証法」の外部に求めていくはずだ，というわけです。社会革命によって新たなシステムが形成されるという考え方ともいえます。しかし，宇野はそのシステムがどのようなものであるのかについて具体的に語ることはありませんでした。来るべき新しい社会は空白のものとされたままに終わったのです。

3. 世界システム論

近代ないし資本主義以降の世界は一つのまとまったシステム（有機体）をなしており，国家はそのシステムの構成要素の一部にすぎず，それゆえ，すべての国の動向は「一体としての世界」の一部でしかないというのが，世界システム論（世界システム分析）の骨子です（Wallerstein [2004]，川北 [2016]）。まさにシステムという発想を世界史のスケールにまで高めた議論であるといえます。

世界システム論で重要なのは，その創始者であるイマヌエル・ウォーラーステインが影響を受けた従属理論から引き継いだ〈中核─周辺〉の対概念です。従属理論では，「中核」の発展と工業化が「周辺」農業地域のモノカルチャー化による停滞と低開発を前提としていること，そして「中核」は「周辺」から富を収奪してその支配─隷属関係を常に再生産し固定し続ける，という相互関係があることを主張していました（木谷［1997］）。
　これは大変に重要な指摘です。これまで「先進」「後進」という枠組みで理解されがちだった発展段階論の考え方では，たとえば「イギリスは工業化されたが，インドは工業化されなかった」というように両者を孤立した国民経済とみなして比較し，かつ一つの発展コースに沿って競争した結果だと理解することが多々ありました。そうした見方に従属理論（そしてその影響下にある世界システム論）は否を突きつけました。先ほどの例でいえば，「イギリスが工業化したために，その影響を受けたインドは工業化が困難になった」というのが，従属理論を引き継いだ世界システム論の認識です。すなわち，「先進国」と「後進国」（途上国）の違いは，前者の工業化の過程において後者の国や地域が前者のための食糧・原材料生産地として徹底的に「開発」された結果，経済や社会のあり方が歪んでしまった──つまり，未開発の状態から意図的に「低開発化」された──ことにあるというのです（川北［2016］）。
　こうした認識は，そのまま西欧的な価値観の普遍性に対する疑念ないしはその建前の欺瞞性に対する批判を呼び起こすものにもなります。石井［2015］によれば，ウォーラーステインにはアフリカに代表される周辺部への強い関心があり，「進歩」の思想への徹底的批判を行っているとされます。近代世界システムの「中核」となった西欧諸国における工業化から福祉国家化への流れ，人権と民主主義の確立，さらには科学技術や学術知の発展は，「周辺」諸国・諸地域に輸出されるべき普遍的なものだといわれることも多いのですが，そうした恩恵は「周辺」における「低開発化」抜きには考えられません。そのため，低開発化しておいて「人権と民主主義の育たない後進国」に問題があるなどと「中核」側が非難することは自己欺瞞の極みだということになるでしょう。
　ですが，従属理論には〈中核─周辺〉の関係を固定的に捉えがちな傾向があ

りました。実際には,「周辺」のなかにも「中核」へとのし上がった国があります（たとえば, アメリカ合衆国)。そこでウォーラーステインは,「中核」と「周辺」との間に中間領域としての「半周辺」という概念を設けて, その「中核」への上昇過程を組み込むことで「中核」と「周辺」との関係を固定的に捉えがちな従属理論の傾向を修正したとされます。これによってアメリカ合衆国や旧ソ連, さらには日本が近代世界システムの「半周辺」に少なくともとどまり, 場合によってはそのなかで地位を高めていったこと, さらには現在では韓国, ブラジル, インド, そして中国が「半周辺」に位置しており, その地位を高めていることが認識できるようになりました。

　しかし, 一方で「半周辺」になりえず「周辺」にとどまり, 結果として貧困にあえいでいる国や地域は数多くあります。なぜその違いが生じたのでしょうか。それは,「周辺」の国や地域は「中核」諸国との関係を断ち切ったか否かにあります。「周辺」は「中核」との関係を断ち切らない限り,「周辺」は「中核」のためにその生産物を不当な安価で買い叩かれる「不等価交換」の被害をこうむり続けます。そこでイギリスと独立戦争を戦った 18 世紀後半のアメリカ 13 植民地, オランダや中国など一部との交易を除いて基本的に鎖国した江戸時代の日本, そして 20 世紀初頭において社会主義国家を作り上げた旧ソ連は, いったん「中核」との関係を断ち切り「世界システムからの隠遁」に成功したとされます。逆に, ずっと中核諸国との関係を断ち切らなかったラテンアメリカ諸国などは, こうした「半周辺」化に失敗したとされるのです。

　以上のようにして, 近代世界システムはもはや世界中を覆い尽くし, ソ連を中心とした社会主義国家による反システム運動もこのシステムの外部に身をおき続けることはできず, 崩壊しました。今や中国が「周辺」の地位を脱して「半周辺」から「中核」の地位を襲わんとしているように見えます。一方で, すでに地球は開発され尽くして「周辺」の獲得は難しくなっているようにも思えます。ならば, 新たな資本主義に変わる世界システムの構想が出てきてもおかしくなさそうです。しかし, さしあたり中国その他の現在の「半周辺」の躍進が資本主義という近代世界システムの根幹を否定しているものであるのかどうかは微妙である, と世界システム論では判断しています。なぜなら, そこに

は本質的に近代ヨーロッパが生み出した物質的価値観そのものしかないからだというのです。

とすれば，この近代世界システムで「周辺」におかれ虐げられている人々はどこにその上昇ルートを求めればよいのでしょうか。「半周辺化」以外の方法はあるのでしょうか。ウォーラーステイン自身は「ひとつのシステムから別のシステムへの移行の時代は，大きな闘争の時代であり，大きな不確実性の時代であり，知の構造に対する大きな問いかけの時代である」と述べていますが，その答えはありません。むしろ，川北［2014］のように，18世紀におけるオランダからイギリスへの覇権交代が当時の「中核」国家であるオランダの承認によって行われた事実をもって，アメリカからの覇権移譲に関わって日本がアメリカに対する態度において学ぶべきヒントがあるかのように語られるのが現状です。ここに，システムという発想が持つ保守性が現れています。宇野にも垣間見られたような西欧「先進国」の資本主義の相対化という観点は薄れ，反システム運動よりも現状のシステムに承認されてそのなかで地位上昇を図るほうが現実的だ，という考えへと変貌しています。

4. 総力戦体制論

最後に，もう一つの見方である総力戦体制論を紹介してまとめたいと思います。総力戦体制論は，宇野三段階論や世界システム論が試みようとした西欧を典型ないし目標とするような西洋中心主義を相対化する試みの一つです。具体的には，「階級社会からシステム社会へ」という移行のテーゼを持っています（山之内［2015］）。かつて近代社会の成立とともに抱え込んできた紛争や排除の問題——具体的には，階級対立，民族差別など——に国家が介入し，全人民を国民共同体の運命的一体性というスローガンのもとに統合しようと試みることが，総力戦体制の骨格です。そして，こうした統合は2度の世界大戦が大きな契機となって成立し，第二次世界大戦後も私たち主体の行為を規律し続けている，というのが総力戦体制論の主張となります。つまり，戦争遂行の協力を全国民に仰ぐ必要があるために，労働者階級などの下層の地位向上に努める一方で，国民的一体性の幻想を共有させたというのです。

この議論の重要な点はまず，総力戦の契機がなければ労働者の生活向上や国民の一体化ということは行われなかったという指摘にあります。たとえば，社会政策論の著名な学者である大河内一男の戦時期の主張に見られるように，かつてはヘーゲルにおいて私的なものとされた家族生活もまた，労働力の提供という観点から企業の生産活動を維持し保全するために欠くことのできない領域として公的な意味を与えられ，社会的総循環に組み込まれました。ここに，システムという発想が日常生活と大きく関わる部分がクローズアップされてきます。つまり，私的なはずの家族生活が総力戦体制に参与するために公的な規律化の対象となっていくのです（貯蓄や倹約の奨励などは，その典型といえましょう）。また，植民地支配下にある朝鮮人への「内鮮一体」政策（日本人への強制的同化政策）もある種の「劣等市民」から上昇させようとした政策であるということができましょう（もちろん，これが朝鮮人に対する著しい差別意識を含む発想であり，問題があったことはいうまでもありません）。

　この時の大河内の議論については，支配体制に対する姿勢という副次的な論点が出てきます。大河内が消費生活を重視した背景には，市民生活に対する軍部の独裁的で非合理的な収奪に歯止めをかける意図がありました。その点では，大河内は総力戦体制に抵抗していました。しかし，大河内は一方で戦時経済の合理化には賛同しており，その点では総力戦体制に賛同していたのです。こうした〈総論賛成・各論反対〉という姿勢は，大河内に限らず他の知識人たちにもたくさん見られたものでした。戦後になり，そうした総力戦体制への賛同をにおわせる発言の多くが隠蔽ないしは変更されていきました。そうした隠蔽や変更が問題視され，1960（昭和35）年には大河内がすでに批判されていましたが，その他の知識人の多くが厳しく批判されるようになったのは90年代の半ばからです（中野［2001］）。

　さらに重要なのは，総力戦体制という点においてアメリカのニューディールもまたナチズムやスターリニズム同様の全体主義性を帯びていたという指摘です。たしかに，総力戦体制における国民生活全体の向上はアメリカにおいてもドイツにおいても先進諸国では経済成長を基盤とする福祉国家体制の準備となりました。一方で，旧植民地地域においては開発主義国家へと連続していく過

程となりました。そのどちらにおいても，巨大化した国家官僚制と専門家集団のエリート支配を招いたとされます。つまり，総力戦体制論が提起する「階級社会からシステム社会へ」とは，あらゆる国内の対立と紛争を国家権力が微細なところまで介入し調整する仕組みなのです。そして，それが現在においては無意識の規律となって私たちの行動を構成している，と主張しています。

　以上のようなシステムという発想は，システムの周辺で苦しみや痛みの受忍を余儀なくされ続けてきた人々の存在を知らしめるようになりました。たとえば，日本では戦争が1945年に終わりその後は平和国家となったかのように語られていますが，その「周辺」地域である沖縄などではかつての冷戦の最前線としてアメリカ軍基地が置かれ，時には住民女性に対する人権蹂躙（レイプ）事件を引き起こしています（山之内[2015]，木畑[2014]）。システムによって構成される主体の悲劇の極みが，ここにあります。日常生活における悲惨のなかに大きなシステムの刻印があることを，私たちは意識せねばなりません。

　しかし，システムという発想は世界全体の構造を捉えるのには有益でも，細かな差異について把握する点では問題があります。日本現代史に即してみても，やはり1945年（敗戦）のみならず50年（朝鮮戦争），60年（安保闘争），68年（学園紛争）といった画期と思われる時期はたくさんあり，その時期ごとに微妙な変化が見られます。また，システムという発想に乗った思想評論では，システムの根幹に関わるような批判を行わなかった人物に対してあまり評価しない傾向が見受けられますが，そのなかで行われた細かな努力の積み重ねを過小評価するのは，歴史研究としてはよくないと思われます。歴史研究とは細かい事実の確定作業です。それを怠った大所高所からの評論のみでは，結果として「何が起きていたのか」についての起伏に富んだ叙述を行う能力を失わせてしまいます。

　システムという発想は自分たちの日常的な主体的行為がいかにシステムによって構成されているかを意識させる導きの糸となります。しかし，それは導きの糸でしかありません。その理論的把握の先にある細やかな事実のひだに触れて理論によって語りえないことを発見していく。それが歴史学の本道ではないでしょうか。

終 章
競争と共存から未来を思い描こう

　序章で，身近な生活観から世界を見ることを提案しましたが，みなさんは本書を読んでどのような世界が見えてきたでしょうか。家族やコミュニティそして災害への対応の面では，助け合いが重要であることがわかりますし，その後，企業が登場して経済成長が大きな目標となるにつれて，競争が重要な要素となってきたように思います。とくに本書の後半では，健康・娯楽・教育・福祉などの側面で競争のなかで生じた経済格差が大きな社会問題となってきたことが読み取れます。もっとも，格差社会のなかでも，それぞれの階層の人々ができる範囲で工夫をして人生を楽しもうとしていることも確かであり，悲観する必要はありません。そして社会の仕組みとして助け合いの精神が活かされている局面もあり，私たちが意識的に競争と共存のバランスをとることで，住みよい社会を作り上げることは可能でしょう。第10章が指摘するように，特殊な時代状況のもとでも必ず日常生活はあり，「生きる」という点においては，世界中の人々が共通の土俵に立つことができます。

　そうであれば，私たちは，自らの「生活」を振り返ることで他の人々を思いやることができるでしょう。もちろん，人々ができる範囲で工夫をして人生を楽しむためには，自由な経済活動が尊重されるべきであり，新たな産業技術や環境技術が生まれるためにも競争は必要なことと思います。その際，他の人々を思いやることは，競争しないことではなく，その競争の結果を社会全体が受け入れられるような土壌を作ることです。そのためには，最低限以下の3点が必要と考えられます。

　第1に，その競争が公正に行われていることがわかるようにすることです。

すでに格差社会になってしまっている現状では，競争の出発点を平等にすることは困難です。ただし，そのスタート時点の差が，絶対的なものではなく，その後の競争の過程でその差を縮めたり，逆転したりできる可能性を感じさせるためには，競争が公正に行われていると人々が同意できる仕組みが必要となります。第2に，競争の出発点が平等でない以上，不利な状況でスタートせざるをえない人々（社会的弱者）へのサポートは必ず必要です。そのサポートを，地域社会で行うか，国家が行うかは，議論がありますが，少なくとも人々から税金を徴収する主体は，それを行う義務があります。そこで難しいのは，サポートの度合いで，競争の結果に極端な影響を与えない程度に，規模と範囲を決めることが肝要です。第3に，競争が公正に行われ，不利な状況でスタートせざるをえない人々へのサポートが行われたとしても，競争の結果は，本人の力の及ばないところで決まることが多々あることを社会全体で認めることです。たとえば，思わぬ災害にあったり，突然病気になったりすることなど，本人の力ではいかんともしがたいことは多々あり，それが競争の結果を大きく左右します。もともと，人間が自然環境や自分の健康をコントロールすることはとても難しく，それを前提とした上での競争に過ぎません。とすれば，そのような思いがけない状況に追い込まれた人々へのサポートも必ず必要です。そこで重要なのは，やはりサポートの度合いで，平等にそれを行うのは困難ですが，少なくともそのサポートの規模と範囲が，公正に決められることは必要でしょう。

　こうした3点を前提とした競争社会を考える上で，基本となるのは，結果いかんにかかわらず，すべての人々に「生きる」希望を与え続けられるか否かです。単に，生存権を保障する（共存）のみであれば，生活保護制度や健康保険制度が有効でしょう。しかし，「生きる」ことと「生かされる」ことは別です。本書が主題とした「生活」は，受動的に与えられるものではなく，人々が主体的に取り組むものであり，そうしようと思わせる社会でなければ未来はないと考えられます。みなさんも，是非この観点から未来を思い描いて下さい。

　とすれば，どのような未来が描けるでしょう。本書の最後に，競争と共存のバランスを考えた未来の見取り図を示しておきたいと思います。一つのあり方は，競争を社会の基本線に置き，共存を最低限のセーフティネットに置くあり

方です。おそらく，これが現代の多くの国や地域が目指している方向で，資本主義社会の原理に適合的な社会といえます。しかしその結果，多くの人々が「生きる」希望を失ったまま「生かされる」状況に追い込まれ，結果的に自殺が死因のかなり大きな比重を占める社会となっています。こうした未来の見取り図は，所得格差以上に希望格差が大きい社会といえるでしょう（山田［2004］）。

　それとは反対に，競争の局面をかなり限定させて，共存を社会の基本線に置く社会も考えられます。日本の歴史を振り返ると，実質的な鎖国状況にあり，身分制の制約が極めて強かった徳川時代はそうした社会と考えられ，それゆえ長期にわたり徳川幕府政権が継続しえたともいえます（落合［2015］）。第 2 章で述べたように，共存を社会の基本線に置く徳川時代の日本の村落は，災害や飢饉などの危機に対して，村落がまとまることで耐久力を示しました。現代社会に当てはめると，地域主義ともいえるように，地域限定の主権を構築し，地産地消のような自給的性格の地域を再建し，そのなかでの人々の共存に重きを置く社会を作ろうとの試みは始まっています。とはいえ，すべての必需品を限定された地域で確保するのは難しく，消費制約の多い「生活」を地域住民すべてに強制することになりますので，そのなかで「生きる」希望を失う人々も出てくるでしょう。

　やはり，競争と共存は，どちらかを社会の基本線とすることができるものではなく，時代や地域に応じてその比重を変えていくものと思われます。そして比重を変えることを可能にするには，競争や共存の枠組みを法制度としてあまりに固定化するのではなく，弾力的運用を可能にしておくべきでしょう。ただし，弾力的運用と公正さは相反する面もあり，弾力的運用を公正に行っていると人々に感じさせる仕組みができるかどうかにかかっていると思います。「公正に行うこと」が問題ではなく，「公正に行っている」と人々に実感させることが重要であり，それが人々の「生きる」希望につながります。その意味で，すべての人が，希望を抱いて「生き」，ある程度の満足を感じて生を終えることができるような社会に未来がなることを望みたいと思います。

入門ガイド　文献史料と統計資料

はじめに——アーカイブズと歴史研究

　歴史研究が扱うのは，過去の出来事です。しかし，過去の出来事それ自体を直接に知ることはできません。そのために，出来事に付随して生まれる記録を頼りに過去を復元しなければなりません。考えてみれば，このようなことが必要なのは別に研究者に限ったことではありません。日常生活でも，人々は一定の記憶と記録を保持し，それに基づいて行動します。たとえば手帳に予定を書き込んだり，会議の議事録を作ったりして，それに基づいて後の行動をとるわけです。

　出来事の記録として最も一般的なのは，文書を作成することです。たとえば，確かに約束をした証拠として契約書を作ったりするのはその一例です。記録として作られた文書の管理の方法を扱う学問を「記録資料学」ないし「アーカイブズ学」と呼びますが，そのような学問ではすべて，このような文書（デジタルデータを含む）を records（記録資料）と呼んでいます。そのうちのあるものは，ある時点で不要なものとして廃棄され，あるものは必要なものとして保存されていきます。とくに，個人の入れ替わりを経て存続する組織の場合は，その組織の後の人々のために文書を適切に引き継ぐことが重要になってきます。

　何らかの形で過去に起きた出来事を保存しておくことは，人間が生活を送る上で不可欠の作業なのですが，それがどのような形で行われるかは，社会のあり方によってさまざまです。たとえば，日本の中世社会（おおむね鎌倉時代から室町時代）では，大きな寺や神社が蓄積した文書が，今日まで伝えられています（たとえば，2014〔平成26〕年にユネスコの世界記憶遺産に登録された「東寺百合文書」はその一つです）。こうした大寺社は，各地にその財産として荘園を持っていました。中世の荘園領主が，文書を残したのは，それが権利の証明書となるものだったからです。中世の裁判システムは現在とは大きく異なっており，たとえばある荘園の権利を朝廷や幕府が保証したからといって，その記録

が朝廷や幕府の側にそろっているというわけではありませんでした。自分の権利を証明する文書は自ら所有して，裁判になったらそれを示して争う，というのが当時のやり方でした。そのため，荘園領主たちは文書を蓄積していったのです（笠松 [1983]）。

　一方，西欧の近代国家で発達したのが文書館制度です。近代国家の行政機関では，文書の管理が規定に基づき行われると同時に，実務にはもはや不要とされた文書についても全部を廃棄せず，国や組織の歴史について重要と考えられるものは，文書館という組織で保管し，公開するようになります。記録資料のうち，廃棄されずに無期限に保存されるもののことを「アーカイブズ」と呼び，また，それを保管する施設，すなわち文書館のことも「アーカイブズ」と呼びます。

　なぜ近代国家は文書館を必要とするかといえば，民主主義の原則に照らし，行政に透明性を持たせ，説明責任を負わせるためです。政府の文書は，個人情報や，外交上の秘密などを含むため，すぐに公開すると問題が起きることもあります。ただし，たとえば，文書はきちんと保管し勝手に廃棄しない，そして30年後には原則として公開されるというルールを作っておけば，30年後には政府の行為は国民の目の前にさらされるわけですから，国民に説明のつかないような勝手な行為を行うことは難しくなります。

　近代日本では文書館制度の発達が遅れました。日本で国立公文書館が設置されるのは1971（昭和46）年になってからのことです。官僚には国民に対する説明責任という観念が希薄で，政府の文書は庁舎移転などの機会に「邪魔なもの」として廃棄されていきました。2011年に，ようやく公文書管理法が制定され，政府の文書は「健全な民主主義の根幹を支える国民共有の知的資源」として適切に管理・保存されることが義務づけられましたが，いまだに十分それが機能しているとはいえない状況にあります（瀬畑 [2011]）。

　さて，歴史研究者は，こうしたさまざまな形で残された文書を用いて研究を進めることになります。研究者の側から見れば，さまざまな理由で残されたこうした過去の文献には「史料（歴史資料）」という位置づけが与えられます。「史料」とは原則として，その事件なり現象なりが起きた同時代に，書かれた

り，記録されたりしたもののことです。史料の種類は，手紙，書類，帳簿，日記，新聞記事など多様です。歴史研究の専門的な論文や研究書では，その叙述や主張がどのような史料に裏付けられているのかが示されなければなりません。そのために，論文や研究書では，「注」が使われます。注によって，根拠となる史料が明示されていれば，その同じ史料を，読者も見にゆくことができ，それを確認して，そこに書かれていることが正しいかどうか，調べることができます。そして，もし違うことが書いてあれば，「違う」と指摘することができます。注によって史料の情報を示すことは，その研究が信頼できるものであることを示すことになるのです。

1. 日本のさまざまな史料

　さきほど，中世日本の史料について少し触れましたが，今日に残される史料の量が爆発的に増えるのは，江戸時代に入ってからです。とくに，農村では，全国いたるところに史料が残っています。一般的にそうした江戸時代の農村史料は「地方文書(じかたもんじょ)」と呼ばれます。

　江戸時代に農村の史料が増える理由は，村が領主の支配の末端に組み込まれ，村で扱う事務の量が増えたことによります。また，江戸時代の農村史料は，多くは「○○家文書」という家単位で残されています。これは，江戸時代には家が経営の単位となったこと，そして村の代表者である名主・庄屋などの村役人は世襲されることが多く，その場合，村の行政文書が村役人の家で代々引き継がれたことによります（大藤［2003］）。

　江戸時代の村の文書の典型的なものとしては，領主から村々に回達される法令を書き写した「御用留」，村の住民を登録した帳簿である「人別帳」，土地の台帳である「検地帳」・「名寄帳」などがあります。土地取引の記録なども頻繁に見られる史料です。これらの史料から得られる土地所有面積や取引状況などの情報をもとにした農村の社会変動に関する研究は，日本経済史研究の伝統的な一分野となっています。また，「人別帳」のデータは，人口の歴史的変化を探る歴史人口学の基礎史料として利用されてきました。

　近代に入ると，村の行政文書などは，個人の家ではなく役場で管理されるよ

うになりますが，家単位の史料は作成され続けます。近代日本では，商業や製造業が，依然として家を単位とする「家業」として営まれることが多くあったからです。江戸時代から近代までを通じて残されるこうした家の経営史料を用いて，地方の商人や製造業者の経営を分析する研究も，盛んに行われています。近世・近代の家文書は，所蔵者の意向によって，文書館，博物館，図書館などの施設に寄贈・寄託されていることもあれば，現在でも家の財産として保管されている場合もあります。

　明治維新以降，日本政府が作成した史料は，国立公文書館（本館・東京千代田区，分館・つくば市）が保管しています。ただし，外務省は外務省外交史料館，防衛省は防衛省防衛研究所という独自の機関を持っています。

　すでに説明したように，日本では文書館制度の発足が遅れたため，国の史料の残り方はかならずしも体系的ではありません。また，火災や関東大震災，空襲で失われた史料も多くあり，アジア・太平洋戦争の敗戦に伴って，焼却されたものも多くあるといわれています。それでも，経済政策・通商政策の内容やその背景を知るためには，国の公文書館が所蔵する史料を探索することが必要です。現在では目録がインターネット上で検索可能で，一部史料については，画像も見ることができます。

　国の政策決定に関わる情報を公文書だけから得られない場合には，政治家・官僚が個人として残した史料に頼ることになります。政治家・官僚の日記や書簡です。また，文書館制度の未整備と表裏一体ですが，近代日本の政治家や官僚は，書類をしばしば自宅に持ち帰り，離職した後も所持し続けました。公文書館で見つからない書類が政治家の個人文書に残っていることは珍しくありません。

　こうした個人文書は各地の文書館，図書館，大学などに分散していますが，一番まとまっているのは国立国会図書館憲政資料室です。

　都道府県レベルの公文書の残存・保存・公開の状況は都道府県によってまちまちです。火災・震災・戦災である時期以前のものがほぼ失われている場合もあります。都道府県では「公文書館」「文書館」「歴史資料館」等，さまざまな名称でアーカイブズ施設が設置されていますが，未設置の府県もあります。こ

うした都道府県の文書には，企業や個人が府県庁に提出した書類，府県庁が中央政府とやり取りをした書類などが残されています。場合によっては，政府の側が出した通達などで，政府の側に残っていないものが府県庁文書のなかに残っている場合もあります。

　また，こうした都道府県立の公文書館は，府県庁の公文書のほかに，その地域の近世以来の家文書などを，寄贈や寄託によって保管・公開していることが普通です。ある地域の研究をするためには，都道府県立の公文書館を使いこなすことが必要です。

　一方，近代に入ると，経済活動の主体は，家だけではなく，企業形態をとることもあります。もともとは家経営だった事業が，途中から会社組織をとることもあります。そうすると文書を管理するのは企業体ということになります。

　企業史料の調査には困難が伴います。なぜなら，企業が消滅してしまえばその史料は残りにくく，また企業が現存している場合，その経営に関わる史料を外部の研究者に見せてくれるとは限らないからです。それでも，企業がアーカイブズ施設を持っている場合もあります。代表的なものとしては，江戸時代の三井越後屋から，近代の三井財閥の史料を所蔵・公開している三井文庫や，三菱財閥の史料を所蔵・公開している三菱史料館などがあります。また，消滅した企業の史料が，研究者の手によって保存された例として，東京大学経済学部が所蔵する山一證券資料などがあります。

2. 史料批判と史料保存

　さて，これまで見てきたようなさまざまな史料は，何らかの実務的な必要性や，後世に伝えたいという作成者・所蔵者の意図によって後世に残されてきたものです。ほとんどの文書は，必要がなくなれば廃棄されてしまいますし，何度か述べてきたように火災や地震などによって消失してしまうこともあります。そのため，残された史料を読み解く際には，その史料が伝えている情報を慎重に吟味する必要が生じます。その史料が書かれ，残された意図や，バイアスを考慮に入れた上で，ほかの史料と比較対照しながら，その史料から読み取れることは何か，虚偽が書かれていないかを見極める必要があるのです。この作業

を「史料批判」と呼びます。このように，史料は歴史的な出来事の忠実な反映ではない可能性を持つわけですが，一方，時間の経過を経て残ってきた史料が，過去の人々のありさまを私たちに伝える貴重な情報源であることも確かです。そして，そうした史料は，時間の経過のなかで簡単に失われてしまいます。公的機関については公文書管理の徹底が必要ですが，地域の史料についてはカバーできません。

　1995（平成7）年の阪神淡路大震災をきっかけに，災害によって失われる史料を保全するために，「史料レスキュー」と呼ばれる活動が行われるようになりました。そのため，各地に「史料ネット」と呼ばれる組織が立ち上げられ，その全国組織として「歴史資料ネットワーク」が存在しています。2011年の東日本大震災以後，被災地では，地震で壊れた建物から史料を搬出して整理したり，津波で水に浸かってしまった史料を修復したりする活動が行われ，現在も継続して取り組まれています（奥村［2012］）。

3. 統計資料と歴史研究

　経済社会の歴史を研究する場合に，前述のような文献史料と並んで，統計資料もよく利用されます。社会や経済の状況を示す際に，数値で示すとイメージがつかみやすく，それをもとに政策を考えるためにも，昔から為政者や政府は，人や物や金の数を集計して，統計資料を作ってきました。そして民間の経済団体でも，経済状況を端的に示す資料として，独自に物価・物流・資金の動きなどを集計して統計資料を作成するようになりました。これらの統計資料は，非公開の場合もありますが，数を集計する際に，多くの人々や機関の協力が必要なため，彼らにも利便を図るために公開されるようになり，こうした統計書は，社会や経済の分析をするための重要な材料となりました。

　ただし，気をつけなくてはいけないのは，統計を作成する主体が，どの数値を集計するか，集計に入れるかどうかの基準をどうするかなどを主観的に決めていることです。そのため，そこで集計された数値が実態を完全には示していない場合が多く，何らかの意図をもって集計値が操作されている可能性も否定できません。とくに，長期間にわたって統計が取られている場合は，集計に入

れる基準が実情に合わなくなる場合が多々あり，基準が変更されたり，集計項目も変更されたりします。そうするとその前後で数字の動きが不連続になり，長期的なデータを評価する際に注意が必要です。いずれにしても，統計資料は，その数値を完全に信用するのではなく，「趨勢を示している」といった程度で認識しておくのがよいと思います。前述の文献史料で，「史料批判」が必要なことを述べましたが，統計資料もやはり「資料批判」が必要となります。

4. 日本のさまざまな統計資料

　それでは，日本ではこれまでどのような統計資料が作られてきたでしょうか。その主なものを紹介しておきます。中世社会までは，全国的にまとまった統計は作られてきませんでしたが，徳川幕府は，人々を支配する上で，身分制社会を導入して，人々を固定した身分に位置づけ，しかもその居住町村や耕作地も固定しました。そのために，人ごとに，居住町村や耕作地さらに宗教などを調べ上げて「(宗門)人別帳」を全国的に作りました。こうした「人別帳」は，第5章で述べられた歴史人口学の重要な分析資料となり，まずは人口統計が，日本では最初にまとまった統計として作成されました。また，当時の経済力が年貢量で把握されたため，各耕地の面積や生産量（あるいは年貢量）なども調査され，それらを集計して耕地面積や年貢量も把握されるようになりました。

　一方，農業以外の産業の生産量を統計的に把握するのは難しく，物資の流通量を正確に把握することも近世日本では困難でした。物資の流通量を正確に把握する一つのきっかけとなったのは，幕末開港でした。それまでは長崎で限られた貿易が行われていたのが，欧米諸国との開港場が新たに神奈川（横浜）・兵庫（神戸）・箱館・新潟などに設けられ，清国（中国）との貿易もそれらの港で行われるようになると，日本の諸外国との貿易量が格段に増大し，関税の問題もあり，貿易量を正確に把握する必要が生じ，物資流通の統計が作成されるようになりました。

　そして明治維新で成立した新政府は，地租改正を実施して財政基盤を地租に求めたため，地租を正確に把握する必要から，土地調査を全国的に行い，耕地・宅地・山林など用途別に土地面積の統計が作成され，地価もつけられまし

た。人口統計も，近代に入って人々の移動の自由が認められるようになると，人口を本籍で把握するか，原住地で把握するかが難しくなり，本籍人口と現住人口の2種類の人口統計が作成されましたが，現住人口を正確に把握するのは難しく，当初は，本籍人口から離れた居留人口を各地域で本籍人口に加除して推定していましたが，1920（大正9）年から国勢調査が5年に1度行われるようになり，現住人口が把握されるようになりました（佐藤［2002］）。

　以上で述べてきた統計は，主に徳川幕府や明治政府など中央政府が総括して作成することが多かったのですが，近代になると中央政府の各部局が個別に専門統計データを作成したり，各府県が個別に地域統計データを作成するようになりました。たとえば，大蔵省では『主税局統計年報書』『銀行局年報』『専売局年報』『大日本外国貿易年表』などが，内務省では『日本帝国港湾統計』『大日本帝国内務省統計報告』などが，逓信省では『逓信省年報』『鉄道局年報』『鉄道院年報』『鉄道院統計図表』などが作成されました。産業関係では，農商務省が1886（明治19）年から『農商務統計表』を公刊するようになり，そこに掲載された統計が後に分離して『全国工場統計表』や『会社統計表』が公刊されました。

　そして近代期に設置された府県や市もそれぞれを範囲とする統計書を作成するようになり，それらを利用して地域比較も行えるようになります。なお，これらの地域統計と全国統計は，各府県からあげられた数値を集計して全国統計にした場合は，数値が一致しますが，各府県の調査とは別に中央省庁がデータを集めた場合，中央政府作成の統計書に示された府県別データと府県統計書に示されたデータが異なります。たとえば，物価統計は，府県も調査していますが，民間の商業会議所なども独自に調査しており，商業会議所のデータのほうが詳細な場合が多く，農商務省が商業会議所から収集したデータを『農商務統計表』に反映させると，府県統計書と『農商務統計表』で同じ年の同じ都市の同じ商品の物価データが異なることがあります。統計書を利用する場合は，それぞれの統計書がどのようにデータを収集したか，またデータで「年平均」とあった場合，どのような基準でその平均値をとったのかなども押さえて，時系列で比較する場合は同じ基準のデータでそろえるようにすべきでしょう。

また，本書の主題である生活の視点では，家計統計も重要ですが，日本では1926（昭和元）年から内閣統計局が全国的規模での家計調査を実施して，その後断続的に行われた家計調査は，『家計調査報告』として公刊されています。そして厳密な統計書ではないものの，1920年代は大都市の社会局がさまざまな社会調査を行い，生計調査なども報告書として多数作成されています。『家計調査報告』や六大都市社会局の調査報告書などは復刻されており，近年は図書館でも比較的容易に見られるようになりました（『家計調査報告』は青史社から，六大都市社会局調査報告書集成は近現代資料刊行会から公刊）。

　そして，民間の調査会社が調査した統計類も刊行されており，前述の商業会議所は，独自に調べた物価や物流データを，「商業会議所月報」に掲載していますし，商工社が定期的に刊行した『日本全国商工人名録』や，商業興信所が定期的に刊行した『日本全国諸会社役員録』，そして東京興信所が定期的に刊行した『銀行会社要録』なども商工業者や会社のデータがわかる貴重な刊行物となっています。

　これまで，戦前期日本の統計書・年鑑類の原本を閲覧するのは難しく，復刻版に頼ることが多かったのですが，近年では国立国会図書館の近代デジタルライブラリーで，明治・大正期の統計書・年鑑類も閲覧できるようになり，統計資料も利用しやすくなりました。

5. 統計資料を用いた歴史研究

　統計資料を用いて歴史研究を行うには，単一の統計書のみでなく複数の統計書を比較したり，それをつなぎ合わせたり，さまざまな統計資料を操作する作業が必要となります。それを体系的に行ったのが，一橋大学経済研究所が進めた「長期経済統計」の分析でした。そこでは国民所得勘定体系をフレームとして，日本経済の明治以降における発展の姿を長期的に跡づけることが目的とされ，大川一司・篠原三代平・梅村又次編『長期経済統計　推計と分析』全15巻（東洋経済新報社，1965～88年）として結実しました。むろん，初めての本格的な試みであったため，問題点はいくつか残されており（松田・木村［2010］），たとえば，生産統計における府県勧業年報の評価の問題や，日本の

領域範囲の問題があげられます。とくに後者の問題は植民地経済統計の扱い方と大きく関連しており，植民地を国内に編入するとそこでデータの不連続が生じ，とはいえ貿易関税統計などは明らかにここで大きな変更が生ずるため，その意味に留意しつつ不連続なデータを使わざるをえなくなります。そのため，前述の一橋経済研究所のグループは，梅村又次・溝口俊行編『旧日本植民地経済統計　推計と分析』（東洋経済新報社，1988年）でその点を補いました。

　また人口統計では，1920（大正9）年の国勢調査実施以前にも，1897（明治30）年末までは主に「日本全国戸口表」「日本帝国民籍戸口表」が，その後1898・1903・08・13・18年と5年おきに「日本帝国人口静態統計」が調査・刊行されておおよその人口の推移と国内の人口移動の様子が判明します（『国勢調査以前日本人口統計集成』全18巻・別巻4，東洋書林，1992〜93年）。また国外との移動分は，日本全体の総括統計書である『日本帝国統計年鑑』に統計が収録されており，こうした人口統計を利用して，農村労働力の流出状況や都市化の検証が行われています（伊藤［1990］，斎藤［1998］）。そして国勢調査が5年おきに実施されるようになると，人口・出生地・職業など詳細なデータが把握され，人口移動・職業構成・年齢構成などの社会分析が行われるようになりました。

　そして本書に関連の深い家計調査を利用した研究も進められ（加瀬編［2015］），とくに内閣統計局が全国的に行った家計調査を利用して，食料費と栄養状況に関する観察から，多くの飲食料費を支出してもカロリー量はあまり変わらないことが判明し，消費税が所得に対して逆進的に働くことが証明され，生計費指数の算定も試みられました（多田［1989］）。

　このように統計資料はさまざまな局面で歴史研究に応用されています。

おわりに──さまざまな歴史資料

　この入門ガイドでは，歴史研究を志すみなさんに，歴史資料の利用方法や注意点を述べてきました。ここで取り上げた歴史資料は，文献史料と統計資料ですが，実際の歴史研究で用いられるのはそればかりではありません。たとえば，建築物・記念碑・出土品・機械・道具などの物体も多くの歴史を私たちに語っ

てくれます。また，史料所蔵者や関係者から昔の話を聞くことも大切です。もちろん聞いた話が真実かどうかは，別の資料などで裏付ける必要がありますが，話をされた方がそのように思っていたあるいは感じていたと認識することも大切で，文献史料や統計資料からはわからない生の感情を知ることもできます。そして，分析対象となる場所を歩いてみて，自然環境など土地勘をつかむことも重要です。

　このように，歴史は単一の歴史資料からではなく，複合的な多種多様な歴史資料から読み取ることで，よりその歴史像を豊かにすることができます。そのためにも，是非，歴史研究を目指される方は，各地のアーカイブズ施設の史料所蔵目録などを活用して，史料の所在調査を十分に行い，時間と労力をいとわずに史料が所蔵されている現地に赴き，現状・内容調査を十分に行い，その上で史料分析に臨んでほしいと思います。それらをトータルで行うことができる研究者が，今後ますます増えることを期待したいと思います。

＊入門ガイドは，「はじめに」・第 1〜2 節を松沢が，第 3〜5 節・「おわりに」を中西が執筆しました。

参考文献

*翻訳書には，原著書の初版刊行年を付記した。

【日本語文献】

相田慎一［1999］『経済原論入門』ナカニシヤ出版
会田雄次監修［2000］『近世日本の地域づくり200のテーマ』農山漁村文化協会
青木宏一郎［2004］『明治東京庶民の楽しみ』中央公論新社
青木宏一郎［2005］『大正ロマン　東京人の楽しみ』中央公論新社
青木宏一郎［2006］『江戸庶民の楽しみ』中央公論新社
青木宏一郎［2008］『軍国昭和　東京庶民の楽しみ』中央公論新社
青野春水［1997］『日本近世割地制史の研究』雄山閣出版
青森県史編さん近現代部会編［2004］『青森県史　資料編近現代3　大国と東北の中の青森県』青森県
秋田茂［2012］『イギリス帝国の歴史——アジアから考える』中公新書，中央公論新社
鯵坂学［2009］『都市移住者の社会学的研究』法律文化社
飛鳥田一雄［1987］『生々流転——飛鳥田一雄回想録』朝日新聞社
熱海温泉誌作成実行委員会編［2017］『熱海温泉誌』（市制施行八〇周年記念）熱海市
阿部彩［2008］『子どもの貧困——日本の不公平を考える』岩波新書，岩波書店
天野郁夫［1992］『学歴の社会史——教育と日本の近代』新潮社
天野郁夫［1997］『教育と近代化——日本の経験』玉川大学出版部
荒木田岳［1999］「「大区小区制」下の町村合併と郡区町村編制法——明治初年における町村の合併・連合と戸長管区制」『史学雑誌』第108巻8号，1430-1454頁
アリエス，フィリップ［1980］杉山光信・杉山恵美子訳〈子供〉の誕生——アンシァン・レジーム期の子供と家族生活』みすず書房，原著1960年
李熒娘［2015］『植民地朝鮮の米と日本——米穀検査制度の展開過程』中央大学出版部
猪飼周平［2010］『病院の世紀の理論』有斐閣
井口治夫［2012］『鮎川義介と経済的国際主義——満洲問題から戦後日米関係へ』名古屋大学出版会
石弘之［1999］「いまなぜ環境史なのか」（石弘之・安田喜憲・樺山紘一・義江彰夫編『環境と歴史』（ライブラリ相関社会科学）新生社）
石弘之［2009］「地球環境問題と環境史の将来」（池谷和信編著『地球環境史からの問い——ヒトと自然の共生とは何か』岩波書店）
石井寛治［2012］『帝国主義日本の対外戦略』名古屋大学出版会
石井寛治［2015］『資本主義日本の歴史構造』東京大学出版会
石崎昇子［2016］『近現代日本の家族形成と出生児数——子どもの数を決めてきたものは何か』明石書店

石牟礼道子［2004］『苦海浄土――わが水俣病』講談社文庫，講談社
石母田正［1985］『中世的世界の形成』岩波文庫，岩波書店
石山秀和［2015］『近世手習塾の地域社会史』岩田書院
伊藤繁［1990］「人口増加・都市化・就業構造」（西川俊作・山本有造編『日本経済史5　産業化の時代』下，岩波書店）
伊藤繁［1995］「近代日本の都市における疫病と人口」（速水・町田編［1995］）
伊藤康［2016］『環境政策とイノベーション――高度成長期日本の硫黄酸化物対策の事例研究』中央経済社
稲田雅洋［1990］『日本近代社会成立期の民衆運動――困民党研究序説』筑摩書房
入江宏［1984］「解説」（『講座日本教育史2　近世Ⅰ／近世Ⅱ・近代Ⅰ』第一法規出版）
イリッチ，I［1977］東洋・小澤周三訳『脱学校の社会』東京創元社，原著1971年
岩田正美［1995］『戦後社会福祉の展開と大都市最底辺』ミネルヴァ書房
岩田正美［2016］『社会福祉のトポス――社会福祉の新たな解釈を求めて』有斐閣
岩永理恵［2011］『生活保護は最低生活をどう構想したか――保護基準と実施要領の歴史分析』ミネルヴァ書房
岩間剛城［2010］「備荒貯蓄と地方金融組織の形成」（長谷部・高橋・山内編著［2010］）
上杉正幸［2008］『健康不安の社会学――健康社会のパラドックス［改訂版］』世界思想社
上田学［2012］『日本映画草創期の興行と観客――東京と京都を中心に』早稲田大学出版部
上野千鶴子［1990］『家父長制と資本制――マルクス主義フェミニズムの地平』岩波書店
ヴェブレン，T［1961］小原敬士訳『有閑階級の理論』岩波文庫，岩波書店，原著1899年
宇沢弘文［1998］『日本の教育を考える』岩波新書，岩波書店
内山節［2015］『増補　共同体の基礎理論』農山漁村文化協会，初版2010年
宇野弘蔵［1974］「資本主義の成立と農村分解の過程」（『宇野弘蔵著作集　第8巻　農業問題序論』岩波書店）
江口潔［2011］「百貨店における教育――店員訓練の近代化とその影響」『日本の教育史学』54号，45-57頁
江口潔［2015］「百貨店化にともなう職業的リテラシーの変容――両大戦間期における松坂屋の店員教育改革」『教育学研究』第82巻1号，13-24頁
江森一郎［1990］『「勉強」時代の幕あけ――子どもと教師の近世史』平凡社
近江吉明［2012］「世界史論の歩みからみた『グローバル・ヒストリー論』」『歴史評論』741号，50-60頁
OECD編著［2012］徳永優子ほか訳『OECD幸福度白書――より良い暮らし指標：生活向上と社会進歩の国際比較』明石書店
大門正克［1994］『近代日本と農村社会――農民世界の変容と国家』日本経済評論社
大門正克［2000］『シリーズ日本近代からの問い3　民衆の教育経験――農村と都市の子ども』青木書店
大門正克［2015］「高度経済成長と日本社会の変容」（大津透ほか編集委員『岩波講座日本歴史　第19巻　近現代5』岩波書店）
大熊孝［2007］『洪水と治水の河川史――水害の制圧から受容へ』平凡社

大沢泉［1993］「近代における産業教育の振興に関する一考察——福島県蚕業学校を例として」『八戸大学紀要』12号，171-182頁
太田孝［2015］『昭和戦前期の伊勢参宮修学旅行と旅行文化の形成』古今書院
大瀧真俊［2013］『軍馬と農民』（プリミエ・コレクション39）京都大学学術出版会
大塚久雄［1986］「山田理論と比較経済史学」（『大塚久雄著作集　第11巻　比較経済史の諸問題』岩波書店）
大塚久雄［2000］『共同体の基礎理論』岩波現代文庫，岩波書店
大戸安弘・八鍬友広編［2014］『識字と学びの社会史——日本におけるリテラシーの諸相』思文閣出版
大藤修［2003］「近世の社会・組織体と記録」（国文学研究資料館史料館編『アーカイブズの科学』上，柏書房）
大淀昇一［2009］『近代日本の工業立国化と国民形成——技術者運動における工業教育問題の展開』すずさわ書店
大和正典［2004］「1870-1913年における工業化第二段階への発展過程」『帝京国際文化』17号，1-35頁
沖田行司［2017］『日本国民をつくった教育——寺子屋からGHQの占領教育政策まで』ミネルヴァ書房
奥須磨子・羽田博昭編著［2004］『都市と娯楽——開港期〜1930年代』日本経済評論社
奥村弘［2012］『大震災と歴史資料保存』吉川弘文館
小椋純一［1996］「絵図から見た江戸時代の京都の山の植生景観」（安田・菅原編［1996］）
小沢弘明［2017］「新自由主義時代の歴史学の課題I」（歴史学研究会編［2017］）
尾高煌之助［1993］『職人の世界・工場の世界』リブロポート
落合恵美子［1989］『近代家族とフェミニズム』勁草書房
落合恵美子編著［2015］『徳川日本の家族と地域性——歴史人口学との対話』ミネルヴァ書房
落合功［1999］『江戸内湾塩業史の研究』吉川弘文館
落合功［2015］『「徳川の平和」を考える』日本経済評論社
小野将［2017］「新自由主義時代の歴史学の課題II」（歴史学研究会編［2017］）
戒能通孝［1964］『小繋事件——三代にわたる入会権紛争』岩波新書，岩波書店
笠松宏至［1983］『徳政令——中世の法と慣習』岩波新書，岩波書店
梶井一暁［2016］「近世・近代移行期における国民教育の確立と教育観の変化——人的資本形成の前提としての近代学校」『岡山大学大学院教育学研究科研究集録』163号，9-19頁
梶谷懐［2016］『日本と中国経済——相互交流と衝突の100年』筑摩書房
加瀬和俊［1997］『集団就職の時代——高度成長の担い手たち』青木書店
加瀬和俊編［2015］『戦間期日本の家計消費——世帯の対応とその限界』東京大学社会科学研究所
加藤茂孝［2013］『人類と感染症の歴史——未知なる恐怖を超えて』丸善出版
カトーナ，G［1966］南博監修，社会行動研究所訳『大衆消費社会』ダイヤモンド社，原著1964年

金井雄一［2017］「銀行券が預金されたのか，預金が銀行券を生んだのか——初期のイングランド銀行券が示す外生的貨幣供給論の非現実性」（『歴史と経済』237号）

金井雄一・中西聡・福澤直樹編［2010］『世界経済の歴史——グローバル経済史入門』名古屋大学出版会

金森久雄・荒憲治郎・森口親司編［2013］『有斐閣経済辞典（第5版）』有斐閣

株式会社東京宝塚劇場（西村晋一）編［1943］『東宝十年史』株式会社東京宝塚劇場

神岡浪子編［1971］『資料　近代日本の公害』新人物往来社

苅谷剛彦・菅山真次・石田浩編［2000］『学校・職安と労働市場——戦後新規学卒市場の制度化過程』東京大学出版会

ガルブレイス，J・K［2006］鈴木哲太郎訳『ゆたかな社会　決定版』岩波現代文庫，岩波書店，原著1958年

河合和男［1986］『朝鮮における産米増殖計画』未來社

川北稔［2014］『イギリス　繁栄のあとさき』講談社学術文庫，講談社

川北稔［2016］『世界システム論講義——ヨーロッパと近代世界』ちくま学芸文庫，筑摩書房

川島秀一［2017］『海と生きる作法——漁師から学ぶ災害観』冨山房インターナショナル

川島武宜・川井健編［2008］『新版　注釈民法（7）』有斐閣

川島武宜・渡邊洋三［1944］「資料　講の慣行と農村生活（1）——長野県下伊那郡上久堅村の調査」『法学協会雑誌』第62巻5号，29-75頁

川東竫弘ほか校閲［1999-2003］『高畠亀太郎日記』全5巻，愛媛新聞社

環境経済・政策学会［2006］『環境経済・政策学の基礎知識』有斐閣

神田由築［1999］『近世の芸能興行と地域社会』東京大学出版会

菊池勇夫［1994］『飢饉の社会史』校倉書房

菊池勇夫［1997］『近世の飢饉』吉川弘文館

菊池勇夫［2000］『飢饉——飢えと食の日本史』集英社新書，集英社

菊池勇夫［2014］「飢饉と災害」（大津透ほか編集委員『岩波講座日本歴史　第12巻　近世3』岩波書店）

きだみのる［1956］『日本文化の根底にひそむもの』講談社

きだみのる［1981］『気違い部落周游紀行』冨山房百科文庫，冨山房

木谷勤［1997］『帝国主義と世界の一体化』山川出版社

北原糸子編［2006］『日本災害史』吉川弘文館

北原糸子［2016］『日本震災史——復旧から復興への歩み』ちくま新書，筑摩書房

北原糸子・松浦律子・木村玲欧編［2012］『日本歴史災害事典』吉川弘文館

橘川武郎［2004］『日本電力業発展のダイナミズム』名古屋大学出版会

鬼頭秀一［1996］『自然保護を問いなおす——環境倫理とネットワーク』ちくま新書，筑摩書房

鬼頭宏［1996］「生活水準」（西川俊作・尾高煌之助・斎藤修編『日本経済の200年』日本評論社）

鬼頭宏［2007］『図説　人口で見る日本史——縄文時代から近未来社会まで』PHP研究所

貴堂嘉之［2017］「下からのグローバル・ヒストリーに向けて」（歴史学研究会編［2017］）
木畑洋一［2003］「現代世界と帝国論」『歴史学研究』776号，2-8，53頁
木畑洋一［2008］「グローバル・ヒストリーと帝国，帝国主義」（水島司編『グローバル・ヒストリーの挑戦』山川出版社）
木畑洋一［2014］『20世紀の歴史』岩波新書，岩波書店
木畑洋一［2017］「グローバル・ヒストリー——可能性と課題」（歴史学研究会編［2017］）
金洛年［2002］『日本帝国主義下の朝鮮経済』東京大学出版会
金洛年［2008］「「植民地近代化」再論」（今西一編『世界システムと東アジア——小経営・国内植民地・「植民地近代」』日本経済評論社）
木村元編著［2013］『近代日本の人間形成と学校——その系譜をたどる』クレス出版
木村政伸［2006］『近世地域教育史の研究』思文閣出版
ギンズブルグ，カルロ［1984］杉山光信訳『チーズとうじ虫——16世紀の一粉挽屋の世界像』みすず書房，原著1976年
ギンズブルグ，カルロ［2016］上村忠男編訳『ミクロストリアと世界史——歴史家の仕事について』みすず書房
キンドルバーガー，チャールズ［2009］石崎昭彦・木村一朗訳『大不況下の世界 1929-1939（改訂増補版）』岩波書店，原著1973年
金原左門［2000］『「近代化」論の転回と歴史叙述——政治変動下のひとつの史学史』中央大学出版部
グベール，ピエール［1992］遅塚忠躬・藤田苑子訳『歴史人口学序説——17・18世紀ボーヴェ地方の人口動態構造』岩波書店，原著1960年
倉田喜弘［2006］『芝居小屋と寄席の近代——「遊芸」から「文化」へ』岩波書店
倉地克直［2016］『江戸の災害史——徳川日本の経験に学ぶ』中公新書，中央公論新社
「胡桃澤盛日記」刊行会編［2011-13］『胡桃澤盛日記』全6巻，「胡桃澤盛日記」刊行会
群馬県史編さん委員会編［1982］『群馬県史　資料編26　民俗2』群馬県
下呂町史編集委員会編［1980］『飛騨下呂　図録』下呂町
厚生省五十年史編集委員会編［1988］『厚生省五十年史（記述篇）』厚生問題研究会
厚生労働省編［2014］『厚生労働白書（平成26年版）』日経印刷
厚生労働省編［2016a］『厚生労働白書（平成28年版）』日経印刷
厚生労働省編［2016b］『過労死等防止対策白書』正陽文庫
ゴードン，アンドルー［2013］大島かおり訳『ミシンと日本の近代——消費者の創出』みすず書房，原著2012年
小島庸平［2011］「1930年代日本農村における無尽講と農村負債整理事業——長野県下伊那郡座光寺村を事例として」『社会経済史学』第77巻3号，315-338頁
小谷汪之［1982］『共同体と近代』青木書店
小西四郎・岡秀行構成［1983］『モース・コレクション／写真編　百年前の日本』小学館
小堀聡［2010］『日本のエネルギー革命——資源小国の近現代』名古屋大学出版会
小堀聡［2012a］「二つのエネルギー革命をめぐって」（社会経済史学会編『社会経済史学の課題と展望——社会経済史学会創立80周年記念』有斐閣）

小堀聡［2012b］「臨海工業地帯の誕生と普及——土木技術者鈴木雅次の軌跡 1920-1970」『ノートル・クリティーク』5 号，2-30 頁
小堀聡［2017］「臨海開発，公害対策，自然保護——高度成長期横浜の環境史」（庄司俊作編著『戦後日本の開発と民主主義——地域にみる相剋』昭和堂）
小峯敦編著［2011］『経済思想のなかの貧困・福祉——近現代の日英における「経世済民」論』ミネルヴァ書房
小山静子［2002］『子どもたちの近代——学校教育と家庭教育』吉川弘文館
小山修三［1984］『縄文時代——コンピュータ考古学による復元』中公新書，中央公論新社
小山昌宏［2008］「1920（大正 9）年から 1930（昭和 5）年の大衆社会状況——昭和初期の都市大衆と農村民衆の生活」『留学生日本語教育センター論集』34 号，105-121 頁
近藤克則［2017］『健康格差社会への処方箋』医学書院
斎藤修［1989］「経済発展は mortality 低下をもたらしたか——欧米と日本における栄養・体位・平均寿命」『経済研究（一橋大学）』第 40 巻 4 号，339-356 頁
斎藤修［1998］『賃金と労働と生活水準——日本経済史における 18-20 世紀』岩波書店
斎藤修［2013］『プロト工業化の時代——西欧と日本の比較史』岩波現代文庫，岩波書店
斎藤修［2014］『環境の経済史——森林・市場・国家』岩波現代全書，岩波書店
斎藤修［2015］『新版 比較史の遠近法』書籍工房早山
斎藤修・高島正憲［2017］「人口と都市化と就業構造」（深尾京司・中村尚史・中林真幸編『岩波講座日本経済の歴史 第 1 巻 中世 11 世紀から 16 世紀後半』岩波書店
桜井哲夫［1984］「「近代」の意味——制度としての学校・工場」NHK ブックス，日本放送出版協会
佐藤正広［2002］『国勢調査と日本近代』岩波書店
佐和隆光監修・環境経済政策学会編［2006］『環境経済・政策学の基礎知識』有斐閣
沢井実［2012］『近代大阪の工業教育』大阪大学出版会
沢山美果子［2013］『近代家族と子育て』吉川弘文館
サンダーソン，マイケル［2010］安原義仁・藤井泰・福石賢一監訳『イギリスの経済衰退と教育——1870-1990s』晃洋書房，原著 1999 年
柴田昌三［2004］「里山再生と竹林——環境と植生」（京都大学地球環境学研究会『地球環境学のすすめ』丸善）
柴田悠［2016］『子育て支援が日本を救う——政策効果の統計分析』勁草書房
清水克行［2008］『大飢饉，室町社会を襲う！』歴史文化ライブラリー，吉川弘文館
社会保険研究所［2008］『長寿医療制度の解説』社会保険研究所
白川部達夫［1994］『日本近世の村と百姓的世界』校倉書房
白波瀬達也［2017］『貧困と地域——あいりん地区から見る高齢化と孤立死』中公新書，中央公論新社
新村拓［2006］『健康の社会史——養生，衛生から健康増進へ』法政大学出版局
新村拓編［2006］『日本医療史』吉川弘文館
菅沼隆［2005］『被占領期社会福祉分析』ミネルヴァ書房
菅原聰［1996］「変貌する森林観」（安田・菅原編［1996］）

杉原薫［1996］『アジア間貿易の形成と構造』ミネルヴァ書房
杉原薫［2010］「中東軍事紛争の世界経済史的文脈——石油・兵器・資金の循環とその帰結」（長崎暢子・清水耕介編著『紛争解決　暴力と非暴力』ミネルヴァ書房）
杉山章子［2006a］「戦後の医療」（新村編［2006］）
杉山章子［2006b］「西洋医学体制の確立」（新村編［2006］）
杉山章子［2006c］「産業社会と医療」（新村編［2006］）
杉山伸也［1995］「幕末開港と疫病——異文化接触と人口」（速水・町田編［1995］）
杉山伸也［2012］『日本経済史——近世～現代』岩波書店
杉山伸也［2014］『グローバル経済史入門』岩波新書，岩波書店
杉本竜［2004］「『大衆娯楽』としての競馬」（奥・羽田編著［2004］）
図司直也［2017］「現代日本の農山村における資源管理の担い手問題——過少利用下での世代交代を視野に入れて」『歴史と経済』235 号，20-26 頁
鈴木晃仁［2004］「戦前期東京における病気と身体経験」（栗山茂久・北澤一利編著『近代日本の身体感覚』青弓社）
鈴木晃仁［2008］「治療の社会史的考察——滝野川健康調査（1938 年）を中心に」（川越修・鈴木晃仁編『分別される生命——20 世紀社会の医療戦略』法政大学出版局）
鈴木淳［1999］『新技術の社会誌』中央公論新社
鈴木棠三・広田栄太郎編［1956］『故事ことわざ辞典』東京堂出版
須藤護［2010］『木の文化の形成——日本の山野利用と木器の文化』未來社
関戸明子［2007］『近代ツーリズムと温泉』ナカニシヤ出版
関山直太郎［1958］『近世日本の人口構造——徳川時代の人口調査と人口状態に関する研究』吉川弘文館
瀬畑源［2011］『公文書をつかう——公文書管理制度と歴史研究』青弓社
セン，アマルティア［2000］黒崎卓・山崎幸治訳『貧困と飢饉』岩波書店，原著 1981 年
総務庁統計局編［1988］『家計調査総合報告書（昭和 22～61 年）』日本統計協会
総理府資源調査会事務局編［1953］『明日の日本と資源』ダイヤモンド社
園田恭一［2010］『社会的健康論』東信堂
ダイアモンド，ジャレド［2012］楡井浩一訳『文明崩壊——滅亡と存続の命運を分けるもの』上・下，草思社文庫，草思社，原著 2005 年
大黒弘慈［2016］『マルクスと贋金づくりたち——貨幣の価値を変えよ〈理論篇〉』岩波書店
高岡裕之［1993］「観光・厚生・旅行」（赤澤史朗・北河賢三編『文化とファシズム——戦時期日本における文化の光芒』日本経済評論社）
高岡裕之［2011］『総力戦体制と「福祉国家」——戦時期日本の「社会改革」構想』岩波書店
高野久紀・髙橋和志［2011］「マイクロファイナンスの現状と課題——貧困層へのインパクトとプログラム・デザイン」『アジア経済』第 52 巻 6 号，36-74 頁
髙橋美由紀［2007］「近世中期の人口減少と少子化対策」『労働政策研究・研修機構』562 号，3-12 頁

高橋陽一［2016］『近世旅行史の研究——信仰・観光の旅と旅先地域・温泉』清文堂出版
高橋美貴［2013］『近世・近代の水産資源と生業——保全と繁殖の時代』吉川弘文館
高村学人［2015］「過少利用時代における所有権論・再考——土地・建物の過少利用が所有権論に投げかける問い」『法社会学』81号，64-75頁
高柳友彦［2012］「近現代日本における「資源」利用・管理の歴史研究——経済史研究を中心に」『歴史学研究』893号，57-63頁
高柳友彦［2014］「近現代日本における温泉資源利用の歴史的展開——多目的利用の観点から」『一橋経済学』第7巻2号，21-43頁
高柳友彦［2017］「近現代日本の源泉利用——地域社会による対応」『歴史と経済』235号，11-19頁
瀧澤利行［2003］『養生論の思想』世織書房
竹内祐介［2008］「日本帝国内分業における朝鮮大豆の盛衰」（堀和生編著［2008］）
竹内祐介［2009］「穀物需給をめぐる日本帝国内分業の再編成と植民地朝鮮——鉄道輸送による地域内流通の検討を中心に」『社会経済史学』第74巻5号，447-467頁
竹内祐介［2010］「戦間期朝鮮の綿布消費市場の地域的拡大と鉄道輸送」『日本史研究』575号，27-54頁
竹岡敬温・川北稔編［1995］『社会史への途』有斐閣
武田晴人［2008］『仕事と日本人』ちくま新書，筑摩書房
竹村民郎［2004］『大正文化 帝国のユートピア——世界史の転換期と大衆消費社会の形成』三元社
多田吉三［1989］『日本家計研究史——わが国における家計調査の成立過程に関する研究』晃洋書房
多田吉三編［1991］『大正家計調査集』第1〜4巻，青史社
多田吉三編［1992］『昭和家計調査集』第2〜4巻，青史社
タットマン，コンラッド［1998］熊崎実訳『日本人はどのように森をつくってきたのか』築地書館，原著1989年
田中昭徳［1974］「わが国近代商業教育制度の成立過程（その1）」『小樽商科大学人文研究』47号，1-28頁
田中昭徳［1976］「わが国近代商業教育制度の成立過程（その2）」『小樽商科大学人文研究』52号，1-32頁
田中拓道［2017］『福祉政治史——格差に抗するデモクラシー』勁草書房
谷本雅之［1998］『日本における在来的経済発展と織物業——市場経済と家族経済』名古屋大学出版会
玉井金五［1992］『防貧の創造——近代社会政策論研究』啓文社
玉井金五［2007］『共助の稜線——近現代日本社会政策論研究』法律文化社
玉井金五［2016］「日本社会保険制度史と近藤文二」（玉井・杉田［2016］）
玉井金五・杉田菜穂［2016］『日本における社会改良主義の近現代像——生存への希求』法律文化社
田村憲美［1994］「死亡の季節性から見た中世社会」（田村憲美『日本中世村落形成史の研

究』校倉書房）
千葉徳爾［1991］『はげ山の研究』増補改訂，そしえて
趙景達［2012］「グローバル・ヒストリー雑感——政治文化史と民衆運動史の視点から」『歴史評論』741 号，22-34，93 頁
陳玉雄［2010］『中国のインフォーマル金融と市場化』麗澤大学出版会
津金澤聰廣［1991］『宝塚戦略——小林一三の生活文化論』講談社現代新書，講談社
塚本学・一ノ関圭［1990］『江戸のあかり——ナタネ油の旅と都市の夜』岩波書店
恒木健太郎［2010］「書評　内山節著『共同体の基礎理論』」『季報唯物論研究』114 号，118-120 頁
恒木健太郎［2013］『思想としての大塚史学——戦後啓蒙と日本現代史』新泉社
恒木健太郎［2017］「ヴェーバーと法を『搔い潜る』者——有価証券法史を事例として」『法社会学』83 号，55-65 頁
角山栄［1975］「現代社会の夜明け——石炭と鉄と勤勉」（角山栄・村岡健次・川北稔『産業革命と民衆』河出書房〔河出文庫版，1992 年〕）
常松洋［1997］『大衆消費社会の登場』山川出版社
鶴巻孝雄［1992］『近代化と伝統的民衆世界——転換期の民衆運動とその思想』東京大学出版会
デブロー，スティーブン［1999］松井範惇訳『飢饉の理論』東洋経済新報社，原著 1993 年
東京油問屋市場［2000］『東京油問屋史——油商のルーツを訪ねる』東京油問屋市場
東京大学社会科学研究所編［1998］『20 世紀システム』全 6 巻，東京大学出版会
徳川林政史研究所編［2012］『徳川の歴史再発見——森林の江戸学』東京堂出版
徳川林政史研究所編［2015］『徳川の歴史再発見——森林の江戸学 II』東京堂出版
所三男［1975］「解題」（林野弘済会長野支部編『木曽式伐木運材図会』林野弘済会長野支部）
トッド，エマニュエル［2008］荻野文隆訳『世界の多様性——家族構造と近代性』藤原書店，原著 1999 年
トッド，エマニュエル［2016］石崎晴己監訳『家族システムの起源 I　ユーラシア』上・下，藤原書店，原著 2011 年
冨江直子［2007］『救貧のなかの日本近代——生存の義務』ミネルヴァ書房
冨長泰行［2016］「青野岩平と医療利用組合周桑病院」『松山大学論集』第 28 巻 4 号，1-40 頁
トムスン，エドワード・P［2003］市橋秀夫・芳賀健一訳『イングランド労働者階級の形成』青弓社，原著 1980 年
富山県医薬品産業活性化懇話会［2014］『「くすりの富山」のさらなる飛躍に向けて』富山県医薬品産業活性化懇話会
富山県薬業史通史編さん委員会編［1987］『富山県薬業史　通史』富山県
ドラッカー，P・F［1976］佐々木実智男・上田淳生訳『見えざる革命——来るべき高齢化社会の衝撃』ダイヤモンド社，原著 1976 年
内務省内閣統計局編，速水融監修［1992-93］『国勢調査以前日本人口統計集成』（復刻版）

東洋書林

長岡新吉・石坂昭雄編著［1983］『一般経済史』ミネルヴァ書房

長岡朋人［2010］「縄文時代人骨の古人口学的研究」『考古学ジャーナル』606号，25-28頁

中島銀右衛門［1981］「天保飢饉留書」（坂城町誌刊行会編『坂城町誌』中巻歴史編（一），坂城町誌刊行会）

長島修［2012］『官営八幡製鐵所論――国家資本の経営史』日本経済評論社

永島剛［2005］「感染症統計にみる都市の生活環境――大正期東京の腸チフスを事例として」『三田学会雑誌』第97巻4号，541-559頁

永島剛［2017］「モノ・カネ・人そして病原体の移動――国際経済と疫病の世界史」（井上幸孝・佐藤暢編『人間と自然環境の世界誌――知の融合への試み』専修大学出版局）

永島剛・市川智生・飯島渉編［2017］『衛生と近代――ペスト流行に見る東アジアの統治・医療・社会』法政大学出版局

中塚武［2016］「高分解能古気候データを用いた新しい歴史学研究の可能性」『日本史研究』646号，3-18頁

中西聡［2012］「両大戦間期日本における百貨店の経営展開――いとう呉服店（松坂屋）の「百貨店」化と大衆化」『経営史学』第47巻3号，3-31頁

中西聡編［2013］『日本経済の歴史――列島経済史入門』名古屋大学出版会

中西聡［2016］『旅文化と物流――近代日本の輸送体系と空間認識』日本経済評論社

長沼秀明［2008］「近代日本の『実業』概念――報徳運動の再検討の必要性」『自由が丘産能短期大学紀要』41号，83-93頁

中野敏男［1993］『近代法システムと批判――ウェーバーからルーマンを超えて』弘文堂

中野敏男［2001］『大塚久雄と丸山眞男――動員，主体，戦争責任』青土社

永原陽子編［2009］『「植民地責任」論――脱植民地化の比較史』青木書店

中村一成［2008］「戦前・戦時の都市民衆と医療――東京市の事例から」『民衆史研究』75号，3-18頁

中村一成［2017］「近代日本の農山村における病院医療供給と地域社会――名望家から産業組合へ」『歴史と経済』234号，1-17頁

中村隆英［1985］『明治大正期の経済』東京大学出版会

中村隆英編［1993］『家計簿からみた近代日本生活史』東京大学出版会

中村政則［1979］『近代日本地主制史研究』東京大学出版会

西尾久美子［2007］『京都花街の経営学』東洋経済新報社

西川眞琴・吉川一郎編［1983］『日本凶荒史考』有明書房

日本エネルギー経済研究所エネルギー計量分析センター編［2017年版］『EDMCエネルギー・経済統計要覧』省エネルギーセンター

日本専売公社編［1982］『日本塩業大系　近代（稿）』日本専売公社

日本薬史学会編［2016］『薬学史事典』薬事日報社

丹羽邦男［1992］『土地問題の起源――村と自然と明治維新』平凡社

沼尻晃伸［2006］「結語――共同性と公共性の関係をめぐって」（小野塚知二・沼尻晃伸編著『大塚久雄「共同体の基礎理論」を読み直す』日本経済評論社）

農政調査会［1955］『自作農農家々計に関する諸記録』農政調査会
野辺地町史編さん刊行委員会編［1997］『野辺地町史』通説編第 2 巻，野辺地町
萩原久美子［2008］『「育児休職」協約の成立——高度成長期と家族的責任』勁草書房
橋谷弘［1990］「1930・40 年代の朝鮮社会の性格をめぐって」『朝鮮史研究会論文集』第 27 集，129-154 頁
長谷川淳［1956］「産業教育の歴史的背景」（海後宗臣・牧野巽・細谷俊夫編『講座教育社会学 7　産業教育の基本問題』東洋館出版社）
長谷部弘・高橋基泰・山内太編著［2009］『近世日本の地域社会と共同性——近世上田領上塩尻村の総合研究 I』刀水書房
長谷部弘［2010］「飢饉への村落的対応」（長谷部・高橋・山内編著［2010］）
長谷部弘・高橋基泰・山内太編著［2010］『飢饉・市場経済・村落社会——天保の凶作からみた上塩尻村』刀水書房
長谷部弘［2016］「農村社会の市場経済化と家業・家計の形成」『比較家族史研究』30 号，22-49 頁
羽田博昭［2004］「東京近郊地域における娯楽の諸相」（奥・羽田編著［2004］）
パッシン，ハーバート［1969］國弘正雄訳『日本近代化と教育』サイマル出版社，原著 1965 年
花井信［1999］『製糸女工の教育史』大月書店
速水融［2003］『近世日本の経済社会』麗澤大学出版会
速水融［2006］『日本を襲ったスペイン・インフルエンザ——人類とウイルスの第一次世界戦争』藤原書店
速水融［2012］『歴史人口学の世界』岩波現代文庫，岩波書店
速水融・町田洋編［1995］『講座文明と環境 7　人口・疫病・災害』朝倉書店
速水融・宮本又郎編［1988］『日本経済史 1　経済社会の成立——17～18 世紀』岩波書店
原朗［2013］『日本戦時経済研究』東京大学出版会
原武史［2012］『団地の空間政治学』NHK 出版
原口剛［2016］『叫びの都市——寄せ場，釜ヶ崎，流動的下層労働者』洛北出版
原山浩介［2011］『消費者の戦後史——闇市から主婦の時代へ』日本経済評論社
韓載香［2010］『「在日企業」の産業経済史——その社会的基盤とダイナミズム』名古屋大学出版会
ハント，リン［2016］長谷川貴彦訳『グローバル時代の歴史学』岩波書店，原著 2014 年
姫岡とし子［2004］『ジェンダー化する社会——労働とアイデンティティの日独比較史』岩波書店
平岡昭利編［2001］『水車と風土』古今書院
廣重徹［1973］『科学の社会史——近代日本の科学体制』中央公論社
フェーブル，リュシアン［1995］長谷川輝夫訳『歴史のための問い』平凡社ライブラリー，平凡社
深井甚三［1997］『江戸の旅人たち』歴史文化ライブラリー，吉川弘文館
深沢七郎［1964］『楢山節考』新潮文庫，新潮社

福澤直樹［2012］『ドイツ社会保険史——社会国家の形成と展開』名古屋大学出版会
福嶋紀子［2016］『赤米のたどった道——もうひとつの日本のコメ』吉川弘文館
藤田真一［2000］『蕪村』岩波新書，岩波書店
二谷智子［2000］「大正期における富山売薬業の「製剤統一」と生産構造の変容」『土地制度史学』166 号，19-36 頁
二谷智子［2009］「1879 年コレラ流行時の有力船主による防疫活動」『社会経済史学』第 75 巻 3 号，67-90 頁
二谷智子［2011a］「近代日本の家計における医療関連支出」『経済科学（名古屋大学）』第 58 巻 4 号，71-94 頁
二谷智子［2011b］「近代期群馬県における富山配置売薬の消費」『経済科学（名古屋大学）』第 59 巻 2 号，29-50 頁
二谷智子［2015］「家業の継承と地域社会への貢献」（中西聡・井奥成彦編著『近代日本の地方事業家——萬三商店小栗家と地域の工業化』日本経済評論社）
二谷智子［2017］「近代日本における医療費と医療状況の展開——開業医の『薬価計算簿』の分析を中心に」『経済学研究（愛知学院大学）』第 4 巻 2 号，45-65 頁
船曳由美［2010］『100 年前の女の子』講談社
フランクス，ペネロピ／ハンター，ジャネット編［2016］中村尚史・谷本雅之監訳『歴史のなかの消費者——日本における消費と暮らし 1850-2000』法政大学出版局，原著 2012 年
古川隆久［2003］『戦時下の日本映画——人々は国策映画を観たか』吉川弘文館
古島敏雄校注［1977］『百姓伝記』上，岩波文庫，岩波書店
古島敏雄［1996］『台所用具の近代史——生産から消費生活をみる』有斐閣
ブローデル，フェルナン［1991-95］浜名優美訳『地中海』全 5 巻，藤原書店，原著初版 1949 年，改訂第 2 版 1966 年
ブローデル，フェルナン［2013］山上浩嗣・浜名優美訳「長期持続」（ル=ロワ=ラデュリほか監修，浜名優美監訳『叢書アナール 1929～2010』III，藤原書店）
ブロック，マルク［1995］堀米庸三監訳『封建社会』岩波書店，原著 1940 年
ベルウッド，ピーター［2008］長田俊樹・佐藤洋一郎監訳『農耕起源の人類史』京都大学学術出版会，原著 2005 年
鳫咲子［2017］「子どもの貧困対策——制度化の経緯と今後の課題」（法政大学大原社会問題研究所編『日本労働年鑑』労働旬報社）
宝月理恵［2010］『近代日本における衛生の展開と受容』東信堂
ボードリヤール，ジャン［1995］今村仁司・塚原史訳『消費社会の神話と構造（普及版）』紀伊国屋書店，原著 1970 年
ボズラップ，エスター［1991］安澤秀一・安澤みね訳『人口圧と農業——農業成長の諸条件』ミネルヴァ書房，原著 1965 年
ポメランツ，K［2015］川北稔監訳『大分岐——中国，ヨーロッパ，そして近代世界経済の形成』名古屋大学出版会，原著 2000 年
ポラニー，カール［2009］野口建彦・栖原学訳『大転換——市場社会の形成と崩壊』東洋経済新報社，原著 1944 年

堀和生［1995］『朝鮮工業化の史的分析』有斐閣
堀和生［2004］「日本帝国と植民地関係の歴史的意義——大戦間期の貿易分析を通じて」（堀和生・中村哲編著『日本資本主義と朝鮮・台湾——帝国主義下の経済変動』京都大学学術出版会）
堀和生編著［2008］『東アジア資本主義史論II　構造と特質』ミネルヴァ書房
堀和生［2009］『東アジア資本主義史論I　形成・構造・展開』ミネルヴァ書房
堀和生編［2016］『東アジア高度成長の歴史的起源』京都大学学術出版会
本庄栄治郎［1972］『日本社会史・日本人口史（本庄栄治郎著作集　第5冊）』清文堂出版
本多仁禮士［2004］「娯楽移入窓口としての横浜居留地・開港場横浜」（奥・羽田編著［2004］）
本田博巳［2016］「石油探鉱開発における技術革新と石油鉱業」2,『石油・天然ガスレビュー』第50巻1号, 1-10頁, http://oilgas-info.jogmec.go.jp/ebook/201601/
ポンティング，クライヴ［1994］石弘之・京都大学環境史研究会訳『緑の世界史』上・下, 朝日選書, 朝日新聞社, 原著1991年
真木悠介［2003］『気流の鳴る音』ちくま学芸文庫, 筑摩書房
牧野文夫［1996］『招かれたプロメテウス——近代日本の技術発展』風行社
マクニール，J・R［2011］海津正倫・溝口常俊監訳『20世紀環境史』名古屋大学出版会, 原著2000年
増川宏一［2012］『日本遊戯史——古代から現代までの遊びと社会』平凡社
松浦正孝［1995］『日中戦争期における経済と政治』東京大学出版会
松浦正孝［2002］『財界の政治経済史——井上準之助・郷誠之助・池田成彬の時代』東京大学出版会
松浦正孝［2010］『「大東亜戦争」はなぜ起きたのか——汎アジア主義の政治経済史』名古屋大学出版会
松浦正孝［2017］「村田省蔵と実業アジア主義——戦前・戦中・戦後を貫くもの」（黄自進・劉建輝・戸部良一編著『〈日中戦争〉とは何だったのか——複眼的視点』ミネルヴァ書房）
松崎哲久［2002］『劇団四季と浅利慶太』文春新書, 文藝春秋
松沢裕作［2012］「日本近世・近代史における『地域』と『地方』」（社会経済史学会編『社会経済史学の課題と展望——社会経済史学会創立80周年記念』有斐閣）
松沢裕作［2014］「明治中期の大字・行政村・町村組合——静岡県駿東郡金岡村の場合」『年報村落社会研究』50号, 73-101頁
松沢裕作［2016］『自由民権運動——デモクラシーの夢と挫折』岩波新書, 岩波書店
松田芳郎・木村健二［2010］「近代日本経済資料論1　統計」（石井寛治・原朗・武田晴人編『日本経済史6　日本経済史研究入門』東京大学出版会）
松野裕［2006］「公害防止協定」（佐和監修［2006］）
松本武祝［2004］「〔研究動向〕「植民地近代」をめぐる近年の朝鮮史研究」（宮嶋博史・尹海東・林志弦・李成市編『植民地近代の視座——朝鮮と日本』岩波書店）
松本武祝［2005］『朝鮮農村の〈植民地近代〉経験』社会評論社

マディソン，アンガス［2004］政治経済研究所訳『経済統計で見る世界経済 2000 年史』柏書房，原著 2001 年
マルサス，トマス・ロバート［2011］斉藤悦則訳『人口論』光文社古典新訳文庫，光文社，原著 1798 年
マルサス学会編［2016］『マルサス人口論事典』昭和堂
水島司［2010］『グローバル・ヒストリー入門』世界史リブレット，山川出版社
水野直樹・文京洙［2015］『在日朝鮮人——歴史と現在』岩波新書，岩波書店
水本邦彦［2003］『草山の語る近世』山川出版社
三谷太一郎［2009］『ウォール・ストリートと極東——政治における国際金融資本』東京大学出版会
三ツ井崇［2008］「朝鮮」（日本植民地研究会編『日本植民地研究の現状と課題』アテネ社）
満薗勇［2014］『日本型大衆消費社会への胎動——戦前期日本の通信販売と月賦販売』東京大学出版会
満薗勇［2015］『商店街はいま必要なのか——「日本型流通」の近現代史』講談社現代新書，講談社
三俣学・森元早苗・室田武編［2008］『コモンズ研究のフロンティア——山野海川の共的世界』東京大学出版会
南博責任編集［1988］『近代庶民生活誌 第 8 巻 遊戯・娯楽』三一書房
南亮進［1996］『日本の経済発展と所得分布』岩波書店
南亮進［2002］『日本の経済発展 第 3 版』東洋経済新報社
南塚信吾［2009］「世界史は動いている」『歴史学研究』850 号，30-39 頁
三宅俊彦［2005］『日本鉄道史年表（国鉄・JR）』グランプリ出版
宮地英敏［2012］「猪苗代水力電気設立の諸相——経営者層の転換を中心にして」『歴史評論』745 号，80-98 頁
宮地正人ほか監修［2005］『ビジュアル・ワイド 明治時代館』小学館
宮本憲一［2014］『戦後日本公害史論』岩波書店
宮本太郎［2008］『福祉政治——日本の生活保障とデモクラシー』有斐閣
宮本又郎編［2012］『改訂新版 日本経済史』放送大学教育振興会
三好信浩［1979］『日本工業教育成立史の研究——近代日本の工業化と教育』風間書房
三好信浩［1982］『日本農業教育成立史の研究——日本農業の近代化と教育』風間書房
三好信浩［1985］『日本商業教育成立史の研究——日本商業の近代化と教育』風間書房
三好信浩［2000］『日本の女性と産業教育——近代産業社会における女性の役割』東信堂
三好信浩［2016］『日本の産業教育——歴史からの展望』名古屋大学出版会
三和良一・原朗編［2007］『近現代日本経済史要覧』東京大学出版会
村上勝彦［1975］「植民地」（大石嘉一郎編『日本産業革命の研究——確立期日本資本主義の再生産構造』下，東京大学出版会）
村山良之［2015］「防災教育ノート——災害論・学校防災・防災教育」『環境保全』18 号，77-87 頁
森野真理［2014］「コモンズの過少利用がもたらす生態系サービスの劣化」『理論と方法』第

29 巻 2 号，261-276 頁
文部省編［1972］『学制百年史　資料編』帝国地方行政学会
安田常雄編［2013a］『社会を消費する人びと――大衆消費社会の編成と変容』岩波書店
安田常雄編［2013b］『社会の境界を生きる人びと――戦後日本の縁』岩波書店
安田喜憲・菅原聰編［1996］『講座文明と環境 9　森と文明』朝倉書店
安田喜憲［1996］「森と文明」（安田・菅原編［1996］）
安丸良夫［1976］『出口なお』朝日新聞社
安室知［2005］『水田漁撈の研究――稲作と漁撈の複合生業論』慶友社
安室知［2012］『日本民俗生業論』慶友社
矢野恒太記念会編［2013］『数字でみる日本の 100 年――日本国勢図会長期統計版』矢野恒太記念会
山内太［2009］「耕地と自然災害」（長谷部・髙橋・山内編著［2009］）
山内太［2010］「土地所有構造・土地利用から見た天保凶作の影響」（長谷部・髙橋・山内編著［2010］）
山口明日香［2015］『森林資源の環境経済史――近代日本の産業化と木材』慶應義塾大学出版会
山下友信・山口厚ほか編［2017］『六法全書（平成 29 年版）』I，有斐閣
山田鋭夫［2008］『さまざまな資本主義』藤原書店
山田昌弘［2004］『希望格差社会――「負け組」の絶望感が日本を引き裂く』筑摩書房
山田盛太郎［1934］『日本資本主義分析』岩波書店
山之内靖［2015］『総力戦体制』ちくま学芸文庫，筑摩書房
山本有造［1992］『日本植民地経済史研究』名古屋大学出版会
山本有造編［2003］『帝国の研究――原理・類型・関係』名古屋大学出版会
山本有造［2003］「「満洲国」経済史研究」名古屋大学出版会
山本義隆［2011］『福島の原発事故をめぐって――いくつか学び考えたこと』みすず書房
湯浅赳男［1993］『環境と文明――環境経済論への道』新評論
湯澤規子［2016］「近代日本の産業地域形成期における農家経済構造の変化――愛知県『農家経済調査』にみる農家の暮らし」『史林』第 99 巻 1 号，177-207 頁
横田理博［2017］「ウェーバーの法社会学の全体像――「形式的法」と「実質的正義」との対峙」『電気通信大学紀要』第 29 巻 1 号，1-21 頁
横浜開港資料館ほか編［1988］『横浜もののはじめ考』横浜開港資料普及協会
横浜商業会議所編［1909］『横浜開港五十年史』下巻，横浜商業会議所
横山源之助［1949］『日本の下層社会』岩波文庫，岩波書店
吉川浩満［2017］「『人新世［アントロポセン］』における人間とはどのような存在ですか？」『10＋1 web site』2017 年 1 月号，http://10plus1.jp/monthly/2017/01/issue-09.php
吉川洋［2016］『人口と日本経済――長寿，イノベーション，経済成長』中公新書，中央公論新社
吉田克己［2016］「空き家問題は土地所有権論にどのような影響を与えるか」『月報司法書士』534 号，36-45 頁

吉田東伍［1911］『維新史八講』冨山房
吉本興業株式会社［1992］『吉本八十年の歩み』吉本興業株式会社
米田昇平［2016］『経済学の起源——フランス　欲望の経済思想』京都大学学術出版会
梁忠銘［1999］『近代日本職業教育の形成と展開』多賀出版
臨時産業調査局編［1919］『三河水車紡績業に関する調査——大正6年9月調査』臨時産業調査局
レーニン［2006］角田安正訳『帝国主義論』光文社古典新訳文庫，光文社，原著1917年
歴史学研究会編［2012］「特集「資源利用の歴史——地域・共同体・国家」」『歴史学研究』894号
歴史学研究会編［2017］『第4次現代歴史学の成果と課題　第1巻　新自由主義時代の歴史学』績文堂出版
歴史学研究会全体会［2004］「グローバル権力としての『帝国』」『歴史学研究』増刊号
歴史学研究会全体会［2015］「環境から問う帝国／帝国主義」『歴史学研究』増刊号
ロストウ，W・W［1961］木村健康・久保まち子・村上泰亮訳『経済成長の諸段階——一つの非共産主義宣言』ダイヤモンド社，原著1960年
ロバーツ，エリザベス［1990］大森真紀・奥田伸子訳『女は「何処で」働いてきたか——イギリス女性労働史入門』法律文化社，原著1988年
和田春樹［1971］「近代化論」『講座日本史　第9巻』東京大学出版会
渡辺尚志［1996］「総論　村落史研究の新展開のために」（渡辺尚志編『新しい近世史④　村落の変容と地域社会』新人物往来社）
渡辺尚志［2008］『百姓の力——江戸時代から見える日本』柏書房
渡辺拓也［2017］『飯場へ——暮らしと仕事を記録する』洛北出版

【英語文献】

Allen, R. C. [2009] *The British Industrial Revolution in Global Perspective*, Cambridge : Cambridge University Press.

Austin, Gareth, ed. [2017] *Economic Development and Environmental History in the Anthropocene : Perspectives on Asia and Africa*, London : Bloomsbury Academic.

Becker, Gary S. [1960] "An Economic Analysis of Fertility," Universities-National Bureau Committee for Economic Research, *Demographic and Economic Change in Developed Countries*, Columbia University Press.

Farris, William Wayne [2009] *Japan's Medieval Population : Famine, Fertility, and Warfare in a Transformative Age*, Honolulu : University of Hawaii Press.

Geertz, C. [1962] "The Rotating Credit Association : A Middle Rung in Development," *Economic Development and Cultural Change*, 10(3) : 241-263

Johnston, William [1995] *The Modern Epidemic : A History of Tuberculosis in Japan*, Cambridge, Mass. : Harvard University Asia Center.

Lundh, Christer and Satomi Kurosu et al. [2014] *Similarly in Difference : Marriage in Europe and Asia, 1700-1900*, Cambridge, Mass. : The MIT Press.

Mendels, Franklin F. [1981] *Industrialization and Population Pressure in Eighteenth-century Flanders*, New York : Arno Press.

Ogilvie, Sheilagh, Markus Cerman, eds. [1996] *European Proto-Industrialization : An Introductory Handbook*, Cambridge : Cambridge University Press.

Ryan Johansson, Sheila and Mosk, Carl [1987] "Exposure, Resistanse and Life Expectancy : Disease and Death during the Economic Development of Japan 1900-60," *Population Studies*, 41 (2) : 207-235

Steffen, W., P. J. Crutzen and J. R. McNeill [2007] "The Anthropocene : Are Humans Now Overwhelming the Great Forces of Nature?" *AMBIO : A Journal of the Human Environment*, 36 (8) : 614-621.

Thompson, E. P. [1991] *Customs in Common*, New York : New Press.

Uekoetter, Frank [2009] *The Age of Smoke : Environmental Policy in Germany and the United States, 1880-1970*, Pittsburgh : University of Pittsburgh Press.

Wallerstein, Immanuel [2004] *World-Systems Analysis : An Introduction*, Durham and London : Duke University Press（山下範久訳『入門・世界システム分析』藤原書店，2006 年）.

Wrigley, E. A. [1988] *Continuity, Chance and Change : The Character of the Industrial Revolution in England*, Cambridge : Cambridge University Press（近藤正臣訳『エネルギーと産業革命——連続性・偶然・変化』同文館出版，1991 年）.

Wrigley, E. A. [2009] *Energy and the English Industrial Revolution*, Cambridge : Cambridge University Press.

【ホームページ】

環境省「平成 27 年度温泉利用状況」http://www.env.go.jp/nature/onsen/data/riyo_h27.pdf（2017/8/25）

公益社団法人日本 WHO 協会「世界保健機関（WHO）憲章」http://www.japan-who.or.jp/kensho/（2017/8/21）

厚生労働省「主な死因別にみた死亡率の推移」http://www.mhlw.go.jp/wp/hakusyo/kousei/16-2/kousei-data/siryou/sh0100.html（2017/10/2）

厚生労働省「人口動態調査」http://www.mhlw.go.jp/toukei/list/81-1b.html（2017/9/3）

厚生労働省「被保護者調査」（政府統計の総合窓口（e-Stat）http://www.e-stat.go.jp/ より）（2017/7/20）

国立社会保障人口問題研究所「日本の将来推計人口（平成 29 年推計）」http://www.ipss.go.jp/pp-zenkoku/j/zenkoku2017/pp29_gaiyou.pdf（2017/4/13）

世界保健機関（WHO）http://www.who.int/csr/disease/smallpox/en/（2017/3/31）

総務省「市町村合併資料集」http://www.soumu.go.jp/gapei/gapei2.html（2017/9/1）

総務省統計局「国勢調査結果　時系列データ（大正 9～平成 27 年）」「2015 年国勢調査」（政府統計の総合窓口（e-Stat）http://www.e-stat.go.jp/SG1/estat/GL02100104.do?tocd = 00200521 より）（2017/9/3）

総務省統計局「日本の長期統計系列」第 2 章，http://www.stat.go.jp/data/chouki/02.htm（表

2-1［2017/6/26］,表 2-24［2017/7/7］,表 2-35［2017/9/1］)
文部科学省「学校系統図」http://www.mext.go.jp/b_menu/hakusho/html/others/detail/1318188.
　htm（2017/8/28）

【一次史料】
「思出の記」（村本利廣）村本家蔵
「高木助一郎日記」東京都北区立中央図書館「北区の部屋」蔵
「〔郡山上町人別改帳〕」今泉家文書，郡山市歴史資料館蔵

あとがき

　2000（平成12）年9月11日，私は自然の脅威を実感していました。いわゆる「東海豪雨」です。冠水した道路のなかで動かなくなった車を乗り捨てて，子どもを背負って豪雨と濁流のなかを歩いて帰宅しました。心底の恐怖を感じました。それから1年後，2001年9月11日にアメリカ合衆国で起こった同時多発テロ事件において，ニューヨークの世界貿易センタービルに航空機が突っ込む映像をテレビで見て，人為の脅威も私は実感しました。「東海豪雨」は身近な出来事でした。「同時多発テロ」は私にとって遠い出来事に思えました。しかし，ニューヨークの人々にしてみれば，「東海豪雨」が遠い出来事で，「同時多発テロ」が身近な出来事です。水害などの災害には，自然のみでなく人為の要素も大きいのですが，「東海豪雨」のあと，日本では新潟県中越地震・東日本大震災などの災害が頻発していますし，「同時多発テロ」のあとアメリカ合衆国はテロとの長い戦いに入りました。その際に気をつけたいのは，自然のみでなく，人為も自然と同等以上の恐怖を人々に与えてきたことです。その意味で身近な出来事が，世界の自然環境や社会環境に大きな影響を与えてきたといえます。本書はこのような視点から，みなさんに身近な生活の事象を学ぶことで，世界観や歴史観を育ててほしいとの思いで執筆されました。それを通して，人為が人々に与える恐怖をできるだけ減らしてほしいとの願いがこめられています。一方，人為と自然が人々に安寧をもたらすことも多々あります。そのことも本書の内容からみなさん自身で考えてもらい，身近なところからよりよい方向への一歩を踏み出してほしいと思います。

　また本書は，これまで名古屋大学出版会で刊行された『世界経済の歴史』（金井雄一・中西聡・福澤直樹編，2010年）と『日本経済の歴史』（中西聡編，2013年）の姉妹書にあたり，本書を含めた3冊で経済の歴史の概説書としての一つのシリーズを成しています。本書編者は，これら3冊ともに編者として関わりましたので，ここで，本書と『世界経済の歴史』『日本経済の歴史』との

関連性にも触れておきたいと思います。大学などにおける経済史学の教育において，総論から入るのがよいか，各論から入るのがよいか，意見が分かれています。ここでの総論とは，世界全体や特定の地域の歴史を概観してその歴史の流れを大まかに捉えることです。上記の3冊の概説書では，世界経済についての総論が，『世界経済の歴史』第Ⅰ部通史編，日本経済についての総論が，『日本経済の歴史』本文にあたります。一方，各論は個別のテーマに即して，歴史的な考え方を学ぶもので，『世界経済の歴史』第Ⅱ部テーマ論や本書（『経済社会の歴史』）がそれにあたります。

その他に，経済史学者のさまざまな発想を学ぶ学説史の視点もありますが，それは『世界経済の歴史』第14章や『日本経済の歴史』入門ガイド，そして本書（『経済社会の歴史』）のテーマ論などで多様な切り口から概説されています。まず総論があると見るか，各論の積み上げの先に総論があると見るか，総論と各論との関係性はさまざまですが，両者の相互展開の際に，先人が考えた発想を学ぶのが学説史の視点ともいえます。その意味では，総論と各論と学説史は互いに連関して，一つのまとまりを成します。もちろん，経済史学では，経済に関わる事象の歴史的意味を明らかにできる程度に限られますが，世界の事象が生じる要因（誘因）のなかで経済的な要素が高まっている今日では，経済に関わる歴史的事象とその意味を学ぶことはますます重要になっています。つまり，現代社会はますます経済社会となってきているのです。

そのなかで本書は，個別のテーマに即して，歴史的な考え方を学ぶことに重点を置きました。それは，経済的な歴史的事象を理解するためには，まずは歴史的な思考方法を身につけることが大切と考えているからです。そして本書では，個別のテーマを取り上げる際に，身近な生活から歴史的事象の世界的関連に思いをめぐらすことに力点を置きました。同じ各論でも，『世界経済の歴史』第Ⅱ部テーマ論が同書第Ⅰ部総論と対応させるために，市場経済や国家など比較的大きなテーマを取り上げたのに対し，本書ではより実感を働かせることができる身近なテーマから，最終的には帝国という大きなテーマまでつなげていくことで，各論から世界を見通すことを目指しました。その場合，本書で日本の歴史的事象を多く取り上げたのは，日本経済についての総論を述べた『日本

経済の歴史』に対応する各論としての本書の位置づけにもなるからです。ただし，本書ではテーマⅠ～Ⅳにおいて，日本の歴史的事象よりもかなり広く世界の歴史的事象をもとに述べることで，『世界経済の歴史』と『日本経済の歴史』をつなぐ大きな歴史学的方法論の意味も持たせました。こうして，本書によって『世界経済の歴史』『日本経済の歴史』とのつながりができました。

　これら3冊の概説書を上梓するのに，執筆期間を含めて約10年間を要しました。3冊全体の構想は，本書編者の頭のなかには『世界経済の歴史』を執筆している段階からありましたが，各書の構成については，各書の執筆者の方々とともに入念に検討を続けました。その間，長年の歴史研究者の実証研究の積み重ねを学び，身近な歴史を丹念に明らかにしてきた先行する研究成果が膨大であることを身に染みて感じました。それらに依拠して，本書を含めた姉妹書3冊があります。襟を正して，先人の研究に深い敬意を表するとともに，その内容をわかりやすく読者のみなさんにお伝えすることができればとても嬉しく思います。本書も，『世界経済の歴史』『日本経済の歴史』とともに大学教育における経済史・経済学入門分野のテキストを念頭に置いていますが，大学生のみでなく幅広く一般の読者にも，手に取っていただけることを切に願います。

　このような位置づけを持つ本書の完成までには，本文・テーマ・解説を執筆していただいた方々をはじめとして，執筆者以外の方もお招きした勉強会を何度か開催し，多くのみな様の協力を得ました。一人ひとりのお名前をあげることはいたしませんが，ここに深く感謝申し上げます。また村本家のみな様，郡山市歴史資料館および東京都北区立中央図書館「北区の部屋」には，史料閲覧に際して大変お世話になり，そして東京都立図書館，国立教育政策研究所および法政大学大原社会問題研究所には，所蔵資料を図版として利用させていただき，本当に有難うございました。さらに，編者のこだわりを理解していただき，より良い本にするために粘り強く努めて下さった名古屋大学出版会の三木信吾氏・長畑節子氏にも心より御礼申し上げます。

2017年9月11日　　　　　　　　　　　　　　　　　中　西　　聡

索 引

あ 行

アーカイブズ　299, 300, 302, 303
赤子養育仕法　143, 144
秋田茂　120
空き家問題　84
悪性新生物（がん）　153
足尾銅山　2
飛鳥田一雄　113, 114
アナール学派　57-59
網野善彦　60
鮎川義介　282
アンリ，ルイ（Henry, Louis）　128
イースター島　69, 70
家　78
育児　257-259
育児休職　259
育林　73
池田成彬　282
石井寛治　281, 282, 290
石井十次　257
石川啄木　223
石原莞爾　104
石牟礼道子　211
石母田正　64
市邨茂樹　231
伊藤康　113, 114
猪苗代水力電気会社　103
井上準之助　282
医薬品等の製品管理および品質管理に関する基準（GMP）　168
入会　77
医療費　159-163, 166-168
医療利用組合　160
岩崎小弥太　282
ヴェーバー，マックス（Weber, Max）　205, 208, 286, 288
上杉正幸　155
ウォーラーステイン，イマヌエル（Wallerstein, Immanuel）　290-292
請戻し　16

内山節　209
宇野弘蔵　288, 289
生めよ育てよ国のため　135, 146
運河　94
運動会　191
エスニック・グループ　24, 25
エネルギー革命　105-109
エネルギー節約　102, 111
エンゲルス，フリードリヒ（Engels, Friedrich）　286, 287
エンタイトルメント　34
オイル・トライアングル　110
近江吉明　121
大字　14, 19
大河内一男　248, 293
大阪釜ヶ崎（あいりん地区）　213
大塚久雄　204-207
大原社会問題研究所　244, 245
大原孫三郎　244
岡山孤児院　257
小河滋次郎　244
荻生徂徠　144
御救山　76
織元　11
恩賜財団済生会　160, 241
温泉　86-88, 191

か 行

カーソン，レイチェル（Carson, Rachel）　118
開業医　160
介護保険法（制度）　167, 254, 255
戒能通孝　79
格差社会　295
学制　220
家計　9, 162
家計調査　197, 307, 308
賭け事　177, 178
笠松宏至　60-62
家事　10
梶谷懐　281, 282

ガス灯　95, 98
過疎　108, 109, 146
家族復元　128
学区制　220
学校化社会　235
活動写真　185, 191, 193, 194
勝俣鎮夫　60
家電製品　108, 200
カトーナ，ジョージ（Katona, George）　200
金は天下の廻りもち　175
貨幣（マネー）　1, 2
釜石製鉄所　100
過密　146
火力発電　102, 106
ガルブレイス，ジョン・ケネス（Galbraith, John Kenneth）　201
川島秀一　49
寛永の飢饉　38
官営八幡製鉄所　101, 102
感化院　242
感化救済事業　242
環境クズネッツ曲線　112
環境史　118
感染症　171-174
関東州　263, 264
関東大震災　52, 53
ギアツ，クリフォード（Geertz, Clifford）　29
飢餓輸出　268
企業内教育　223
飢饉　32-38, 40, 43, 44, 47, 76
木曽山　73
きだみのる　207-209
鬼頭宏　130, 133
希望格差　297
救護法　241, 246
救済講　27, 28
教育　216-218, 221
教育基本法　259
教育の大衆化　217
教科書　220
行政村　15, 19
競争社会　296, 297
共存社会　296, 297
共的世界　77
共同体　203-210, 213
京都議定書　66
享保の飢饉　33

ギンズブルグ，カルロ（Ginzburg, Carlo）　62-64
近代家族　10
近代化論　117
近代経済成長　116, 117, 126
近代的土地所有権　77, 79, 80
キンドルバーガー，チャールズ（Kindleberger, Charles）　280
勤勉革命　137
クーポン券　190
草山　75
グベール，ピエール（Goubert, Pierre）　128
クルッツェン，パウル（Crutzen, Paul）　89, 90
胡桃澤盛　195, 196
グローバリゼーション　121, 122
グローバル経済史　120
グローバル・タックス　111
グローバル・ヒストリー　119-122
軍事救護法　242
経済学的強制　205
経済社会　1, 2, 117
芸能の商品化　179
競馬　187, 188
劇団四季　180
結核　152, 153, 155, 156, 171-173
結核予防法　152, 153
健康　150, 151
健康格差社会　151
健康保険法　243
公害防止条例　113
公害問題　112
工業教育　229, 230
工業労働者最低年齢法　243
膠州湾租借地（山東省）　263
工場法　232, 243
後進国型貿易構造　265
洪水　40-42
厚生（労働）省　247, 254
講談　184
高度（経済）成長（期）　167, 174, 236
高度有機経済　93, 97, 98, 103
幸福度指標　150
公文書管理法　300
高齢化社会　167, 170
枯渇性資源　67
国際連盟　263

索引　335

国際労働機関（ILO）　243
国策映画　181
国勢調査　135, 145, 306, 308
石高制　30
国内総生産（GDP）　115, 116, 126
国民皆年金　252
国民皆保険　154, 166-168, 170, 252
国民健康保険（法）　152, 154, 155, 167, 170, 248, 252
国民体力法　152
国民年金法　252
国立公文書館　300, 302
国立国会図書館　302, 307
小谷汪之　209
子ども　218, 220, 232
小林一三　180
小藤文次郎　54
米騒動　244, 267
コモンズ　77
小山修三　130
娯楽（費）　178, 197, 199
娯楽の産業化　179, 181
コレラ　136, 152, 173

さ　行

再生可能資源　67
斎藤修　133, 138
在日韓国・朝鮮人　24-26, 275, 276
祭礼　187, 191, 197, 199
相模ダム　105
鎖国　97, 297
里山　75
産業革命　137
産業教育　217, 225, 227, 232-234
3歳児神話　258
蚕種業　48
産米増殖計画　267, 272, 273
三遊亭円朝　182
三遊亭円遊　184
ジェネリック医薬品　169
地方文書　301
仕切られた生活保障　253
資源　66, 67
資源小国　274
資源の過少利用　83-85
システム　284-294
自然災害　31, 32

質入れ　16
質流れ　16
実業　225, 227
質地請戻慣行　78
芝居小屋　182
柴山　75
渋沢栄一　225, 230, 241, 257, 282
シベリア出兵　267
社会経済史　57
社会史　55, 56, 60, 62
社会事業法　247
社会福祉　239, 240, 249
社会福祉事業法　250
借家人同盟　245
ジャパン・ツーリスト・ビューロー　181
修学旅行　190
自由民権運動　18
従属理論　290, 291
集団就職　236-238
宗門（人別）改帳　133
受験競争　238
恤救規則　241
種痘（法）　136, 172
巡回映画　186
商業会議所　306, 307
商業教育　230, 231
小経営　10, 21, 23
少子化　127
少子高齢化社会　124, 125, 142, 146, 147
商店街　21-23
小農経営　11, 13
消費　175-177
消費史　202
消費の均質化　238
消費の差異化　238
小氷期　33
正力松太郎　108
浄瑠璃　194
昭和恐慌　196
職業安定所　237, 238
職業安定法　251
植民地　261-265, 273-275
植民地近代化論　277
植民地近代論（植民地近代性論）　277, 278
植民地責任（論）　121, 279
植民地都市　273
所持　78

女性　233
職工　229
史（資）料批判　304, 305
人口学方程式　127
人口減少　124, 142, 144, 145
人口転換理論　139, 145
人口動態統計　135
人口ピラミッド（年齢別構成）　127, 141
心疾患　153
新自由主義　117, 121
人新世　89, 90
薪炭　91, 93, 95, 99
信用創造　176
森林資源　68, 69, 76, 80-82
水車動力　104
水力発電　102
杉原薫　120
鈴木雅次　109
スペイン・インフルエンザ　136, 156, 157
生活保護法　249, 255
脆弱性　32, 35, 37, 39, 49
成人病（生活習慣病）　153, 174
生物多様性条約締約国会議　66
青年団　187, 191, 195
世界システム論　289-292
世界の工場　96
世界保健機関（WHO）　136, 148, 150, 151
石炭　90, 91, 93-95, 100, 101
関谷清景　54
石油　105
石油ランプ　98
セルフメディケーション　148, 149, 161, 163
セン，アマルティア（Sen, Amartya）　34
先進国型貿易構造　265
総力戦体制論　292-294
外湯（共同湯）　86

た　行

ダイアモンド，ジャレド（Diamond, Jared）　70, 72, 119
待機児童問題　255, 259
耐久性　39, 40, 47-49
大黒弘慈　288
代参講　189
大衆消費社会　107, 200-202
大日本帝国憲法　261
太平洋ベルト地帯　106

台湾　263, 264, 266
高木助一郎家　190, 191
高田保馬　145
高橋是清　282
高畠亀太郎　191-194
宝くじ　188
宝塚歌劇団　180, 194
タットマン，コンラッド（Totman, Conrad）　71
辰野金吾　54
田村憲美　39
弾丸切手　188
男女共学　235
男女雇用機会均等法　235
単線型学校体系　223, 234
地域　122
地租改正　16, 17
地熱発電　88
中世温暖期　33
長期経済統計　307, 308
朝鮮　263, 266, 267
朝鮮米　268
町村合併　14
腸チフス　173
貯蓄　175
賃織　11, 12
津田信吾　282
津田仙　227
帝国　260, 275
帝国劇場　184
帝国主義　121, 280
帝国大学工科大学　101, 102, 223
手習い塾（寺子屋）　218
デマ　51, 53, 54
寺崎テイ　158, 159
電灯　98, 99
天保の飢饉　33, 43
天明の飢饉　33, 38
東海豪雨　329
東海道新幹線　108
東京瓦斯会社　113
東京商法講習所　230
東京宝塚劇場　185, 194
東京滝野川区健康調査　161
東京電灯会社　98, 102
東京電力会社　113
東京府（市）養育院　241, 257

投資　176, 177
同時多発テロ　261, 329
トーキー（発声映画）　194
徳川家康　72
徳政令　60, 62
都市墓場（蟻地獄）説　141, 144
土地の過少利用　84, 85
トッド，エマニュエル（Todd, Emmanuel）　129
富くじ　188
留岡幸助　242
留山　73
富山の置き薬　149, 158, 159, 162, 168–170
豊臣秀吉　72
ドラッカー，ピーター（Drucker, Peter）　147

な 行

内国勧業博覧会　189
内部労働市場　237
中井竹山　144
長岡朋人　130
中島知久平　282
中塚武　33
中浜東一郎　190
菜種油　97, 98
浪花節　184, 194, 196
南洋群島　263
新潟県中越地震　329
新島襄　221
西尾久美子　180
二重構造　238
20世紀システム論　201
日本型福祉社会論　253
日本国憲法　154, 249
日本石油会社　98
日本窒素肥料会社　103, 104
ニューコメン，トマス（Newcomen, Thomas）　93
農家　228
農家副業　11
農業教育　227, 228
濃尾地震　51–53
野口遵　103, 104

は 行

働き　216
速水融　128–130, 133, 135, 137

ハント，リン（Hunt, Lynn）　121
東アジアの奇跡　110
東日本大震災　76, 329
備荒貯穀　240
百貨店　191, 231, 272
平生釟三郎　282
ファリス，ウィリアム（Farris, William）　132
フーコー，ミシェル（Foucault, Michel）　277
風評　51, 53, 54
フェーブル，リュシアン（Febvre, Lucien）　57, 64, 118
フォーディズム　201
福澤諭吉　221, 225, 230
福祉元年　166, 252
福祉国家　239, 254, 293
福祉の市場化　254, 256
福祉レジーム論　252
福祉六法　251
複線型学校体系　223, 227, 234
負債農民騒擾　18
撫順炭鉱　104
婦人参政権　247
普通選挙法　245
船津辰一郎　282
ブローデル，フェルナン（Braudel, Fernand）　57–59
ブロック経済　263
ブロック，マルク（Bloch, Marc）　57, 58, 118
プロト工業化　138
プロパンガス　107
平均余命・平均寿命　132
ヘーゲル，ゲオルグ・ヴィルヘルム・フリードリヒ（Hegel, Georg Wilhelm Friedrich）　286
別子銅山　2, 100
保育所　258
疱瘡（天然痘）　136
宝暦の飢饉　38
ホームレス問題　253
母子保護法　247
ポストコロニアリズム　275, 278
ボズラップ，エスター（Boserup, Ester）　126
母性　10
ポランニー，カール（Polanyi, Karl）　280
ポリティカル・エコノミー論　35
本多利明　144

ま 行

マイクロ・クレジット　29
マイノリティ　24, 276
真木悠介　211, 212
マクニール, ジョン・ロバート（McNeill, John Robert）　119
麻疹　136
町　14
松岡洋右　196
松尾芭蕉　97
松方デフレ　18
松下幸之助　108
マディソン, アンガス（Maddison, Angus）　115
学び　216-218
マルクス, カール（Marx, Karl）　126, 286, 287
マルクス主義的社会経済史　60
マルサス, トマス・ロバート（Malthus, Thomas Robert）　125, 126, 144
満洲（国）　104, 263, 264, 266
満洲粟　268
ミクロストリア（マイクロ・ヒストリー）　62, 63
水島司　119
三谷太一郎　282
三井文庫　303
三菱史料館　303
水俣病　118, 211
南樺太　262, 263
南塚信吾　121
南満洲鉄道会社（満鉄）　263
美濃部亮吉　113
宮本憲一　113
無尽（講）　27-29, 48, 210
無声映画　185
武藤山治　225
村　13, 14, 78
村請制　15, 16, 79, 240
村上勝彦　268
村田省蔵　282
村本利廣　156-158
明治熊本地震　53, 54
綿業帝国主義論　281
メンデルス, フランクリン（Mendels, Franklin）　138

綿米交換体制　268
木炭　94, 103
モラル・エコノミー　19
森有礼　230
森恪　282

や 行

野球　195, 196
薬価　164
安丸良夫　64
矢野二郎　230
山﨑延吉　228
山田盛太郎　287, 288
山本義隆　96
遊戯場　182, 184, 185
優生　136
優生保護法　258
養生　150, 151, 170
横井時敬　227
横浜瓦斯会社　98
横浜方式　113, 114, 212
与謝蕪村　97
吉田東伍　133
吉本興業　180
寄席　182, 184
四日市ぜんそく　118
予防接種法　153

ら・わ 行

落語　182, 184, 194
ラジオ　186, 195, 196, 200
ランケ, レオポルド（Ranke, Leopold）　57
リース, ルートヴィヒ（Riess, Ludwig）　60
リグリィ, エドワード（Wrigley, Edward）　126
立身出世　221
良妻賢母　233
領知　78
臨海工業地帯　106, 108, 109
倫理の二重構造　206, 211, 213
ルンペン　246, 248
レーニン, ウラジーミル（Lenin, Vladimir）　280
歴史資料ネットワーク　304
歴史人口学　128, 129, 301, 305
レギュラシオン理論　201
連合国軍最高司令官総司令部（GHQ）　153,

234, 249
レントゲン　160
老人保健制度　167
労働　226
労働関係調整法　251
労働基準法　251

労働組合法　251
労働者年金保険法　248, 249
浪費　178
ロストウ, ウォルト（Rostow, Walt）　200
渡辺拓也　212, 213
割地制　15

執筆者紹介 (執筆順，＊は編者)

＊中西　　聡　（なかにし・さとる）　　→奥付参照（序章，第7章，終章，入門ガイド）
　松沢　裕作　（まつざわ・ゆうさく）　　慶應義塾大学准教授（第1章，テーマI，入門ガイド）
　小島　庸平　（こじま・ようへい）　　東京大学講師（解説1）
　山内　　太　（やまうち・ふとし）　　京都産業大学教授（第2章）
　西澤　泰彦　（にしざわ・やすひこ）　　名古屋大学教授（解説2）
　髙柳　友彦　（たかやなぎ・ともひこ）　一橋大学講師（第3章，解説3，テーマII）
　小堀　　聡　（こぼり・さとる）　　名古屋大学准教授（第4章，解説4）
　髙橋美由紀　（たかはし・みゆき）　　立正大学准教授（第5章）
　牧野　邦昭　（まきの・くにあき）　　摂南大学准教授（解説5）
　二谷　智子　（ふたや・ともこ）　　愛知学院大学准教授（第6章）
　永島　　剛　（ながしま・たけし）　　専修大学教授（解説6）
　満薗　　勇　（みつぞの・いさむ）　　北海道大学准教授（解説7）
　恒木健太郎　（つねき・けんたろう）　　専修大学准教授（テーマIII，テーマIV）
　湯澤　規子　（ゆざわ・のりこ）　　筑波大学准教授（第8章）
　大門　正克　（おおかど・まさかつ）　　横浜国立大学教授（解説8）
　榎　　一江　（えのき・かずえ）　　法政大学教授（第9章，解説9）
　竹内　祐介　（たけうち・ゆうすけ）　　首都大学東京准教授（第10章，解説10A）
　松浦　正孝　（まつうら・まさたか）　　立教大学教授（解説10B）

《編者紹介》

中西　聡
なかにし　さとる

1962年　愛知県に生まれる
1993年　東京大学大学院経済学研究科博士課程単位取得退学
東京大学社会科学研究所助手，北海道大学経済学部助教授，名古屋大学大学院経済学研究科教授などを経て
現　在　慶應義塾大学経済学部教授，博士（経済学）
編著書　『旅文化と物流――近代日本の輸送体系と空間認識』（日本経済評論社，2016年）
　　　　『海の富豪の資本主義――北前船と日本の産業化』（名古屋大学出版会，2009年，日本学士院賞）
　　　　『近世・近代日本の市場構造――「松前鯡」肥料取引の研究』（東京大学出版会，1998年）
　　　　『近代日本の地方事業家――萬三商店小栗家と地域の工業化』（共編著，日本経済評論社，2015年，企業家研究フォーラム賞）
　　　　『日本経済の歴史――列島経済史入門』（編，名古屋大学出版会，2013年）
　　　　『世界経済の歴史――グローバル経済史入門』（共編，名古屋大学出版会，2010年）

経済社会の歴史

2017年12月1日　初版第1刷発行

定価はカバーに表示しています

編　者　中　西　　聡
発行者　金　山　弥　平

発行所　一般財団法人　名古屋大学出版会
〒464-0814　名古屋市千種区不老町1名古屋大学構内
電話(052)781-5027／FAX(052)781-0697

Ⓒ Satoru Nakanishi et al., 2017
印刷・製本 ㈱太洋社
乱丁・落丁はお取替えいたします。

Printed in Japan
ISBN978-4-8158-0893-8

JCOPY〈出版者著作権管理機構　委託出版物〉
本書の全部または一部を無断で複製（コピーを含む）することは，著作権法上での例外を除き，禁じられています。本書からの複製を希望される場合は，そのつど事前に出版者著作権管理機構（Tel：03-3513-6969，FAX：03-3513-6979，e-mail: info@jcopy.or.jp）の許諾を受けてください。

中西聡編
日本経済の歴史
―列島経済史入門―
A5・364 頁
本体2,800円

金井雄一・中西聡・福澤直樹編
世界経済の歴史
―グローバル経済史入門―
A5・368 頁
本体2,800円

中西聡著
海の富豪の資本主義
―北前船と日本の産業化―
A5・526 頁
本体7,600円

小堀聡著
日本のエネルギー革命
―資源小国の近現代―
A5・432 頁
本体6,800円

松浦正孝著
「大東亜戦争」はなぜ起きたのか
―汎アジア主義の政治経済史―
A5・1092頁
本体9,500円

西澤泰彦著
日本植民地建築論
A5・520 頁
本体6,600円

高島正憲著
経済成長の日本史
―古代から近世の超長期GDP推計 730-1874―
A5・348 頁
本体5,400円

粕谷誠著
ものづくり日本経営史
―江戸時代から現代まで―
A5・502 頁
本体3,800円

堺憲一著
新版 あなたが歴史と出会うとき
―経済の視点から―
A5・316 頁
本体2,400円

野村康著
社会科学の考え方
―認識論,リサーチ・デザイン,手法―
A5・358 頁
本体3,600円